Mark Herkenrath

Die Globalisierung der sozialen Bewegungen

Mark Herkenrath

Die Globalisierung der sozialen Bewegungen

Transnationale Zivilgesellschaft
und die Suche nach einer
gerechten Weltordnung

VS VERLAG

Bibliografische Information der Deutschen Nationalbibliothek
Die Deutsche Nationalbibliothek verzeichnet diese Publikation in der
Deutschen Nationalbibliografie; detaillierte bibliografische Daten sind im Internet über
<http://dnb.d-nb.de> abrufbar.

Habilitationsschrift der Philosophischen Fakultät der Universität Zürich (angenommen im
Dezember 2009) im Fach Soziologie (ursprünglicher Titel: „Linksprogressive soziale Bewegungen und ihre transnationalen Koalitionen")

1. Auflage 2011

Alle Rechte vorbehalten
© VS Verlag für Sozialwissenschaften | Springer Fachmedien Wiesbaden GmbH 2011

Lektorat: Frank Engelhardt

VS Verlag für Sozialwissenschaften ist eine Marke von Springer Fachmedien.
Springer Fachmedien ist Teil der Fachverlagsgruppe Springer Science+Business Media.
www.vs-verlag.de

Umschlaggestaltung: KünkelLopka Medienentwicklung, Heidelberg
Gedruckt auf säurefreiem und chlorfrei gebleichtem Papier
Printed in Germany

ISBN 978-3-531-17797-7

Inhalt

Danksagung

Dieses Buch wäre ohne die Mithilfe der politischen Aktivist/innen, die darin untersucht werden, nicht zustande gekommen. Die Mitglieder der *Alianza Social Continental* haben dem Verfasser ihr Vertrauen geschenkt, in mehrstündigen Interviews wertvolle Einsichten vermittelt und Zugang zu ihren Koordinationstreffen gewährt. Dafür gebührt ihnen inniger Dank. Ihrer Aufforderung, in den Interviews auch kritische Nachfragen zu stellen und in der Studie auf die unausgeschöpften Verbesserungspotentiale ihrer Koalitionsarbeit hinzuweisen („wir können ja schließlich nur dazulernen"), wurde gerne Rechnung getragen.

Feldforschung und Datenauswertung fanden während eines mehrmonatigen Gastaufenthaltes an der *Escuela de Política y Gobierno* der *Universidad Nacional de San Martín* (UNSAM) in Buenos Aires und während eines rund zweijährigen Forschungsaufenthaltes am *Institute for Research on World-Systems* (IROWS) an der *University of California-Riverside* statt. Finanziert wurden diese Gastaufenthalte durch ein Stipendium des Schweizerischen Nationalfonds zur Förderung der Wissenschaftlichen Forschung (Beitragsnummer PBZH1–104372).

Christopher Chase-Dunn, PhD, Kenneth Barr, Nelda Thomas, Ellen Reese und die Teilnehmer/innen der *UCR Research Working Group on Transnational Social Movements* machten die beiden Forschungsreisen zu einer unschätzbaren intellektuellen und persönlichen Bereicherung. Großer Dank gilt auch Amory Starr, sowohl für ihre fachliche Unterstützung als auch für ihre Freundschaft. In Argentinien waren es Daniel Dessein und Esteban Pino Coviello von der *Universidad de Buenos Aires* sowie Marcelo Cavarozzi an der UNSAM, die dem Autor in seinen Recherchen große Dienste geleistet haben.

An der Universität Zürich gebührt besonderer Dank Volker Bornschier, dem langjährigen Mentor, und den Arbeitskolleg/innen am Soziologischen Institut: Claudia König, Hanno Scholtz, Thomas Volken, Stephanie Kernich, Daniel Künzler, Amir Sheikhzadegan und Ivo Staub. Theresa Furrer und Patrick Ziltener waren über die letzten Jahre hinweg großartige Mitforschende und Gleichgesinnte, wenn es um Fragen der Weltpolitik und um soziale Bewegungen ging.

Ganz persönlicher Dank gilt schließlich der Familie: Monica Herkenrath Grämiger und Andreas Grämiger, Kurt Herkenrath und Sabine Kast, Maria Steiner, Cristina Ventura, Griselda und Luciana Parera, Manuel Berrón und vor allem Stefan Kollmuss.

1 Einleitung

1. November 2005: Die argentinische Küstenstadt Mar del Plata gilt als beschaulicher Ort. Seit gestern allerdings ist es mit der üblichen Gemütlichkeit vorbei. Zurzeit findet hier der *4ᵗʰ Summit of the Americas* statt, an dem die Staatschefs Nord- und Südamerikas einmal mehr über den geplanten panamerikanischen Freihandelsvertrag verhandeln. Die Stadt ist zur Festung geworden, mit massiver Polizei- und Militärpräsenz und einem mannshohen Metallzaun um die Hochsicherheitszone. Die Durchgangspässe, die den 60.000 Bewohner/innen dieser Zone den Zugang zu ihren Häusern ermöglichen, sind freilich aus herkömmlichem Pappkarton gefertigt. Sie können selbst von Laien innert weniger Minuten gefälscht werden. Damit entpuppen sich die viel diskutierten Sicherheitsmassnahmen als symbolische Öffentlichkeitspolitik. Sie betonen nicht nur die Wichtigkeit des Anlasses, sondern unterstreichen auch die Gefahr, die von den angekündigten Freihandelsprotesten ausgeht.

2. 11.: Am anderen Ende der Stadt findet der zivilgesellschaftliche „Völkergipfel" statt, die *III° Cumbre de los Pueblos*. Organisiert von der *Alianza Social Continental* (ASC), einer panamerikanischen Koalition von linksprogressiven sozialen Bewegungen, Gewerkschaften und Nichtregierungsorganisationen, übertrifft der farbenfrohe Anlass sogar die Erwartungen des Organisationskomitees. Es nehmen Vertreter/innen verschiedenster Bewegungen und Länder teil. Indigene Landarbeiterinnen aus dem peruanischen Hochland sind ebenso anwesend wie haitianische Lehrer, kanadische Metallarbeiterinnen und argentinische Arbeitslose. Auf dem Programm findet sich ein Diskussionsforum zu natürlichen Wasserreserven genauso wie eine Gesprächsrunde zum Thema Frauen im Neoliberalismus.

Erklärtes Hauptziel des Anlasses ist die gemeinsame Suche nach einem regionalen Integrationsprojekt „von unten". Die Diskussionen um alternative Wirtschafts- und Gesellschaftsmodelle entpuppen sich allerdings als auffällig konfliktiv. Umstritten ist vor allem die Frage, wie man sich gegenüber der Integrationsinitiative ALBA (*Alternativa Bolivariana para las Américas*) verhalten soll, die der venezolanische Präsident Hugo Chávez vorgeschlagen hat. Nordamerikanische Aktivist/innen etwa sehen in diesem Projekt einen lateinamerikanistischen Vorstoss, von dem sie sich ausgeschlossen fühlen. Verschiedene südamerikanische Teilnehmende hingegen erkennen in der möglichen Zusammenarbeit mit Chávez eine Gefahr für die zivilgesellschaftliche Auto-

nomie und Glaubwürdigkeit. Die alternativen Politikvorschläge, welche die
ASC in ihrer mehreren hundert Seiten starken Publikation *Alternativas para
las Américas* macht, erscheinen in den Diskussionen als konsensual, stellen
jedoch stark auf das Modell eines leistungsfähigen und hoch motivierten Ent-
wicklungsstaates ab. Über die Frage, wie die politischen und wirtschaftlichen
Eliten Lateinamerikas dazu gebracht werden können, ein solches Staatsmo-
dell tatsächlich zu praktizieren, schweigt sich die Publikation aus.

3. 11.: Viele Teilnehmer/innen des Völkergipfels betonen, die lateinamerikanische Zivilgesellschaft sei tatsächlich zu stark fragmentiert und die ver-
armte Bevölkerungsmehrheit zu sehr mit dem alltäglichen Überlebenskampf
beschäftigt, um effektive Kontrolle über die nationalen politischen und
wirtschaftlichen Eliten ausüben zu können. Mit Anlässen wie diesem Völkergipfel verbinden sie jedoch die Hoffnung, die zivilgesellschaftliche Zersplitterung allmählich überwinden zu können. In persönlichen Gesprächen
machen viele der Aktivist/innen deutlich, dass der alltägliche Kampf gegen
den globalen Neoliberalismus viele Frustrationsmomente birgt und oft aus-
sichtslos erscheint. Treffen wie die *III° Cumbre de los Pueblos* bestärken sie
jedoch immer wieder in ihrem Gefühl, Teil einer wachsenden und darum immer machtvoller werdenden globalen Bewegung zu sein.

Bei genauerem Hinsehen wird allerdings klar, dass aus dem argentinischen Hinterland nur Vertreter/innen der landesweiten Arbeitslosenbewegung *Barrios de Pié* an diesem Völkergipfel anwesend sind, außerdem ein
paar Aktivist/innen der einflussreichen Landarbeiter/innen-Bewegungen. Sie
fallen auf, denn sie sind ärmlich gekleidet und dunkelhäutiger als die restlichen Teilnehmenden. Ansonsten aber sieht und hört man an diesem Völkergipfel vor allem die Mittelschichten aus den Großstädten – und viele Kubaner/
innen und Venezolaner/innen. Es entsteht der Eindruck, die *III° Cumbre de
los Pueblos* werde von den Regierungen Kubas und Venezuelas als politische
Werbeplattform missbraucht. Die staatlich finanzierten Delegationen dieser
Länder sind mindestens ebenso groß wie die Delegationen, die aus dem argentinischen Hinterland zureisen.

4. 11.: Die offiziellen Freihandelsverhandlungen sind gescheitert. Trotzdem
ist die Stimmung in den Leitungsgremien der ASC betrübt. Am Nachmittag
ist es zu Zusammenstössen zwischen sogenannten Anarcho-Punks und der
Polizei gekommen. Die Koordinator/innen der ASC sind enttäuscht, denn die
Bilder von Straßenkämpfen werden in den Massenmedien einmal mehr die
Berichterstattung über den von ihnen organisierten Völkergipfel überschatten.

Für Unmut im Organisationskomitee hat freilich vor allem der venezolanische Präsident Hugo Chávez gesorgt. Sein Auftritt an der Schlussveran-

staltung des Völkergipfels ist nicht nur von der ASC gar nie offiziell bewilligt worden, sondern hat über zwei Stunden gedauert. Nur mit Mühe konnte eine Delegierte der zivilgesellschaftlichen Koalition noch die Schlussdeklaration des Treffens vortragen. Das Fernsehen beschreibt den von der ASC organisierten Anlass bereits als den „Chávez-Gipfel." Die Zusammenarbeit mit Chávez, aber auch die Haltung der ASC gegenüber moderat linken Staatsoberhäuptern wie Lula und Kirchner wird in der Koalition und ihren Mitgliederorganisationen noch viel zu reden geben.

Zusammenstellung aus den Feldnotizen des Autors

Grenzübergreifende Zusammenarbeit zwischen sozialen Bewegungen verschiedener Herkunftsländer ist historisch kein neues Phänomen. Frauenrechts-, Friedens- und Menschenrechtsbewegungen führten bereits Mitte des 19. Jahrhunderts transnationale Koordinationstreffen durch, die durchaus Ähnlichkeiten mit den Sozialforen des heutigen *global justice movement* aufwiesen (Chatfield 1997, Keck und Sikkink 1998, Rucht 2005, Taylor und Rupp 2002). Seit dem Beginn des jüngsten wirtschaftlichen Globalisierungsschubes in den 1980er Jahren sind grenzübergreifende Kooperationen zwischen sozialen Bewegungen allerdings zahlreicher, geographisch umfassender und in vielen Fällen auch beständiger geworden (Bandy und J. Smith 2005a, Harris 2002: 143 ff., Khagram et al. 2002a, Moghadam 2000, J. Smith 1997, Tsutsui et al. 2006). Gerade im linksprogressiven Bewegungsspektrum scheinen immer mehr Organisationen bestrebt, über den Unterhalt lose gestrickter Kontakt- und Solidaritätsnetzwerke hinauszugehen. Sie wollen engere, dauerhafte Formen der transnationalen Zusammenarbeit entwickeln.

Der Grund dafür ist, dass die sozialen Verhältnisse in den nationalstaatlich verfassten Einzelgesellschaften immer stärker von globalen Dynamiken abhängen. Wie ein Delegierter im transnationalen Koordinationskomitee der *Alianza Social Continental* festhält, können lose verknüpfte zivilgesellschaftliche Einzelaktionen, die sich auf die lokale oder nationale Ebene beschränken, kaum mehr zu einer Transformation dieser Verhältnisse beitragen:

„Warum ist [transnationale Kooperation] so wichtig? Hm. ... Nun gut, grundsätzlich weil ein Internationalisierungsprozess des Kapitals (...) und des Staates stattfindet. Und zwar so, dass die sozialen Bewegungen in einer nationalstaatlichen Realität verwurzelt sind, die immer stärker von einer globalen Dynamik beeinflusst wird. Da müssen wir uns notwendigerweise [ebenfalls] internationalisieren. (...) (...) Wenn die politischen Errungenschaften, welche die sozialen Bewegungen erkämpft haben, durch internationale Prozesse in Gefahr geraten, müssen wir mitkämpfen. Das heißt, wir müssen [unter den sozialen Bewegungen verschiedener Herkunftsländer] eine neue Beziehungsform entwickeln, die über die Solidarität hinausgeht. Wir müssen den Weg hin zur Konstruktion eines neuen sozialen Subjekts finden, das die nationalen Grenzen hinter sich lässt." (Interview: Pierre-Yves Serinet, eigene Übersetzung [e. Ü.])

Die Kooperationsformen, in deren Rahmen organisationell eigenständige soziale Bewegungen eine langfristige grenzübergreifende Zusammenarbeit anstreben, werden in diesem Buch als transnationale Bewegungskoalitionen – kurz: TSMCs (*transnational social movement coalitions*) – bezeichnet. Sie sind dauerhafter angelegt und stärker institutionalisiert als Ad-hoc-Allianzen, die lediglich der Planung eines einmaligen Anlasses dienen, legen aber im Unterschied zu hoch institutionalisierten und stärker hierarchischen internationalen Nichtregierungsorganisationen (INGOs: *international non-governmental organizations*) großen Wert auf die organisatorische und strategische Autonomie der beteiligten Mitgliedergruppen (Bandy und J. Smith 2005b). Ferner sind sie oft multisektoral ausgerichtet und können verschiedene Akteurstypen (z. B. Protestorganisationen, Gewerkschaften und Forschungsinstitute) umfassen, deren soziale Kämpfe sich auf unterschiedliche Themenbereiche (z. B. Umweltschutz, Arbeitsbeziehungen und Geschlechterdemokratie) richten. TSMCs sind mit anderen Worten meist breiter in nationalen zivilgesellschaftlichen Zusammenhängen verankert als die bereits häufig untersuchten internationalen Nichtregierungsorganisationen. Während INGOS oftmals ihren Hauptsitz in den nördlichen Industrienationen haben (Boli und Thomas 1997b, J. Smith 1997, J. Smith und Wiest 2005, Tsutsui et al. 2006) und ihre verschiedenen südlichen Filialorganisationen untereinander zuweilen nur schwach verknüpft sind (Beckfield 2003, Katz 2007, Tsutsui et al. 2006), sind transnationale Bewegungskoalitionen wie die *Alianza Social Continental*, *La Vía Campesina* (Borras 2008, Desmarais 2002, 2008) oder *Jubilee South* (Donnelly 2002, Yang 2005) vornehmlich als Süd-Süd-Kooperationen konzipiert. Sie umfassen in der Regel auch Graswurzelorganisationen und selbst verwaltete Kollektive der globalen Subalternen (Batliwala 2002).

Die theoretische und empirische Forschung zu transnationalen Bewegungskoalitionen ist in den letzten Jahren deutlich angewachsen. Hervorragende Einzelfallstudien, die auch einem generalisierenden Vergleich unterzogen werden, finden sich etwa in den Sammelbänden von Bandy und J. Smith (2005a), Khagram et al. (2002a) und Laxer und Halperin (2003, s. auch Fox und Brown 2004). Wie Tarrow (2002, 2005a) zurecht betont, müssen die bisherigen Forschungsbefunde jedoch noch konsolidiert und kritisch erweitert werden. Eine eigentliche Theorie des transnationalen politischen Aktivismus ist erst ansatzweise vorhanden. Auch können die bisherigen Befunde der *Social Movement*-Forschung nur begrenzt auf die Untersuchung von sozialen Bewegungen übertragen werden, die transnational operieren. Denn während sich die bestehenden Forschungsansätze auf lokale und „nationale" Bewegungen beziehen, geht transnationale Zusammenarbeit und Koalitionsbildung mit einer Reihe von spezifischen Möglichkeiten und Herausforderungen einher, die in diesen Ansätzen unausgeführt bleiben. Tarrow (2005b: 59) zufolge wird es darum eine der großen Zukunftsaufgaben der *Social Movement*-Forschung sein, auch die besonderen Schwierigkeiten und Erfolgspotentiale grenzübergreifender Bewegungskooperation zu verstehen,

Die vorliegende Untersuchung leistet einen Beitrag zu dieser Aufgabe, indem sie transnationale Koalitionsbildungsprozesse und Konfliktpotentiale unter linksprogressiven sozialen Bewegungen untersucht, die sich dem neoliberalismuskritischen *global justice movement* zurechnen. Als zentrales Fallbeispiel dient der Studie die *Alianza Social Continental* (ASC), eine Koalition von Freihandelsgegner/innen, an der sich Bewegungen, Nichtregierungsorganisationen und Gewerkschaften aus ganz Lateinamerika, Nordamerika und der Karibik beteiligen. Ziel der Untersuchung ist die Rekonstruktion und Analyse von konkreten Problemen und Lösungsmechanismen aus der Binnenperspektive der Beteiligten, wie sie sich in Interviews, Dokumenten und konkreten Praktiken an Koordinationstreffen äußert. Ergänzt wird die ethnraphische Untersuchung der ASC durch eine detaillierte Auseinandersetzung mit ihrer Teilorganisation in Argentinien, der *Autoconvocatoria No al ALCA*, und durch die quantitative Auswertung einer Umfrage unter den Teilnehmer/innen der Weltsozialforen 2005 und 2007. Die Arbeit soll die wissenschaftliche Theoriebildung zu TSMCs vorantreiben, Fachkräften aus Politik und Wirtschaft das Verständnis der Strukturen und Anliegen linksprogressiver Bewegungsakteure erleichtern und schließlich auch praktische Hinweise für Aktivist/innen bieten, die sich dem schwierigen Unterfangen der transnationalen Zusammenarbeit verschrieben haben.

Der Kampf gegen das globale Entwicklungsgefälle

Im Zentrum der vorliegenden Arbeit stehen mit der ASC und den Teilnehmer/innen des Weltsozialforums (WSF) linksprogressive Akteure, die hauptsächlich gegen die weitere Deregulierung der internationalen Handels- und Investitionsbeziehungen ankämpfen und sich kritisch mit den Aktivitäten transnationaler Konzerne auseinandersetzen. Diese Auswahl ist selbstverständlich kein Zufall. Grenzübergreifende Handelsströme und internationale Direktinvestitionen (FDI: *foreign direct investment*) stellen vielmehr die beiden Hauptmodalitäten der wirtschaftlichen Globalisierung dar, und ihre Deregulierung ist eines der Grundanliegen des neoliberalen Marktfundamentalismus. Transnationale Konzerne, auf deren FDI-finanzierte ausländische Tochtergesellschaften im Jahr 2007 exakt ein Drittel des globalen Exportvolumens entfiel (UNCTAD 2008: Tabelle I.4. [S. 10];

eigene Berechnungen), nehmen über ihre Interessenverbände maßgeblichen Einfluss auf die nationale Politik und das *Global Governance*-System (Deardorff
2003, Missbach 1999). Sie können überdies als wichtige sekundäre Sozialisations-
instanzen für ihre rund 82 Millionen Arbeitnehmer/innen außerhalb des Leitungs-
sitzlandes gelten (UNCTAD 2008: xvi) und kontrollieren einen beträchtlichen
Teil der massenmedialen Verbreitung von politisch relevanten Informationen.

Den Advokat/innen des neoliberalen Globalisierungsprojektes zufolge sind
die Deregulierung internationaler Direktinvestitionen und die zunehmende Verbreitung transnationaler Konzerne optimale Mittel, um das globale Einkommens-
gefälle zu lindern (für eine kritische Übersicht über die Argumente: Herkenrath
2003). Während in den Industrieländern die wirtschaftlichen Wachstumsmög-
lichkeiten zunehmend geringer werden, können die weniger fortgeschrittenen
Entwicklungsländer, so wird argumentiert, von der transnationalen Integration
der Weltwirtschaft nur profitieren. FDI sollen den wenig entwickelten Empfängerländern zusätzliches Investitionskapital bescheren, Zugang zu neuen Technologien und Exportmärkten ermöglichen und neue Arbeitsplätze verschaffen.
Außerdem tragen FDI aus der Sicht der neoliberalen Globalisierungsbefürworter/
innen maßgeblich dazu bei, dass sich in den Entwicklungsländern westliche Arbeitsstandards und Geschäftspraktiken etablieren. Folgt man dieser neoliberalen
Argumentation, dürften FDI und die damit einhergehende Präsenz von transnationalen Konzerntöchtern den Entwicklungsländern also größere Fortschritte
im wirtschaftlichen Aufholprozess und der Armutsbekämpfung bringen als etwa
die internationale Entwicklungshilfe.

In der Praxis stehen den vermeintlich entwicklungsstimulierenden Wirkungen von ausländischen Direktinvestitionen allerdings zahlreiche negative Effekte
gegenüber (Herkenrath 2003, Herkenrath und Bornschier 2006). Wie Dependenz-
und Weltsystemtheoretiker/innen bereits Ende der 1970er Jahre aufzeigen konnten, verdrängen FDI-finanzierte Auslandkonzerne lokale Unternehmen aus den
Märkten, ersetzen bisherige Arbeitsplätze durch importierte Maschinerie und
führen ihre Gewinne über fingierte firmeninterne Transaktionen ins Ausland ab.
Zudem stammt ein Grossteil der Investitionen, die dem Aufbau der transnationalen Konzerntöchter dienen, nicht aus den hochindustrialisierten Leitungssitzlän-
dern, sondern werden direkt auf den Kapitalmärkten der Gastländer finanziert
(Bornschier 1976, Bornschier und Chase-Dunn 1985). Außerhalb der Zentrumsländer tragen unregulierte Zuflüsse von ausländischen Direktinvestitionen deshalb „nicht nur nichts dazu bei, die Entwicklungsprobleme zu lösen, sondern sie
können sie langfristig sogar weiter verschärfen" (Bornschier 1976: 430).

Die Präsenz ausländischer Unternehmen wirkt sich erst dann positiv auf
die wirtschaftliche Entwicklung der Gastländer aus, wenn sie in eine heterodoxe Auflagenpolitik mit sektoralen Sperrklauseln, *Joint Venture*-Auflagen und
Restriktionen für Gewinntransfers eingebunden ist. Die Entwicklungserfolge

Japans, Südkoreas und Taiwans sind dafür ein anschauliches Beispiel (Herkenrath 2003, Kerbo 2006, Rodrik 2001). Die heterodoxen staatlichen Auflagen, die den ostasiatischen „Tigerstaaten" zum Erfolg verholfen haben, sind in der Ära des globalen Neoliberalismus jedoch zur Disposition gestellt. In den Strukturanpassungsprogrammen der *Bretton Woods*-Institute und in Freihandelsabkommen wie dem NAFTA (*North American Free Trade Area*) sind staatliche Eingriffe in die Tätigkeiten ausländischer Investoren genauso wenig vorgesehen wie Umweltschutzklauseln oder umfassende Arbeitsstandards. Daher überrascht auch nicht, dass zwischen 1990 und 2002 fast alle Entwicklungsländer ihre Investitionsrestriktionen für Auslandunternehmen ab- oder zumindest nicht ausgebaut haben. Eine Verschärfung von bestehenden Restriktionen fand bezeichnenderweise nur in Industrienationen – namentlich den USA, Großbritannien, Australien und Neuseeland – sowie in Mosambik statt (Agosín und Machado 2007: Appendix).

Letztlich ist es nicht der wirtschaftliche Globalisierungsprozess *per se*, der Probleme schafft. Wenn es in den letzten Jahrzehnten zu einer Verschärfung der internationalen Einkommensungleichheit gekommen ist, liegt dies weniger an der Zunahme grenzübergreifender wirtschaftlicher Verflechtungen, sondern vor allem an den zunehmend eingeschränkten Möglichkeiten der Nationalstaaten, die weltwirtschaftliche Integration in den Dienst einer angemessenen einzelstaatlichen Entwicklungspolitik zu stellen. Den Entwicklungsländern, die nach dem Vorbild der ostasiatischen Erfolgsbeispiele eine heterodoxe Wirtschafts- und Entwicklungspolitik verfolgen wollen, fehlen dazu im gegenwärtigen internationalen Handels- und Investitionsregime die notwendigen politischen Freiräume, der „policy space" (Niggli 2004, Rodrik 2001).

Hoffnungsträger einer emanzipatorischen Weltpolitik?

Dass die aktuell herrschenden globalen Handels- und Investitionsregime den entwicklungspolitischen Interessen der Peripherie und Semiperipherie zuwiderlaufen, liegt nicht zuletzt an einem multiplen Demokratiedefizit in den maßgeblichen internationalen Regierungsorganisationen (Niggli 2004: Kap. 5). Zentrale weltpolitische Institutionen wie die Weltbank und der Internationale Währungsfonds (IWF) sind nicht nur von den reichen Industrienationen dominiert, die darin über die stärksten Stimmengewichte verfügen und die jeweiligen Spitzenfunktionäre stellen (Brand et al. 2000), sondern geben auch Regierungen eine Stimme, die nie demokratisch gewählt worden sind (Bornschier 2008a: 127 f.). Zudem fehlen in den Institutionen der *global governance* sowohl Mechanismen der direkten Partizipation durch die Herrschaftsbetroffenen als auch eine strenge Kontrolle durch nationale Parlamente.

„The past 150 years have seen an unprecedented proliferation and growth of supra-state laws and institutions with transplanetary coverage. However, these regulatory instruments have included only weak, if any, formal accountability mechanisms. The leaderships of the organizations have not been subject to direct popular election. Nor has any global governance institution had a democratically appointed legislative arm. (…) Most global governance arrangements have also lacked ombudspersons and formal external policy evaluation mechanisms (…). (…) [R]elationships between national governments and global governance agencies have mainly flowed through unelected technocrats who lack any direct connection with citizens. Moreover, governments have on the whole intervened with global governance institutions only in respect of broad policy lines, leaving the suprastate bodies considerable unchecked prerogative in operational activities." (Scholte 2004: 211 f.)

Wie Niggli (2004: 45) pointiert festhält, sind die nationalen Parlamente im System der *global governance* „in der Tendenz zu Grüss-Augusten reduziert, die die Ergebnisse internationaler Verhandlungen pauschal mit einem Ja abnicken dürfen – weil an ein Nein nicht zu denken ist, wenn man nicht empfindliche Nachteile riskieren will."

So überrascht denn auch nicht, dass zahlreiche sozialwissenschaftliche Beobachter/innen mit dem vermehrten Auftreten linksprogressiver transnationaler Bewegungskoalitionen große Hoffnungen auf eine demokratische Wende verbinden. Grenzübergreifend tätige zivilgesellschaftliche Organisationen übernehmen in der optimistischen Sicht dieser Autor/innen die wichtige Aufgabe, die Interessen der globalen Subalternen zu aggregieren und auf die Agenda der weltpolitischen Öffentlichkeit zu setzen. Volker Bornschier etwa beschreibt die transnationalen sozialen Bewegungen und ihre Koalitionen als Vorkämpfer einer dringend nötigen „Verwandlung der Weltpolitik" (Bornschier 2008a), während Jean Ziegler sie gar als Vorhut einer „planetarischen Demokratie" (Ziegler 2003) fasst. Je nach theoretischem Standpunkt werden TSMCs als Vorreiter einer wahrhaft globalen Zivilgesellschaft gesehen, die als neuer Akteursverbund zur Demokratisierung des *Global governance*-Systems beiträgt, oder als zukünftige Träger eines gegenhegemonialen historischen Blocks, der eine radikale Umwälzung der aktuellen politischen Weltökonomie bewirken könnte.

Überdies sind transnationale Bewegungskoalitionen mehr als nur parteiähnliche politische Interessenvertreter. Aus soziologischer Perspektive nehmen sie auch eine wichtige weltgesellschaftliche Integrationsfunktion wahr. Wie vor allem der *World Polity*-Ansatz (bes. Meyer et al. 1997, Boli und Thomas 1997a) betont, tragen transnationale zivilgesellschaftliche Akteure maßgeblich zur weltweiten Diffusion von Werten und Normen und zu Angleichungen in der Ausgestaltung gesellschaftlicher Institutionen bei. Das wiederum erleichtert die Herausbildung weiterer grenzübergreifender sozialer Kontakte. Die linksprogressiven unter den transnationalen Bewegungen können in Anlehnung an Born-schier (2008b) und Cox (1999) daher als dringend notwendige Gegengewichte zu jenen reaktionären sozialen Kräften gesehen werden, die auf die Schattenseiten der neoliberalen Globalisierungsoffensive mit Nationalismus, religiösem Funda-mentalismus oder terroristischer Gewalt antworten. Während diese reaktionären Kräfte, die ebenfalls zur Zivilgesellschaft gezählt werden können,[1] den wachsen-den globalen Entwicklungsdisparitäten mit sozialen Schließungstendenzen be-gegnen, ermöglichen linksprogressive TSMCs den Beteiligten die Identifikation mit einer friedlichen kollektiven Suche nach gerechteren globalen Alternativen.

Inwieweit linksprogressive TSMCs tatsächlich das Potential haben, zu einer emanzipatorischen Wende in der politischen Weltökonomie beizutragen, ist je-doch zunächst einmal fraglich. Wie die Notizen zur *III° Cumbre de los Pueblos de las Américas* zu Beginn dieser Einleitung deutlich gemacht haben, kämpfen transnationale Bewegungskoalitionen mit verschiedenen internen und externen Schwierigkeiten, die neben ihrem Zusammenhalt auch ihre Legitimität und poli-tische Wirksamkeit gefährden. So müssen sich soziale Bewegungen und ihre Koalitionen nicht zuletzt in einem feindlichen Umfeld behaupten, das ihre Ziele immer wieder zu durchkreuzen versucht. Sie stehen in einem Kampf um die öf-fentliche Meinung, in den TNCs und das politische Establishment deutlich mehr finanzielle Ressourcen einspeisen können, und sind vielerorts auch Opfer politi-scher Repressionsversuche. Ferner haben transnationale Bewegungskoalitionen unter internen Spannungen zu leiden, die sie immer wieder vor Zerreißproben stellen. Denn die Mitglieder transnationaler Bewegungskoalitionen müssen nicht nur Sprachbarrieren überwinden, sondern den Zusammenstoss unterschied-licher Denkmuster bewältigen und Strategien für den konstruktiven Umgang mit unterschiedlichen politischen Voraussetzungen und Herkunftsbedingungen entwickeln.

Außerdem haben Kritiker/innen der linksprogressiven Bewegungen ver-schiedentlich darauf hingewiesen, dass deren transnationale Koalitionen oft un-ter einem deutlichen Nord-Süd-Gefälle und Machtungleichgewichten zwischen

[1] Der Begriff der Zivilgesellschaft ist in der einschlägigen Literatur genauso umstritten wie etwa derjenige der Globalisierung (vgl. Kap. 6 zum Globalisierungsbegriff). Grob gefasst stehen sich drei unterschiedliche konzeptionelle Zugriffe gegenüber (vgl. Calhoun 2001, Glasius 2001, Islamoglu 2001, Scholte 2004): i) eine an Hegel angelehnte liberale Perspektive, die die zivilgesellschaftliche Sphäre als öffentlichen Bereich außerhalb staatlicher Institutionen begreift und damit nicht zuletzt auch profitorientierte Markttransaktionen mit meint; ii) eine an Gramsci angelehnte (neo-)marxis-tische Perspektive, die auch die Marktsphäre aus dem Begriff der Zivilgesellschaft ausschließt; und iii) eine normativ geprägte Perspektive, die nur friedlich agierende, an den universalen Men-schenrechten ausgerichtete Akteure als zivilgesellschaftliche begreift (bes. Gosewinkel et al. 2004). Die vorliegende Arbeit orientiert sich am zweitgenannten Ansatz (Zivilgesellschaft als Interaktions-sphäre jenseits von Staat und Wirtschaft).

lokalen Basisbewegungen und finanziell einflussreichen Nichtregierungsorganisationen leiden (vgl. z. B. Chandhoke 2002, 2003, Roy 2004). Mit anderen Worten laufen transnationalen Bewegungskoalitionen Gefahr, innerhalb der eigenen
Strukturen eine Reihe von exogenen Ungleichheiten zu reproduzieren (Halperin
und Laxer 2003), die letztlich als interne Ungleichgewichte und Demokratiedefizite die Legitimität der beteiligten Akteure verringern (Sikkink 2002). Mithin übernehmen linksprogressive Koalitionen gewisse Merkmale genau jenes
Systems, gegen das sie ankämpfen. Es verwundert wenig, dass die in transnationalen Koalitionen engagierten Aktivist/innen – auch *activist scholars* wie Amory
Starr und Lesley Wood (Quellen: persönliche Gespräche) – die Zukunftsaussich-
ten dieser Koalitionen oft skeptischer beurteilen als außenstehende Sozialwissen-
schaftler/innen. Aus ihrer Praxis wissen die betreffenden Aktivist/innen, dass
die Herausbildung und Aufrechterhaltung von grenzübergreifenden Koalitionen
zahlreiche Probleme birgt und verschiedenartige Konflikte die Zusammenarbeit
in vielen Fällen zum Scheitern bringen.

Wenn allerdings Bewegungsforscher Sidney Tarrow an verschiedenen Stellen (z. B. Tarrow o. J., 2005a, 2005b) polemisch behauptet, langfristige transnationale Zusammenarbeit unter sozialen Bewegungen dürfte angesichts der
vielen internen Konfliktpotentiale eigentlich gar nicht möglich sein, dann führt
seine Skepsis zu weit. Denn neben zahlreichen Misserfolgen finden sich in der
Praxis auch Beispiele für grenzübergreifende Bewegungskoalitionen, die seit
mehreren Jahren erfolgreich Bestand haben (s. auch Tarrow 2005a). Dieses Buch
will daher untersuchen, welche Kohäsionskräfte und Mechanismen der Konfliktbearbeitung dem Zusammenhalt von TSMC zu- oder abträglich sind. Es soll mit
anderen Worten nicht nur um die vermutliche bewegungsinterne Reproduktion
von Ungleichheiten, sondern auch um die Möglichkeiten erfolgreicher Gegenstrategien gehen. Überdies wird unter Rückgriff auf den neogramscianischen Ansatz
der internationalen Beziehungen (bes. Cox 1981, 1983, 1987, Gill und Law 1988)
diskutiert werden, inwieweit die aktuelle politische Weltökonomie, die etwa im
Weltsystemansatz (z. B. Wallerstein 1974) als ausgesprochen starres System konzipiert wird, überhaupt Angriffsfläche für emanzipatorische Anliegen bietet.

Forschungsmethoden

In den empirischen Untersuchungen stützt sich dieses Buch sowohl auf quantitative als auch auf qualitative Forschungsmethoden. Die Analyse der politischen
Einstellungen unter den Teilnehmer/innen des Weltsozialforums ist quantitativ
angelegt. Es handelt sich um die Auswertung einer standardisierten schriftlichen
Befragung mit (mehrheitlich) geschlossenen Antwortvorgaben. Die Fallstudie
zur *Alianza Social Continental* hingegen ist ethnographisch angelegt und beruht

auf teilnehmenden Beobachtungen an zwei internationalen Treffen der ASC im Jahr 2005, auf der qualitativen Analyse von Positionspapieren sowie vor allem auf informellen Gesprächen und semi-standardisierten Interviews mit Mitarbeiter/innen des operativen Sekretariats in Sao Paolo, mit Delegierten des Koordinationskomitees und mit Delegierten der von der ASC initiierten Kampagne gegen den panamerikanischen Freihandel, der *Campaña Hemisférica de Lucha contra el ALCA*. Die befragten Personen stammen aus Argentinien, Brasilien, Mexiko, Kanada und den USA. Sämtliche Interviews wurden jeweils in der Muttersprache oder der von den Befragten gewählten Präferenzsprache geführt.

Ergänzt werden diese Untersuchungen zur *Alianza Social Continental* durch die Ergebnisse einer insgesamt drei Monate dauernden Feldstudie bei der argentinischen Koalitionspartnerin der ASC, der *Autoconvocatoria No al ALCA*. Auch hier widerspiegeln die analysierten Daten dreierlei qualitative Erhebungsmethoden: die regelmäßige teilnehmende Beobachtung in den wöchentlichen Koordinationstreffen, diverse informelle Gespräche (ohne Bandaufzeichnungen) und rund ein Dutzend semi-strukturierter Interviews mit Aktivist/innen. Die befragten Personen stammen hier aus der Hauptstadt Buenos Aires, aus den verarmten bonaerensischen Vororten und aus Provinzstädten wie Santa Fe, Rosario und Mar del Plata. Eine detaillierte Übersicht über das methodische Vorgehen bei der quantitativen Umfrage am Weltsozialeforum und der Ethnographie zur ASC findet sich im Anhang.

Überblick

Dieses Buch setzt sich aus zwölf Kapiteln zusammen. Auf die Einleitung folgt zunächst das konzeptionell ausgerichtete zweite Kapitel, das verschiedene Grundbegriffe der Forschung zu sozialen Bewegungen und (transnationalen) Bewegungskoalitionen klärt. Daran anschließend werden im dritten Kapitel die wichtigsten theoretischen und empirischen Befunde der Forschung zur Entstehung und Dynamik von sozialen Bewegungen im allgemeinen, sowie im vierten Kapitel von nationalen und transnationalen Bewegungskoalitionen vorgestellt. Diese Befunde dienen im weiteren Verlauf des Buches als theoretischer Leitfaden für die Analyse der empirisch-quantitativen Umfrageergebnisse zu den Weltsozialforen 2005 und 2007 sowie als Interpretationshilfen für die Ergebnisse der qualitativen Fallstudie zur ASC.

Das sechste Kapitel geht der Frage nach, wie sich Widersprüche in der politischen Ökonomie des modernen Weltsystems in Handlungschancen für progressive zivilgesellschaftliche Akteure übersetzen, zugleich aber in deren transnationalen Koalitionen interne Ungleichheiten und strategische Dilemmata erzeugen. Dabei kommen nicht zuletzt der Weltsystemansatz in der ursprünglichen Fassung von

Immanuel Wallerstein und der *World Polity*-Ansatz zur Sprache. Die Theorie der Wahl, um Weltordnungsprozesse und die globalsoziologische Bedeutung transnationaler Bewegungskoalitionen zu analysieren, ist indes der Neogramscianismus, wie ihn insbesondere R. W. Cox (1981, 1983, 1987) und Stephen Gill (1990, Gill und Law 1988) vertreten. Dieser geht davon aus, dass Weltordnungen sich nur dann langfristig halten können, wenn sie im Bereich der Kultur über die notwendige Hegemonie verfügen. Hegemonie wird mit anderen Worten als ein multidimensionales Phänomen verstanden, das neben einer wirtschaftlich-militärischen Machtkomponente auch kulturelle Legitimität umfasst.

Die aktuelle neoliberale Weltordnung ist, so eine zentrale These dieses Buches, in eine hegemoniale Krise geraten. Nicht zuletzt dank der Kritik sozialer Bewegungen an der wachsenden globalen Ungleichheit – und dank der jüngsten Finanzkrise – gilt sie nicht länger als die beste aller denkbaren Ordnungen. Das heißt: Für die emanzipatorischen Anliegen linksprogressiver Bewegungen dürften die historischen Durchsetzungschancen deutlich besser stehen als noch vor zwei oder drei Jahrzehnten. Gleichzeitig wird im sechsten Kapitel aber auch deutlich, wie sehr sich die bestehenden globalen Ungleichheiten in die transnationalen sozialen Bewegungen hinein übersetzen und dort für eine Ungleichverteilung der Partizipationsmöglichkeiten sorgen.

Im siebten Kapitel wird deshalb empirisch untersucht, inwieweit zivilgesellschaftliche Akteure, die einen privilegierten Zugang zu wichtigen Bewegungsressourcen (Information, Geld, politischer Einfluss usw.) genießen, hinsichtlich ihrer politischen Zielsetzungen von anderen Akteuren abweichen. Es geht hier mit anderen Worten um Unterschiede in den politischen und strategischen Präferenzen zwischen fremdfinanzierten Nichtregierungsorganisationen, selbstfinanzierten Basisbewegungen und Gewerkschaften sowie zwischen Akteuren aus dem globalen Norden und solchen aus dem Süden – untersucht am Beispiel der Teilnehmer/innen der beiden Weltsozialforen von 2005 im Porto Alegre und 2007 in Nairobi.

Der umfangreichste Teil des Buches schließlich dreht sich um die *Alianza Social Continental*. Diese transnationale Koalition von Bewegungen, Gewerkschaften und Nichtregierungsorganisationen hat seit über zwölf Jahren Bestand und erzielte auch bereits einige politische Durchbrüche. Sie kann daher durchaus als Erfolgsbeispiel transnationaler Koalitionsbildung gelten und vielleicht auch als Vorbild für andere solche Koalitionen. Nach einem detaillierten Überblick über die Entstehungsgeschichte und Organisationsstruktur der Koalition im achten Kapitel wird im neunten Kapitel zunächst einmal untersucht, welche Kohäsionsfaktoren und strategischen Entscheidungen diesen Erfolg ermöglicht haben und was andere Bewegungen aus den Erfahrungen der ASC lernen können.

Das zehnte Kapitel hingegen macht deutlich, dass die ASC – trotz aller Erfolge – unter einem Partizipationsdefizit auf der Ebene der nationalen Teilgruppierungen leidet. Die nationalen Koordinationstreffen von ASC-Mitgliedern wie der argentinischen *Autoconvocatoria No al ALCA* sind zwar als offene Foren konzipiert und folgen den Prinzipien der deliberativ-partizipativen Konsensdemokratie, doch liegt gerade in der Kombination aus Offenheit und konsensorientierter Deliberation beträchtliches Spannungspotential. Zumal die nationalen Koordinationstreffen meist in Metropolen wie Buenos Aires, São Paolo oder Mexiko City stattfinden, bleiben sie für die meisten Aktivist/innen, die in ländlichen und kleinstädtischen Gebieten leben, unerreichbar. Die Entscheidfindungsprozesse der nationalen ASC-Teilgruppen leiden daher unter einem klaren Großstadt-Bias und werden von Aktivist/innen des Hinterlandes als diskriminierend empfunden.

Für weitere Spannungen in der ASC sorgt schließlich das vermehrte Aufkommen lateinamerikanischer Mitte-Links-Regierungen, dem sich das elfte Kapitel widmet. So ist für viele Mitglieder der ASC klar, dass diese Regierungen zivilgesellschaftliche Unterstützung brauchen. Nur mit Hilfe von sozialen Bewegungen, Gewerkschaften und NGOs könnten diese Regierungen, so wird argumentiert, ihre Reformpläne angemessen vorantreiben. Eine Mehrheit der ASC-Mitglieder optiert jedoch für eine Politik der Distanz. Für sie geht der Bruch mit dem neoliberalen Wirtschaftsmodell, den diese Regierungen oft nur rhetorisch vertreten, zuwenig weit. Zudem fürchten sie, dass die engere Zusammenarbeit mit Regierungsvertreter/innen einen Verlust an Autonomie und Legitimität bewirken würde. Interne Streitigkeiten zwischen Vertreter/innen dieser beiden Gegenpositionen haben indes in verschiedenen Mitgliedergruppen der ASC zu Spaltungen und beträchtlichen Lähmungserscheinungen geführt. Sie lassen erahnen, wie eine progressive, aber unvollständige Reform des aktuellen *Global Governance*-Systems Spaltungen in der globalisierungskritischen Bewegung insgesamt auslösen könnte. Linksprogressive TSMCs wie die *Alianza Social Continental* können zwar, dies macht das zusammenfassende zwölfte Kapitel deutlich, als die Grundbausteine eines anti-neoliberalen gegenhegemonialen Blocks gelten, doch ist ein solcher Block vorderhand erst in Konturen vorhanden – und fragil.

2 Grundbegriffe

Neben der Soziologie beschäftigen sich nicht zuletzt auch die Politikwissenschaften, die Sozialpsychologie und die *cultural studies* regelmäßig mit sozialen Bewegungen. Die Fragestellungen, Begrifflichkeiten und konzeptionellen Zugänge dieser verschiedenen Disziplinen unterscheiden sich allerdings beträchtlich voneinander. Zum Begriff der sozialen Bewegung herrscht in der einschlägigen Literatur ein eigentliches Definitionschaos. R. Cohen und Rai (2000: 1) stellen lakonisch fest, es gebe kaum ein gesellschaftliches Phänomen, das nicht irgendwann einmal zur Erscheinungsform einer sozialen Bewegung zurechtdefiniert worden wäre:

> „[S]cholars [have] over-reached themselves to include fraternities, youth groups, political parties, sects, nudists, voluntary associations, guerrilla organisations, cool jazz or beat literature – all under the rubric of ‚social movements.'"

Was also ist in diesem Buch mit sozialen Bewegungen gemeint? Und wie unterscheiden sich Bewegungskoalitionen von anderen Formen des transnationalen politischen Aktivismus? Dies sind die Fragen, die in diesem Kapitel geklärt werden sollen.

2.1 Soziale Bewegungen

Jüngere Studien berufen sich bei der Definition von sozialen Bewegungen vielfach auf das Lehrbuch „Social Movements: An Introduction" von Della Porta und Diani (1999). Soziale Bewegungen werden darin als kollektive Anstrengungen von personalen Netzwerken konzipiert, die mehr als nur die Belegschaft und Mitglieder einer einzigen formalen Organisation umfassen. Zu den Kohäsionskräften, welche die beteiligten Personen zusammenhalten, gehören gemeinsame Wertvorstellungen, Normen und die kollektive Solidarität. Die politischen Anstrengungen richten sich auf gesellschaftlich umstrittene Themen. Außerdem beinhaltet das Aktionsrepertoire dieser kollektiven Anstrengungen (hauptsächlich) Proteste. Kurz gefasst sind Bewegungen in dieser Sicht also:

> „(1) informal networks, based (2) on shared beliefs and solidarity, which mobilize about (3) conflictual issues, through (4) the frequent use of various forms of protest." (Della Porta und Diani 1999: 16)

Das Problem dieser Definition ist allerdings, dass sie einen ausgesprochen weit gefassten Geltungsbereich hat. Sie schließt neben langfristigen Bewegungen auch kurzfristige Protestepisoden ein, in denen sich die Beteiligten gegen Probleme von geringer gesellschaftlicher Tragweite – z. B. eine neue Umfahrungsstrasse oder die Lärmemissionen eines Flughafens – richten. Damit riskiert sie, Phänomene mit unterschiedlichen Ursachen und Konsequenzen unter einem einzigen Begriff zu vereinen.

Hier wird stattdessen ein vergleichsweise enger Bewegungsbegriff vertreten, der mit McCarthy (1997) auch auf das Merkmal der Dauerhaftigkeit abstellt. Außerdem werden nur solche kollektiven Akteure zu den sozialen Bewegungen gezählt, die sich für oder gegen einen *grundlegenden* gesellschaftlichen Wandel einsetzen (R. Cohen und Rai 2000: 3). Als soziale Bewegungen sollen somit – in enger Anlehnung an die Definition von Raschke (1988: 77) – Netzwerke von Personen gelten, welche i) sich selbst als Gruppe begreifen, ii) das Ziel verfolgen, grundlegenden sozialen Wandel zu bewirken, zu verhindern oder umzukehren und iii) deren Kollektiv eine geringe interne Rollenspezifikation aufweist.

So definiert unterscheiden sich soziale Bewegungen von politischen Parteien und anderen Einzelorganisationen dadurch, dass sie einen geringeren Grad an formaler Institutionalisierung aufweisen. Soziale Bewegungen mögen zwar durchaus formale Organisationen enthalten, die für das Überleben der Bewegung eine wichtige Rolle spielen, doch umfassen sie auch informell beteiligte Anhänger/innen, die keine klar ausdifferenzierten Rollen wahrnehmen. Über eine formale Mitgliedschaft in einer zivilgesellschaftlichen Organisation hinaus sind in Bewegungen sehr verschiedene, sogar wechselnde oder sich gegenseitig überschneidende Formen der Partizipation möglich (J. Smith et al. 1997b: bes. 61).

Von subkulturellen Szenen oder Milieus können soziale Bewegungen dadurch abgegrenzt werden, dass die Aktivitäten ihrer Anhänger/innen politisch motiviert sind und sich an den sozialen Verhältnissen in der Gesamtgesellschaft orientieren. Wenngleich Bewegungen *auch* Subkulturen ausbilden oder aus gegenkulturellen Szenen hervorgehen, streben die Anhänger/innen also einen Wandel an, der mehr als nur ihren persönlichen Lebensvollzug betrifft.

Nichtsdestotrotz sind Bewegungen symbolisch hoch integriert – etwa über Kleidungsstile, gemeinsame Umgangsformen und Sprachregelungen – und weisen ein starkes Zusammengehörigkeitsgefühl auf, das sich nicht zuletzt in Gruppensolidarität äussert und opportunistisches Verhalten erschwert (Gamson 1992a, Polletta und Jasper 2001, Simon und Klandermans 2001, Klandermans et al. 2002, Stürmer et al. 2003, kritisch: McDonald 2002). Wundert sich also Olson (1965), ein Anhänger des *Rational Choice*-Paradigmas, warum sich die Aktivist/innen sozialer Bewegungen für Ziele einsetzen, die auch unbeteiligten Trittbrettfahrer/innen nützen, ist diese Frage für Bewegungsforscher/innen in der Sozialpsychologie leicht zu beantworten: Mit der Integration in einen Solidarverbund verbinden sich auch Handlungsanreize und Gratifikationen, die über die unmittelbar politisch-instrumentellen Ziele hinausgehen.

Aktionsrepertoires

Die Aktionsformen sozialer Bewegungen umfassen McCarthy (1997: 244) zufolge neben sogenannten unkonventionellen Protestaktionen wie Strassenblockaden, Häuserbesetzungen, Streiks und (unbewilligten) Massendemonstrationen auch herkömmlichere politische Mittel wie Unterschriftensammlungen, Standaktionen, Schulungsveranstaltungen, Leserbriefkampagnen Pressemitteilungen und Lobbying. Die Wahl der Mittel ist freilich weder willkürlich, noch beliebig veränderbar. Wie Charles Tilly bereits in den 1970er Jahren (z. B. Tilly 1978) aufzeigen konnte, verfügt vielmehr jede Bewegung über ein spezifisches Repertoire von Aktionsformen (ein „repertoire of contention"), auf die sie regelmäßig zurückgreift. Solche Repertoires ergeben sich ursprünglich aus der Auseinandersetzung mit externen Zwängen und strukturell bedingten Handlungschancen, gerinnen aber mit der Zeit für die betreffende Bewegung zu einem Element der kollektiven Identität (vgl. Polletta und Jasper 2001: 292 ff.). In der Zusammenarbeit verschiedener Bewegungen kann das Aufeinandertreffen unterschiedlicher Repertoires daher zu gegenseitiger strategischer Befruchtung und zu Innovationen, aber auch zu Spannungen und Identitätskonflikten führen.

Strategische Divergenzen ergeben sich nicht zuletzt zwischen solchen Bewegungen, die sich in ihrem Aktionsrepertoire vornehmlich konventioneller politischer Partizipationsformen bedienen, und solchen, die hauptsächlich auf außergewöhnliche Aktionen und zivilen Ungehorsam abstellen. In der vorliegenden Arbeit sollen jedoch nur solche Gruppen als Bewegungen gefasst werden, deren Aktionsrepertoires zum Teil auch unkonventionelle Aktionsformen und zivilen Ungehorsam enthalten (vgl. auch Wilson 1973: 8, zit. in R. Cohen und Rai 2000: 3, McCarthy 1997: 244, Tarrow 2002: bes. 9, Diani und Bison 2004). Reine Lobbyorganisationen oder Hilfswerke sind demnach aus dem Begriff der sozialen Bewegung ausgeschlossen.

Ebenfalls aus dem hier vertretenen Bewegungsbegriff ausgeschlossen sind Gruppen, zu deren Aktionsrepertoire neben Sachbeschädigungen auch direkte und indirekte körperliche Gewalt gehören, insbesondere also terroristische Gruppierungen. Diese dürften in ihrer Entstehung und Entwicklung anderen Gesetzmäßigkeiten folgen als Gruppen, für welche die körperliche Unversehrtheit als unantastbares Gut gilt (Gosewinkel et al. 2004).

Organisationsformen

Für häufige Spannungen unter den Anhänger/innen einer Bewegung sorgt auch die Frage nach dem strategisch notwendigen Strukturierungsgrad und der Rolle von formalen Organisationen. So gehört zwar ein gewisses Maß an Informalität mit zu den Grundmerkmalen von Bewegungen, doch können mehr oder weniger stark formalisierte Organisationen durchaus Bestandteil einer Bewegung sein. Wie Jackie Smith und ihre Co-Autoren in der Tradition des Ressourcenmobilisierungsansatzes festhalten, kommen formalen Organisationen als Trägergruppen in der Entstehung und Entwicklung von Massenbewegungen sogar ausgesprochen wichtige Funktionen zu:

> „They are the principal carriers of social movements insofar as they mobilize new human and material resources, activating and coordinating strategic action throughout ebbs and flows of movement energy. They may link various elements of social movements, although their effectiveness in coordinating movement activities varies greatly according to patterns of organization and participation." (J. Smith et al. 1997b: 60 f.)

In solchen Bewegungskreisen, die großen Wert auf Prinzipien wie Basisdemokratie und Massenpartizipation legen, geraten jedoch formale Organisationen oft ins Kreuzfeuer der Kritik. Da sie in der Regel über einen Kern von professionellen Mitarbeiter/innen verfügen, haben solche Organisationen im Vergleich zu den Basisaktivist/innen einer Bewegung besseren Zugang zu relevanten Informationen, eine stärkere numerische Präsenz an Koordinationstreffen und besser geschulte rhetorische Fertigkeiten. Basisaktivist/innen werfen deshalb den organisierten Akteuren zuweilen vor, die jeweilige Bewegung zu dominieren (vgl. z. B. Batliwala 2002). Außerdem wird organisierten Akteuren immer wieder unterstellt, einen allzu mäßigenden Einfluss auf die Zielsetzungen der Bewegung zu haben. Formale Organisationen würden, so der Vorwurf, oft mehr Gewicht auf kurzfristige und reformistische Anliegen (z. B. die Aufnahme von Sozialklauseln in Freihandelsverträge) als auf langfristige und radikalere Forderungen (z. B. den völligen Stopp von Freihandelsverhandlungen bis hin zur Abschaffung des Kapitalismus) legen (vgl. z. B. Roy 2004).

Der Vorwurf der Mäßigung bezieht sich allerdings in erster Linie auf solche Organisationen, die sich primär über Spendenbeiträge von Nicht-Anhängern wie Stiftungen, Firmen und Staatsagenturen finanzieren und diesen Sponsoren gegenüber rechenschaftspflichtig sind. Organisationen, die sich nur aus (finanziellen und nicht-finanziellen) Beiträgen von Aktivmitgliedern speisen, sollen darum hier konzeptionell unterschieden werden von Organisationen, die signifikante Fremdbeiträge erhalten. Zur klareren sprachlichen Abgrenzung werden erstere als „Basisgruppen," „Graswurzelbewegungen" oder SMOs (*social movement organizations*) bezeichnet, letztere hingegen als „bewegungsaffine Nichtregierungsorganisationen" oder etwas salopp nur als NGOs (*non-governmental organizations*). Mit dieser Sprachregelung orientiert sich die vorliegende Arbeit an den Begrifflichkeiten linksprogressiver Basisaktivist/innen, welche die angebliche Ent-radikalisierung von Bewegungsanliegen durch professionalisierte, extern finanzierte Organisationen meist unter der Rubrik der „NGO-isierung" verhandeln (vgl. Roy 2004).[1]

2.2   (Transnationale) Bewegungskoalitionen

Koalitionen aus unterschiedlichen Bewegungen und anderen zivilgesellschaftlichen Akteuren werden hier im Vordergrund der Untersuchung stehen. Sie dienen nach Levi und Murphy (2006: 654) der zweckorientierten Zusammenarbeit von Gruppen, die untereinander gewisse Ressourcen teilen, gleichzeitig aber ihre organisationelle und strategische Autonomie bewahren:

> „Coalitions of social movement organizations are collaborative, means-oriented arrangements that permit distinct organizational entities to pool resources in order to effect change. They have rules for resolving conflict and defining membership."

Wie auch Meyer und Corrigal-Brown (2005: 329 f.) deutlich machen, kann jedoch eine solche Zusammenarbeit je nach Fall sehr unterschiedliche Zeithorizonte aufweisen. Sie kann sich einerseits auf die Organisation einer einzelnen Protestaktion oder Kampagne, andererseits der langfristigen Koordination einer Vielzahl von Aktivitäten dienen, mit denen verschiedene, breit gefasste Anliegen

---

[1] Unter der Bezeichnung „linksprogressiv" sollen hier sämtliche Akteure und politischen Ideen zusammengefasst werden, welche sich i) an den Grundprinzipien der Chancengleichheit und des sozialen Ausgleichs (konkret: der Einbindung wirtschaftlicher Prozesse in die Gewährleistung gesamtgesellschaftlichen Wohlergehens) orientieren und die ii) für die *weltweite* Umsetzung dieser Prinzipien optieren. Konkrete linksprogressive Anliegen sind etwa die partizipativ-deliberative politische Willensbildung, der Minderheitenschutz, die ökologische Nachhaltigkeit und die demokratische Kontrolle über wirtschaftliche Prozesse. Die Bezeichnung „radikal" hingegen soll sich – in Abgrenzung von der aktuellen journalistischen Begriffsverwendung – nicht auf die Aktionsformen von Bewegungen („unkonventionell" beziehungsweise „gewaltbereit") beziehen, sondern auf deren Ziele und politische Strategien. Als radikal gelten hier Akteure, die im Gegensatz zu reformistischen Kräften nicht nur gegen einzelne, aus ihrem Kontext herausgelöste Probleme wie Kinderarbeit oder Landminen kämpfen und nicht nur entsprechende *Policy*-Änderungen (z. B. ein weltweites Verbot der Kinderarbeit oder ein Verbot von Landminen) anstreben, sondern sich gegen die sozialen (politischen, wirtschaftlichen und kulturellen) Strukturen richten, aus denen heraus diese Probleme überhaupt erst entstehen.

verfolgt werden. Levi und Murphy unterscheiden daher weiter zwischen kurzfristigen „event coalitions" (bei Staggenborg 1986 auch als „ad hoc coalitions"
bezeichnet) und „enduring coalitions" mit langfristigen Zielen:

> „Coalitions are created for different purposes, from different initial configurations
> of actors and with different kinds of rules. We recognize two general types of coa-
> litions: Event coalitions are short-lived, created for a particular protest or lobbying
> event. (...) No consensus on long-term goals or strategies is necessary, but event
> coalitions may require some sacrifice of organizational autonomy. (...) Enduring
> coalitions entail long-term cooperation with chosen partners. Enduring coalitions
> are more formally structured than event coalitions. They often establish founding
> principles, substantially pool resources and develop a mechanism for leadership se-
> lection." (Levi und Murphy 2006: 655)

Die vorliegende Arbeit verdeutlicht die Unterscheidung von kurzfristigen und
langfristigen Koalitionen begrifflich, indem kurzfristig angelegte „event coalitions" fortan nur noch als Allianzen oder – noch deutlicher – als Ad-hoc-Allianzen bezeichnet werden. Ist hingegen von Koalitionen die Rede, sind nur solche
Kooperationsformen gemeint, mit denen sich die Absicht einer langfristigen Zusammenarbeit verbindet. Als transnational sollen dabei Gruppierungen gelten,
deren Anhänger/innen in mindestens zwei verschiedenen Ländern wohnhaft
sind. Das Attribut „international" hingegen bleibt reserviert für Beziehungen
zwischen den Repräsentanten und offiziellen Organen von Nationalstaaten (vgl.
Sklair 2001: 2).[2]

---

[2] Wie häufig eigentliche transnationale Bewegungen, die über eine ausgeprägte kollektive Identität
verfügen, empirisch vorkommen, ist strittig. So handelt es sich für Tarrow bei den Aktivist/innen
dessen, was von verschiedenen Autor/innen als transnationale oder globale Zivilgesellschaft bezeichnet wird (z. B. Anheier et al. 2001, Katz 2007, J. Smith und Wiest 2005, kritisch: Anderson und
Rieff 2004, Chandhoke 2002, 2003, 2005) in der Regel um „rooted cosmopolitans" (Tarrow 2002,
2005a) – um Personen also, die zwar das Wohlergehen der gesamten Menschheit anstreben, sich
jedoch weiterhin zur Hauptsache mit Gruppen und Organisationen identifizieren, die primär auf der
lokalen und der nationalen Ebene operieren. In diesem Sinne würden sich viele vermeintliche globale oder transnationale soziale Bewegungen bei genauerem Hinsehen als Koalitionen aus vergleichsweise eigenständigen Einheiten mit je einer eigenen kollektiven Identität und Organisationsstruktur
entpuppen. Verschiedene andere Autoren machen jedoch deutlich, dass personale und soziale Identitäten dynamische und vor allem vielschichtige Phänomene sind, also eine gleichzeitige Identifikation des Individuums mit verschiedenen Gruppen zulassen. Entsprechend weisen della Porta
et al. (2006) in Umfragen an westeuropäischen Globalisierungsprotesten nach, dass sich die Teil-
nehmer/innen zwar größtenteils mit den lokal und national operierenden Bewegungsorganisationen
identifizieren, aus denen heraus sie mobilisiert worden sind, zugleich aber auch mit der weltweiten
Globalisierungskritik als Ganzes identifiziert sind. Der weltweite Strom globalisierungskritischer
Bewegungen ist somit als mehr nur ein Netzwerk von transnationalen Bewegungskoalitionen, sondern kann durchaus als „Bewegung von Bewegungen" bezeichnet werden. Außerdem lässt sich aus

Weitere Formen des transnationalen Aktivismus

Transnationale zivilgesellschaftliche Koalitionen können abgegrenzt werden von
den in der Literatur oft auch als INGOs oder TSMOs (*transnational social movement organizations*) bezeichneten transnationalen Nichtregierungsorganisationen
wie *Greenpeace, World Wildlife Fund* oder *Oxfam*.[3] Letztere stellen insofern keine
Koalitionen dar, als die in verschiedenen Länder tätigen Filialen ähnlich wie die
Tochterfirmen der transnationalen Wirtschaftsunternehmen einer zentralisierten
Hierarchie unterstehen und integrale Bestandteile einer organisationellen Einheit
bilden. Der höhere formale Organisationsgrad transnationaler NGOs äußert sich
nicht zuletzt in einem höheren Ausmaß an Abhängigkeit der lokalen und regionalen Filialabteilungen von der Gesamtorganisation und ihrer Geschäftsleitung.[4] In
Koalitionen hingegen behalten die beteiligten Gruppen und Organisationen ihre
Autonomie so weit bei, dass sie selbst bei einem Auseinanderfallen des Zusam-
menschlusses weitgehend unverändert weiterbestehen könnten.

Ein konzeptioneller Unterschied zwischen Bewegungskoalitionen und den
zuweilen auch als TANs (*transnational advocacy networks*, siehe v. a. Keck und
Sikkink 1998, 1999, Sikkink 2003) bezeichneten transnationalen Solidaritätsnetzwerken ergibt sich hingegen durch die je unterschiedliche Betroffenheitsstruktur.
Solidaritätsnetzwerke sind in der bisherigen Forschungsliteratur vergleichsweise häufig thematisiert worden (z. B. Bendaña 2006, Kraemer 2007, Olesen 2004,

---

den Befunden von della Porta et al. ableiten, dass Koalitionen von sozialen Bewegungen ebenfalls
Möglichkeiten zur Herausbildung kollektiver Identitäten bieten: Bewegungskoalitionen bleiben Koalitionen, solange sich die beteiligten Personen *primär* mit einer der verschiedenen Teilgruppen
identifizieren, doch dürfte sich die Zusammenarbeit belastbarer und dauerhafter ausfallen, wenn die
Aktivist/innen daneben *auch* mit der Koalition als Ganzes identifiziert sind.

[3] Weil sich dazu in den Datenbanken der *Union of International Associations* (UIA) sehr ausführ-
liche Dokumentationen finden, sind solche hochinstitutionalisierten und überwiegend auch hierarchisch strukturierten Organisationen in der Literatur zur sogenannten globalen Zivilgesellschaft
bereits sehr häufig untersucht worden (J. Smith et al. 1997b, J. Smith und Wiest 2005, Wiest und
J. Smith 2007, Boli und Thomas 1997a). Wie Tarrow (2002) zurecht festhält, sind jedoch viele der von
der UIA erfassten Organisationen auf konventionelle politische Aktionsformen und auf Entwicklungshilfe spezialisiert, ohne dass sie sich je an unkonventionellen Protesten beteiligen. Die Bezeichnung als *Bewegungs*organisation ist mithin irreführend: „A curious disjunction marks the emerging
field of transnational contention: between the allusion to disruptive collective action in the titles of
many seminal works in the field (e. g. ‚Global Social Movements‘, ‚Transnational Resistance‘) and
the objects of much of the research – non-governmental organizations which patiently lobby international institutions and carry out service activities and information advocacy" (Tarrow 2002: 9).

[4] Das Auseinanderfallen einer transnationalen NGO wie *Greenpeace* würde mithin auch für die
Untereinheiten – *Greenpeace Schweiz, Greenpeace Deutschland* usw. – das Ende bedeuten oder
zumindest eine maßgebliche Neuausrichtung erfordern. Schließlich hängen die Sponsorengelder
und auch der politische Einfluss dieser Einheiten nicht zuletzt von der Ausstrahlungskraft der Gesamtorganisation als einer globalen „Marke" ab.

Schulz 1998, Stewart 2004), doch wie Olesen (2004) und im Anschluss an ihn auch Reitan (2007) festhalten, macht es für die Dynamik transnationaler Zusammenschlüsse durchaus einen Unterschied, ob die Beteiligten gegen ein Problem kämpfen, von dem eine Mehrheit unmittelbar betroffen ist, oder ob – wie im Falle von Solidaritätsnetzwerken – für viele Beteiligte der Kampf einen prinzipiellen und vornehmlich ideellen Charakter hat. So zeichnen sich Koalitionen von Direktbetroffenen gemäß Reitan (2007) durch Interdependenz und reziproke Solidarität aus, während sich in Solidaritätsnetzwerken zwischen Problembetroffenen und ihren „Advokaten" (oder „Helfern") die Grundkonstellation durch Ungleichheit und einseitige Abhängigkeit auszeichnet. Zumal für die „Helfer" die Kosten bei einem Austritt aus der Zusammenarbeit geringer sein dürften als für Direktbetroffene, ist im Konfliktfall die Verhandlungsposition der Problembetroffenen ungleich schwächer.

„Betroffenheit" und der damit einhergehende Leidensdruck sind allerdings keine objektiven Tatsachen, sondern sozial konstruiert oder zumindest kollektiv zu interpretieren. Der *Framing*-Ansatz betont sehr deutlich, dass über Prozesse der *frame amplification* und des *frame bridging* soziale Begebenheiten so gedeutet werden können, dass sich zwei Gruppen mit ursprünglich getrennt konzipierten Anliegen schließlich als Leidtragende desselben übergeordneten Hauptproblems sehen. Wenn also in der vorliegenden Arbeit ebenfalls zwischen verschiedenen Formen der Betroffenheit unterschieden wird, dann stellt die Unterscheidung in Abgrenzung von Reitan (2007) nicht auf die äußerlich messbaren Effekte bestimmter Problemlagen ab, sondern auf deren kollektiv interpretierte Wahrnehmung. Der Begriff der Koalition soll sich auf solche Arrangements beziehen, bei denen sich die Mehrheit der Beteiligten selbst als Leidtragende desselben Problems (oder im Minimum als indirekte Leidtragende derselben Problemursache) verstehen. Von Solidaritätsnetzwerken soll hingegen dann die Rede sein, wenn sich ein maßgeblicher Teil der Beteiligten nicht oder nur marginal als Leidtragende des zur Debatte stehenden Problems begreifen und stattdessen als Advokaten der Betroffenen auftreten.

3   Theorieansätze der Bewegungsforschung

Wie jeder andere Zweig der Sozialwissenschaften ist auch die Beschäftigung mit sozialen Bewegungen von den jeweils aktuellen gesellschaftlichen Entwicklungen geprägt. Die theoretischen Ansätze, die in der ersten Hälfte des zwanzigsten Jahrhunderts entstanden, widerspiegeln die Erfahrungen der Arbeiter/innen-Bewegung und des Faschismus, während sich die Theoretiker/innen der späten 1960er Jahre vor die Aufgabe gestellt sahen, Studentenrevolten, das Hippietum oder Friedensmärsche zu erklären. Die Forschung zu sozialen Bewegungen hat daher eine vielfältige, von unterschiedlichen Paradigmen geprägte Literatur hervorgebracht (Della Porta und Diani 1999, Neidhardt und Rucht 1991, vgl. auch Marx und Wood 1975, McAdam et. al 1988).

Grob können in dieser Literatur fünf Gruppen von Ansätzen unterschieden werden, die je unterschiedliche Forschungsfragen verfolgen (vgl. Della Porta und Diani 1999, Neidhardt und Rucht 1991):

- die frühen sozialpsychologischen Ansätze und das *Collective Behavior*-Paradigma, welche bis in die 1960er Jahre die Forschung dominierten,
- die Ressourcenmobilisierungsansatz (RM-Ansatz), der in den 1970er Jahren führend wurde,
- das *Political Process*-Modell (PP-Modell),
- der *Framing*-Ansatz,
- der Ansatz der neuen sozialen Bewegungen (NSM: *New Social Movements*).[1]

Für jeden dieser fünf Ansätze lassen sich je einige Grundthemen ausmachen. So untersuchen etwa die frühen sozialpsychologische Studien und der *Collective Behavior*-Ansatz, wie soziale Bewegungen als Massenphänomene auf rasche Veränderungen gewohnter sozialer Ordnungen und das Versagen von etablierten Normen reagieren. Zudem liegt der theoretische und empirische Fokus meist auf

---

[1] Die ersten vier Theorieansätze sind vorwiegend US-amerikanischer Herkunft, während sich der fünfte Ansatz zunächst in Europa entwickelte (Della Porta und Diani 1999, Tarrow 1988). Allerdings ist festzuhalten, dass die Einteilung in die genannten fünf Ansätze idealtypischen Charakter hat. Die jeweiligen theoretischen Perspektiven sind in sich heterogen, und es existieren Wechselwirkungen und Konvergenzen zwischen den Ansätzen; die Grenzen sind also fließend. Außerdem haben einzelne Autor/innen im Lauf der Zeit ihre Positionen modifiziert und müssen darum mehreren Ansätzen gleichzeitig zugerechnet werden (Della Porta und Diani 1999, Neidhardt und Rucht 1991).

der Teilnahmemotivation der beteiligten Individuen und auf Gruppendynamiken, nicht jedoch auf dem makrosoziologischen Umfeld (vgl. Aveni 1977, Jenkins 1983, Marx and Wood 1975: 365). Der Ressourcenmobilisierungs-Ansatz betrifft hingegen die Frage, mit welchen strategischen und organisatorischen Mitteln soziale Bewegungen als rationale kollektive Akteure bestimmte Ziele verfolgen, während das *Political Process*-Modell sich mit der wechselseitigen Beziehung zwischen Bewegungen und den Strukturen des institutionellen Umfelds beschäftigt. Der sozialkonstruktivistisch ausgerichtete *Framing*-Ansatz wiederum untersucht hauptsächlich die kollektiven Interpretationsleistungen der sozialen Bewegungen. Der *New Social Movements*-Ansatz schließlich analysiert die Implikationen des Übergangs von der industriellen zur post-industriellen Gesellschaft, leitet mitunter aber auch eine Rückbesinnung auf sozialpsychologische Konzepte wie dasjenige der kollektiven Identität ein.

3.1   „Collective behavior"-Ansätze

Der Begriff des kollektiven Verhaltens (*collective behavior*) ist nicht nur das zentrale theoretische Konzept verschiedener früher bewegungstheoretischer Ansätze, sondern auch der Sammelbegriff, unter dem diese insgesamt heterogenen Ansätze in der Regel zusammengefasst werden. Zu den *Collective behavior*-Ansätzen im weiteren Sinne gehören neben den Massentheorien in der Makrosoziologie und der identitätszentrierten Sozialpsychologie diejenigen Ansätze, die soziale Bewegungen als Ausdruck von relativer Deprivation und entsprechender Frustration ansehen. Den *Collective Behavior*-Ansatz im engeren Sinne vertreten die Interaktionisten der sogenannten Chicago School (Park 1967, Park und Burgess 1921, Blumer 1949 [1946], 1955, 1957, 1971), dann Turner und Killian (Killian 1984, Turner 1964, 1969, Turner und Killian 1987 [1957]) und schließlich auch Smelser (1967 [1962]), letzterer unter Rückgriff auf die anomietheoretischen Arbeiten von Merton (z. B. 1938).

Gemeinsam ist diesen Ansätzen, dass sie auf die Grundannahmen des im späten 19. Jahrhundert entstandenen massenpsychologischen Werks von Gustave Le Bon abstellen (Le Bon: o.J. [1895]), indem sie soziale Bewegungen ähnlich wie Lynchmobs oder Massenpaniken als unkonventionelle, meist spontan entstehende Ereignisse mit geradezu hypnotischer Gruppendynamik sehen. Was die Teilnahme in sozialen Bewegungen für viele Menschen so attraktiv erscheinen lässt, so die frühesten Forschungsansätze, ist die Möglichkeit, aus dem Alltag hinauszutreten und das bewusste, sozialisierte Selbst hinter sich zurück zu lassen. Der einzelne Mensch verliert in Protestbewegungen nicht nur die Kritikfähigkeit und wird übermäßig beeinflussbar, sondern erlangt auch „ein Gefühl unüberwindlicher Macht (...), welches ihm gestattet, Trieben zu frönen, die er für

sich allein notwendig gezügelt hätte" (Le Bon: o. J. [1895]). Wer in einer sozialen
Bewegung teilnimmt, verhält sich rasch einmal affektiv, zuweilen sogar „barba-
risch." Bewegungen bieten den Beteiligten die Möglichkeit, in der Anonymität
Frustrationen auszuleben, sich mit einer stark idealisierten Führerpersönlichkeit
zu identifizieren und weitere psychologische Bedürfnisse, etwa den Wunsch nach
Sinnhaftigkeit und Selbstwert (Cantril 2002 [1941]), zu stillen.

Sozialer Wandel: Quelle von Überforderung und Frustration

Warum aber hinterlässt die Gesellschaft ihre Mitglieder zuweilen mit psychologi-
schen Defiziten und mit Frustrationen, die nur Bewegungen auffangen können?
In der Antwort auf diese Frage setzten die verschiedenen Ansätze unterschiedliche Schwerpunkte. Die Massentheorie etwa (v. a. Kornhauser 1959, auch: Fromm
1983 [1941]) verweist auf den Modernisierungsprozess und die Herauslösung der
Individuen aus früheren identitätsstiftenden Zusammenhängen. Die vereinzelten,
vom allzu raschen Wandel überforderten Individuen sind gemäß diesem Ansatz
frustriert, verloren und schließen sich in ihrer Unfähigkeit, die neu gewonnene
Entscheidungsfreiheit zu ertragen, zu neuen und mitunter gewaltbereiten Gemeinschaften mit einer eigentlichen „Ersatzidentität" zusammen (vgl. auch Gamson
1992a). Der Ansatz der relativen Deprivation hingegen, der von der Frustrations-
Aggressions-These ausgeht, behauptet, dass wirtschaftliche Abwärtsmobilität
oder überhöhte Erfolgserwartungen, wie sie etwa auch durch das kapitalistische
System und seine Werbeanstrengungen geschaffen werden, zu Enttäuschungen
und entsprechender Unzufriedenheit führen.

Anomietheoretische Ansätze schließlich betonen das Auseinanderklaffen
von bisherigen Normen und sich wandelnder Lebenssituation, etwa als Folge
des technologischen Wandels (Merton 1938) und der politischen und wirtschaftlichen Umwälzungen im Zuge des Zweiten Weltkrieges (Cantril 2002 [1941],
v. a. 1943). Die Beteiligung in Aufständen und Bewegungen wird hier also nicht
mehr hauptsächlich als deviantes Verhalten gefasst, sondern als eine „normale"
Reaktion auf Situationen der Normlosigkeit oder widersprüchliche Normkon-
stellationen.

Bewegungen werden freilich in all diesen Ansätzen nicht als Lösung der
jeweiligen Problemursache, sondern lediglich als Teil des „Krankheitsbildes"
moderner Gesellschaften gesehen. Massenbewegungen sind für die frühen bewe-
gungstheoretischen Ansätze nicht mit dem Zweck verbunden, die enttäuschende
Situation zu beheben und sozialen Wandel zu bewirken, sondern haben Ventil-
funktion. Oder sie helfen mit, die Illusion einer Ersatzwelt jenseits der unerträglich
scheinenden Realität zu erzeugen (Toch 1966 [1965], kritisch: Turner 1966: 74).
So stellt etwa Hoffer (1951: 116, zit. in Gamson 1992a: 56) in einer für diese Hal-

tung typischen Passage fest, dass die Teilnehmenden sozialer Bewegungen nicht eine bessere Welt anstreben, sondern primär das Selbstvergessen suchen:

> „The frustrated follow a leader less because of their faith that he is leading them to a promised land than because of the immediate feeling that he is leading them away from their unwanted selves. Surrender to a leader is not a means to an end but a fulfillment."[2]

Bewegungen scheinen letztlich expressive Selbstzwecke zu verfolgen und kaum als Instrumente der Anpassung an den sozialen Wandel zu dienen oder Korrekturen an gesellschaftlichen Missständen zu bewirken.

Bewegungen als „Normalfall"

Auch im Interaktionismus der sogenannten Chicagoer Schule werden Bewegungen als weitgehend expressive, unorganisierte und in der Anfangsphase auch als erratische Erscheinungen gedeutet (vgl. Neidhart und Rucht 1991: 424). Bewegungen und ihre Proteste fallen daher genauso in die konzeptionelle Rubrik der *collective behavior* wie etwa Sekten, Moden und Aufstände. Im Gegensatz zu den sozialpsychologischen und massentheoretischen Ansätzen kommt sozialen Bewegungen in dieser Sicht jedoch ein wichtiger Einfluss auf den gesellschaftlichen Wandel zu. In den Interaktionen, die in Bewegungen stattfinden, werden der Chicagoer Schule zufolge neue Ideen, Wertvorstellungen und Normen entwickelt, welche die Gesellschaft bisweilen nachhaltig zu verändern vermögen. Für Blumer (1957: 147) sind soziale Bewegungen daher „one of the chief ways through which modern societies are remade."

---

[2] Die Person des Anführers einer Bewegung, der die Unzufriedenheit der frustrierten und unselbständigen Massen in irgendeiner Form zu instrumentalisieren vermag, spielt auch bei Max Weber eine wichtige Rolle. Für Weber liegt die Entstehung sozialer Bewegungen meist im Charisma einer einzelnen Person begründet, die kraft ihrer charismatischen Ausstrahlung eine Gefolgschaft um sich scharen kann. Weber interessiert sich allerdings im Gegensatz zu anderen Ansätzen seiner Zeit weniger um die Entstehung von Bewegungen als um deren weitere Entwicklung. Ähnlich wie Robert Michels, der das „eherne Gesetz der Oligarchie" formuliert, nimmt Weber an, dass Bewegungen im Lauf der Zeit zwangsläufig zu formalen Organisationen mit bürokratischen Strukturen gerinnen – er schreibt in diesem Zusammenhang auch von der „Veralltäglichung der Charismas" und bezeichnet Bewegungen als Embryonalform von formalen Institutionen wie Parteien und Verbänden. Spätere Studien widerlegen allerdings die Weber-Michels-These: Empirisch sind ganz verschiedene Entwicklungen sozialer Bewegungen zu beobachten, z. B. Radikalisierung, Spaltung und allmähliches Verebben. Von einem „ehernen" Gesetz der Oligarchie kann darum kaum die Rede sein (Jenkins 1983, Jenkins und Eckert 1986, McAdam et al. 1988, Zald und Ash 1966).

Analog dazu machen Turner und Killian (Killian 1984, Turner 1964, 1969, Turner und Killian 1987 [1957]) deutlich, dass soziale Bewegungen keineswegs (nur) impulsive und chaotische Phänomene darstellen. Die Versammlungen und Proteste sozialer Bewegungen haben zwar in der Sicht dieser Autoren oft einen spontanen Charakter, doch ist mit „spontan" hier „ungeplant" gemeint, nicht „emotional" oder gar „irrational" (Killian 1984: 779). Wie Killian (1984) betont, weisen Bewegungsaktivitäten, da wichtige Entscheidungen vor Ort und kollektiv gefällt werden, zwar oft unvorhergesehene Elemente auf, doch müssen diese Entscheidungen nicht zwingend das Produkt von emotionaler Erregung sein. Wenn sich die Teilnehmenden einer Protestveranstaltung uniform zu verhalten beginnen (z. B. die selben Parolen skandieren), liegt dies für Turner und Killian also keineswegs daran, dass sie von Massenhysterie angesteckt worden sind (die Ansteckungsthese der Massenpsychologie). Gleichverhalten entsteht in diesem Ansatz aber auch nicht dadurch, dass Menschen mit ähnlichen latenten Interessen und gemeinsamen Verhaltensdispositionen zusammenkommen (die Konvergenzthese: s. z. B. Allport 1924, zit. in Turner 1964: 128). Vielmehr folgt das Verhalten in kollektiven Protestaktionen Regeln und Rollenmustern, die zu Beginn des Ereignisses noch vage und uneinheitlich sind, sich aber im Laufe der fortgesetzten gruppeninternen Interaktion zu klaren Normen und Mechanismen der sozialen Kontrolle verdichten (die These der *emergent norm*) (Turner 1964: 132).

Smelser (1967 [1962]) schließlich betont in seinem bekannten mehrdimensionalen Ansatz der *Collective Behavior*-Theorie, dem *value-added approach*, dass es für die Entstehung sozialer Bewegungen neben strukturell bedingtem Leidensdruck (*structural strain*) auch anderer Faktoren bedarf. Soziale Bewegungen kommen gemäß Smelser dann zustande, wenn i) sich bestimmte Interpretationen der sozialen Situation allgemein verbreitet haben und zu einem „generalized belief" verdichten, ii) ein Ereignis stattfindet, das dieser Interpretation entspricht, sie konkretisiert und so zum Auslöser („precipitating factor") für kollektive Reaktionen wird, iii) es Anführern gelingt, interessierte Personen zu organisieren und Kommunikationsmöglichkeiten zu etablieren, iv) dafür die notwendigen makrostrukturellen Bedingungen bestehen („structural conduciveness," z. B. geographische Ballung von Problembetroffenen) und v) die üblichen Formen der sozialen Kontrolle versagen. Diese verschiedenen Faktoren müssen, so Smelser, in keiner bestimmten Reihenfolge auftreten und bedingen sich auch nicht gegenseitig; sie müssen jedoch zugleich präsent sein, damit eine Bewegung entstehen kann.

Außerdem ordnet Smelser den sozialen Bewegungen im Sinne des Strukturfunktionalismus eine wichtige equilibrierende Funktion zu: In sozialen Bewegungen – ähnlich wie in anderen Formen des kollektiven Verhaltens – versuchen Menschen, die unter den Auswirkungen von disfunktionalen gesellschaftlichen Ungleichgewichten leiden, die soziale Ordnung wieder herzustellen. Die emergenten Normen, die in Bewegungen entstehen, können nicht zuletzt auf die Gesamtgesellschaft zurückwirken und dort einen weiteren Wandel und eine Korrektur widersprüchlicher Entwicklungen auslösen. Die Beteiligung in sozialen Bewegungen wird jedoch erneut als unrational oder gar irrational gefasst, und es werden die Unterschiede zwischen kollektivem Verhalten und „normalem" Verhalten wieder stärker betont als ein paar Jahre zuvor bei Turner und Killian (1987 [1957]) (siehe dazu die Kritik von Oberschall 1973: 22). Die Situationsanalysen und Vorstellungen, auf die sich soziale Bewegungen abstützen, sind aus Smelsers Sicht meist hysterischer Natur, naiv oder haben Ähnlichkeiten mit magischem Denken.

3.2 Ressourcenmobilisierung

Als in den 1960er und 1970er Jahren zahlreiche Protestmobilisierungen der Frauenbewegung, der Bürgerrechtler/innen, der Friedensbewegung und anderer „neuer" sozialer Bewegungen stattfanden, verloren die *Collective Behavior*-Ansätze deutlich an Anziehungskraft (McAdam et al. 1988). Denn wie nicht zuletzt Untersuchungen im Rahmen des Ressourcenmobilisierungsansatzes aufgezeigten, konnten diese Bewegungen nicht länger als expressive und hysterische Antworten auf disfunktionalen sozialen Wandel gefasst werden. Vielmehr vertreten diese Bewegungen bis heute eine Reihe von durchaus rationalen politischen Anliegen, mit denen auch die etablierten Bewegungsforscher/innen sympathisieren. Zudem ist deutlich geworden, dass die genannten Bewegungen zahlreiche effizient organisierte, strategisch handelnde und professionelle Interessengruppen umfassen (Della Porta und Diani 1999: 2 f.), denen kaum zielloses Verhalten unterstellt werden kann.

Mit dem Ressourcenmobilisierungsansatz (RM-Ansatz) hat sich darum in den 1970er Jahren vor allem in den Vereinigten Staaten eine Forschungsperspektive durchgesetzt, die Bewegungen als normalen Bestandteil des politischen Lebens begreift, die Rationalität der beteiligten Akteure hervorhebt und die wichtige Rolle von professionalisierten Bewegungsorganisationen betont (Gamson 1975, McCarthy und Zald 1977, Oberschall 1973, Jenkins 1983, Jenkins und Eckert 1986, Jenkins und Perrow 1977, Staggenborg 1988, Zald und Ash 1966).[3] Zu den grundlegenden Aussagen und Forschungsergebnissen dieses Ansatzes gehört, dass relative Deprivation und strukturell verursachter Leidensdruck keine hinreichenden oder (bei McCarthy und Zald 1977) notwendigen Bedingungen für

---

[3] Charakteristisch für den neuen Ansatz ist, dass der Begriff der *collective behavior* durch den der *collective action* ersetzt wird, um so das Element der bewussten, zielorientierten Tätigkeit zu betonen (Meyer 2004: 126 f.). Die zentrale Forschungsfrage lautet nunmehr, was für Mittel unter welchen konkreten Umständen zum Einsatz kommen und welche Strategien den sozialen Bewegungen die größten Erfolge bescheren – oder umgekehrt zum Scheitern führen.

das Aufkommen sozialer Bewegungen sind. Vielmehr müssen soziale Bewegungen, um sich entfalten zu können, gesellschaftliche Probleme überhaupt thematisieren, betroffene Personen zum Protest motivieren und für ihre Kampagnen Infrastruktur und Finanzmittel beschaffen. Bewegungen und ihre Trägerorganisationen werden daher als strategisch handelnde Kollektivakteure begriffen, die bewusst die Kontrolle über jene Mittel zu erlangen suchen, die notwendig sind, um bestimmte politische Ziele zu erreichen (Jenkins 1983: 532).

Forschungsbefunde

Eines der wichtigsten Ergebnisse der RM-Forschung betrifft die Individualebene der beteiligten Aktivist/innen. Untersuchungen unter den Aktivist/innen der Friedensbewegung und der Studentenproteste (vgl. McCarthy und Zald 1977: 1214 f., Meyer 2004: 127), der Bürgerrechtsbewegung (Jenkins und Eckert 1986) und der jüngeren globalisierungskritischen Bewegung (Norris et al. 2005) haben deutlich gemacht, dass es sich bei diesen Personen keineswegs um frustrierte und vereinsamte Verlierer/innen des Modernisierungsprozesses handelt, sondern um gesellschaftlich hoch integrierte Mitglieder zahlreicher politischer und zivilgesellschaftlicher Assoziationen. Die Kirchgemeinden, Vereine, Studentenverbindungen u. ä., denen diese Personen angehören, dienen wiederum als das, was McAdam et al. (1988) als Mikromobilisierungskontexte bezeichnen. Sie erlauben einerseits die „blockweise" Rekrutierung von Beteiligten und bieten andererseits erste rudimentäre Organisationsstrukturen, Rollenmuster und Infrastrukturen für die Massenmobilisierung. Außerdem stellen sie Solidaritätsbeziehungen und emotionale Bindungen her, die Olsons „Trittbrettfahrer-Problem" entgegenwirken (Jenkins 1983: 536).

Was die Meso-Ebene der Bewegungsorganisationen angeht, herrscht im Ressourcenmobilisierungsansatz indes eine streng rationalistische Sicht vor. Diese zeigt sich nicht zuletzt an der starken Durchdringung der einschlägigen Literatur mit Begriffen und Konzepten aus der Ökonomie und insbesondere der Betriebswirtschaftslehre. Oberschall (1973) forderte bereits Anfang der 1970er Jahre die Wissenschaft dazu auf, die Trägerorganisationen sozialer Bewegungen mit den spieltheoretischen Mitteln des *Rational Choice*-Paradigmas zu untersuchen, während McCarthy und Zald (1977) Bewegungsorganisationen sogar als Unternehmungen beschreiben, die ähnlich wie gewinnorientierte Firmen gewisse „Produkte" anbieten und eigentliche „Bewegungsindustrien" bilden. Eine der Hypothesen bei McCarthy und Zald (1977: 1225) lautet denn auch, dass sich die Zahl der Bewegungsorganisationen in einer bestimmten Bewegungsindustrie nach dem Umfang der vorhandenen Ressourcen richtet. Gleichzeitig wird angenommen, dass in Bewegungsindustrien mit einer hohen Organisationsdichte die einzelnen Organisationen je eigene thematische und strategische Nischen suchen und sich beispielsweise auf radikale oder gemäßigte Aktionsrepertoires spezialisieren (1977: 1234).

Zu den Ressourcen, um welche die Konkurrenten in einem bestimmten Sektor der Bewegungsindustrie kämpfen, gehören gemäß dem RM-Ansatz auf moralischer Entrüstung beruhende Freiwilligenarbeit, die Beteiligung in Allianzen und Zugang zu Informationen, aber auch Autorität, Glaubwürdigkeit und Vertrauen. Am wichtigsten sind im RM-Ansatz allerdings Infrastruktur und finanzielle Mittel, welche die Durchführung von Kampagnen und Lobbying ermöglichen. McCarthy und Zald (bes. 1977) machen deshalb geltend, dass der rasche Zuwachs von sozialen Bewegungen und Nichtregierungsorganisationen seit den 1960er und 1970er Jahren nicht so sehr auf neue Strukturkonflikte zurückgeht, sondern zunächst einmal das Resultat eines wachsenden Wohlstandes darstellt. Zusätzliches Einkommen und ein Mehr an Freizeit haben es Einzelpersonen und Kollektiven (Stiftungen, Firmen usw.) in zunehmendem Masse ermöglicht, sich jenseits eigener Interessen auch für die Anliegen benachteiligter Gruppen einzusetzen. Verbesserte Einkommensverhältnisse setzen folglich Anreize zur Entstehung professioneller Bewegungsorganisationen, die diese zusätzlichen Ressourcen verwerten wollen und zu diesem Zweck gesellschaftliche Konflikte entweder vermehrt thematisieren oder sogar erst erzeugen.

Der Streit um die geeigneten Organisationsstrukturen

Charakteristisch für den RM-Ansatz ist auch die bis heute andauernde Debatte um die für soziale Bewegungen optimale Organisationsform. So lässt sich etwa am Beispiel der afroamerikanischen Bürgerrechtsbewegung aufzeigen, dass externe Ressourcen (Sponsorengelder, staatliche Infrastruktur etc.) selbst dann vornehmlich an hoch institutionalisierte Organisationen fließen, wenn sich die Bewegung mehrheitlich aus Graswurzelgruppen zusammensetzt (Jenkins und Eckert 1986). Zentralisierte und bürokratische Organisationen in einer Bewegung steigern daher nicht nur deren Effizienz, sondern verleihen über ihren privilegierten Zugriff auf externe Finanzierungsquellen der Gesamtbewegung auch zusätzliche Handlungsmöglichkeiten und verringern interne Verteilungskonflikte (Gamson 1975). Umgekehrt betonen jedoch Piven und Cloward (1977), dass die Abhängigkeit professionalisierter Bewegungsorganisationen von externen Sponsoren oft zur taktischen Mäßigung und zur bewegungsinternen Marginalisierung von radikaleren Graswurzelorganisationen führt. Gerlach und Hine (1976 [1970], vgl. auch Jenkins 1983: 539 ff.) argumentieren deshalb, dass sich Bewegungen nach Möglichkeit eine dezentralisierte Netzwerkstruktur mit zahlreichen informellen Gruppen geben sollten. Diesen beiden Autoren zufolge gibt nur eine solche „flache" Struktur mit wenig Hierarchie und ohne klare Arbeitsteilung den Aktivist/innen die Möglichkeit, untereinander starke Solidaritätsbeziehungen zu entwickeln, taktische Neuerungen auszuprobieren und sich den Kontrollversuchen der Behörden zu entziehen.

Zald und Ash hingegen weisen bereits in einem 1966 erschienenen Aufsatz darauf hin, dass sich die Strategien und Organisationsstrukturen einer Bewegung je nach Ziel und Kontext zwingend unterscheiden. Allgemeingültige Lösungen sind daher kaum erstrebenswert. Außerdem zeigt Jenkins (1983, Jenkins und Eckert 1986) auf, dass sich moderate und radikale Strategien sowie dezentrale und zentralisierte, bürokratische Organisationsstrukturen nicht gegenseitig ausschließen müssen. Bewegungen umfassen in der Regel mehrere Bewegungsorganisationen (NGOs und Basisgruppierungen), die unterschiedliche Strategien und Aktionsrepertoires aufweisen, und gerade diese Diversität bietet durchaus gewisse Vorteile. So kann etwa die Existenz eines radikalen „Flügels" die öffentliche Aufmerksamkeit steigern und indirekt auch den Umfang der Ressourcen erhöhen, die an moderate, professionalisierte Organisationen fließen (Jenkins und Eckert: 1986: 821 ff.). Der Bestand und Erfolg einer Bewegung hängt daher nicht zuletzt davon ab, inwieweit verschiedenartig organisierte Akteure in Form von langfristigen Koalitionen eine konstruktive Arbeitsteilung entwickeln.

Fazit

Insgesamt räumt der Ressourcenmobilisierungsansatz mit der empirisch unhaltbaren Vorstellung auf, bei sozialen Bewegungen handle es sich um Anhäufungen von vereinsamten, frustrierten Modernisierungsverlierer/innen. Außerdem kommt ihm das Verdienst zu, Gefahren und strategische Dilemmata benannt zu haben, die das Überleben und den Erfolg von sozialen Bewegungen immer wieder gefährden. So macht die Forschung im Rahmen dieses Ansatzes deutlich, dass etwa zwischen den Leidtragenden eines sozialen Problems und ihren Sympathisant/innen Interessenkonflikte bestehen können oder dass „verwegene" Proteststrategien, welche die Presseaufmerksamkeit garantieren, das Vertrauen möglicher Sponsoren gefährden.

Problematisch ist jedoch der Versuch, die Zunahme von Protestmobilisierungen seit den 1960er Jahren ausschließlich auf den Mittelzuwachs und die Professionalisierung der entsprechenden Bewegungsorganisationen zurückzuführen (McCarthy und Zald 1977). Wie Jenkins (1983.: 534 f.) deutlich macht, ist die explosionsartige Zuwachsrate von nicht-konventionellen Formen der politischen Partizipation in den späten 1960er Jahren weit über die Wachstumsraten der Wirtschaft hinausgegangen. Zudem ist es auch zu einem Zuwachs von solchen Protesten und anderen politischen Aktionen gekommen, hinter denen sich gerade keine professionellen Bewegungsorganisationen verbergen und die auch nicht auf die Unterstützung einer externen „conscience constituency" abstellen können. Kritisch anzumerken ist auch, dass der Ressourcenmobilisierungsansatz frühere theoretische Anleihen aus der Psychopathologie durch einen eigentlichen Hyperrationalismus ersetzt (J. Cohen 1985: 688). Es werden nicht nur die individuellen Teilnahmemotive der Bewegungsaktivist/innen (vgl. Klandermans 1984) und die biographischen Folgen der tatsächlichen Teilnahme aus den Untersuchungen dieses Ansatzes ausgeschlossen, sondern auch die Bedeutung von Werten, Normen, Ideologien und Gruppensolidarität vernachlässigt (J. Cohen 1985, Gamson 1992a, Klandermans 1984). Zald (1992: 329), der zu den wichtigsten Vertretern des Ressourcenmobilisierungsansatzes zählt, hält selbstkritisch fest, dass Emotionen und das Problem der Identität von dieser Forschungstradition weitgehend außer acht gelassen werden:

> „Resource mobilization approaches do not deal well with enthusiasm, spontaneity, and conversion experiences, or with the link between public opinion climates and social movement mobilization and outcomes."

Schließlich untersucht der Ressourcenmobilisierungsansatz nicht das „Warum," sondern das „Wie" von sozialen Bewegungen (Melucci 1985: 792): Es besteht ein nahezu exklusiver Fokus auf die Meso-Ebene der Organisationen und der zu mobilisierenden Gruppen. Wie sich der institutionelle Kontext und gesamtgesellschaftliche Konfliktlinien auf die Bewegungen auswirken (und umgekehrt), wird erst im *Political Process*-Modell und im *New Social Movements*-Ansatz thematisiert.

3.3   „Political Process"-Modell

Das *Political Process*-Modell (PP-Modell) knüpft an den Erkenntnissen des Ressourcenmobilisierungsansatzes an. Auch hier setzen sich strategisch handelnde Kollektivakteure gezielt für einen politischen und sozialen Wandel ein. Die beiden Ansätze unterscheiden sich jedoch dahingehend, dass in ressourcenmobilisierungstheoretischen Studien der Fokus auf organisationellen Prozesse im Inneren der sozialen Bewegungen liegt, wohingegen sich das PP-Modell auf die politischen Kontextbedingungen und bei einigen Autor/innen (z. B. McAdam et al. 1988 und Rucht 1996) auch auf das gesamtgesellschaftliche Umfeld konzentriert. Die zentrale These des PP-Modells besagt, dass das politisch-institutionelle Umfeld jenseits der für die Mobilisierung verfügbaren Ressourcen einen maßgeblichen Einfluss darauf hat, ob, wann und wie sich soziale Bewegungen entfalten können. Bewegungen haben gemäß diesem Modell zwar gewisse Entscheidungsfreiheiten und strategische Handlungskapazitäten („agency"), werden aber durch den externen Kontext, welcher sich den unmittelbaren Gestaltungsmöglichkeiten der Aktivist/innen weitgehend entzieht, eingeschränkt und kanalisiert (McAdam et al. 1988, Meyer 2004, Meyer und Minkoff 2004, Tarrow 1988, für Überblicksdarstellungen: della Porta und Diani 1999 und Goodwin und Jasper 1999).

Forschungsergebnisse

Ein Hauptbefund der *Political Process*-Forschung besteht darin, dass die Häufigkeit, Intensität und Form von Protestereignissen im Querschnittvergleich zwischen verschiedenen politischen Systemen von deren Offenheit für Minderheitsanliegen abhängt. Eisinger (1973), ein Pionier des Ansatzes, kann Unterschiede in der Auftretenshäufigkeit von afroamerikanischen Bürgerrechtsprotesten in verschiedenen US-amerikanischen Städten unter anderem auf die dortigen Wahlsysteme in den Exekutivwahlen und die jeweilige Zusammensetzung des Parlaments zurückführen, während Kitschelt (1986) am Beispiel der Anti-Atom-Bewegungen in Westeuropa und den USA aufzuzeigen vermag, dass auch Merkmale des nationalen politischen Systems die Häufigkeit von Protesten beeinflussen.

Der Zusammenhang zwischen der Empfänglichkeit des formalen politischen Systems für Minderheitenanliegen und der Häufigkeit oder Intensität von Bewegungsprotesten ist freilich nicht linear, sondern weist, so ein zweites wichtiges Ergebnis der PP-Forschung, in der Regel eine umgekehrte U-Form auf (vgl. Meyer 2004). In politischen Systemen, die vollständig unzugänglich erscheinen und Mobilisierungen rasch unterdrücken, bleibt die Protesthäufigkeit demnach genauso gering wie in Systemen, welche die Anliegen von (potentiellen) Protestierenden rasch und angemessen zu verarbeiten vermögen. Wie Meyer (2004: 128) festhält, sind Protestbewegungen letztlich dann am dynamischsten, wenn in partiell offenen Kontexten unkonventionelle politische Maßnahmen den Aktivist/innen als notwendig, aber auch als potentiell erfolgversprechend erscheinen.

Weiter machen Kriesi et al. (1995) in einer Untersuchung verschiedener neuer sozialer Bewegungen in Westeuropa deutlich, dass Merkmale des nationalen politischen Systems nicht nur die Häufigkeit von Protesten, sondern auch deren Form und strategische Ausrichtung beeinflussen. Im Ergebnis ihres Ländervergleiches zeigt sich, dass etwa die Schweiz gemessen an der Bevölkerungszahl ein relativ hohes Mobilisierungsvolumen aufweist, die untersuchten Mobilisierungen jedoch eher selten gewaltsam ausfallen. In Frankreich hingegen erweist sich die Beteiligung an Protesten im Vergleich zur Schweiz, Deutschland und den Niederlanden als ausgesprochen gering und die Zahl der organisierten Aktivist/innen als tief, doch sind die Protestereignisse häufiger konfrontativ und mit Sachbeschädigungen verbunden. Die Gründe für diese Unterschiede liegen gemäß den Befunden von Kriesi et al. in der internen Machtkonstellation der politischen Linken und in deren Einschluss in die Regierung, aber auch in den sozio-politischen Spaltungslinien (den „cleavage structures"), dem Institutionengefüge und den informellen politischen Strategien des Staatsapparates.[4] Zudem stellen die Autor/innen fest, dass unterschiedliche Bewegungen (etwa die Anti-Atom-Bewegung und das *gay movement*) je anders auf gegebene Gelegenheitsstrukturen reagieren.

Von zentraler Bedeutung für das PP-Modell sind freilich auch die Längsschnittuntersuchungen von Charles Tilly (Snyder und Tilly 1972, Tilly 1979) zum Wandel der sozialen und revolutionären Bewegungen in Westeuropa und den USA und diejenige von McAdam (z. B. 1983) zum langfristigen Entwicklungsverlauf der afroamerikanischen Bürgerrechtsbewegung. Darin wird deutlich, wie sehr die Entstehung und Verbreitung sowie die Taktiken von sozialen Bewegungen nicht nur von den Grundstrukturen des politischen Systems abhängen, sondern auch von wechselhaften Machtkonstellationen und anderen kurzfristigen Veränderungen *innerhalb* des Systems. Tarrow (1988: 429) hält darum fest, dass sich das *Political Process*-Modell neben langfristig wirksamen und vergleichsweise stabilen Gelegenheits*strukturen* auch instabilen Gelegenheits*situationen* zuwenden muss. Bewegungsrelevante politische Gelegenheiten – Strukturen *und* Situationen – definiert Tarrow (1998: 19 f.) daher sehr breit als „consistent – but not necessarily formal or permanent – dimensions of the political environment that provide incentives for people to undertake collective action by affecting their expectations for success or failure." Zudem weist Tarrow (1988: 429) darauf hin, dass Bewegungen diese Gelegenheiten aktiv mitgestalten und keineswegs nur passiv darauf reagieren müssen.

Fazit

Insgesamt kommt dem PP-Modell das Verdienst zu, das Augenmerk der Bewegungsforschung auf die vielfältigen externen Bedingungen gerichtet zu haben, die

---

[4] Kitschelt (1986) analysiert die Anti-Atom-Bewegungen Westeuropas ebenfalls nicht nur auf deren Protesthäufigkeit, sondern auch auf die gewählten Aktionsrepertoires hin. Zu diesem Zweck unterteilt er die untersuchten staatlichen Kontexte – Frankreich, Schweden, die USA und Westdeutschland – entlang zweier Merkmalsdimensionen in solche mit offenen oder geschlossenen Inputstrukturen und starker und schwacher Outputkapazität. Dabei zeigt sich, dass die beiden gewählten Merkmale tatsächlich einen substantiellen Erklärungsbeitrag leisten, auch wenn es um die Strategien der Bewegungsakteure geht: In Ländern mit geschlossenen Strukturen (Frankreich und Westdeutschland) dominieren im Gegensatz zu den beiden Gegenbeispielen konfrontative über assimilative Strategien, doch führt die schwache Outputkapazität Deutschlands dazu, dass dort konfrontative und assimilative Strategien *gemischt* zum Einsatz kommen.

nicht nur die Protesthäufigkeit beeinflussen, sondern auch die Aktionsrepertoires und Organisationsformen der untersuchten Bewegungen strukturieren. Soziale Bewegungen agieren nicht in einem Vakuum, sondern sind in ihrer Dynamik von politisch-institutionellen Kontextbedingungen geprägt. Für die Analyse von transnationalen Bewegungskoalitionen verbindet sich mit dem PP-Modell die Frage, inwieweit das internationale Umfeld Gelegenheiten und Beschränkungen der Koalitionsbildung enthält. Außerdem wird zu untersuchen sein, wie transnationale Bewegungskoalitionen mit dem Umstand umgehen, dass sich die beteiligten Gruppen in je unterschiedlichen nationalen und lokalen Kontexten bewegen, und wie trotz transnationaler Kooperation die notwendige Flexibilität gewährleistet werden kann, um angemessen auf die unterschiedlichen nationalen und lokalen Gelegenheitsstrukturen zu reagieren.

Die Vielfalt der relevanten politischen Kontextfaktoren (lokal, national und international, situativ und strukturell bedingt, formal und informell) stellt jedoch das PP-Modell vor beträchtliche Herausforderungen. So macht McAdam (1996: 27) in der Literatur zum PP-Modell und den politischen Gelegenheitsstrukturen zwar vier Erklärungsfaktoren für die Entstehung und Verbreitung von Protestbewegungen aus, über die seiner Meinung nach wissenschaftlicher Konsens besteht, doch erweist sich dieser vermeintliche Konsens als trügerisch (Goodwin und Jasper 1999: 32, Meyer und Minkoff 2004: 1459). Tatsächlich untersuchen verschiedene Vertreter/innen des Ansatzes nur drei der genannten Faktoren (z. B. Costain, zit. in Meyer und Minkoff 2004: 1460), während etwa Tarrow (1998) unter Verweis auf Kitschelt (1986) die politischen Handlungskapazitäten des Staatsapparates als fünften Faktor betrachtet und Rucht (1996) neben den politischen Gelegenheiten auch kulturelle und soziale Gelegenheitsstrukturen berücksichtigt. Von einem allgemeinen Konsens über mögliche Kernfaktoren im PP-Modell oder gar über deren Operationalisierung kann kaum die Rede sein (Meyer 2004).

Außerdem führen empirische Tests des Ansatzes insgesamt zu eher gemischten Resultaten. Meyer (2004) weist darauf hin, dass Tests, in denen Aussagen des PP-Modells gegen konkurrierende Hypothesen antreten müssen, zwar selten sind, doch scheinen die von McAdam (1996) genannten „typischen" Erklärungsfaktoren in verschiedenen weiterführenden Untersuchungen nur eine geringe oder gar keine Erklärungskraft zu haben (für eine Übersicht: Goodwin und Jasper 1999, Meyer 2004). Wie Kritiker/innen des Ansatzes betonen, entstanden viele Bewegungen gerade dann, als sich das politische Umfeld zu „schließen" begann oder gewisse Gruppen aus der institutionellen Politik hinausgedrängt wurden, während in verschiedenen anderen Fällen Bewegungen entstanden oder wachsenden Zulauf fanden, ohne dass eine maßgebliche Veränderung des politischen Umfelds erkennbar geworden wäre (Meyer 2004). Zudem besteht zwischen den Vertretern des Ansatzes Uneinigkeit über die Frage, ob die Aktivist/innen einer Bewegungen als rationale Akteure auf geeignete Gelegenheiten warten, um öffentlich in

Erscheinung zu treten, oder ob ihre immer wiederkehrenden Mobilisierungsversuche erst in einem günstigen Umfeld erfolgreich und sichtbar werden (vgl. Meyer 2004: 139). Meyer (2004: 139) geht davon aus, dass beide Modelle zutreffen – dies aber für verschiedene Gruppen in je unterschiedlichem Mass.

Trotz dieser Kritikpunkte wäre es jedoch irreführend, das Konzept der politischen Gelegenheitsstrukturen mit Goodwin und Jasper (1999: 36, e. Ü.) als „eine Art Rorschach-Klecks" zu begreifen, den die Forschung beliebig mit Inhalten füllt. Wenn das PP-Modell den empirischen Tests seiner Kritiker/innen nur bedingt standhält, liegt dies nicht daran, dass es mit diffusen Konzepten operiert, sondern an seinem überhöhten Erklärungsanspruch: Vertreter/innen des PP-Modells wollen mit einer möglichst kleinen Zahl von Variablen die gesamte Entwicklungsdynamik möglichst vieler Bewegungstypen erklären. Für zukünftige Forschungsprojekte im Rahmen des PP-Modells stellt sich die Aufgabe, differenzierter als bisher die spezifischen Wirkungen bestimmter Faktoren in unterschiedlichen *Entwicklungsphasen* und für unterschiedliche *Bewegungstypen* zu identifizieren.

Deutlich problematischer als die bisher genannten Kritikpunkte ist freilich die objektivistische Grundannahme des Ansatzes, wonach sich politische Gelegenheitsstrukturen für die betreffenden Bewegungen ungefiltert in Handlungschancen und Aktionsformen übersetzen. Soziale Bewegungen reagieren zwar durchaus auf externe Anreize und Hindernisse, doch ist aus sozialkonstruktivistischer Sicht festzuhalten, dass politische Gelegenheitsstrukturen erst dann wirkungsmächtig werden können, wenn die betroffenen Akteure sie erkannt und gedeutet haben. Wie Goodwin und Jasper (1999: 33, e. Ü.) deutlich machen, „kann [es] so etwas wie objektive politische Gelegenheiten vor oder jenseits der Interpretation nicht geben – oder mindestens nicht so, dass diese Gelegenheiten einen Einfluss haben; sie sind alle durch einen kulturellen Filter hindurch interpretiert."

Wenn dieses Buch nach den internationalen Kontextbedingungen für die globalisierungskritische Bewegung oder dem Einfluss nationaler Politik auf die Mitgliedergruppen der *Alianza Social Continental* fragt, geht es weniger um „objektive" Sachverhalte, sondern darum, wie die relevanten Kontextbedingungen von den Aktivist/innen subjektiv wahrgenommen, gedeutet und strategisch genutzt (oder vernachlässigt) werden.

3.4 „Framing"-Ansatz

Während der Ressourcenmobilisierungsansatz und das *Political Process*-Modell zur Erklärung von sozialen Bewegungen u. a. auf das Vorhandensein objektiver gesellschaftliche Spannungen und Problemlagen abstellen, macht Blumer (1971) bereits Anfang der 1970er Jahre deutlich, dass soziale Missstände erst in

der sozialen Interaktion und Interpretation überhaupt als „Probleme" wahrgenommen und wirkungsmächtig werden können.[5] Bewegungen, die sich gegen
herrschende Missstände einsetzen, entstehen Blumer zufolge erst dann, wenn es
zivilgesellschaftlichen Gruppen gelingt, diese Missstände als Produkt sozialer,
also veränderbarer Verhältnisse darzustellen. Die Autor/innen des *Framing*-An-
satzes[6] richten darum die Aufmerksamkeit auf die Frage der Interpretationsleistungen, die zivilgesellschaftliche Organisationen erfüllen müssen, um sich die
Beteiligung von Aktivist/innen und die Unterstützung von externen Sponsor/
innen zu sichern (vgl. auch Della Porta und Diani 1999: 69 ff., Kreissl und Sack
1998, kritisch: Oliver und Johnston 2000). Der *Framing*-Ansatz stellt mithin ein
konstruktivistisches Korrektiv zum Ressourcenmobilisierungsansatz und dem
Political Process-Modell dar, indem er auf die Bedeutung diskursiver Leistungen und die Notwendigkeit der Mobilisierung *kultureller* Ressourcen verweist.

Grundbegriffe

Den Begriff des *frames* übernehmen die Vertreter/innen des *Framing*-Ansatzes
aus Erving Goffmans 1974 veröffentlichtem Buch „Frame Analysis" (Goffman
1974). Darin werden *frames* als Interpretationsschemata beschrieben, mit denen
Individuen Geschehnisse in ihrem unmittelbaren und weiteren sozialen Umfeld
lokalisieren, wahrnehmen, identifizieren und begrifflich fassen können (vgl. Benford und Snow 2000: 614, Della Porta und Diani 1999: 69, Snow et al. 1986: 464).
Für Snow und Benford (1992: 137) ist ein *frame* daher wie folgt definiert:

> „an interpretative schemata that simplifies and condenses the ‚world out there' by
> selectively punctuating and encoding objects, situations, events, experiences, and
> actions within one's present or past environment."

---

[5] „Sociologists who seek to develop theory of social problems on the premise that social problems
are lodged in some kind of objective social structure are misreading their world. To attribute social
problems to presumed structural strains, upsets in the equilibrium of the social system, dysfunc-
tions, breakdown of social norms, clash of social values or deviation from social conformity, is
to unwittingly transfer to a suppositious social structure what belongs to the process of collective
definition. As I have said earlier, no one of these concepts is capable of explaining why some of the
empirical instances covered by the concept become social problems and others do not. This explana-
tion must be sought in the process of collective definition." (Blumer 1971: 306)
[6] Zu nennen sind vor allem Snow (Snow et al. 1986, Snow und Benford 1992), Benford (1993a,
1993b, Benford und Hunt 1992, Benford und Snow 2000), Hunt (Hunt et al. 1994) und Gamson
(1992a, 1992b).

Als Deutungsmuster strukturiert ein *frame* die Wahrnehmung, hilft dem Individuum, Ereignisse mit Sinn zu versehen und seine Erfahrungen zu organisieren, und bietet Orientierungshilfen für das soziale Handeln (Snow und Benford 1992: 137, Kreissl und Sack 1998). Er ist mit anderen Worten „a general, standardised, predefined structure (in the sense that it already belongs to the receiver's knowledge of the world) which allows re-cognition of the world" (Donati 1992: 141, zit. nach Della Porta und Diani 1999: 69).

Die Tätigkeit des *framing* wiederum – eine zentrale Aufgaben von sozialen Bewegungen und ihren Trägerorganisationen – wird im *Framing*-Ansatz definiert als „conscious strategic effort (...) by groups of people to fashion shared understandings of the world and themselves that legitimate and motivate collective action" (McAdam et al. 1996: 6, zitiert nach Steinberg 1999: 742). Sie führt im Ergebnis zu dem, was die einschlägige Forschung (z. B. Benford und Snow 2000: 614) als „collective action frames" bezeichnet, nämlich zu kollektiv produzierten Deutungsmustern, die weitere potentielle Anhänger/innen mobilisieren, die Unterstützung von Sympathisant/innen sichern und zugleich auch gegnerische Gruppen in Verruf bringen (Benford und Snow 2000: 614). Solche *collective action frames* sind im Gegensatz zu individuellen Schemata, wie sie auch die Wahrnehmungspsychologie untersucht, das Ergebnis von interaktiven Aushandlungsprozessen und folglich auch der ständigen Veränderung unterworfen (Benford und Snow 2000: 614, v.a. Fußnote 3). Der *Framing*-Ansatz untersucht daher nicht nur die Beschaffenheit von (erfolgreichen und gescheiterten) *collective action frames*, sondern auch deren Entstehungsprozess und ihr Verhältnis zum kulturellen Umfeld.

„Frames" und ihre Funktionen

Wie Benford und Snow (2000: 615 ff.) festhalten, müssen *Framing*-Anstrengungen drei zentrale Funktionen erfüllen, wenn sie die Entstehung und das Überleben einer Bewegung angemessen unterstützen sollen: Sie müssen *erstens* ein Problem definieren und seine Ursachen identifizieren („diagnostic framing"), *zweitens* Lösungsvorschläge machen oder zumindest Strategien der möglichen Problembearbeitung benennen („prognostic framing") und *drittens* die jeweiligen Adressat/innen zur aktiven Teilnahme und Unterstützung auffordern („motivational framing"). Diagnostisches *framing* führt dabei in der Regel zu eigentlichen „injustice frames" (Gamson 1992b), die unnötige Widersprüche zwischen Normen der sozialen Gerechtigkeit und den tatsächlichen Verhältnissen benennen und zu diesem Zweck den Opferstatus der Leidtragenden betonen (vgl. Benford und Snow 2000: 615). Prognostisches *framing* hingegen definiert neben Problemlösungen auch mögliche Gegner/innen und potentielle Sympathisant/

innen der Bewegung, beschreibt die Charakteristika des relevanten politischen und kulturellen Umfelds und macht Aussagen über dessen Empfänglichkeit für bestimmte Strategien.

Aktionsorientiertes („motivationales") *framing* schließlich verweist auf die Dringlichkeit und gesellschaftliche Relevanz des Problems, das es zu bekämpfen gilt, und definiert zugleich den kollektiven Akteur, der sich gegen das zentrale Problem wehren kann. *Framing* in diesem dritten Sinne kann daher als eine wichtige Komponente in der Entstehung und Interpretation kollektiver Identitäten (vgl. Kap. 3.6) gesehen werden (Gamson 1992b, Hunt et al. 1994). Die identitätsstiftende Funktion von *Framing*-Prozessen und den daraus resultierenden *frames* ist allerdings noch wenig untersucht (Hunt et al. 1994).

Klar ist hingegen, dass die potentiellen Anhänger/innen, Sponsor/innen und Sympathisant/innen von sozialen Bewegungen schon vor der Mobilisierung gewisse Vorstellungen vom Thema haben, dem sich die Bewegungen annehmen wollen. Bewegungen und ihre Trägerorganisationen operieren mithin in einer gesellschaftlichen Umwelt, die bereits vorinterpretiert ist, und können daher ihre Deutungen nicht unabhängig von bereits bestehenden kulturellen Vorgaben entwickeln. Wie Tarrow (1998: 130) metaphorisch festhält, sind die „Kostüme der Revolution" denn auch nicht aus einem vollkommen neuen Stoff geschneidert, aber auch nicht aus der Mottenkiste der Grosseltern entliehen. Vielmehr muss es Bewegungen gelingen, *frames* zu finden, die zwar eine neue Sicht auf soziale Probleme ermöglichen, gleichzeitig aber auch kulturelle Resonanz haben und an die bestehenden Deutungsmuster anschließen.

Diesen Anschluss erzeugen die Trägerorganisationen sozialer Bewegungen über einen Prozess, den Snow et al. (1986) als „frame alignment" bezeichnen und welcher der Bündelung, Überführung und Integration individueller Vorstellungen in kollektiv geteilte Deutungen dient. Dabei werden die Anliegen der Bewegung und ihrer Trägerorganisationen so dargestellt, dass ein Bezug zu den zentralen Anliegen, Werten und Lebensumständen der Adressat/innen entsteht.[7]

---

[7] Die Strategien, die im Prozess des „frame alignment" zum Einsatz kommen, können verschiedene Formen annehmen. So besteht etwa die Strategie des „frame bridging" darin, dass die betreffende Bewegungsorganisation voneinander unabhängige Gruppen und Individuen auf die Ähnlichkeit ihrer (zuweilen latenten) Anliegen hinweist und sich zur Vorkämpferin dieser Anliegen macht (Bspl.: „Von Alaska bis Australien wollen alle, dass ihre Kinder in einer gesunden Umwelt aufwachsen. Wir tun etwas dafür!"). Bei der „frame extension" hingegen nimmt eine SMO zusätzlich zu ihren Kernanliegen die (Kern-) Anliegen anderer Gruppen auf und beschreibt diese als kausal verknüpft (Bspl.: „Die Schuldenerlasskampagne ist Teil des Kampfes gegen den Freihandel. Die Auslandschuld ist der Hebel, der Weltbank und IWF die Durchsetzung von Strukturanpassungsprogrammen und neoliberaler Handelsöffnung ermöglicht."). In der Strategie des „frame amplification" wiederum werden die Anliegen der Bewegung und ihrer Trägerorganisation auf den Alltag oder besonders zentrale Werte der Adressat/innen bezogen (Bsple.: steigende Wasserpreise als Folge des

Merkmale und Erfolgschancen von „collective action frames"

Zu den variablen Charakteristika, welche die Wirkung eines *collective action frames* unter den potentiellen Aktivist/innen oder in der massenmedial vermittelten Öffentlichkeit bestimmen, gehören etwa sein Grad an Offenheit und Elastizität – wobei exklusive, wenig elastische *frames* die Bindung der Kernaktivist/innen an die Bewegung erhöhen und die kollektive Identität stützen (Benford und Snow 2000, Hunt et al. 1994), während sich offene und abstrakte *frames* eher als „master frames" (s. u.) für Allianzen unterschiedlicher Bewegungen eignen (Gerhards und Rucht 1992). Für den Mobilisierungserfolg eines *frames* ist Benford und Snow (2000) zufolge aber auch entscheidend, inwieweit es den Bewegungsakteuren gelingt, unerwartete Ereignisse darin einzupassen („empirical credibility"), Widersprüche zwischen *frames* und der symbolischen Bedeutung von bestimmten Aktionsformen zu vermeiden („frame consistency") und sich selbst als ernstzunehmende Sachverständige zu etablieren („credibility of the frame articulators"). Außerdem hängt die Wirkung eines *frames* davon ab, ob er auf zentrale Werte der Adressat/innen abstellt („centrality"), einen direkten Bezug zwischen dem angesprochenen Problem und dem Alltagsleben herstellt („experimental commensurability") und sich in die Narrativen und Mythen der jeweiligen Kultur einpasst („narrative fidelity" oder „cultural resonance").

Wie Polletta (1999) deutlich hervorhebt, übt das kulturelle Umfeld also eine strukturierende Wirkung auf das *framing* der Bewegungsakteure aus, indem es diese mit bereits vorstrukturierten symbolischen Elementen versorgt. Die Kultur einer Gesellschaft stellt gleichsam einen „Werkzeugkasten" (Swidler 1986) dar, aus dem sich Bewegungen bedienen können (und müssen), doch ist darin nur eine begrenzte Zahl von Werkzeugen erhältlich.

Fazit

Dem Framing-Ansatz kommt das Verdienst zu, die wichtigen Interpretationsleistungen sozialer Bewegungen ins Zentrum der Aufmerksamkeit gerückt zu haben. Allerdings haben die Vertreter/innen des Ansatzes den Fokus ihrer Analysen bisher fast ausschließlich auf organisierte Kollektivakteure gerichtet. Diese NGOs und SMOs werden ähnlich wie im Ressourcenmobilisierungsansatz als vergleichsweise homogene und strategisch handelnde Gebilde gefasst und Konflikte bei der Genese und Weiterentwicklung von *frames* weitgehend ausgeblendet. So untersucht zwar Benford (1993a) Auseinandersetzungen um geeignete

---

neoliberalen Freihandels oder die gesetzliche Benachteiligung gleichgeschlechtlicher Partnerschaften als Verstoss gegen den Grundwert der Gleichheit.)

frames – sogenannte „frame disputes" – zwischen verschiedenen organisierten Gruppen in der Anti-Atomwaffenbewegung, doch werden Konflikte *innerhalb* von Bewegungsorganisationen genauso wenig untersucht wie der Einfluss, den nicht-organisierte Akteure auf den *Framing*-Prozess haben Wie auch Steinberg (1999) festhält, sind *frames* keine von den organisierten Akteuren und ihren Anführern hergestellten „Top down"-Konstruktionen, sondern das Resultat interaktiver Aushandlungsprozesse, an denen sich auch Basisaktivist/innen beteiligen. Wenig erforscht ist überdies auch der Umgang mit widersprüchlichen Anforderungen an *frames*, die sich an unterschiedliche Adressatenkreise (Sponsoren, Aktivist/innen, Massenmedien usw.) richten.

3.5 „Neue" soziale Bewegungen ...

Der in Europa entstandene NSM-Ansatz (NSM: *New Social Movements*) setzt sich mit den sogenannten „neuen" sozialen Bewegungen auseinander.[8] Er kann zunächst einmal als Kritik an der Ressourcenmobilisierungstheorie und dem *Political Process*-Modell verstanden werden. NSM-Vertreter/innen monieren, dass in diesen beiden Ansätzen soziale Gegensätze und potentielle Konflikte als gegeben vorausgesetzt, aber nicht weiter begründet werden (Melucci 1985: 792). Gleichzeitig kritisiert der NSM-Ansatz aber auch die marxistische Theorietradition in Europa, die gesellschaftliche Konfliktpotentiale allzu sehr auf Klassengegensätze verengt. Die zentrale These des NSM-Ansatzes hingegen besagt, dass neue soziale Bewegungen anders als die „alten" Arbeiter/innen-Bewegungen ihre kollektive Identität nicht über die „objektive" Position der Beteiligten in der Klassengesellschaft, sondern über Merkmale wie das Geschlecht und die sexuelle Orientierung – oder über advokatorische Anliegen wie die gemeinsame Sorge um die natürliche Umwelt – definieren.

Theoretische Gemeinsamkeiten und Unterschiede

Wie Buechler (1995) deutlich macht, gibt es „die" Theorie der neuen sozialen Bewegungen genauso wenig, wie es eine einheitliche Theorie der politischen Gelegenheitsstrukturen gibt. Es können jedoch mindestens sieben Themen ausgemacht werden, die allen Theorievorschlägen im Rahmen des NSM-Ansatzes

---

[8] Zu den wichtigsten Vertreter/innen gehören Alberto Melucci (z.B. 1980, 1984, 1985), Alain Touraine (z.B. 1985, 1992), Jürgen Habermas (z.B. 1982), Manuel Castells (z.B. 1983, vgl. auch Buechler 1995), Klaus Eder (z.B. 1985), Claus Offe (z.B. 1985) und mit Vorbehalten auch Jean Cohen (1985).

gemeinsam sind (Buechler 1995: 442, vgl. auch Pichardo 1997). So gehen alle Theorievorschläge, die dem NSM-Paradigma zugerechnet werden, davon aus, dass neuere soziale Bewegungen:

- den kulturellen Wandel in der Gesellschaft für strategisch wichtiger erachten als eine Veränderung der politischen Rahmenbedingungen;
- eher Autonomie und Selbstbestimmung als die Macht über den Staat anstreben;
- sich stärker von postmateriellen Werten leiten lassen als von materiellen Verteilungskonflikten;
- auf der Grundlage von fragilen, sich stets verändernden kollektiven Identitäten operieren, welche sich nicht aus der strukturellen Position der Beteiligten im Klassengefüge ableiten lassen;
- sich in sozialen Konflikten engagieren, die – wie alle sozialen Probleme – Gegenstand kollektiver Interpretationsprozesse sind;
- netzwerkförmige Strukturen mit dezentralisierten und basisdemokratischen Entscheidfindungsmechanismen aufweisen und sich kaum je nur um eine einzige NGO oder Basisgruppe herum organisieren;
- einen hohen Grad an kritischer Selbstreflexion und strategischer Flexibilität aufweisen.

Außerdem besteht eine Gemeinsamkeit der verschiedenen NSM-Ansätze darin, dass sie nicht nur das mikrosoziologische „Innenleben" der sozialen Bewegungen untersuchen, sondern diese vor dem Hintergrund eigentlicher Theorien des gesellschaftlichen Wandels analysieren (Buechler 1995). Allerdings ist es gerade diese gesellschaftstheoretische Einbettung, die auch die größten Unterschiede zwischen den Ansätzen erzeugt. Allen Theorievorschlägen ist gemeinsam, dass sie den Übergang von der industriellen Gesellschaft mit ihren materiellen Interessen zur postindustriellen, „programmierten" (Melucci 1985) Dienstleistungs- und Informationsgesellschaft thematisieren (Pichardo 1997), doch unterscheiden sie sich hinsichtlich der Details der Analyse genauso wie bezüglich der möglichen Konsequenzen (vgl. Buechler 1995).

Habermas (1982) etwa postuliert ein Auseinanderfallen des politisch-ökonomischen Systems, in welchem die Kontrolle über Geld und Macht neu von gesellschaftlicher Rechenschaftspflicht getrennt ist, und der Lebenswelt, die weiterhin dem Prinzip der kommunikativen Rationalität untersteht. Entsprechend schreibt Habermas den neuen sozialen Bewegungen einen primär defensiven Charakter zu, da ihre Aktivist/innen angeblich die Lebenswelt vor der Kolonisierung durch die instrumentelle Logik des „Systems" zu bewahren suchen (vgl. Buechler 1995). Touraine (z.B. 1985) hingegen betont die wachsende gesellschaftliche „Historizität" – das heißt, die Fähigkeit der postindustriellen Gesellschaft, dank der Verfügung über Wissenssysteme und technische Mittel selbstreflexiv die Mechanismen ihrer eigenen Reproduktion zu steuern. Die Ressourcen, die zur Kontrolle dieser Historizität notwendig sind, sind kultureller Natur und können daher auch von sozialen Bewegungen aufgebracht werden. Folglich kommt den sozialen Bewegungen bei Touraine nicht nur eine reaktiv-defensive, sondern eine aktiv steuernde Funktion zu.

Politik versus Kultur

Auseinandersetzungen innerhalb des NSM-Ansatzes drehen sich nicht nur um die Frage, inwieweit neue soziale Bewegungen eine reaktive Rolle spielen oder aktiv „Geschichte machen." Vielmehr sorgt auch der vorwiegend kulturelle Fokus der neuen sozialen Bewegungen für heftige Debatten (vgl. auch Buechler 1995: 451 ff.). L. A. Kauffman (2001 [1990]) betont, dass die Beschäftigung der neuen sozialen Bewegungen mit Identitätskonstruktionen und kulturellen Fragen ihre potentielle politische Wirkung verwässert habe. Zwar seien zahlreiche politische Ungleichheiten durchaus in kulturellen Vorurteilen der alltäglichen Lebenswelt verankert und würden dort auch immer neu reproduziert, doch hätten sich die neuen sozialen Bewegungen politisch ins Abseits gebracht – „away from engagement with institutionalized structures of power, toward a kind apolitical introspection, and into a cycle af fragmetation and diffusion of political energies" (Kauffman 2001 [1990]: 24).

Für Alvarez et al. (2004 [1998], vgl. auch Buechler 1995: 451) hingegen ist klar, dass Kultur und Politik untrennbar miteinander verbunden sind – nämlich in der als „political culture" bezeichneten „spezifische(n) soziale(n) Konstruktion dessen, was als ‚politisch' gilt" (Alvarez et al. 2004 [1998]: 37), und in der Definition der sozialen Gruppen, die die Grenzen des Politischen festlegen dürfen. Analog dazu weist Melucci (z. B. 1984, vgl. auch Buechler 1995: 452) darauf hin, dass Bewegungen, die sich der konventionellen Logik der institutionellen Politik entziehen, deren Legitimität untergraben. Wären die neuen Bewegungen in einem konventionellen Sinn politisch, folgten sie genau den Spielregeln, die dem gesellschaftlichen Establishment seine Macht verleihen, und könnten leichter vereinnahmt werden.

Fazit

Viele der vermeintlich „neuen" sozialen Bewegungen haben ihre Wurzeln bereits im 19. Jhd. (vgl. Chatfield 1997 zur Friedensbewegung, Keck und Sikkink 1998: Kap. 2 u. a. zur transnationalen Frauenbewegung), wohingegen die typischen „al-

ten" Bewegungen bei genauerer Betrachtung verschiedene Merkmale aufweisen, die typischerweise den NSM zugerechnet werden (Calhoun 1993, D'Anieri
et al. 1990, vgl. auch Buechler 1995: 447 ff., Pichardo 1997: 414 ff.). Einige der
Grundprämissen des NSM-Ansatzes scheinen demnach wenig haltbar, sind doch
die „neuen" sozialen Bewegungen weder neu, noch können sie als charakteristische Produkte des postindustriellen Zeitalters gelten.

Klar ist jedoch, dass es dem NSM-Ansatz gelungen ist, die Aufmerksamkeit der Forschung auf die netzwerkförmigen Strukturen sozialer Bewegungen
jenseits der zentralen Trägerorganisationen zu lenken. Außerdem kommt den
Vertreter/innen des Ansatzes das Verdienst zu, sozialpsychologische Aspekte in
der Analyse sozialer Bewegungen rehabilitiert zu haben – und zwar in der Analyse „klassischer" Bewegungen genauso wie in derjenigen historisch jüngerer
Bewegungen (Pichardo 1997). Die Konzepte und Grundannahmen der NSM-
Theorie – kollektive Identität, Solidarität, Reflexivität, Bewegungen als kulturelle Produzenten usw. – fließen neuerdings auch in sozialhistorische Studien ein,
die sich mit Bewegungen der Vorkriegszeit beschäftigen (z. B. Calhoun 1993).
Außerdem hat es die NSM-Forschung späteren Autor/innen ermöglicht, einen
genaueren Blick auf die Konstruktion von Identität und Solidarität auch in Bewegungen zu werfen, die grenzübergreifend operieren.

Keine befriedigende Antwort hingegen gibt der Ansatz auf die Frage, inwieweit auch rechtskonservative Bewegungen Merkmale neuer sozialer Bewegungen aufweisen oder warum sie dies nicht tun. Dieser ebenfalls wichtige Typus
von Bewegungen wird im NSM-Ansatz weitgehend marginalisiert (Pichardo
1997, Ausnahme ist ein im Winter 2008 erschienenes Heft des Forschungsjour-
nals Neue Soziale Bewegungen).

3.6   ... und das Konzept der kollektiven Identität

Das Konzept der kollektiven Identität ist eng verknüpft mit den Forschungen des
NSM-Ansatzes, denn es gibt eine Antwort auf die Frage, wie soziale Bewegungen Solidarität und Handlungsmotivation erzeugen, obgleich trotz tradierte Milieus zerfallen sind und sich die Lebenslagen ausdifferenziert haben. Kollektive
Identität ist hier die Konstruktion eines handlungsfähigen überpersonellen Akteurs, mit dem sich die beteiligten Individuen jenseits der immer schwächer werdenden Klassenzugehörigkeit und über „objektive" Strukturmerkmale hinaus
verbunden fühlen (Haunss 2002). Gleichzeitig stößt das Konzept der kollektiven
Identität aber auch außerhalb des NSM-Paradigmas auf Beachtung, da es den
allzu rationalistischen Problemzugang etwa im Ressourcenmobilisierungsansatz
überwindet (Polletta und Jasper 2001). So erklärt kollektive Identität, weshalb
sich Aktivist/innen auch dann für riskante Formen des sozialen Ungehorsams

mobilisieren lassen, wenn materielle Anreize fehlen, die Erfolgschancen gering sind und außerdem Möglichkeiten des „Trittbrettfahrens" bestünden (Gamson 1992a). Ferner erklärt das Konzept der kollektiven Identität, warum Bewegungen manchmal Strategien verfolgen, die aus der Sicht einer instrumentellen Rationalität wenig effektiv und problemadäquat erscheinen. So haben gewisse Aktionsformen eher als andere einen intrinsischen Wert, da sie dem kollektiven Selbstverständnis der Bewegung entsprechen – „they reflect what we believe, what we are comfortable with, what we like, who we are" (Polletta und Jasper 2001: 284, vgl. auch Gamson 1992a). Das Konzept der kollektiven Identität soll darum hier in einem eigenen Abschnitt behandelt werden.

Kollektive Identität beschreibt das „Wir," mit dem die Aktivist/innen einer sozialen Bewegung eine Vorstellung von Einheit und ein Gefühl der Zugehörigkeit – „a shared sense of ‚one-ness‘ or ‚we-ness‘" (Snow 2001: iv) – assoziieren, und zwar auf der Grundlage von realen oder vorgestellten Gemeinsamkeiten und verbindenden Erfahrungen (Polletta und Jasper 2001: 258, Snow 2001: iv). Sie wird definiert als die von mehreren Personen geteilte Verbundenheit mit einer größeren Gemeinschaft, Kategorie, Praxis oder Institution (Polletta und Jasper 2001: 258) und weist Polletta und Jasper (2001: 258, vgl. auch Melucci 1995) zufolge eine kognitive, eine emotionale und eine moralische Komponente auf. So erfolgt die individuelle Identifikation mit einem kollektiven Akteur nicht nur über kognitiv wahrgenommene Gemeinsamkeiten, sondern ist auch mit positiven Gefühlen besetzt. Zudem werden die Aktivitäten der Bewegung als wichtig und richtig eingeschätzt. Snow (2001: xi) weist allerdings zurecht darauf hin, dass die relative Bedeutung dieser drei Komponenten sowohl theoretisch als auch empirisch noch weitgehend unerforscht ist.

Klar ist hingegen, dass sich kollektive von personalen Identitäten unterscheiden. Denn personale Identitäten – die Bilder des Individuums von sich selbst und seinen Beziehungen zum sozialen Umfeld – erheben den Anspruch auf individuelle Einzigartigkeit, wohingegen kollektive Identitäten zwar gegen Außen eine Abgrenzung von den „Anderen" enthalten, aber zugleich auch auf Gemeinsamkeiten im Inneren des Kollektivs abstellen. Allerdings ist die Unterscheidung zwischen personalen und kollektiven Identitäten nicht trennscharf. Eine kollektive Identität kann erst dann wirksam werden, wenn mehrere Personen die Gruppenzugehörigkeit als wesentlichen Teil ihrer personalen Identität begreifen. In diesem Fall stabilisiert die kollektive Identität die Bewegung über die Zeit, reguliert die Mitgliedschaft und legt die Merkmale fest, anhand derer sich die Anhänger/innen gegenseitig erkennen (Haunss 2002, Melucci 1995).

Im Verhältnis zwischen kollektiver und sozialer Identität gibt es ebenfalls Überschneidungen, denn kollektive Identitäten können durchaus auf gesellschaftlich konstruierte Rollenbilder zurückgreifen. Dies ist insbesondere dort der Fall, wo Bewegungen Identitätspolitik betreiben und bestehende soziale

Identitäten (z. B. „Frau", „Homosexueller", „Ausländer") mit neuen Bedeutungen zu versehen suchen (Haunss 2002, Polletta und Jasper 2001, Snow 2001). Identitätsorientierte Bewegungen bilden jedoch einen Spezialfall sozialer Bewegungen, und häufig handelt es sich bei kollektiven Identitäten um emergente Phänomene, die nur schwach oder gar nicht mit bestehenden sozialen Kategorien und Rollenvorstellungen verknüpft sind. Der Unterschied zwischen sozialen und kollektiven Identitäten besteht im wesentlichen darin, dass kollektive Identitäten eine affektive und eine besonders von Snow (2001) hervorgehobene handlungsorientierte Komponente aufweisen. So enthält kollektive Identität immer auch die Aufforderung, sich aktiv für den Fortbestand und die Anliegen der Bewegung stark zu machen:

> „[T]he collective, shared ‚sense of we' is animating and mobilizing cognitively, emotionally, and sometimes even morally. The shared perceptions and feelings of a common cause, threat, or fate that constitute the shared ‚sense of we' motivate people to act together in the name of, or for the sake of, the interests of the collectivity, thus generating the previously mentioned sense of collective agency." (Snow 2001: v)

Gleichzeitig muss das „Wir" einer sozialen Bewegung immer wieder neu rekonstruiert werden. Während kollektive Identität in der theoretischen Literatur oft als monolithische, a priori feststehende Eigenschaft einer Bewegung behandelt wird, sind sich doch inzwischen die meisten Autor/innen darüber einig, dass kollektive Identität steter Veränderung unterliegt. Identität wird in sozialen Interaktionen immer wieder bestätigt, aber auch neu ausgehandelt und modifiziert. Melucci (z. B. 1995) schlägt darum vor, den Begriff der kollektiven Identität auf den laufenden Konstruktionsprozess zu beziehen, nicht auf das (immer nur temporäre) Resultat dieses Prozesses. Für Snow ist jedoch klar, dass kollektive Identität Prozess *und* Resultat beinhaltet und beide Aspekte analysiert werden müssen, um eine Bewegung verstehen zu können. So sind zwar kollektive Identitäten fluide und permanent vorläufig, doch nehmen außenstehende Dritte in der Regel nicht den Prozess der Identitätsbildung wahr, sondern die Erscheinungsformen des gerade aktuellen Resultats. Es sind darum auch die jeweils aktuellen kollektiven Identitäten, die über die Verfügbarkeit von möglichen Bündnispartnern und Ressourcen entscheiden und die Wahl von strategischen Vorgehensweisen beeinflussen.

Ihren beobachtbaren Ausdruck findet kollektive Identität nicht zuletzt in kulturellen Materialien wie Symbolen, Namen, Erzählungen, Ritualen und Kleidungsstilen (Polletta und Jasper 2001) sowie identitätsbezogenen *collective action frames* (Hunt et al. 1994).

„Symbolic resources include the interpretive frameworks (or frames), avowed and imputed names, and dramaturgical codes of expression and demeanor (e. g., particularistic styles of storytelling, dress, adornment, and music) that are generated and employed during the course of a collectivity's efforts to distinguish itself from one or more other collectivities. Concrete examples include the various forms of identity talk, such as ‚atrocity tales‘ and ‚war stories‘, that group members repeatedly tell each other, prospective adherents, and the media (…); particular songs and styles of music that invite participation and that are politically and emotionally evocative, such as ‚We Shall Overcome‘ (…); key words and slogans that function in a similar fashion, such as ‚Liberté, Fraternité, and Egalité‘ and ‚Workers of the World Unite‘; and systems of gestures and signs, such as the raised clinched fist and the peace sign, that function similarly to the tradition of heraldry." (Snow 2001: viii f.)

Die Bereitstellung von symbolischen Ressourcen, die im Zentrum der Konstruktion von kollektiven Identitäten steht, bezeichnet Snow (2001) als Identitätsarbeit. In diesem Zusammenhang weisen verschiedene Studien auf die Bedeutung von Identitäts-Frames (Hunt et al. 1994) und Ritualen (Taylor und Rupp 2002) hin, die von *movement leaders* oder Bewegungsorganisationen bewusst gesetzt und inszeniert werden. Andere Arbeiten betonen aber auch die zentrale Rolle von „Freizonen" im alltagsweltlichen Kontext (z. B. Durchgangsheime, Kirchgemeindehäuser und subkulturelle Einrichtungen wie besetzte Häuser): Als soziale Orte, die sich der Kotrolle und dem direkten Einfluss der Mächtigen entziehen, erlauben solche „free spaces" den Machtlosen den Aufbau gegenhegemonialer Ideen und widerständischer Identitäten (Polletta und Jasper 2001: 288). Außerdem ist bekannt, dass die gemeinsame Teilnahme an Protestaktionen die kollektive Identität verstärkt (und diese wiederum der Mobilisierung für weitere Aktionen zuträglich ist) (Haunss 2002, Polletta und Jasper 2001).

Verschiedene Fragen, die etwa das Zusammenspiel von individueller und kollektiver Identitätsarbeit sowie das Problem der Machtverteilung in diesen Kollektivprozessen betreffen, sind jedoch bislang offen geblieben: Welche Individuen haben wie viel Einfluss auf die kollektiven Identifikationsangebote? Inwieweit ergeben sich die symbolischen Ressourcen, auf die sich kollektive Identitäten jeweils abstützen, aus Konstruktionsprozessen „von unten", und inwieweit werden sie von den Trägerorganisationen einer Bewegung gesetzt? Was geschieht, wenn Identifikationsangebote, die „von oben" gesetzt werden, auf wenig Resonanz stoßen und von den Gruppenmitgliedern nicht angenommen werden? All dies gilt es in zukünftiger Forschung genauso zu untersuchen wie die Konstruktion kollektiver Identitäten in den hier thematisierten transnationalen Bewegungskoalitionen.

3.7 Plädoyer für ein eklektisches Vorgehen

Dank der Vielfalt ihrer theoretischen und empirischen Ansätze ist die *Social Movement*-Forschung auch schon einmal als „smörgasbord" (McAdam et al. 1988) bezeichnet worden – als ein Schlemmerbuffet, auf dem sich die Forscher/innen nach Belieben bedienen können. Wenn die Metapher vom Schlemmerbuffet allerdings suggerieren soll, die Kombination von verschiedenen solchen Ansätzen könnte sich als ungeniessbar erweisen, trifft sie nur bedingt zu. Denn die verschiedenen Theorieansätze sind nicht grundsätzlich miteinander unvereinbar, sondern ergänzen sich. So untersucht etwa der RM-Ansatz die Bedeutung von materiellen Ressourcen und die Implikationen verschiedenartiger Organisationsformen, das PP-Modell hingegen die Bedeutung externer politischer Kontexte. Der *Framing*-Ansatz wiederum weist auf die Rolle kultureller Ressourcen und Wichtigkeit der strategisch angemessenen Interpretation der externen Kontexte hin, während der NSM schließlich sowohl die gesellschaftlichen Funktionen von Bewegungen sowie Fragen der kollektiven Identität herausarbeitet. Wie della Porta und Diani (1999: 3) zurecht festhalten, schliessen sich die oben vorgestellten Ansätze demnach nicht gegenseitig aus, „but, rather, approach the same issue from different directions."

Für die Erforschung einer einzelnen Bewegung oder eines bestimmten Akteurstyps bietet sich denn auch eine Kombination verschiedener Ansätze an. Übertragen auf die Erforschung transnationaler Bewegungskoalitionen ergibt sich aus der bisherigen *Social Movement*-Literatur die Notwendigkeit eines multiperspektivischen Zugangs, der sowohl interne als auch externe Einflüsse auf die Entwicklungsdynamik solcher Koalitionen untersucht und weder die Bedeutung materieller Ungleichheiten noch die Frage der kollektiven Identität auslässt. Wie Keck und Sikkink (1998) betont haben, ist die Theoriebildung zu transnationalen Bewegungsaktivitäten zwar noch zuwenig weit fortgeschritten, als dass sich daraus bereits testbare Hypothesen ableiten liessen, doch hilft die bestehende Literatur zu „nationalen" sozialen Bewegungen, mögliche Konfliktquellen (Unterschiede in der Ressourcenausstattung zwischen nördlichen und südlichen Partnerorganisationen sowie Frame-Dispute), interne Kohäsionsfaktoren (Entscheidfindungsverfahren und Prozesse der kollektiven Identitätsstiftung) und die Bedeutung von (je unterschiedlichen) externen politischen Gelegenheitsstrukturen zu eruieren.

4 Bewegungskoalitionen: ein Forschungsüberblick

Selbst bei Bewegungen, die im lokalen oder nationalen Umfeld operieren, darf ein erfolgreiches Zustandekommen und Überleben keineswegs als Selbstverständlichkeit gelten. Noch weniger selbstverständlich ist indes das Auftreten und langfristige Bestehen von Bewegungen und Bewegungskoalitionen, die transnational und über verschiedene zivilgesellschaftliche Sektoren hinweg agieren. Jackie Smith und Joe Bandy (2005: 7) halten zu Recht fest, dass hier die Herausforderungen weitaus vielfältiger sind:

> „Coalitions are difficult wherever they occur, but the diversity of languages, political experiences, and national cultures within transnational coalitions as well as the uncertainties and complexities of intergovernmental negotiating arenas create some unique challenges for organizers."

Die Frage, wie transnationaler Aktivismus mit diesen Herausforderungen umgeht, hat für die Forschung zu sozialen Bewegungen zentralen Stellenwert. Schließlich nimmt die Auftretenshäufigkeit grenzübergreifender Bewegungen und Bewegungskoalitionen seit einigen Jahren immer weiter zu. Wie Tarrow in polemischer Zuspitzung deutlich macht, existiert bislang jedoch eine eigentliche Theorie des transnationalen Aktivismus nicht einmal im Ansatz:

> „We lack even the rudiments of a sociology of transnational activism that can help us understand the organizations, the alliance structures, and the mechanisms driving the new transnational contention." (Tarrow 2002: 2)

Was die transnationalen Bewegungskoalitionen betrifft, fehlt es außerdem nicht nur an theoretischen Abstraktionen, sondern es liegen bis jetzt auch nur wenige empirische Grundlagen vor. Die meisten wissenschaftlichen Publikationen, die sich mit Koalitionen unter organisierten Bewegungsakteuren beschäftigen, untersuchen nicht die Zusammenarbeit von Bewegungen über Landesgrenzen hinweg, sondern intersektorale Koalitionen auf der nationalen oder subnationalen Ebene (z. B. McCammon und Campbell 2002, Meyer und Corrigal-Brown 2005, Staggenborg 1986, 1988), etwa zwischen der Gewerkschaftsbewegung und Bewegungen von Sozialhilfeempfängern (Krinsky und Reese 2006) sowie zwischen der vorwiegend afroamerikanischen Protestbewegung gegen Giftmülldeponien und der angloamerikanischen Umweltbewegung (Lichterman 1995).

Ebenfalls häufig untersucht werden kurzfristig angelegte *Ad hoc*-Allianzen, die der Vorbereitung einer einzelnen Protestveranstaltung oder der Durchführung einer Lobbying-Kampagne dienen, ohne dass sich damit die Absicht einer langfristigen Kooperation verbindet (z. B. Bédoyan et al. 2004, Della Porta und Rucht 2002, Jones et al. 2001, Levi und Murphy 2006). Studien zu dauerhaften Koalitionen über Landesgrenzen hinweg sind indes überraschend selten geblieben. In der großen Fülle von Publikationen, die bereits im Titel eine Kombination der Begriffe „global" oder „transnational" und „soziale Bewegungen", „Protest", „Aktivismus" oder „Widerstand" enthalten (vgl. z. B. Bandy und J. Smith 2005a, R. Cohen und Rai 2000, Della Porta und Tarrow 2005, Khagram et al. 2002a, Podobnik und Reifer 2004, J. Smith et al. 1997a, Tarrow 2002, 2005a, 2005b, o. J., Walk und Boehme 2002), richtet sich die Mehrzahl auf Solidaritätsnetzwerke, unter denen sich auch Gruppierungen befinden, die sich von den relevanten Problemen nicht direkt betroffen fühlen (zum Fallbeispiel der Chiapas-Solidaritätsbewegung: Olesen 2004 und Schulz 1998; zur Zentralamerika-Solidarität in den USA: Stewart 2004; weitere Beispiele: Keck und Sikkink 1998, 1999, Khagram et al. 2002a, Sikkink 2002, Bendaña 2006, Kraemer 2007, Maney 2000, Nepstad 2002).

Ausnahmen von dieser Regel sind jedoch die höchst aufschlussreichen Studien bei Bandy und J. Smith (2005a) sowie die Arbeiten von Moghadam (2000) und Taylor und Rupp (2002) (für theoretisch-generalisierende Befunde: Tarrow 2002, 2005a, 2005b, o. J.; vgl. aber auch Murphy 2005, Veltmeyer 2004 und Yanacopulos 2005). In den folgenden Abschnitten sollen darum verschiedene Forschungsergebnisse zu Koalitionen sozialer Bewegungen vorgestellt werden, um dann detaillierter auf die Befunde jener Studien einzugehen, die sich mit der Koalitionsbildung über Landesgrenzen hinweg beschäftigen.

4.1 Entstehung und Dynamik von Bewegungskoalitionen

Wenn organisierte Bewegungsakteure in Form von Koalitionen zusammenarbeiten, bringt dies eine Reihe von Vorteilen mit sich. Murphy (2005) weist darauf hin, dass Mitgliedschaft in Koalitionen im Sinne von ökonomischen Skaleneffekten gewisse Kosteneinsparungen erzeugt, wenn sich die Koalitionspartner gemeinsame Büroräumlichkeiten und andere Infrastruktur leisten, zusammen die Dienste von professionelle Lobbyisten in Anspruch nehmen oder miteinander Forschung betreiben. Die Ressourcen, die durch die Zusammenarbeit eingespart werden, können für Mobilisierungen und andere Aufgaben eingesetzt werden und in Situationen besonderer Ressourcenknappheit sogar das Überleben der betreffenden Organisationen sichern (Staggenborg 1986, 1988).

Auch geben Koalitionen den beteiligten Gruppen auch ein größeres symbolisches Gewicht und erhöhten politischen Einfluss, weil sie gleichsam mit einer einzigen, laut vernehmlichen Stimme sprechen (Yanacopulos 2005: 100). Die Zusammenarbeit verschiedener Organisationen mit unterschiedlichen Anhängerschaften und ideologischen Ausrichtungen gibt außenstehenden Beobachter/innen zu erkennen, dass die Anliegen der Beteiligten breit abgestützt und die angesprochenen Probleme wichtig genug sind, um eine ganze Reihe von Organisationen und nicht-organisierten Aktivist/innen zum Zusammengehen zu veranlassen.

Darüber hinaus legitimieren sich die beteiligten Organisationen durch die Zusammenarbeit gegenseitig: Beispielsweise können nördliche Nichtregierungsorganisationen, die sich für globale Gerechtigkeit einsetzen, über die Zusammenarbeit mit südlichen Graswurzelbewegungen die Authentizität ihrer Forderungen belegen, während sich die Graswurzelbewegungen etwa über die Zusammenarbeit mit vorwiegend akademisch ausgerichteten Forschungsinstituten vom Vorwurf des naiven Idealismus und der Weltfremdheit befreien.

Vor allem aber ermöglicht die Zusammenarbeit in Koalitionen den beteiligten Gruppen die Herausbildung einer komplementären Arbeitsteilung und Konzentration auf die jeweiligen organisationellen Stärken (Meyer und Corrigal-Brown 2005, Murphy 2005, Stewart 2004, Yanacopulos 2005). So steuern einige Gruppen strategisch wichtige Informationen bei oder betreiben Lobbying, während andere in Massenmobilisierungen für medienwirksame Spektakel sorgen oder sich im Verborgenen um Finanzierungsquellen bemühen (Jones et al. 2001, Stewart 2004):

> „[B]ecause organizations have distinct audiences, a broad coalition affords the prospect of mobilizing a wider range of people, tactics, and entry into a greater number of institutional niches. Organizations can specialize in terms of issues or tactics, enhancing not only the profile of the movement as a whole, but also its volatility and flexibility(...). Tactical diversity and multiple constituencies are assets for a movement in many ways. Radical action can enhance the visibility and credibility of moderates, although it can also discredit them (...). Multiple organizations allow a movement to escalate (...) in the face of potential setbacks faced by any single organization." (Meyer und Corrigal-Brown 2005: 330 f.)

Koalitionsbildung unter den beteiligten Organisationen gibt der Gesamtbewegungen schließlich auch eine erhöhte strategische und taktische Flexibilität. Die Vielfalt der Koalitionsmitglieder erlaubt es diesen, auf Gegenmaßnahmen und Repressionsversuche ihrer Gegner mit relativ raschen Richtungswechseln zu reagieren.

Bewegungskoalitionen als Ressourcenpools...

Neben Vorteilen bringt die Bildung von Koalitionen für die beteiligten Gruppen allerdings auch potentielle Nachteile mit sich. Die Zusammenarbeit verspricht nicht nur eine effektivere Nutzung bereits vorhandener Ressourcen, sondern erzeugt in Form von Koordinationsaufwand auch finanzielle und personelle Kosten. Dies gilt insbesondere im Kontext transnationaler Koalitionen, deren Koordinationstreffen neben logistischen Herausforderungen auch hohe Auslagen für Reisen sowie Zeitaufwand für internationale Kommunikation bedingen. Wie Staggenborg (1986: 384) bemerkt, verfestigen sich Koalitionen oft zu formalen Koordinationsorganisationen mit eigenen Unterhaltskosten, die zu den denjenigen der beteiligten Organisationen in einem gewissen Konkurrenzverhältnis stehen.

Die Zusammenarbeit mit anderen Organisationen, mit denen im Laufe der Koalitionsarbeit immer größere Ähnlichkeiten entstehen und die durch die Koalition zusätzliche Legitimation erhalten, kann Meyer und Corrigal-Brown (2005: 331) zufolge außerdem das eigene Profil verwässern und die Konkurrenz um Spendengelder und weitere Mitglieder verschärfen:

> „By cooperating with groups that may appeal to the same funders or members, an organization may obscure its own identity in service of a larger movement, diminishing its visibility in mass media (...) or its capacity to recruit members or raise funds. As with individuals, organizations cultivate distinct organizational identities that define them to both members and the outside."

Dies erklärt denn auch den Befund einer vergleichenden Untersuchung von Krinsky und Reese (2006) zu erfolgreichen und gescheiterten Koalitionen zwischen US-amerikanischen Gewerkschaftsorganisationen und Sozialhilfeempfänger/innen in staatlichen Beschäftigungsprogrammen. Die Studie zeigt, dass Koalitionen nur dort erfolgreich waren, wo die Bewegungen der Sozialhilfeempfänger/innen sich mit ihren Anliegen explizit *nicht* auf die Arbeitsrechte, also die Domäne der Gewerkschaften bezogen, sondern eigenständige Deutungsmuster entwickelten. Erfolgreiche Koalitionen müssen sich Krinsky und Reese zufolge auf eine Formel der „kooperativen Differenzierung" einigen können, die den Beteiligten ihre je eigenen Nischen und Profilierungsmöglichkeiten gewährt. Ansonsten besteht die Gefahr, dass die Zusammenarbeit durch interne Konkurrenzkämpfe und strategische Auseinandersetzungen verunmöglicht wird.

> „In contrast to research suggesting that the development of common rhetoric facilitates coalition work, we found that where community groups claimed to represent workfare workers' interests *as workers*, they encountered competition from unions instead of partnership. Community organizations' emphasis on labor rights facil-

itated cooperation with unions, but only when the former deferred to the latter's stewardship of the workplace-based interests of jointly organized workfare workers. Thus, an *ecological process* of niche-formation even within coalition work was evident in our case studies." (Krinsky und Reese 2006: 626, Hervorhebung im Original)

Geht man davon aus, dass Bewegungsorganisationen strategisch handeln, ist die Entstehung von Koalitionen insgesamt also nur dort zu erwarten, wo für die beteiligten Organisationen der erwartete Nutzen die vermuteten Kosten übersteigt und wo der Autonomieverlust, der sich mit der Koalitionsbildung verbindet, keine übermäßigen Nachteile bringt. So argumentiert Staggenborg (1986) im Sinne des POS-Ansatzes, dass sich Bewegungsorganisationen vor allem dann zu Koalitionen zusammenschließen, wenn Veränderungen im politischen Umfeld außerordentliche Erfolgsmöglichkeiten versprechen. Ist ein politischer Durchbruch in greifbare Nähe gerückt und kann dieser nur mit gemeinsamen Anstrengungen tatsächlich erreicht werden, ist für Staggenborg die Entstehung einer Koalition nicht nur denkbar, sondern sogar wahrscheinlich.

Allerdings wenden McCammon und Campbell (2002) in diesem Zusammenhang ein, dass institutionelle Trägheit die Bewegungsorganisationen oftmals daran hindert, angemessen auf politische Gelegenheiten zu reagieren. Reaktionen erfolgen häufig erst dann, wenn diese Gelegenheiten zur gleichen Zeit an wahrgenommene externe Gefahren geknüpft sind, welche die Ziele der Organisation maßgeblich gefährden können (z. B. die Entstehung von Gegenbewegungen oder neue Kräfteverhältnisse im Parlament). Die „Gelegenheiten," die zur Bildung von Koalitionen führen, sind in dieser Sicht also vorwiegend solche, welche die Beseitigung gleichzeitig auftretender akuter Gefahren ermöglichen.[1]

Was allerdings Bewegungen betrifft, die sich mit Problemen von globaler Bedeutung auseinandersetzen, kann argumentiert werden, dürfte grenzüberschreitende Koordination und Kooperation eine unumstössliche Vorbedingung für den eventuell denkbaren Erfolg sein. Die Frage nach den Motiven für die transnationale Koalitionsbildung tritt damit in den Hintergrund. Umso mehr stellt sich aber die Frage nach den Möglichkeiten der Kontaktnahme und Vertrauensbildung. Gerade in Entwicklungsländern haben die Basisbewegungen nur sehr beschränkte Möglichkeiten, mit Basisbewegungen anderer Länder in Kontakt zu

---

[1] Was Staggenborg ebenfalls unberücksichtigt lässt, ist die Bedeutung von Interpretationsleistungen. Während sie davon ausgeht, dass „objektive" Erfolgschancen sich der Wahrnehmung der Bewegungen gleichsam aufdrängen, dürfte aus der Sicht konstruktivistischer Ansätze klar sein, dass externe Umstände erst dann Handlungsrelevanz erlangen, wenn sie aktiv interpretiert werden. Letztlich sind es also nicht Gelegenheiten *per se*, die Koalitionen motivieren, sondern deren kollektive Wahrnehmung. Koalitionen dürften mithin dann besonders wahrscheinlich sein, wenn die beteiligten Gruppen einen Erfolg als imminent wahrnehmen, zugleich aber ihre Situation dahingehend interpretieren, dass der Erfolg nur bei einer sinnvollen Zusammenarbeit wirklich eintritt.

kommen und eine langfristige Zusammenarbeit zu beginnen. Wie Tarrow (o. J.) festhält, ist die Entstehung von transnationalen Basis-zu-Basis-Koalitionen daher eher unwahrscheinlich. Koalitionen entstehen Tarrow zufolge eher auf Initiative von ressourcenstarken Organisationen, die nach ausländischen Verbündeten suchen, oder im Umfeld von internationalen Regierungstreffen.

Moghadam (2000: 61) betont in diesem Zusammenhang darum auch die immense Bedeutung der UNO-Weltkonferenzen für die transnationale Frauenbewegung. Diese haben Mogadham zufolge Verbindungen zwischen Bewegungsakteuren ermöglicht, die sonst kaum je miteinander in Kontakt gelangt wären:

> „The UN has played a key role in facilitating interaction and cooperation among feminist organizations. Key UN events have been various world conferences on women, as well as numerous regional preparatory meetings in advance of the conferences. Many TFNs [=transnational feminist networks] were formed, and numerous women's organizations came into contact with each other between the 1985 Nairobi conference and the Fourth World Conference on Women (in Beijing in 1995)."

Die Bedeutung von UNO-Weltkonferenzen und internationalen Gipfeltreffen als Gelegenheiten für die Entstehung von transnationalen Bewegungskoalitionen hat in den letzten Jahren freilich etwas abgenommen, denn zivilgesellschaftliche Akteure sind vermehrt dazu übergegangen, eigene Plattformen für die Kontaktnahme und den transnationalen Austausch zu organisieren. Verschiedene aktuelle transnationale Kampagnen und zivilgesellschaftliche Koalitionen gehen etwa auf das Weltsozialforum und die immer häufigeren Regionalforen wie das Europäische Sozialforum oder das *Foro de la Triple Frontera* im Dreiländereck Argentinien-Brasilien-Paraguay zurück.

... und das Problem der ungleichen Ressourcenverteilung

Probleme in der langfristigen Zusammenarbeit zwischen kollektiven Bewegungsakteuren ergeben sich nicht zuletzt dann, wenn die Koalitionspartner deutliche Ungleichheiten in der Ressourcenausstattung und dem Bekanntheitsgrad aufweisen. Staggenborg (1986) betont, dass solche Ungleichheiten zweierlei Spannungspotentiale mit sich bringen, nämlich einerseits die Besorgnis der großen Organisationen über eine ungerechte Verteilung der Beitragslast, andererseits die Furcht der kleineren Organisationen, von den mächtigeren Partnern dominiert zu werden. Zumal ressourcenstarke große Organisationen in der Regel weniger auf die Mitgliedschaft in Koalitionen angewiesen sind als die kleineren und schwächeren Organisationen, sind sie zuweilen weniger kompromissbereit. Gleichzeitig besteht die Gefahr, dass sie für Unstimmigkeiten sorgen, indem sie einen im

Vergleich zu ihren Möglichkeiten verhältnismäßig bescheidenen finanziellen und personellen Beitrag zum Fortbestand der Koalition leisten. Wenn größere Organisationen einen ihren Verhältnissen entsprechend hohen Beitrag an die Unterhaltskosten der Koalition leisten, wird dies von den kleineren Partnern hingegen (begründet oder unbegründet) als Dominanzversuch interpretiert.

Im Sinne des RM-Ansatzes ist allerdings anzumerken, dass die Ressourcen, die verschiedene Organisationen in eine Koalition einbringen, unterschiedliche Formen aufweisen können. So spielen nicht nur Finanzen, materielle Ressourcen wie administrativ-technische Infrastruktur (z. B. Faxgeräte, Computer, Farbdrucker) oder technische Fertigkeiten (z. B. Gestaltung von Flugblättern und Pressemappen) eine Rolle, sondern auch die Möglichkeit, im Falle einer Massendemonstration viele Anhänger/innen zur Teilnahme zu mobilisieren. Wichtig sind ferner auch kulturelle und symbolische Ressourcen, die einer Koalition als Ganzes Legitimität verleihen. Levi und Murphy (2006: 656) betonen, dass sich Größenunterschiede und Ungleichgewichte in der finanziellen Ausstattung daher nicht direkt in unterschiedlich starke Einflussmöglichkeiten und in Abhängigkeiten übersetzen müssen. Graswurzelbewegungen, die aus den Reihen der Betroffenen heraus gegen soziale Missstände kämpfen, verfügen in der Regel nur über spärliche finanzielle Ressourcen und können ihre Aktivist/innen nur ausnahmsweise zu geographisch weit entfernten Protestaktionen mobilisieren, gelten jedoch als „authentische" Formen des Widerstandes. Sie verfügen im Vergleich zu etablierten Nichtregierungsorganisationen, die immer häufiger unter einem gewissen Elitismus-Verdacht stehen, über eine relativ große Legitimität.

Wie ein Mitarbeiter einer US-amerikanischen NGO in einem Interview mit dem Verfasser betont, sind Direktkontakte mit „Betroffenen" für entwicklungspolitische Interessengruppen im Norden daher selbst dann unabdingbar, wenn die Interessengruppen nur Lobbying und keine Direkthilfe betreiben:

> „There is very much a need for us to work closely with people who … – you know, we had a panel here about how important coordination is to us, and [how important] working with Latin American groups is in order to make good arguments in Congress. What I told people is this: ‚Whatever you're doing down here is probably a helpful thing for us to let Congress know about up there. So, let us know. And let's coordinate and figure out what the best way is to, like, … – well, to have a component of whatever you're doing that [can be used] as a communication to the US Congress about it.'" (Interview: David Edeli)

Gerade in transnationalen Kampagnen und Bewegungskoalitionen können südliche Bewegungen also durchaus einen gewissen Einfluss auf die Strategien der ressourcenstarken Partner im Norden nehmen. Verweigern die südlichen Graswurzelbewegungen den potentiell mächtigeren nördlichen Partnerorganisationen die Partnerschaft, verlieren diese mit ihrer Glaubwürdigkeit auch möglichen politischen Einfluss und Spendeneinnahmen.

Ideologische Faktoren in der Koalitionsdynamik

Problematischer als Größenunterschiede und potentielle Machtungleichgewichte sind für das Funktionieren einer Koalition mögliche ideologische Spannungen. Diese können zu zähen *Frame*-Disputen sowie langwierigen Debatten über geeignete Strategien führen und letztlich gar einen Zusammenbruch der Koalition bewirken. So zeigt zwar Benford (1993a) am Beispiel der US-amerikanischen Bewegung gegen die nukleare Aufrüstung auf, dass *Frame*-Dispute und strategische sowie taktische Auseinandersetzungen auch dann vorkommen, wenn die beteiligten Gruppen relativ ähnliche Weltanschauungen und Ideologien vertreten, doch in Koalitionen, in denen große ideologische Differenzen bestehen, beansprucht die Bearbeitung von solchen Disputen ungleich mehr Zeit. Außerdem ergeben Auseinandersetzungen zwischen ideologisch allzu weit voneinander entfernten Koalitionspartner mitunter wenig effektive Kompromisslösungen, etwa *Frames* und Aktionen mit geringer öffentlicher Resonanz.

Wie Maney (2000: 155 ff.) festhält, dürften ideologische Differenzen in transnationalen Koalitionen außerdem häufiger sein als in nationalen Koalitionen. Grundlegende ideologische Differenzen kommen in Koalitionen auf der nationalen und lokalen Ebene nur selten vor, da sich Organisationen mit unterschiedlichen Haltungen bereits vorgängig kennen. Sie meiden sich auch dann, wenn diese Unterschiede nur sekundäre Anliegen betreffen. In transnationalen Koalitionen, wo einander weitgehend unbekannte Partner aufeinander stoßen, werden solche Differenzen hingegen erst im Laufe der Zusammenarbeit offensichtlich. Zudem weist Maney darauf hin, dass Organisationen zuweilen unerwartete Haltungen einnehmen, wenn bestimmte Fragen nicht länger die eigene Gesellschaft, sondern das Ausland betreffen. So kann es Maney zufolge durchaus geschehen, dass konservativ-nationalistische Organisationen des einen Landes mit linksprogressiven Gruppen eines anderen Landes zunächst zusammengehen, latente Unterschiede jedoch im Laufe der Zeit zu manifesten Konflikten führen.

Wie rasch strategische Differenzen insbesondere zwischen „radikalen" und „moderaten" Akteuren eskalieren können und zu einem Zusammenbruch der Koalition führen, zeigt nicht zuletzt das bekannte Beispiel der Schuldenerlass-Kampagne von *Jubilee 2000* (Donnelly 2002). Während sämtliche an dieser Kampagne beteiligten Organisationen letztlich das selbe langfristige Ziel verfolgten, nämlich die Befreiung des globalen Südens von seinen Auslandschulden, kam es bald zu heftigen Auseinandersetzungen zwischen zwei koalitionsinternen Parteiungen und schließlich zum Zusammenbruch der Koalition insgesamt. So forderten die Gruppierungen, die kurz nach dem Zusammenbruch unter der Bezeichnung *Jubilee South* eine eigene Koalition gründeten, eine radikale Streichung sämtlicher Schulden im gesamten globalen Süden, während andere Gruppen im Sinne einer „realistischen" Forderung lediglich eine *partielle* Schuldenreduktion in *ausgewählten* Ländern anstrebten.

Das Beispiel von Jubilee 2000 lässt freilich auch erahnen, dass ideologische Differenzen insbesondere dann eskalieren, wenn sie mit anderen Konfliktlinien – z. B. Unterschieden im Zugang zu Ressourcen und den gewählten Organisationsformen – einhergehen. Solange sich nicht verschiedene Konflikte gegenseitig verstärken, dies zeigen nicht zuletzt die Beispiele in Benfords Untersuchung zu Frame-Disputen des *Freeze movement*, lassen sich ideologische Spannungen produktiv bewältigen (Benford 1993a).

Kulturelle Faktoren in der Koalitionsdynamik

Betonen Studien aus dem Umfeld der Ressourcenmobilisierungstheorie und des POS-Ansatzes den Einfluss, den „harte" Faktoren wie der Zugang zu Finanzierungsquellen und politischen Machtträgern auf die Dynamik von Bewegungskoalitionen haben, so weisen Lichterman (1995) sowie Polletta und Jasper (Polletta und Jasper 2001) auch auf die maßgebliche Bedeutung „weicher" kultureller Faktoren hin. Lichterman (1995) zum Beispiel stellt fest, dass sich jede Bewegungsorganisation an bestimmten Modellen von Gemeinschaft orientiert und im Zuge fortgesetzter Interaktionen ihre je eigene Gemeinschaftskultur entwickelt. Sind die in der jeweiligen Bewegungskultur enthaltenen Vorstellungen und Praktiken der beteiligten Gruppen nicht kompatibel, entstehen in der Koalition Missverständnisse und Konflikte.[2] Unterschiede in der jeweiligen Gemeinschaftskultur äußern sich denn auch in unterschiedlichen Praktiken der Diskussion und Entscheidfindung. So gilt in einigen Gruppierungen eine Diskussion als gelungen, wenn sich möglichst viele Personen beteiligt haben, während in anderen mit „einer einzigen Stimme" gesprochen werden soll.

---

[2] In einer empirisch-qualitativen Studie geht Lichterman der Frage nach, warum es in den USA fast keine funktionierenden Koalitionen zwischen Bewegungen der weißen Mittelschicht und vergleichbaren afroamerikanischen Bewegungen gibt. Zur Klärung dieser Frage vergleicht er die Gemeinschaftspraktiken der vorwiegend weißen Umweltbewegung und die der vorwiegend afroamerikanischen Bewegung gegen Giftmülldeponien. Dabei zeigt sich, dass die Umweltbewegung eine stark personalisierte Gemeinschaftskultur pflegt, die Wert auf das „empowerment" sowie die persönliche Erfahrung jedes einzelnen Mitgliedes legt, während die afroamerikanische Bewegung gegen Giftmülldeponien eine kommunitaristische Kultur pflegt, welche die Gruppenmitglieder vornehmlich in den Dienst einer gemeinsamen Sache stellt und in welcher vergleichsweise rigide Gruppennormen herrschen.

Bewegungskulturen gehören zudem in den Bereich der Routinen und Verhaltensmuster, welche die Handelnden als selbstverständlich empfinden. Wenn zwei Gruppen mit unterschiedlichen kulturellen Praktiken aufeinander treffen, werden diese Unterschiede darum nicht direkt zum Gegenstand manifester Auseinandersetzungen. Der Zusammenprall unterschiedlicher Bewegungskulturen kann jedoch Missverständnisse auslösen und mithin Spannungen in anderen Bereichen verstärken. Eine fruchtbare Zusammenarbeit zwischen Gruppen mit unterschiedlichen Bewegungskulturen ist gemäß Lichterman deshalb nur dann möglich, wenn die als selbstverständlich wahrgenommenen Praktiken durch fortwährende Selbstreflexion oder sogar durch externes Monitoring bewusst gemacht werden. Freilich kann von keiner Bewegung erwartet werden, sich eine neue Gemeinschaftskultur anzueignen. Für die erfolgreiche Zusammenarbeit ist vielmehr permanente kulturelle „Übersetzungsarbeit" notwendig.

4.2   Erfolgsfaktoren transnationaler Bewegungskoalitionen

Transnationale Bewegungen operieren in einem komplexen, mehrschichtigen politischen Umfeld, dessen Gelegenheitsstrukturen auf der nationalen und internationalen Ebene je unterschiedlich – und oftmals widersprüchlich – ausfallen. Sie müssen daher komplexe Strategien entwickeln, die sowohl auf die je unterschiedlichen politischen Verhältnisse in mehreren Ländern als auch auf die Gelegenheitsstrukturen der maßgeblichen internationalen Organisationen passen. Außerdem stellt sich transnationalen Bewegungskoalitionen die Aufgabe, politische Deutungsmuster und symbolische Repräsentationen zu finden, die in mehreren kulturellen Kontexten die gewünschte Resonanz erzielen und sich als Grundmaterial für die Herausbildung einer grenzübergreifenden kollektiven Identität eignen (vgl. Wood 2005: 97).

Trotz dieser Schwierigkeiten ist eine erfolgreiche und dauerhafte transnationale Zusammenarbeit zwischen Bewegungsakteuren jedoch keineswegs unmöglich. Tatsächlich existieren immer mehr Beispiele von Bewegungskoalitionen, die genau dies geschafft haben. Neben vielen Fällen von transnationalen Koalitionen, die gescheitert oder gar nie über die Planungsphase hinausgekommen sind, findet sich auch eine wachsende Zahl von Erfolgsbeispielen, in denen die Zusammenarbeit bislang gut funktioniert hat. Welche Kohäsionsfaktoren diese Beispiele gemeinsam haben könnten, zeigen Bandy und J. Smith (2005b) anhand verschiedener Fallstudien in ihrem Sammelband (Bandy und J. Smith 2005a) und der weiteren Forschungsliteratur auf. Es sind dies erstens die Führungsqualitäten („leadership") und Vermittlungskompetenzen der mit der Koalitionsarbeit betrauten Koordinatorinnen und Koordinatoren, zweitens die Schaffung von Foren für die gemeinsame Interaktion und transnationale Integration der Basisaktivistinnen und Basisaktivisten und drittens eine Organisationskultur, welche den Prinzipien der Flexibilität und Autonomie große Bedeutung einräumt. Diese drei Faktoren, die im folgenden genauer vorgestellt und diskutiert werden, dürften mithin den Grundbestand eines Erfolgsmodells langfristiger Koalitionsarbeit bilden.

Führungsqualitäten

Der erste der genannten Kohäsionsfaktoren – die Führungs- und Vermittlungs-kompetenz der mit der Koalitionspflege betrauten *leaders* und Delegierten – wird in (fast) ausnahmslos allen Untersuchungen erwähnt, die sich mit erfolgreichen Fällen der transnationalen Koalitionsarbeit auseinandersetzen. Dies gilt für Mog-hadams Analysen zu transnationalen Koalitionen in der Frauenbewegung (Mogha-dam 2000) genauso wie für die verschiedenen Fallstudien bei Bandy und J. Smith (2005a). Es kann daher mit Bandy und J. Smith (2005b) vermutet werden, dass die „leadership of skilled movement brokers" einen der wichtigsten Kohäsions-faktoren erfolgreicher transnationaler Zusammenarbeit überhaupt darstellt (vgl. auch Brown und Fox 1998). Transnationale Bewegungskoalitionen dürften um so langlebiger sein, je ausgeprägter die Führungsqualitäten und interkulturellen Kompetenzen der Koordinatorinnen und Koordinatoren, die für die verschiede-nen Koalitionspartner als Kontaktpersonen und Verhandlungsdelegierte auftreten.

Was aber macht diese Führungsqualitäten aus? Bandy und J. Smith (2005b: 241) betonen, dass sich die Koordinationsbeauftragten in erfolgreichen Koalitionen in der Regel durch ein hohes Maß an interkultureller Kompetenz auszeichnen und gute Kommunikatoren, Pädagogen und Übersetzer mit hoher Kompromissbereitschaft sind:

> „They may translate languages, but they also translate between different discourses of grievance and forms of action used by members. They promote dialogue among members, and thus mutual learning, trust, and the sharing of resources."

Brown und Fox (1998) stellen darüber hinaus fest, dass zwischen den Delegier-ten erfolgreicher Koalitionen oft ein Vertrauensverhältnis und ein emotionales Band bestehen, das über die Erfordernisse einer rein instrumentellen Beziehung hinausgeht.

Gleichzeitig müssen die mit Koordinationsfunktionen betrauten Delegierten aber auch über legitime Autorität verfügen, die entweder auf ein entsprechen-des Verhandlungsmandat oder auf Charisma zurückgeht. Wie Levi und Murphy (2006: 655) zurecht festhalten, sollten in erfolgreichen Koalitionen die Delegier-ten nicht nur in der Lage sein, Kompromisse zu finden und gemeinsame Beschlüs-se zu fassen, sondern sie müssen diese Beschlüsse auch implementieren können:

„Organizational representatives are engaged in a two-level or nested game. At one level, they bring to the table personal interests and issues that influence their willingness and ability to bargain with their counterparts. At a second level, representatives are accountable, however variably, to the organizations they represent. They must have some latitude to make concessions on issues important to their own constituents in the course of making credible commitments to allies about resources the organization is willing to commit to the collective effort. Not all representatives are equally capable of making credible commitments. Some have more and some less authority within the organization or over the organization's resource portfolio. Some have more and some less credibility with their counterparts in other organizations."

Insgesamt zeichnet sich die *Leadership* der Koordinator/innen erfolgreicher Koalitionen also durch drei Komponenten aus: erstens die Fähigkeit, als interkulturelle Vermittler die Anliegen der eigenen *constituencies* angemessen in die „Sprache" anderer Koalitionspartner zu übersetzen, zweitens die Fähigkeit, mit anderen Koordinator/innen ein freundschaftliches Vertrauensverhältnis aufzubauen, so dass nicht persönliche Spannungen die Kompromissfindung verhindern, und drittens die Autorität, die getroffenen Entscheidungen in den eigenen Reihen sinnvoll umzusetzen. Kaum untersucht ist aber, wie diese Fähigkeiten zustande kommen (vgl. Nepstad und Bob 2006).

Transnationale (Basis-)Treffen

Ein zweiter Faktor, der positiv zum Zusammenhalt von transnationalen Bewegungskoalitionen beizutragen scheint, ist die Durchführung von gemeinsamen Protestaktionen und grenzübergreifenden Veranstaltungen, an denen nicht nur die Koordinator/innen der Bewegungskoalition teilnehmen, sondern auch Basisaktivist/innen (Wood 2005, Taylor und Rupp 2002, Kohler 2006). Solche Veranstaltungen dienen als Foren für die gemeinsame Interaktion und transnationale Integration und sind für den Fortbestand transnationaler Bewegungskoalitionen insofern von großer Bedeutung, als sie nicht nur den direkten Austausch von Informationen fördern, sondern den Teilnehmenden auch persönliche und emotionale Begegnungen bescheren (Kohler 2006, vgl. auch Bandy und J. Smith 2005b).
   Wie Taylor und Rupp (2002) betonen, können transnationale Massenproteste und andere Treffen außerdem der Durchführung von kollektiven Ritualen und der bewegungsinternen Verbreitung von Narrativen und *Frames* dienen, welche die emotionale Komponente der transnationalen Zusammenarbeit fördern. So wurden etwa im Rahmen der ersten Welle der transnationalen Frauenbewegung internationale Treffen regelmäßig zur Inszenierung von „expressive public rituals of reconciliation" (Taylor und Rupp 2002: Abstract) gebraucht, an denen Frau-

en aus den verfeindeten Kriegsnationen unter Berufung auf gemeinsame Werte wie die universale Mutterliebe Versöhnung und Solidarität feierten. Es wurde mit anderen Worten das betrieben, was Taylor und Rupp als kollektive Gefühlsarbeit bezeichnen, nämlich „[the] channeling, transforming, legitimating, and managing [of] one's own and others' emotions and expression of emotions in order to cultivate and nurture the social networks that are the building blocks of social movements" (Taylor und Rupp 2002: 142). Emotionen sind Taylor und Rupp zufolge kulturell geformt und können durch Gefühlsarbeit so gepflegt werden, dass die „emotional culture" Solidarität erzeugt.

Flexibilität und Dezentralisierung

Zentral wichtig für das Überleben einer transnationalen Koalition dürfte schließlich auch eine auf Autonomie und Flexibilität beruhende Organisationskultur sein, welche die Prinzipien der Subsidiarität und der dezentralen Teilhaberschaft (*ownership*) betont. So stellt Moghadam (2000) mit Blick auf die Erfolgsfälle unter den transnationalen Koalitionen der Frauenbewegungen fest, dass sich diese durch vergleichsweise nicht-hierarchische Formen der Entscheidfindung auszeichnen. Die von Moghadam (2000) untersuchten Netzwerke weisen zwar eine gewisse Professionalisierung auf, doch gehen damit keine überbordenden bürokratischen Strukturen einher: „Although there is a certain degree of professionalization in the networks – … [some of] which have a few paid positions – none of them displays any bureaucratization or centralization in decision-making" (Moghadam 2000: 78). In einer der untersuchten Netzwerkorganisationen werden Entscheidungen per Konsens und in Ausnahmefällen über Mehrheitsabstimmungen getroffen, und in anderen Beispielen sind Hierarchien nicht erkennbar. Die aktive Beteiligung der Mitgliederschaft wird hier also einer zentralisierten und exklusiven Organisationsstruktur vorgezogen.

> „The desire to avoid excesses of power and relations of domination and subordination within the organization leads to innovative ways of sharing responsibility. Feminist networks function to a great extent on the emotional and political commitment of their members and, especially, their staffs – many of whom volunteer a considerable amount of time." (Moghadam 2000: 78)

Ähnliches gilt aber auch in den bei Bandy und J. Smith (2005a) untersuchten Fallstudien. Diese zeichnen sich ebenfalls fast alle durch deliberative und partizipative Formen der Entscheidfindung aus. Außerdem lassen die meisten der langfristig funktionsfähigen Koalitionen, die im Sammelband von Bandy und J. Smith (2005a) analysiert werden, den beteiligten Organisationen vergleichsweise große Spielräume in der praktischen Umsetzung von Koalitionsbeschlüssen. Dies ermöglicht es den beteiligten Gruppen, die im Verbund mit ihren Koalitionspartnern koordinierten Aktivitäten optimal den lokalen Gegebenheiten anzupassen und je unterschiedliche Gelegenheitsstrukturen zu bedienen. Vor allem aber erlaubt es das Prinzip der flexiblen Implementation von Koalitionsbeschlüssen den beteiligten Gruppierungen, für ihre konkreten Aktivitäten auch ein Gefühl der Teilhabe zu entwickeln. Ohne ein solches ist freiwilliger Aktivismus nur schwer denkbar.

5 Soziale Bewegungen im Spiegel der Makrosoziologie

Wie und in welchem Ausmaß können transnationale Bewegungskoalitionen Einfluss auf ihr globales Umfeld nehmen? Zur Beantwortung dieser Frage diskutieren die folgenden Abschnitte drei der prominentesten theoretischen Entwürfe, die sich einerseits mit dem Prozess des globalen sozialen Wandels, andererseits mit der Rolle sozialer Bewegungen auseinandersetzen. Es sind dies der Weltsystemansatz in der urpsrünglichen Variante Immanuel Wallersteins, die Weltgesellschaftsperspektive der neoinstitutionalistischen *World Polity*-Schule und schließlich der neogramscianische Ansatz, wie ihn insbesondere Robert W. Cox vertritt. Ergebnis der Auseinandersetzung mit diesen Forschungsperspektiven werden drei Thesen sein, die sich im Wesentlichen auf den neogramscianischen Ansatz stützen. Sie besagen, kurz gefasst, dass jede globale soziale Ordnung einen Grossteil ihrer Stabilität aus der Legitimierung und Normalisierung der bestehenden Herrschaftsverhältnisse im Bereich der (Welt-)Kultur bezieht, aber soziale Bewegungen über die notwendige kulturelle Autorität verfügen, diese hegemoniale Ordnung in Frage zu stellen und sich um den Aufbau gegenhegemonialer historischer Blöcke zu bemühen. Die gegenwärtige Weltordnung wird überdies als als instabil konzipiert. Weil sie sich in einer Umbruchphase befindet und unter mangelhafter gesellschaftlicher Legitimität leidet, bietet sie optimale Voraussetzungen für die von linksprogressiven Bewegungskoalitionen angestrebten Veränderungen.

5.1 Wallersteins Weltsystemansatz

Im Zentrum von Immanuel Wallersteins Weltsystemansatz steht die Anregung, alle sozialen Prozesse – auch die Entstehung und Verbreitung sozialer Bewegungen – aus dem umfassenden Ganzen heraus, nämlich aus der Dynamik des gesamten Weltsystems zu begreifen. Dieses weltumspannende System weist Wallerstein zufolge eine eigene, vom Prinzip der fortwährenden Kapitalakkumulation gesteuerte Entwicklungslogik auf, die sich nicht aus der Untersuchung von Prozessen auf tieferen Sozialebenen ableiten lässt (die „Emergenzthese," Greve und Heintz 2005). Umgekehrt lassen sich untergeordnete Prozesse gemäß Wallerstein nur dann zufriedenstellend erklären, wenn die Analyse auch deren kausale Beeinflussung durch das globale Ganze berücksichtigt („downward causation," Greve und

Heintz 2005). Eine Untersuchung der Entstehungsbedingungen und Folgewirkungen von sozialen Bewegungen, die sich alleine auf die lokale oder regionale Ebene konzentrierte, wäre demnach aus weltsystemtheoretischer Sicht unzulänglich, sind doch „all parts of the world-system (...) parts of a ‚world,‘ the parts being impossible to understand or analyze separately" (Wallerstein 1997: o. S.).

Charakteristisch für Wallersteins Ansatz ist überdies der Anspruch, die disziplinären Grenzen zwischen Soziologie, Politikwissenschaft, Geschichte und Kulturwissenschaften zu überwinden. Wallerstein zufolge sind die wirtschaftliche, die politische und die kulturelle Dimension des modernen Weltsystems zu stark miteinander verwoben, als dass sie noch sinnvoll voneinander unterschieden werden könnten. Wallerstein fordert darum das, was er in Abgrenzung von einem unzureichenden interdisziplinären wissenschaftlichen Austausch als „undisziplinäres," aber historisch informiertes Vorgehen bezeichnet (Wallerstein 1997: o. S.). Wie bereits der Titel seines 1991 erschienen Buches „Unthinking Social Science" deutlich macht, will er die Sozialwissenschaften „zerdenken" und neu zusammenfügen. Nur ein holistischer Ansatz kann, so Wallerstein, der Komplexität der gegenwärtigen sozialen Welt gerecht werden.

Auffällig ist jedoch, dass Wallersteins Werk den eigenen Anforderungen an „gute" – nämlich disziplinenübergreifende und holistische – Weltsystemtheorie nur bedingt gerecht zu werden vermag.[1] Die theoretische Verknüpfung der wirtschaftlichen, der politischen und der kulturellen Dimension des Weltsystems beschränkt sich bei Wallerstein weitgehend darauf, Kultur und Politik als der Wirtschaft untergeordnet zu begreifen (vgl. z. B. Boyne 1990, Chirot 2001, Greve und Heintz 2005). So sind zwar Wallersteins jüngere Arbeiten vom Bemühen geprägt, „der Kultur einen höheren Stellenwert einzuräumen" (Hack 2005: 122), doch weisen selbst auch Aufsätze wie „Culture as the Ideological Battleground of the World-System" (Wallerstein 1990a) und „Culture is the World System: A Reply to Boyne" (Wallerstein 1990b) den politischen und kulturellen Komponenten des Weltsystems „bestenfalls einen epiphänomenalen Status" (Greve und Heintz 2005: 99) zu. Boyne (1990: 57) hält fest, dass Kultur und Politik bei Wallerstein lediglich diejenigen Sphären darstellen, in der die Bevölkerung von den Interessenvertreter/innen der Mächtigen manipuliert werden kann.[2]

---

[1] Außerdem weist Hack (2005) zu Recht darauf hin, dass verschiedene Begriffe – so etwa der zentral wichtige Systembegriff – bei Wallerstein von vorneweg in ihrer Anwendung uneinheitlich sind, was Wallersteins Werk zwar als in verschiedene Richtungen ausbau- und anschlussfähig erscheinen lässt, aber vor allem auch als interpretationsbedürftig und vage.

[2] Dass Wallerstein die Kultur nicht als eine Sphäre des freien Willens begreift, in welcher maßgebliche Systemveränderungen bewirkt werden können, macht seine Replik auf eine Kritik von Boyne (1990) deutlich: „I suspect that [Boyne] sees in ‚culture‘ the expression of human freedom and free will against the evil mechanical oppressive demons that govern us (the ‚political economy‘?). If so, he is truly barking up a wrong tree. If anything, culture is a word that describes what constrains us

Macht und Einfluss wiederum werden in Wallersteins überwiegend materialistisch angelegtem Ansatz zunächst einmal mit der Verfügung über finanzielle und militärische Ressourcen gleichgesetzt und darum denjenigen sozialen Kräften zugeordnet, die als Nutznießer des Systems ein Interesse an dessen Fortbestand haben. Das von mächtigen Wirtschaftsinteressen dominierte System hat folglich die Tendenz, sich trotz gewisser Schwankungen auf ein Gleichgewicht einzupendeln. Weitgehend ungeklärt bleibt allerdings, mit welcher Gewissheit die mächtigen Akteure in Wallersteins Ansatz bestimmte kulturelle und politische Strategien wählen, die sich dann für das System als Ganzes tatsächlich als funktional erweisen (Hack 2005, Skocpol 1977). Sein Ansatz scheint sich durchgehend „vor dem schwierigen Problem zu drücken, erklären zu müssen, wieso etwas, was *ex post* als funktional begriffen werden kann, bereits *ex ante* initiiert wird" (Hack 2005: 144, eigene Hervorhebung). Unbeabsichtigte Handlungsfolgen und Fehlentscheidungen etwa spielen bei Wallerstein vornehmlich dann eine Rolle, wenn es um die Analyse antisystemischer Bewegungen geht, doch werden sie aus der Analyse der Handlungsweise von mächtigen Wirtschaftsinteressen weitgehend ausgeblendet.

Angesichts dieser konzeptionellen Schwächen erstaunt auch nicht, dass auf Wallersteins Werk inzwischen zahlreiche weitere weltsystemische Analysen gefolgt sind, die zwar direkt auf Wallerstein Bezug nehmen, zu diesem aber auch kritische Distanz wahren (u. a. Bergesen 1990, Chase-Dunn 1989, 1999, Bornschier 1998, 2002, 2008a, Bornschier und Chase-Dunn 1985). Es wäre freilich irreführend, diese weiteren Analysen als einer eigentlichen weltsystemanalytischen „Schule" zugehörig zu begreifen (Bornschier 2008a), sind doch die Unterschiede zwischen den betreffenden Studien fast genauso ausgeprägt wie die Gemeinsamkeiten. Was die unterschiedlichen Weltsystemforscher/innen letztlich miteinander verbindet, ist lediglich die theoretische Grundsatzentscheidung, die soziale Welt als ein eigenständiges System zu begreifen, das die sozialen Geschehnisse auf den untergeordneten Systemebenen weitgehend vorbestimmt („Makrodetermination," Greve und Heintz 2005).[3]

(in the most effective way possible, by shaping our ‚will' that seeks to assert its ‚freedom'), and is not a word that describes our ability to escape these constraints" (Wallerstein 1990a: 39). Kultur entsteht zwar in Auseinandersetzung mit Systemwidersprüchen, hat aber im Wesentlichen die Funktion, das System zu legitimieren und die Wahrnehmung seiner internen Ungleichheiten zu entschärfen.

[3] Diese Grundannahmen teilen die Weltsystemforscher/innen der zweiten und dritten Generation freilich auch mit vielen Theoretiker/innen der Welt*gesellschaft*. Eine trennscharfe Abgrenzung zwischen dem Weltsystemansatz und der Weltgesellschaftsperspektive ist deshalb in verschiedenen Fällen problematisch (vgl. Greve und Heintz 2005 sowie Wobbe 2000).

Die „unerfüllte Revolution" und die Systemkrise

Linksprogressive zivilgesellschaftliche Akteure haben in Wallersteins Ansatz zunächst einmal kaum Möglichkeiten, sich mit ihren oppositionellen Anliegen durchzusetzen, denn das als kapitalistische Weltwirtschaft konzipierte Weltsystem weist hier die Tendenz auf, Abweichungen von den gewohnten Prozessabläufen so zu integrieren, dass sie keinen Systemzusammenbruch erzeugen. Es hat, so Wallerstein „built-in mechanisms to return [it] to equilibrium, such that relatively *large* swings – intentional or accidental – from the expected patterns tend to result in only relatively *small* medium-range changes" (Wallerstein 1998: 12, Hervorhebung im Original). Für die oppositionelle *agency* der linksprogressiven „antisystemischen" Bewegungen bleibt in dieser funktionalistisch konzipierten Sicht, in der das moderne Weltsystem vornehmlich von der Logik des Kapitalismus gesteuert wird, daher analytisch nur wenig Platz.

So überrascht denn auch nicht, dass die Aktivitäten der „alten" oder „traditionellen" antisystemischen Bewegungen, namentlich der sozialistischen und kommunistischen Arbeiter/innen-Bewegungen sowie der nationalistischen Unabhängigkeitsbewegungen, in Wallersteins Sicht zunächst einmal als funktional für den Systemerhalt erscheinen. Für Wallerstein und seine Mitautoren im Buch „Antisystemic Movements" (Arrighi et al. 1989) fällt die Erfolgsbilanz der traditionellen antisystemischen Bewegungen bestenfalls ambivalent aus: Es ist diesen Bewegungen zwar in vielen Ländern gelungen, die wirtschaftlich dominanten Kräfte zu einschneidenden Konzessionen zu zwingen und für die breite Bevölkerungsmasse eine tatsächliche Verbesserung des Lebensstandards zu erreichen, doch sind die Erfolge der traditionellen antisystemischen Bewegungen weit hinter den eigenen revolutionären Erwartungen zurückgeblieben. Wollten die traditionellen Bewegungen zuerst die staatliche Macht gewinnen, um sie dann revolutionieren zu können, wurde bald einmal deutlich, dass strukturelle Zwänge die Inhaber/innen von Staatsmacht in ihren Handlungsspielräumen stark einschränkten. Die ehemaligen Revolutionär/innen mussten rasch selbst einmal Konzessionen machen und verwandelten sich in Parteifunktionäre und Verwalter von weltsystemisch bedingten Sachzwängen:

„Once ‚stage one' was completed, and they had come to power, their followers expected them to fulfill the promise of stage two: transforming the world. What they discovered, if they did not know it before, was that state power was more limited than they had thought. Each state was constrained by being part of an interstate system, in which no one nation's sovereignty was absolute. The longer they stayed in office, the more they seemed to postpone the realization of their promises; the cadres of a militant mobilizing movement became the functionaries of a party in power.

Their social positions were transformed and so, inevitably, were their individual psychologies." (Wallerstein 2002: 32)

In jüngeren Arbeiten betont Wallerstein allerdings, dass es bei der Einschätzung der Folgewirkungen bisheriger antisystemischer Bewegungen zwischen Effekten in der kurzen und der langen Sicht zu unterscheiden gilt (Wallerstein 2002). In der kurzen Frist haben sowohl die traditionelle Arbeiter/innen-Bewegung als auch die neuen antisystemischen Bewegungen der 1960er und 1970er Jahre nur geringe Erfolge erzielt und ihren antisystemischen Charakter durch den Griff nach der Staatsmacht weitgehend verloren. Langfristig hingegen haben sie drei soziale Trends ausgelöst, die kurz vor kritischen Schwellenwerten stehen und Wallerstein zufolge im Laufe der nächsten Jahrzehnte zum Zusammenbruch des jetzigen Systems führen könnten. Diese drei Trends sind erstens der säkulare Anstieg der Arbeitskosten, zweitens die Zunahme der Kosten zur Behebung und zukünftigen Vermeidung von Umweltschäden und drittens der wachsenden Bedarf an Steuerabgaben, den auch das Kapital mittragen muss (Wallerstein 2000). Gemeinsam haben diese drei Trends, so Wallerstein, bewirkt, dass der Prozess der Kapitalakkumulation – die Grundlage des kapitalistischen Systems – ins Stocken geraten ist und die Profitraten zu fallen beginnen. Für aktuelle soziale Bewegungen zeigen sich daher ganz andere historische Voraussetzungen als für die traditionellen Bewegungen, welche diese Voraussetzungen überhaupt erst geschaffen haben. Es ist mithin der Beginn einer Systemkrise zu beobachten, die gemäß Wallerstein eine Ära der großen Umbrüche und des freien Willens einläutet.

Der erste der Trends, der die Systemkrise verursacht, nämlich der säkulare Anstieg der *Arbeitskosten*, beruht in Wallersteins Sicht vorwiegend auf dem zunehmend höheren Organisationsgrad der Arbeiter/innen im Kampf um bessere Löhne sowie auf der Endlichkeit des Reservoirs von Arbeitskräften. Bisher, so argumentiert Wallerstein, konnten die Kapitalbesitzer/innen den Lohnforderungen der Arbeiter/innen in den Zentrumsnationen bis zu einem gewissen Grad entgegenkommen (und damit auch die Nachfrage nach den produzierten Gütern steigern), zugleich aber einen Teil der Produktion in periphere Regionen mit tieferen Lohnkosten verlagern. Seit einigen Jahrzehnten sind die Zielregionen für mögliche Produktionsverlagerungen jedoch im Begriff, knapp zu werden, während gleichzeitig der Organisationsgrad der Arbeiter/innen auch in der Peripherie allmählich zunimmt. Eine weitere kostensparende Auslagerung von Arbeitsprozessen wird Wallerstein (z.B. 2000) zufolge darum schon bald nicht mehr möglich sein.

Die Zunahme der Arbeitskosten könnte im Prinzip kompensiert werden, wenn die Produzent/innen einen entsprechend größeren Teil der Kosten für die natürliche Umwelt externalisieren würden oder wenn sie versuchten, ihre Steuerabgaben zu senken. Die Externalisierung von *Umweltkosten* ist jedoch nach

Wallerstein (z. B. 2000) zu einem politischen Tabu geworden, seitdem die Umweltbewegungen die Öffentlichkeit für dieses Problem sensibilisiert und – dies
der zweite Trend – eine zunehmende Internalisierung bewirkt haben. Eine Senkung der *Steuerabgaben* ist wiederum deshalb unmöglich, weil sogar die Produzenten auf staatliche Vorleistungen – insbesondere Sicherheit, Infrastruktur und
Bildung – angewiesen sind und weil deren Kosten stetig zunehmen. Außerdem
hat die Demokratisierung in vielen Ländern für eine erhöhte Nachfrage nach
wohlfahrtstaatlichen Leistungen gesorgt. Die Steuerbelastung hat darum über
die letzten Jahrzehnte und Jahrhunderte nicht abgenommen, sondern ist – dies
der dritte Trend – sogar gewachsen.

Insgesamt also sind drei soziale Trends am Werk, die auf die Initiative der
traditionellen sozialen Bewegungen und die antisystemischen Kämpfe der 1960er
und 1970er Jahre zurückgehen und das System allmählich in eine tiefe Systemkrise treiben. In dem Masse, in dem das kapitalistische Weltsystem auf der Logik der
fortwährenden Kapitalakkumulation beruht, werden ihm durch den Anstieg der
Produktions- und der Nebenkosten die Grundlagen für genau diese Akkumula-
tion entzogen. Das Ende der bislang ungehinderten Kapitalakkumulation, welche
die Machtbasis der kapitalistischen Produzenten und letztlich die Funktionslogik
des aktuellen Weltsystems ausmachen, lässt sich aus Wallersteins Perspektive
nicht mehr lange aufhalten. Das System ist ausgesprochen instabil geworden:

> „As the underlying economic structures of the capitalist world-economy have been
> moving in the direction of reaching an asymptote which makes it increasingly diffi-
> cult to accumulate capital, the political structures that have been holding the danger-
> ous classes in check have also run into trouble. (...) The capitalist world-economy is
> today a very unstable structure. It has never been more so. It is very vulnerable to
> sudden and swift destructive currents." (Wallerstein 2005: 1273)

Die Folgen des drohenden Systemzusammenbruchs könnten allerdings, so Wallerstein, verheerend sein. Die Übergangsperiode, die vom bestehenden zu einem
neuen System führen wird, hat in Wallersteins jüngeren Schriften die Form eines
erbitterten Kampfes zwischen den derzeit Machtlosen und denjenigen, die im jetzigen System Privilegien genießen und diese in die Zukunft hinüberretten wollen.
Die Unberechenbarkeit komplexer Systeme in Krisensituation bedeutet jedoch
auch, dass soziale Bewegungen in der nun kommenden Krise des Weltsystems
eine größere Wirkung erzielen können denn je zuvor.

> „On the other hand, precisely because this is a period of transition in which the exist-
> ing system is far from equilibrium, with wild and chaotic oscillations in all domains,
> the pressures to return to equilibrium are extremely weak. This means that, in effect,
> we are in the domain of ‚free will‘ and therefore our actions, individual and collec-

tive, have a direct and large impact on the historical choices with which the world is faced." (Wallerstein 2005: 1274)

Waren die traditionellen sozialen Bewegungen noch einer Systemphase aktiv, in der strukturelle Gleichgewichtszwänge die Überhand hatten, bewegt sich die gegenwärtige globalisierungskritische Bewegung also in einer Phase des „freien Willens."

Der „4-Punkte-Plan" erfolgreicher antisystemischer Bewegungen

Für die antisystemischen Bewegungen der Gegenwart ergibt sich Wallerstein zufolge aus der bald eintretenden Systemkrise die Möglichkeit (und die moralische Verpflichtung), gestaltend in die Zukunft einzugreifen. Mit dem bevorstehenden Systemzusammenbruch operieren die linksprogressiven Bewegungen bald schon in einer Zeit, die ihrem Gestaltungsspielraum kaum mehr Grenzen setzt. Die Welt des Jahres 2050, so Wallerstein (1998: 64), „will be what we make it. This leaves full rein for our agency, for our commitment, and for our moral judgment." Wallerstein rät den sozialen Bewegungen und Linksintellektuellen der Gegenwart daher an, sich angemessen auf diesen Moment vorzubereiten und den Prinzipien der sozialen Gleichheit und der politischen Demokratie zum praktischen Durchbruch zu verhelfen (Wallerstein 1999). Die Aufgaben, welche die sozialen Bewegungen beim Systemübergang erfüllen sollten, fasst er in einem 4-Punkte-Plan zusammen (Wallerstein 2002: 38 f.), wobei sich die ersten beiden Punkte auf die kurze und mittlere Frist beziehen, während die beiden letzteren auf eine langfristige Perspektive abstellen.

So räumt Wallerstein *erstens* ein, dass die sozialen Bewegungen der Gegenwart selbst in der Auseinandersetzung um das zukünftige System darauf achten müssen, aktuelle Probleme nicht aus den Augen zu verlieren. Weil progressive Bewegungen das Wohlwollen der vom aktuellen System benachteiligten Bevölkerungsmassen brauchen, müssen sie deren Sorgen ernst nehmen und für Abhilfe kämpfen. Die Motivation soll aber gemäß Wallerstein nicht primär darin liegen, ein dem Untergang geweihtes System heilen zu wollen, sondern es muss hauptsächlich vermieden werden, dass sich seine nachteiligen Auswirkungen zusätzlich verschärfen. *Zweitens* plädiert Wallerstein für eine Strategie der De-Kommodifizierung. Während der weltsystemische Trend darin besteht, selbst das Wasser, die Spitäler, den menschlichen Körper usw. als handelbare Waren zu betrachten und der Profitlogik zu unterwerfen, fordert Wallerstein die Bewegungen zur Gegeninitiative auf. Zu unterstützen seien Projekte wie selbst verwaltete Fabriken, die nicht für den Profit produzieren, sondern um des Überlebens und der sinnstiftenden Aktivität willen.

Was die langfristigen Strategien und die Suche nach neuen Systemmodellen betrifft, plädiert Wallerstein *drittens* für eine permanente, möglichst offene und undogmatische Debatte zwischen allen sozialen Kräften, die nach Demokratie und Gerechtigkeit streben. Auf die Frage, wie das neue Weltsystem aussehen soll, lassen sich Wallerstein zufolge nur dann überzeugende und potentiell wirkungsmächtige Antworten finden, wenn in der Diskussion großer Respekt vor unterschiedlichen Erfahrungen und Meinungsvielfalt herrscht. Waren die antisystemischen Bewegungen der Vergangenheit noch „Revolutionäre in Eile" (Wallerstein 1999: o. S., e. Ü.) und somit der Überzeugung, „Homogenität sei irgendwie besser als Heterogenität, ... Zentralisierung irgendwie besser als Dezentralisierung ... [und] Gleichheit heiße Gleichartigkeit" (Wallerstein 1999: o. S., e. Ü.), so müssen die heutigen Bewegungen von diesen Vorstellungen Abstand nehmen. Gefordert ist die geduldige und tolerante Suche nach gemeinsamen Vorstellungen von der Zukunft.

Diese Suche soll aber, *viertens*, nicht nur in Form von Debatten stattfinden, sondern auch praktische Erfahrungen beinhalten. Experimente mit alternativen Formen der Wirtschaftsorganisation und der politischen Steuerung – beispielsweise die argentinischen Tauschmärkte (*mercados del trueque*) und die partizipativen Budgetverhandlungen in südbrasilianischen Gemeinden – sind für Wallerstein genauso notwendiger Bestandteil des Systemübergangs wie die Debatten der transnational operierenden Nichtregierungsorganisationen und der Linksintellektuellen. Experimentierfreudige lokale Graswurzelprojekte müssen, so kann man aus Wallersteins Ausführungen unmittelbar ableiten, in die globalen Debatten der transnational vernetzten Nichtregierungsorganisationen und Intellektuellen zwingend miteinbezogen werden.

Letztlich empfiehlt sich Wallerstein zufolge also eine Doppelstrategie: Antisystemische Bewegungen sollen kurz- und mittelfristige Ziele verfolgen, die nicht zuletzt der Vermeidung von weiterem Schaden dienen, um zugleich am langfristigen Ziel der Ausdehnung und Vertiefung zivilgesellschaftlicher Vernetzung zu arbeiten. Das entstehende Netzwerk wiederum wird gemeinsame Ideen und Interessen generieren und daher als organisationelle und ideologische Basis für das zukünftige Weltsystem dienen.

Kritische Würdigung

Aus der Sicht transnationaler sozialer Bewegungen, die eine grundlegende Transformation der aktuellen Weltordnung anstreben, dürfte Wallersteins Werk zunächst einmal eher demotivierend wirken. So kommt Wallerstein zwar das Verdienst zu, globale Prozesse bereits thematisiert zu haben, als der Begriff der Globalisierung noch unbekannt war, doch werden die globalen Strukturen des

Weltsystems, die auch lokale und regionale Prozesse mitbestimmen, in seinem Ansatz als aus ausgesprochen „zäh" konzipiert. Die Macht, systemische Prozesse maßgeblich zu beeinflussen, kommt in Wallersteins vornehmlich materialistisch ausgerichteter Weltsystemperspektive vor allem solchen Akteuren zu, die an einer Veränderung des Systems gerade *nicht* interessiert sind. Das System als Ganzes hat die Tendenz, sich fortwährend zu reproduzieren und selbst mittelgroße Schwankungen langfristig wieder auszugleichen. Für antisystemische Kräfte bleibt darin nur wenig Spielraum.

In den jüngeren Arbeiten hat sich dieses Bild der zähflüssigen Systemstrukturen allerdings nachgerade umgekehrt, denn hier konstruiert Wallerstein einen nahenden Systemzusammenbruch und eine mögliche Ära des freien Willens. Traditionelle und neue soziale Bewegungen sind Wallerstein zufolge daran, die wirtschaftlichen Produktionskosten – namentlich die Kosten für menschliche Arbeit und für die Belastung der natürlichen Umwelt – ansteigen zu lassen und damit der Systemlogik der fortwährenden Kapitalakkumulation ihre Grundlage zu entziehen. Das System ist im Begriff, ausgesprochen instabil zu werden, und schon bald können selbst wirtschaftlich machtlose Akteure mit neuen Ideen und der nötigen Überzeugungskraft einen grundlegenden Umbruch erzielen. Auf dem Weg ins Jahr 2050 ergibt sich Wallerstein zufolge für die progressiven sozialen Bewegungen „a moment of great possibility to achieve a significant transformation in the direction of their hopes" (Wallerstein 1999: o. S.). In der Gegenwart herrschen mithin vollständig andere strukturelle Erfolgsvoraussetzungen für die antisystemischen Bewegungen als für die traditionelle Arbeiter/innen-Bewegung und die nationalistischen Unabhängigkeitsbewegungen des letzten Jahrhunderts.

Problematisch ist diese Konstruktion eines nahenden Systemzusammenbruchs allerdings deshalb, weil sie (implizit) das Weiterbestehen und den weiteren Erfolg der bisherigen antisystemischen Bewegungen auch in die nahe und mittelfristige Zukunft überträgt. Der von Wallerstein heraufbeschworene Systemzusammenbruch setzt voraus, dass die Arbeiter/innen-Bewegung auch künftig die Arbeitskosten anhebt, die Umweltbewegung weiterhin die Externalisierung von Umweltkosten verhindert und die Demokratiebewegung ungehindert für wachsende Sozialabgaben sorgt. Diese Voraussetzungen sind freilich weder theoretisch trivial, noch einfach in die Praxis umzusetzen, agieren doch die aktuellen sozialen Bewegungen vorderhand noch *innerhalb* des bestehenden Weltsystems. Es besteht darum die Gefahr, dass sich dessen ungleiche Strukturen in potentiell konfliktträchtige bewegungsinterne Spannungen übersetzen. Die Zusammenarbeit zwischen den Arbeiter/innen-Bewegungen des Zentrums und der Peripherie könnte sich schwierig gestalten, und außerdem wird später in diesem Buch deutlich werden, dass die anti-etatistische Haltung vieler Bewegungen durch das Aufkommen linker Regierungen in Lateinamerika bereits an Integrationskraft verloren hat. Inwieweit die systemgefährdenden Trends in Wallersteins

Krisenmodell von den entsprechenden Bewegungen ungehindert fortgesetzt werden können, wird daher noch genauer zu untersuchen sein.[4]

Was Wallerstein jedoch ganz grundsätzlich außer acht lässt, ist die kulturelle Einbettung der ökonomischen Prozesse, die in seinem Ansatz weiterhin im Vordergrund stehen. So weisen etwa der *World Polity*-Ansatz und der Neogramscianismus darauf hin, dass selbst wirtschaftsmächtige und einflussreiche politische Akteure in ein System von ontologischen Bedeutungen, Normen und Werten eingebettet sind, die ihr Verhalten maßgeblich zu prägen vermögen.[5] Diese kulturelle Dimension des Weltsystems wiederum weist eine – je nach Ansatz mehr oder weniger ausgeprägte – eigene Dynamik auf, die nicht zuletzt auch von den Anstrengungen sozialer Bewegungen abhängt. In den stärker kulturzentrierten weltgesellschaftlichen und neogramscianischen Ansätzen wird sozialer Wandel zwar vorausgesetzt, doch findet der Kampf um die jeweilige Ausgestaltung der Weltordnung auf einem Feld statt, auf dem auch soziale Bewegungen über Einfluss verfügen: demjenigen der Ideen und der davon mitbestimmten Institutionen. Folgt man diesen Ansätzen, könnten progressive soziale Bewegungen also zu einer Transformation des Weltsystems beitragen, noch *bevor* es zu einem systembedingten Zusammenbruch der kapitalistischen Weltökonomie kommt.

---

[4] Weiter unterschätzt Wallerstein vermutlich auch die Wandlungsfähigkeit des Kapitalismus. Wie etwa Hack (2005) deutlich macht, kann Wallerstein nur deshalb eine Kontinuität der kapitalistischen Weltwirtschaft über die letzten vier- bis fünfhundert Jahre behaupten, weil sich sein Ansatz auf die zwischenstaatlichen Handelsbeziehungen stützt. maßgebliche Veränderungen in den Produktionsverhältnissen, wie sie etwa die Regulationstheorie und der Neogramscianismus (vgl. R. W. Cox 1987) betonen, werden so sehr ausgeblendet, dass Wallerstein auch schon vorgeworfen worden ist, keinen eigentlichen Marxismus, sondern „marxistischen Neo-Smithianismus" (Brenner 1977) zu betreiben (vgl. auch Gill und Law 1988). Analog dazu kann Wallerstein unterstellt werden, dass er die Möglichkeiten der kapitalistischen Wirtschaft unterschätzt, sich gleichsam neu zu erfinden und zunehmend kostspielige Arbeit durch den vermehrten Einsatz von Technologie sowie umweltschädliche durch neue, ressourcenschonende Produktionsweisen zu ersetzen – zumindest solange, bis die antisystemischen Bewegungen ihren bisherigen Mobilisierungsgrad eingebüsst haben.

[5] Anzumerken ist, dass selbst Wallerstein die Grundprämissen seines Ansatzes aufgibt, wenn er auf die aktuellen und kommenden Erfolge der Umweltbewegung verweist. Diese hat weder ökonomische noch militärische Macht, aber Wallerstein zufolge durchaus Einfluss auf das Verhalten der Wirtschaft gehabt, indem sie Gefahren und Risiken der aktuellen Produktionsweise mit kommunikativem Geschick in die öffentliche und politische Diskussion einbrachte. Allerdings unterschätzt der „neue" Wallerstein in seinen Zukunftsprognosen das Ausmaß, in dem sein „altes," zähes Weltsystem die Umweltbewegung bereits wieder geschwächt hat. Wie etwa Bornschier (2008a) mit Verweis auf die Arbeiten von Andreas Missbach betont, haben die Umweltbewegungen zwar erfolgreich globales „agenda setting" betrieben, aber bisher zuwenig konkrete Erfolge erzielt, um etwa die globale Klimaerwärmung zu stoppen.

5.2   Der „World Polity"-Ansatz

Der gegen Ende der 1970er Jahre entstandene *World Polity*-Ansatz geht auf John W. Meyer an der Stanford University in Nordkalifornien zurück und wird inzwischen vor allem von dessen Schüler/innen John Boli, George M. Thomas, Francisco O. Ramirez und Yasemine Soysal weitergeführt. Wie der Weltsystemsansatz geht auch er von der Existenz einer globalen Ebene der Sozialorganisation mit ihren eigenen, emergenten Gesetzmäßigkeiten aus. Diese globale Ebene des Sozialen, die es als eigenständige Analyseeinheit zu untersuchen gilt, wird von den jeweiligen Autor/innen wahlweise als *world society, world polity* oder *world culture* (beziehungsweise *world cultural system*) bezeichnet. Der zentrale Unterschied zu Wallersteins Variante des Weltsystemansatzes besteht freilich darin, dass der *World Polity*-Ansatz globale Zusammenhänge nicht aus einer vornehmlich (polit-)ökonomischen Optik untersucht. Das Weltsystem stellt hier vielmehr ein *kulturelles* System dar, welches für die beteiligten Akteure eine große Zahl von weitgehend verbindlichen, häufig als selbstverständlich wahrgenommenen Prinzipien, Normen, Skripts und Identitäten bereit hält. Die Hauptthese des Ansatzes besagt, dass individuelle und kollektive Akteure sich in ihrer Selbstwahrnehmung und ihrem Handeln an kulturellen Modellen orientieren, die universellen Anspruch und weltweite Geltung haben.

Internationalen Organisationen und Staaten, aber auch zivilgesellschaftlichen Akteuren kommt in diesem Ansatz denn auch eine Doppelfunktion zu. Sie sind zwar die institutionellen Träger von weltkulturellen Mustern, und ihre Belegschaften tragen als „Missionspriester" aktiv zur Verbreitung dieser Muster bei, doch stehen sie keineswegs autonom über der Weltkultur. Vielmehr sind auch sie in weltkulturelle Muster eingebettet und reproduzieren diese, indem sie sie im Rahmen ihrer eigenen Praktiken zum Vollzug bringen. Die *world polity*, die dem Ansatz den Namen gibt, ist somit ein organisationelles Feld von hochgradig institutionalisierten Kulturmustern, welches das Handeln der in der Weltgesellschaft agierenden Individuen und Organisationen maßgeblich zu strukturieren vermag. Eine Schwachstelle des Ansatzes besteht freilich darin, dass er den Einfluss ökonomischer Interessen und Prozesse nicht bloß analytisch relativiert, sondern weitgehend ausblendet. Geht man von einer *wechselseitigen* Beeinflussung von Wirtschaft und Kultur aus, so hat der *World Polity*-Ansatz die Rolle wirtschaftlicher Interessen in der Produktion von Kulturmustern bislang in geradezu naiver Weise vernachlässigt.

Das Weltsystem als Weltkultursystem

Charakteristisch für den *World Polity*-Ansatz ist, dass er die (Re-)Produktion und Diffusion von weltkulturellen Mustern nicht ausschließlich als Folge der globalen Verbreitung von gemeinsamen Werten begreift, sondern auch einen allen Menschen gemeinsamen *kognitiven* Bezugsrahmen postuliert. Weltkultur enthält zwar gemäss diesem Ansatz durchaus Angaben darüber, welche normativ begründeten Zwecke bestimmte Akteure zu verfolgen haben, doch besteht sie überdies auch aus ontologischen Aussagen zum „Wesen" der Dinge und aus Theorien über Ursache-Wirkungsverhältnisse. Während normative Elemente von Weltkultur stark umstritten sind, können dabei die meisten kognitiven Elemente als konsensuale Bestandteile globaler Wissensbestände gelten:

> „Remarkably enough (…), huge swaths of world culture are rarely challenged, particularly in rationalized, scientized, and professionalized social sectors. It is precisely this lack of contestation that indicates institutionalization – world cultural elements are woven into the taken-for-granted fabric of everyday life, thereby becoming invisible. Such institutionalization is common in cognitive domains; by contrast (…), in normative domains vigorous contestation is routine." (Boli 2005: 385)

Den Kern weltkultureller Institutionen bilden also letztlich „[w]eder Regulationsinteressen einzelner Akteursgruppen noch gesellschaftlich geteilte Normen (…), sondern kognitive Regeln beziehungsweise die als selbstverständlich (,taken for granted') unterstellten Annahmen über die Wirklichkeit" (Dierkes und König 2006: 129). Weltkultur schreibt zwar vor, dass sich etwa Staaten an Menschenrechte zu halten und normativ erstrebenswerte Entwicklungsziele zu verfolgen haben, macht aber in einem grundlegenderen Sinne auch Angaben dazu, wie ein „Staat" überhaupt beschaffen sein soll und was „Entwicklung" bedeutet. Ferner enthält sie auch Vorstellungen darüber, mit welchen Mitteln ein solcher Staat die solchermaßen definierte Entwicklung fördern kann.

Die Anpassung eines Akteurs an weltkulturelle Modelle kann dabei einer Reihe von sehr unterschiedlichen Motiven folgen. So geht der *World Polity*-Ansatz im Sinne einer handlungstheoretischen Grundannahme davon aus, dass „individuelle und kollektive Akteure weder ausschließlich zweckrational, noch ausschließlich normgeleitet handeln, sondern dass ihr Verhalten häufig einem dramaturgischen Vollzug kultureller Typisierungen, Modelle, Skripts oder Mythen gleicht" (Dierkes und König 2006: 129). Hält sich ein Akteur hingegen nicht an weltkulturell dominante Vorgaben, läuft er Gefahr, von seinem Umfeld gar nicht erst als das erkannt zu werden, was er zu sein vorgibt. Ein Staat etwa kann erst dann mit Entwicklungshilfe, ausländischen Direktinvestitionen oder der Aufnahme in internationale Organisationen rechnen, wenn er sich so organisiert, wie sich ein Staat den entsprechenden weltkulturellen Definitionen gemäß zu organisieren hat.

Zur Umsetzung weltkulturell vorgegebener Handlungsmuster kommt es im *World Polity*-Ansatz allerdings insbesondere dann, wenn Akteure in einem Umfeld, das zu komplex ist, um vollständig begriffen und kontrolliert zu werden, mit für sie neuen Situationen konfrontiert sind. Hier nämlich trägt die Ausrichtung an Modellen, die sich in vergleichbaren Situationen für ähnliche Akteure bereits bezahlt gemacht haben, nicht nur zur tatsächlichen Handlungssicherheit bei, sondern es wird auch der Eindruck der Rationalität und Souveränität gewahrt. Handlungsautonomie im Sinne von rationalisierter Akteurschaft („actorhood") ist, so Meyer und Jepperson (2000), ein wichtiger Bestandteil der weltkulturellen Definition individueller und kollektiver Akteure. Individuen, aber auch kollektiven Akteuren wie Staaten, Schulen und sozialen Bewegungen wird als zentrale ontologische Komponente der Weltkultur die Fähigkeit zugeschrieben, Ziele zu formulieren, ihre Umgebung korrekt einzuschätzen, die Ursachen ihrer Handlungen vorherzusagen und sich auf diese Weise erfolgreich um die Durchsetzung ihrer Ziele zu bemühen. Zugleich sind Akteure normativ dazu aufgefordert, diese Fähigkeit immer wieder praktisch umzusetzen oder zumindest über die Ausrichtung an globalen Standards den Anschein von Rationalität zu erwecken (vgl. auch Meyer 2000).

Dass der Vollzug weltgesellschaftlicher Kulturelemente zuweilen aus Unsicherheit gegenüber einem überkomplexen Umfeld erfolgt und mehrheitlich rituellen oder demonstrativen Charakter hat, erklärt denn auch ein Phänomen, das der *World Polity*-Ansatz als „decoupling" (J. W. Meyer et al. 1997: 156) bezeichnet: das Auseinanderfallen von ursprünglichen Handlungszwecken und tatsächlichen Handlungsfolgen. Wenn der Staat eines Entwicklungslandes technische Universitäten baut oder Autobahnen plant, die in weitgehend unbenutzte Gebiete führen, orientiert er sich an Handlungsmodellen, die in anderen Fällen Entwicklungsfortschritte gebracht haben und nunmehr als rational gelten. Er kann also unhinterfragt und „wie selbstverständlich" davon ausgehen, dass sich auch in seinem Fall diese Maßnahmen als nutzbringend erweisen. Darüber hinaus demonstriert er mit diesen Maßnahmen den anderen Staaten, den internationalen Organisationen und auch der eigenen Bevölkerung, dass er über die Fähigkeit und Bereitschaft verfügt, mit rationalen Mitteln für Entwicklung zu sorgen. Tatsächlich dürfte aber die Übernahme von weltgesellschaftlich legitimierten Institutionen in mancherlei Hinsicht disfunktional sein und an den erwarteten Zielen vorbeigehen. Rationalität erscheint daher im *World Polity*-Ansatz als Mythos, „rationales Handeln als sein ritueller Vollzug und Rationalisierung als Institutionalisierung eines kulturellen Systems von Zwecken, Zweck-Mittel-Zuschreibungen und rationalen Akteuren" (Dierkes und König 2006: 131, s. bes. Meyer und Rowan 1977).

Soziale Bewegungen in der Weltkultur

Sozialen Bewegungen und vor allem den darin aktiven NGOs kommt im *World Polity*-Ansatz deutlich größere Bedeutung zu als etwa in Wallersteins Weltsystemansatz. Während Wallerstein den sogenannten antisystemischen Akteuren nur in Ausnahmesituationen oder in der langen Frist politischen Einfluss zuordnet, gehören NGOs im *World Polity*-Ansatz zu den wichtigsten Vermittlern der weltkulturellen Normen, welche letztlich auch das Verhalten von Konzernen, internationalen Organisationen oder politischen Leitfiguren prägen. So sind Bewegungsorganisationen Boli und Thomas (1997b) zufolge zwar durch weltkulturelle Prinzipien geformt und eingeschränkt („shaped by"), zugleich aber auch maßgeblich an deren Formation mitbeteiligt („shapers of"). Sie haben kulturelle Macht, und ihre Aktivist/innen gehören mit zu den Missionspriester/innen der Prinzipien, Normen und Werte, die das kulturelle Rückgrat des Weltsystems ausmachen. Die konkreten Mechanismen, über die Bewegungsorganisationen kulturellen Wandel erzeugen und letztlich auch (direkte und indirekte) politische Wirkung entfalten, werden allerdings in den bisherigen Arbeiten des *World Polity*-Ansatzes – etwa bei Boli und Thomas (1997b) – nicht explizit benannt.

Explizit und detailliert diskutiert werden bei Boli und Thomas (1997b) hingegen die weltkulturellen Grundprinzipien, die Bewegungsakteure aktivieren können (und müssen), um solchen gesellschaftlichen und politischen Wandel herbeizuführen: namentlich die Prinzipien des Universalismus, des Individualismus, des rationalen Voluntarismus, des rational herbeigeführten Fortschritts und der globalen „citizenship." Diese Prinzipien werden von den Bewegungsorganisationen einerseits im Rahmen der eigenen Organisationsstrukturen und Entscheidungsmechanismen vollzogen, um Legitimität zu erlangen und kulturelle Autorität zu entfalten, andererseits werden sie angerufen, um konkrete Forderungen zu begründen. Bewegungsorganisationen erscheinen im *World Polity*-Ansatz daher als (welt-)kulturelle „Unternehmer," die auf der Grundlage bestehender kultureller Prinzipien neue Normen oder Neuinterpretationen von Grundwerten propagieren und dafür in der Bevölkerung oder der Regierung eines oder mehrerer Länder eine Gefolgschaft suchen.

Globaler sozialer Wandel ist dabei nicht zuletzt deshalb möglich, weil die Grundprinzipien der Weltkultur hochgradig abstrakt und damit interpretationsbedürftig sind und weil die Grundwerte wie individuelle Freiheit und universale Gleichheit in einem je nach Interpretation mehr oder weniger stark ausgeprägten gegenseitigen Spannungsverhältnis stehen (vgl. dazu auch Bornschier 1998 [1988]). Wie auch Finnemore (1996: 2, zit. in Keck und Sikkink 1999: 90) betont, sind selbst Akteure, die über traditionelle Machtressourcen wie Geld und militärische Zwangsmittel verfügen, eingebettet in „dense networks of transnational and international social relations that shape their perceptions of the world and their role in that world." Sowohl Staaten als auch Firmen sind „*socialized* to want certain things by the international society in which they and the people in them live" (Finnemore 1996: 2, zit. in Keck und Sikkink 1999: 90, Hervorhebung im Original), doch ist das intersubjektive Verständnis der Welt, in der sich die Mächtigen bewegen, formbar – nicht zuletzt über die *Framing*-Anstrengungen der sozialen Bewegungen.

Die Macht der Bewegungsorganisationen

Ausführungen zur Frage, warum ausgerechnet Bewegungsorganisationen im Weltkultursystem über die notwendige Autorität verfügen, um für ihre Situationsdeutungen und Anliegen eine breite Gefolgschaft zu finden, fehlen sowohl bei Boli und Thomas (1997a, 1997b) als auch bei John W. Meyer selbst. Die Analysen von John W. Meyer (2000) und Ronald L. Jepperson (Meyer und Jepperson 2000) zum Wert von „agency" und den Komponenten dessen, wie in der modernen Weltkultur „actorhood" konstruiert wird, geben dazu jedoch erste Hinweise. So machen die beiden Autoren nachdrücklich darauf aufmerksam, dass in der modernen Welt „agency" zu einem der zentralsten Werte geworden ist, an dem sich Individuen und Kollektive überhaupt orientieren können: Der Mensch ist Gott geworden, denn er ist nicht mehr seiner Umwelt ausgesetzt, sondern beherrscht sie und kann „frei" entscheiden (Meyer und Jepperson 2000). Der Status, der sich mit autonomer Akteurschaft verbindet, ist Meyer (2000: 237) zufolge enorm („tremendous"), doch sind zugleich die Anforderungen vollkommen unrealistisch. Als Akteur zu erscheinen, wird daher zum „ersten ,Interesse' oder Problem" (Meyer 2000: 238, e. Ü.) der sozialen Wesen der Moderne, ist aber nur durch Rückgriff auf Expert/innen und Modelle des (vermeintlich) rationalen Handelns möglich.

Expert/innen, die nicht eigennützig handeln, sondern sich für höhere Prinzipien oder die Interessen anderer einsetzen, genießen folglich, so Meyer (2000), ebenfalls großes Ansehen. Sie helfen anderen, deren Akteurschaft zu vervollkommnen, und gelten zugleich als frei von „unreinen" Eigeninteressen.

> „[T]he most virtuous and admired participants [in modern world society] are those who serve most purely as agents of general truths. Indeed, in the modern stratification system, occupations are valued in terms of their nearness to pure Otherhood and their distance from self-interested actorhood. Unadmired roles are those that involve real work and the exercise of real narrow power. Consultant Others are more admired. Most admired, worldwide, are the Others who act as agents of the high truths of science and law: these are the ones who get the high prizes (...)." (Meyer 2000: 240)

Für soziale Bewegungen bedeutet dies, dass sie einerseits beträchtliche Sympathie erzielen, wenn sie ihre Anliegen als Versuch der Wiederherstellung von „agency" präsentieren. Wenn es einer Bewegung etwa gelingt, ihre Anhänger/innen als Opfer von Unterdrückung und Fremdbestimmung darzustellen, erscheint diese Unterdrückung als ein Angriff auf *den* zentralen Grundwert des Weltkultursystems und vermag durchaus moralische Entrüstung zu mobilisieren. Andererseits können Nichtregierungsorganisationen auf einen hohen gesellschaftlichen Status zurückgreifen, wenn sie sich in bestimmten Bereichen als Expert/innen für Sachfragen positionieren oder im Sinne von „otherhood" als Anwälte von Fremdanliegen auftreten. Als Advokat/innen, die für Machtlose eintreten, müssen sie allerdings belegen können, dass sie mit ihrem Engagement wirklich kein Eigeninteresse verbinden. Außerdem müssen sie sich von den „Klienten" jeweils extern legitimieren lassen – oder sind zumindest anfällig für Diffamierungsversuche, die sie als „merchants of morality" (Bob 2002) ohne direkte Verbindung zu den Entrechteten der Welt beschreiben. Wirtschaftsunternehmen hingegen wird zwar „agency" zugeschrieben, denn sie gelten als rational, doch stehen auch sie unter dem Zwang, ihren Einsatz für abstrakte Prinzipien wie den „Fortschritt" oder das „Gemeinwohl" belegen zu können.

Kritische Würdigung

Als sozialkonstruktivistischer Ansatz kritisiert die *World Polity*-Schule die weltsystemtheoretische Vorstellung, dass Staaten, Firmen und andere einflussreiche Akteure des Weltsystems positionsgebundene Interessen und zu jedem Zeitpunkt bereits fest umrissene Ziele haben. Stattdessen erscheinen hier die Identitäten und damit auch die Ziele dieser Akteure als eingebettet in eine Weltkultur, an deren Konstruktion sich auch Bewegungen, Nichtregierungsorganisationen und andere zivilgesellschaftliche Kräfte beteiligen (vgl. dazu auch Wendt 1987, 1995). Der *World Polity*-Ansatz betont, dass Ideen und Werte jenseits von konventionellen Machtmitteln und ökonomischen Interessen einen wichtigen Einfluss auf den Verlauf des globalen sozialen Wandels haben – und dass organisierte soziale Bewegungen durchaus bei der Genese und Ausgestaltung solcher Ideen mitwirken. Bewegungsakteure und ihre Koalitionen haben eine gewisse moralische und normative Autorität, die ihnen trotz der vergleichsweise geringen Ausstattung mit Finanz- und Zwangsmitteln die Möglichkeit gibt, als kulturelle Unternehmer eine breite Gefolgschaft für neue ontologische Definitionen und Normen zu finden. Haben sich neue Normen in einer maßgeblichen Zahl von Organisationen oder Ländern einmal durchgesetzt, kommt es gemäß Finnemore und Sikkink (1998) zu einer eigentlichen „Normkaskade" und die neue Norm wird Bestandteil der auch für weitere Akteure verbindlichen Weltkultur.

Problematisch ist jedoch, dass die bisherigen Arbeiten der *World Polity*-Schule Bewegungsorganisationen in erster Linie als Vollzugsinstanzen („enactors") von weltkulturellen Prinzipien und nicht so sehr als Produzenten von neuen Ideen und Normen thematisieren. Der Fokus liegt auf hochinstitutionalisierten internationalen Nichtregierungsorganisationen, die nur vergleichsweise moderate Änderungen in der *world polity* anstreben. In den Fallbeispielen, die bei Boli und Thomas (1997a) untersucht werden, finden sich bezeichnenderweise keine Organisationen die antikapitalistisch und antisystemisch im Sinne Wallersteins ausgerichtet sind. Wie Keck und Sikkink (1999: 99) betonen, wird auch kaum zwischen eher „technischen" NGOs wie der *International Organization for Standardization* (ISO) oder der *Internet Corporation for Assigned Names and Numbers* (ICANN) und „politischen" Organisationen unterschieden:

> „Proponents of world polity theory present international organizations and NGOs as ‚enactors' of some basic cultural principles of the world culture: universalism, individualism, rational voluntaristic authority, human purposes, and world citizenship. There is thus no meaningful distinction between those espousing norms that reinforce existing institutional power relationships, and those that challenge them."

Bei den im Sammelband von Boli und Thomas (1997a) untersuchten zivilgesellschaftlichen Organisationen handelt es sich primär um solche, die im Sinne Gramscis (und Wallersteins) zur Stabilisierung der bestehenden Herrschaftsverhältnisse beitragen, indem sie mit nur geringfügigen Veränderungen den Anschein demokratischer Mitbestimmung erwecken. Wie weit und unter welchen Bedingungen sich auch radikal antisystemische Anliegen im bestehenden Weltkultursystem durchzusetzen vermögen, bleibt in den bisherigen Arbeiten des *World Polity*-Ansatzes hingegen weitgehend offen (vgl. aber dazu die Arbeiten von Finnemore und Sikkink 1998 sowie Keck und Sikkink 1999). Jackie Smith betont, dass der Ansatz die Macht der Wirtschaftsunternehmen und Staaten, deren materielle Ressourcen sich auch zur Beeinflussung kultureller Werte und Normen einsetzen lassen, deutlich unterschätzt:

> „[The world polity school] demonstrates that INGOs are influential actors in global affairs and that a world culture helps define the context in which states and other global actors operate. Nevertheless, its cultural emphasis leaves out questions about the role of corporate and political power in shaping these values and in determining which ones will prevail when inevitable conflicts emerge. (...) The [approach's] focus on the global diffusion of culture, practices, and ideas downplays the extent to which the power and interests of core players are reinforced by the enacting of world cultural principles. Although INGOs may occasionally be successful in efforts to use their ‚rational-voluntaristic' authority to challenge state sovereignty,

their successes may be determined largely by the extent to which their initiatives
compete with those of other powerful actors, especially transnational corporations."
(J. Smith 2000: 1574 f.)

Klar ist, dass transnationale Bewegungen und Nichtregierungsorganisationen
durchaus Einfluss auf die Verhandlungen internationaler Organisationen nehmen
können (Beisheim 2001, Missbach 1999, O'Brien et al. 2000), doch weisen Autor/
innen wie O'Brien et al. (2000) und Sikkink (2003) zurecht darauf hin, dass sich
die Möglichkeiten der Einflussnahme zwischen verschiedenen Verhandlungsthe-
men und -gremien wesentlich unterscheiden. Außerdem unterschätzt der *World
Polity*-Ansatz den Umstand, dass ressourcenstarke Staaten und Wirtschafts-
akteure über zahlreiche Möglichkeiten verfügen, progressive Bewegungsakteure
zu diffamieren, zu kriminalisieren oder mittels polizeilicher Maßnahmen einzu-
schüchtern (vgl. George 2001: o. S., Starr et al. 2007). Im nächsten Kapitel wird
darum mit dem Neogramscianismus ein Ansatz vorgestellt, der in der Analyse
von Weltordnungen sowohl die materialistischen Aspekte des Weltsystemansatzes als auch die idealistischen Aspekte des *World Polity*-Ansatzes integriert.

5.3   Der Neogramscianismus

Der Neogramscianismus ist bislang vorwiegend in den Politikwissenschaften
verankert. Dort wird die neogramscianische Sicht, die sich seit einigen Jahren
rasch zunehmender Bekanntheit und Beliebtheit erfreut, den sogenannten kritischen Ansätzen der internationalen Beziehungen, den *Critical International Relations*, zugeordnet. Die Zuordnung zum Fach der internationalen Beziehungen
ist allerdings irreführend, denn im Neogramscianismus ist der Staat nur gerade einer von vielen Akteuren, die Einfluss auf die Entstehung und den Wandel
von spezifischen Weltordnungen haben. Es sind ausdrücklich nicht nur die zwischenstaatlichen Verhältnisse, die im neogramscianischen Ansatz interessieren,
sondern auch die komplexen transnationalen Beziehungen zwischen so verschiedenen Akteurstypen wie Großkonzernen, internationalen Organisationen, sozialen Bewegungen, NGOs und Gewerkschaften.
    Insbesondere wird im Neogramscianismus unterstellt, dass eine hegemonia-
le Weltordnung nicht von einem einzelnen Staat getragen wird, sondern von einem
historischen Block, der verschiedene Akteure aus mehreren Ländern umfasst.
Was einen solchen historischen Block zusammenhält, sind nicht zuletzt gemeinsame Ideen, und die Verankerung dieser Ideen im Alltagsdenken (dem „common
sense") eines maßgeblichen Teils der Weltbevölkerung soll letztlich die Stabilität einer Ordnung ausmachen. Hegemonie erhält also im neogramscianischen
Ansatz auch eine kulturelle Dimension: Sie ist, kurz gesagt, dann am stabilsten,

wenn es den dominanten sozialen Kräften gelingt, ihre Vorstellungen und Interessen auch in den „Herzen" und „Köpfen" der Subalternen zu verankern.[6]

Grundbegriffe in Gramscis politischer Ökonomie

Dass die Interpretation von Gramscis Schriften zwischen verschiedenen Autor/
innen des Neogramscianismus recht stark variiert, liegt nicht zuletzt am Origi-
nalmaterial: Gramscis Texte stellen Entwürfe und Fragmente eines umfassenden
Werkes dar, das als solches nie fertig gestellt worden ist (vgl. Fellner 2007: o. S.).
Außerdem hat Gramsci seine zentralen Begriffe mit Absicht offen gehalten und
immer wieder revidiert. Als politischer Aktivist war Gramsci weniger an starren,
abstrakten Konzepten mit universaler Geltung interessiert als an einem Instru-
mentarium zur Veränderung der bestehenden Herrschaftsverhältnisse (R. W. Cox
1983). Seine Schriften müssen deshalb vor dem Hintergrund des historischen
Umfelds gelesen werden, auf das sie sich jeweils beziehen, während sich die
Grundkonzepte vergleichsweise flexibel immer wieder neuen historischen Bedingungen anpassen lassen.

„Gramsci's ideas have always to be related to his own historical context. More than
that, he was constantly adjusting his concepts to specific historical circumstances.
The concepts cannot usefully be considered in abstraction from their applications,
for when they are so abstracted different usages of the same concept appear to contain contradictions and ambiguities. A concept, in Gramsci's thought, is loose and
elastic and attains precision only when brought into contact with a particular situation which it helps to explain – a contact which also develops the meaning of the
concept" (R. W. Cox 1983: 162 f.).

---

[6] Zu den führenden Vertretern des neogramscianischen Ansatzes gehören neben Robert W. Cox
(1981, 1983, 1987, 1999) auch Autoren wie Stephen Gill (1990, 2000, Gill und Law 1988), Enrico Augelli, Craig Murphy (Augelli und Murphy 1993), William Carroll (2004, 2006, Carroll und
Carson 2003), Kees van der Pijl (1984) sowie William I. Robinson (2004, 2005). Robert W. Cox
plädierte in zwei wegweisenden Aufsätzen Anfang der 1980er Jahre erstmals dafür, zentrale Konzepte aus Antonio Gramscis Gefängnisheften auf die politikwissenschaftliche Analyse von Weltordnungen zu übertragen (R. W. Cox 1981, 1983). Später belegte Cox den empirischen Nutzen dieses
Vorhabens in seiner Analyse der sozialen Basis des kapitalistischen Akkumulationsprozesses und
der Herausbildung transnationaler historischer Blöcke seit Beginn des Industriezeitalters (R. W. Cox
1987). Damit eröffnete Cox der neogramscianischen Perspektive eine schnell wachsende Anhänger-
schaft. In den deutschen Sprachraum wurde der Neogramscianismus gemäß Scherrer (1998) von der
Forschungsgruppe Europäische Gemeinschaften an der Universität Marburg eingeführt, welche ihn
in einem 1991 verfassten Arbeitspapier (Jacobitz 1991) kritisch aufgriff und in weiteren Schriften
einer größeren Öffentlichkeit vorstellte (Bieling und Deppe 1996).

Die für Gramscis Leben und Werk am stärksten prägenden historischen Ereignisse waren dabei die bolschewistische Revolution in Russland und die Machtübernahme der Faschisten in Italien und Deutschland. Denn während in Russland die Bolschewisten an die Macht gelangten, musste Gramsci miterleben, wie in Westeuropa eine solche Revolution sich nicht nur nicht durchsetzen konnte, sondern an die Stelle revolutionärer Bestrebungen der Faschismus trat. Als Generalsekretär der verbotenen Kommunistischen Partei Italiens wurde Gramsci 1926 im Alter von 35 Jahren verhaftet und verbrachte die nächsten zehn Jahre im Gefängnis (Glasius 2001: o. S.).

Gramscis Erklärung für den komparativen Erfolg der sozialistischen Revolution im „Osten" und ihr Scheitern im „Westen" zielte auf die unterschiedlich starke Verankerung bürgerlich-kapitalistischer Werte und Normen in der jeweiligen Zivilgesellschaft ab. In Russland, so Gramscis Deutung, war die bürgerliche Gesellschaft nur schwach in den zivilgesellschaftlichen Institutionen verankert gewesen. In Westeuropa hingegen hatte das bürgerlich-kapitalistische Denken eine hegemoniale Stellung inne und wurde von einer ganzen Reihe zivilgesellschaftlicher Organisationen wie der Kirche und den Medien mitgetragen.

> „Im Osten war der Staat alles, die Zivilgesellschaft war in ihren Anfängen und gallertenhaft; im Westen bestand zwischen Staat und Zivilgesellschaft ein richtiges Verhältnis, und beim Wanken des Staates gewahrte man sogleich eine robuste Struktur der Zivilgesellschaft. Der Staat war nur ein vorgeschobener Schützengraben, hinter welchem sich eine robuste Kette von Festungen und Kasematten befand (...)" (Gramsci 1991–2002 [1929–1935]: 874 [*Gefängnishefte*, Bd. 4, Heft 7, § 16])

Die wichtigsten Konzepte in Gramscis Denken umfassen folglich dasjenige der kulturell verankerten Hegemonie, das der zivilgesellschaftlichen Akteure als Träger *und* Herausforderer einer solchen Hegemonie und schließlich das des historischen Blocks. Sie sollen hier kurz vorgestellt werden.

Hegemonie

Der Begriff der Hegemonie nimmt sowohl in der Gesellschaftstheorie Gramscis als auch in der darauf aufbauenden neogramscianischen Analyse der politischen Weltökonomie eine zentrale Stellung ein (Scherrer 2007). Hegemonie erscheint darin als ein Herrschaftsmodus, der hauptsächlich den Interessen der dominanten (bürgerlichen) Eliten entspricht, aber auch von den beherrschten und materiell benachteiligten Gesellschaftsgruppen akzeptiert und mitgetragen wird. Eine gesellschaftliche Ordnung ist hegemonial, wenn sie auf den Konsens einer Mehrheit der Beherrschten trifft und nicht länger nur mit dem (potentiellen) Einsatz von Zwangsmitteln stabilisiert werden muss. Hegemonie im Sinne Gramscis bezeichnet mithin „einen Mechanismus bürgerlicher Herrschaft, der nicht auf der Ausübung oder ständigen Androhung von Repression beruht, sondern darauf fußt, dass Akteure und Gruppen die gesellschaftliche Führung auf politischer, geistiger und kultureller Ebene normativ gerechtfertigt sehen und als in ihrem materiellen Interesse liegend erachten" (Schneider 2004: o. S.). Sie ist daher von reiner Dominanz zu unterscheiden (vgl. auch Bornschier 2008a: 480 ff.).[7]

Die Verfügungsmacht über einen Zwangsapparat steht mit der Aufrechterhaltung einer mehrheitlich konsensualen Hegemonie jedoch nicht im Widerspruch, sondern ergänzt sie. „Zwangsmittel verschwinden unter den Bedingungen von Hegemonie (…) nicht, sie bilden aber nur noch eine letztinstanzliche Absicherung des Bestehenden" (Schneider 2004: o. S.). Hegemonie wird dadurch stabilisiert, dass die sozialen Gruppen, welche die gesellschaftliche Ordnung in Frage stellen und aktiv kritisieren, teils kooptiert, teils aber auch mit repressiven Mitteln eingeschüchtert und unterdrückt werden. Macht wird deshalb bei Gramsci (unter Rückgriff auf die Vorstellungen Machiavellis) als Zentaur dargestellt, der zur einen Hälfte zivilisierter Mensch, zur anderen Hälfte gewalttätiges Biest ist (Gramsci 1991–2002 [1929–1935]: 1553 [*Gefängnishefte*, Bd. 7, Heft 13, § 14])

Letztlich steht der Machtbegriff Gramscis also in Einklang mit dem, was Steven Lukes (1974) als die drei Aspekte oder „Gesichter" von Macht bezeichnet. So zeichnet sich die Macht eines Akteurs erstens dadurch aus, dass sich dieser in einer manifesten Konfliktsituation mit seinen Interessen gegen den Widerstand anderer sozialer Kräfte durchsetzen kann. Zweitens haben die Interessen der mächtigen Akteure einen Einfluss darauf, welche Themen überhaupt öffentlich diskutiert werden und auf die politische Agenda gelangen. Vor allem aber besteht Macht, drittens, in der Möglichkeit, die Interessen der Restbevölkerung zu beeinflussen – und zwar über eine Kombination aus Kooptation, ideologischer Beeinflussung, charismatischer Führerschaft und Attraktion (Lukes 2005).

---

[7] Die Herstellung von Hegemonie wiederum bedarf materieller Zugeständnisse an die Beherrschten. Es gehört daher mit zu den Merkmalen einer hegemonialen Ordnung, dass die Eliten bis zu einem gewissen Grad den Anliegen der materiell benachteiligten Bevölkerungsgruppen entgegenkommen. Durch Kooptation und Kompromissfindung entsteht eine gewisse Interessenkongruenz zwischen den Eliten und (Teilen) der Bevölkerungsmehrheit, welche die bestehende Ordnung zu sichern vermag. Die Kompromissbereitschaft geht Gramsci zufolge allerdings nur soweit, als die ungleiche Grundstruktur der gesellschaftlichen Ordnung dadurch nicht wesentlich verändert wird: „Die Tatsache der Hegemonie setzt zweifellos voraus, dass den Interessen und Tendenzen der Gruppierungen, über welche die Hegemonie ausgeübt werden soll, Rechnung getragen wird, dass sich ein gewisses Gleichgewicht des Kompromisses herausbildet, dass also die führende Gruppe Opfer korporativ-ökonomischer Art bringt, aber es besteht auch kein Zweifel, dass solche Opfer und ein solcher Kompromiss nicht das Wesentliche betreffen können (…)." (Gramsci 1991–2002 [1929–1935]: 1567 [*Gefängnishefte*, Bd. 7, Heft 13, § 18])

Zivilgesellschaft und erweiterter Staat

Das Konzept der Hegemonie ist bei Gramsci eng verknüpft mit demjenigen der Zivilgesellschaft. Denn die Zivilgesellschaft als Interaktionssphäre, die zwischen dem Staatsapparat und der Wirtschaft steht, ist derjenige gesellschaftliche Ort, an dem soziale Ordnungen immer wieder neu stabilisiert werden. Eine bestehende soziale Ordnung kann nur dann hegemoniale Geltung erreichen, wenn sie fest in den zivilgesellschaftlichen Institutionen und den in ihnen enthaltenen kollektiven Praktiken verankert ist (Gramsci 1991–2002 [1929–1935]: bes. 373 [*Gefängnishefte*, Bd. 2, Heft 3, § 49: „Kulturthemen. Ideologisches Material"]). Zivilgesellschaft geht daher gemäß Gramsci und seinen Nachfolgern keineswegs nur mit der Emanzipation von dominanten Interessen und Zwängen einher, sondern ist „ebenso sehr mit Klassenherrschaft verbunden" (Demirovic 2000: 63, vgl. auch Islamoglu 2001: 1895).

Zivilgesellschaftliche Institutionen sind Gramsci zufolge sogar als Teil des Staates – nämlich des sogenannten „erweiterten Staats" – zu begreifen (Gramsci 1991–2002 [1929–1935]: bes. 783 [*Gefängnishefte*, Bd. 4, Heft 6, § 88: „Gendarmen-/Nachtwächterstaat, usw."]). So geht Gramsci von einer funktionalen Definition des Staates aus, die im Prinzip jegliche Form von herrschaftsstabilisierenden Institutionen umfasst (Buroway 2003). In Gramscis Werk ist der Staat „the entire complex of practical and theoretical activities with which the ruling class not only justifies and maintains its dominance, but manages to win the active consent of those over whom it rules" (Buroway 2003: 216). Gramsci öffnet also den Begriff des Staates und löst ihn los von den nationalstaatlichen Institutionen. Staatlichkeit kann nach Gramscis Definition auch einen transnationalen (oder subnationalen) Charakter haben, und in dem Masse, in dem zivilgesellschaftliche Institutionen funktional für die Stabilisierung von Herrschaft sind, gehören sie ebenfalls in den Bereich des Staates.

Gleichzeitig ist die Zivilgesellschaft aber auch der Ort, an dem sich gegenhegemoniale historische Blöcke bilden können. In Gramscis dialektischem Verständnis von Zivilgesellschaft enthält diese sowohl diejenigen Kräfte, die eine soziale Ordnung aufrechterhalten, als auch diejenigen, die eine solche Ordnung immer wieder gefährden, für sozialen Wandel sorgen oder sogar revolutionäre Umbruche erzeugen. Ist eine bestehende Ordnung den betreffenden Bevölkerungen beispielsweise von einer externen Imperialmacht oder von internen Elitefraktionen aufgezwungen worden und nur schwach hegemonial abgesichert („passive Revolution," s. u.), bestehen große Chancen auf einen konterrevolutionären Umschwung. Ausgebeutete und gesellschaftlich marginalisierte Gruppen können in dieser Situation eine Strategie wagen, die Gramsci mit der Metapher des Bewegungs- oder Angriffskrieges beschreibt – nämlich einen bewaffneten Aufstand, der auf die Erlangung staatlicher Macht abzielt. Zumal die bestehende Ordnung in dieser Situation kaum Eingang in die zivilgesellschaftlichen Praktiken gefunden hat, besteht durchaus die Möglichkeit, dass der Aufstand auf breite gesell-schaftliche Unterstützung stößt (vgl. auch Katz 2007: 188).

In einer Situation gut etablierter Hegemonie können die Ausgebeuteten und Marginalisierten hingegen nicht umhin, eine Strategie zu verfolgen, für die Gramsci die Metapher des Stellungskrieges oder Positionskrieges gebraucht. In diesem Stellungskrieg geht es darum, dass sich die Arbeiterschaft und die mar-ginalisierten Gruppen zusammenschließen, um in einem langwierigen Prozess neue kollektive Leitbilder und Institutionen aufzubauen. Dabei spielt Gramsci zufolge auch die Basisarbeit im Sinne dessen, was heute als Ermächtigungsstrate-gien (*empowerment*) von Graswurzelbewegungen bezeichnet wird, eine wichtige Rolle (Katz 2007). Erstes Zwischenziel eines gegenhegemonialen Stellungskrie-ges muss es sein, dass sich die subalternen Teile einer Gesellschaft nicht länger als Objekte der jeweiligen Umstände begreifen, sondern als „historische Person,“ als (kollektive und individuelle) Subjekte der eigenen Geschichte.

Historische Blöcke
Hegemoniale soziale Ordnungen sind gemäß Gramsci Ausfluss der Interessen dominanter (bürgerlicher) Klassen. Die wirtschaftlichen und politischen Eliten können jedoch ihren Führungsanspruch nur soweit behaupten, als es ihnen ge-lingt, Einigkeit unter den verschieden internen Fraktionen zu erlangen und dar-über hinaus Allianzen mit verschiedenen Gruppen aus anderen sozialen Klassen zu bilden. Hegemonie ist also streng genommen keine Eigenschaft und auch kein Handlungsmodus der dominanten Klassen, sondern das Attribut einer sozialen Ordnung als Ganzes. Eine gesellschaftliche Ordnung, in der die Interessen der dominanten Klassen nur fragmentarisch in zivilgesellschaftlichen Praktiken und Ideologien abgestützt sind, wird von Gramsci als Produkt einer „Revolution ohne Revolution“ oder (unter Bezugnahme auf Cuoco) einer „passiven Revolu-tion“ bezeichnet (Gramsci 1991–2002 [1929–1935]: 101 [*Gefängnishefte*, Bd. 1, Heft 1, § 44]).

In einer hegemonialen Ordnung bilden die dominanten Eliten und die ihnen zugewandten Gruppen hingegen das, was Gramsci als *historischen Block* be-zeichnet – nämlich ein Konglomerat sozialer Kräfte, die gemeinsam in der Lage sind, tragfähige zivilgesellschaftliche Institutionen zu etablieren. Was diese verschiedenen Gruppen zusammenschmieden kann, sind Ideen – insbesondere gemeinsame Zukunftsvisionen sowie Mythen, welche eine kollektive Identi-tät begründen. Historische Blöcke, die eine hegemoniale Ordnung tragen, und solche, die eine bestehende Ordnung herausfordern, haben somit für Gramsci sowohl eine materielle als auch eine ideelle Komponente: Die Produktionsver-hältnisse in einer Gesellschaft schaffen verschiedene soziale Gruppen mit je eige-nen „objektiven“ Interessen, wohingegen es ideologische Konstruktionen sind, die diese Gruppen zu Klassen und darüber hinaus zu Klassenallianzen verbinden.

Eine besonders wichtige Rolle in Gramscis Konzept der historischen Blöcke kommt daher auch den Intellektuellen zu. Diese stellen in Gramscis Sicht keine desinteressierten, von der restlichen Gesellschaft abgekoppelten Beobachter dar, sondern sind als „organische Intellektuelle" in bestimmte Klassen eingebettet (Gramsci 1991–2002 [1929–1935]: bes. 1497–1505 [*Gefängnishefte*, Bd. 7, Heft 12, § 1]). Die Intellektuellen der Bourgeoisie etwa „stellen aktiv Konsens her, indem sie sich um Ansehen und Vertrauen bemühen; sie nehmen eigeninitiativ die professionalisierten Kompetenzen öffentlicher Äußerung wahr. Im Rat für Patienten und in der Seelsorge der Gläubigen, der Expertise für politische Stellen, der Organisation von Verbänden, dem Artikel in der Fachzeitschrift wie in der feuilletonistischen Wertung tragen sie zur Festlegung von Alltagspraktiken und kollektiven Gewohnheiten bei" (Demirovic 2000: 63). Umgekehrt kommt den organischen Intellektuellen der subalternen Klassen die Aufgabe zu, neue Praktiken und Gewohnheiten sowie neue Denkmuster zu etablieren.

Insgesamt sind die kulturelle und die wirtschaftliche Sphäre in Gramscis nicht-reduktionistischem Ansatz also dialektisch miteinander verknüpft. Der Ansatz ist weder rein idealistisch, noch rein materialistisch angelegt.

„In Gramsci's historical materialism (which he was careful to distinguish from what he called ‚historical economism' or a narrowly economic interpretation of history), ideas and material conditions are always bound together, mutually influencing one another, and not reducible one to the other. Ideas have to be understood in relation to material circumstances. Material circumstances include both the social relations and the physical means of production. Superstructures of ideology and political organisation shape the development of both aspects of production and are shaped by them." (R. W. Cox 1983: 167 f.)

Sozialer Wandel ergibt sich aus Gramscis Sicht sowohl dann, wenn sich die Produktionsverhältnisse verändern (z. B. durch kulturell vorstrukturierten technologischen Wandel), als auch durch das Aufkommen neuer Ideen und Identitäten. Letztere können aus der Vielzahl von sozialen Gruppen mit je eigenen materiellen Interessen unterschiedliche Allianzen und historische Blöcke erzeugen.

Neogramscianismus und politische Weltökonomie

Werden die zentralen Konzepte aus Gramscis politischer Ökonomie auf die Analyse von Weltordnungen und die Untersuchung ihrer Transformationspotentiale übertragen, ergibt sich der sogenannte neogramscianische Ansatz. Dieser weist in seinen Grundzügen große Ähnlichkeiten mit dem Weltsystemansatz auf. So geht auch der Neogramscianismus davon aus, dass sich soziale Prozesse in einem bestimmten Land nur unter Berücksichtigung des globalen Umfelds angemessen erklären lassen und dieses Umfeld nicht zuletzt von der Dynamik weltweiter kapitalistischer Wirtschaftsbeziehungen geprägt ist. Dass zwischen Vertreter/innen des Neogramscianismus und des Weltsystemansatzes ein reger wissenschaftlicher Austausch an gemeinsamen Tagungen und in Form wechselseitiger Zitate stattfindet (s. z. B. die durchaus wohlwollenden Literaturverweise in Chase-Dunn 2007 auf Carroll 2006, Gill 2000 und Robinson 2004), erstaunt daher kaum.

Die Ähnlichkeiten zwischen dem neogramscianischen Ansatz und der Weltsystemperspektive beziehen sich freilich weniger auf Wallersteins weltsystemtheoretische Pionierarbeiten als auf die Weiterentwicklungen des Ansatzes durch Volker Bornschier (2002, 2008a, Bornschier und Trezzini 2001) und Christopher Chase-Dunn (1989, Bornschier und Chase-Dunn 1985). Denn während bei Wallerstein der Fokus noch auf den internationalen Handelsbeziehungen und dem Mechanismus des ungleichen Tausches liegt, richten die Autor/innen des neogramscianischen Ansatzes ähnlich wie Bornschier und Chase-Dunn ihre Aufmerksamkeit schon sehr früh (z. B. R. W. Cox 1971) auf die über weltweit tätige Großkonzerne immer stärker transnational integrierten Produktionsverhältnisse und auf die bereits bei Osvaldo Sunkel hervorgehobene Herausbildung transnationaler (objektiver und subjektiver) Klassen und Klassenallianzen (van der Pijl 1984, R. W. Cox 1987, Gill 1990). Gill und Law (1988) etwa betonen insbesondere die strukturelle Macht transnationaler Konzerne, welche durch die Androhung von Produktionsverlagerungen die Staaten verschiedener Länder politisch gegeneinander ausspielen können, während R. W. Cox (1987) u. a. die negativen Auswirkungen transnationaler Konzernpräsenz auf die Klassensolidarität der Arbeiterschaft in den Entwicklungsländern thematisiert (vgl. dazu auch Bornschier und Ballmer-Cao 1979, Bornschier et al. 1978).[8]

Damit überwindet der Neogramscianismus auch den methodologischen Nationalismus, der in Wallersteins ursprünglichem Weltsystemansatz die Aufmerksamkeit allzu einseitig auf zwischenstaatliche Tauschverhältnisse und nationalstaatliche Hegemonie richtet (s. bes. Robinson 1998, 2002, 2005, Gill und Law 1988. Im Neogramscianismus vermittelt sich „[d]as Handeln sozialer Kräfte (...) zwar über das von Staaten, geht aber weder in diesem auf noch wird es lediglich durch diese gebündelt" (Borg o. J.: o. S.). Hegemonie wird im neogramscianischen Ansatz nicht mit der Existenz eines dominanten Nationalstaates gleichgesetzt („Großbritannien" oder „die USA" als Hegemonialmächte), sondern geht, wie neben R. W. Cox (z. B. 1999) auch William I. Robinson (1998, 2001, 2002, 2004, bes.

---

[8] Autoren wie van der Pijl (1984) beziehungsweise Carroll und Carson (2003) wiederum untersuchen die fortschreitende Verdichtung des transnationalen Netzwerkes von Unternehmensführern und den Einfluss der sich herausbildenden transnationalen Kapitalistenklasse auf die Weltpolitik (vgl. auch die Untersuchungen zur Trilateralen Kommission und ihrer Rolle in der *pax americana* bei Gill 1990).

2005, Robinson und Harris 2000) deutlich macht, von einer dominanten sozialen Klasse aus. Diese muss jedoch nicht zwingend die dominante Klasse einer Einzelgesellschaft sein. In der jüngsten Zeit, so Robinson, ist es eine transnationale Klasse von Großkapitalisten, welche an der Spitze des hegemonialen historischen Blocks steht (vgl. auch Sklair 2001, Carroll und Carson 2003, kritisch: Nollert 2005):

> „We are witness to an emerging transnational hegemony as expressed in the emergence of a new historic bloc, global in scope and based on the hegemony of transnational capital. The historical pattern of successive ‚hegemons' has come to an end, and (...) the hegemonic baton will not be passed from the United States to a new hegemonic nation-state, or even to a regional bloc. *Pax Americana* was the ‚final frontier' of the old nation-state system and hegemons therein. Instead, the baton is being passed in the 21st century to a transnational configuration, to the global capitalist historical bloc." (Robinson 2002: 8 f.)

Der wohl größte Unterschied zum „klassischen" Weltsystemansatz bei Wallerstein ergibt sich freilich dadurch, dass der Neogramscianismus einen deutlich größeren theoretischen Spielraum für kreatives soziales Handeln („agency") zulässt. Soziales Handeln bedient hier nicht wie in Wallersteins deterministisch anmutender Perspektive vor allem die Interessen der letztlich anonymen kapitalistischen Weltwirtschaft, sondern hat gewisse Freiräume und kann maßgebliche Veränderungen in den sozialen Strukturen bewirken. Wallersteins Vorstellung, wonach sich das Weltsystem als globale Ordnung trotz gewisser Schwankungen immer wieder auf einen systemimmanenten Normalzustand zurückbewegt, ist dem Neogramscianismus fremd. Im Neogramscianismus hängt die Stabilität von Weltordnungen vielmehr auch von der Diskursmacht und kulturellen Integrationskraft der herrschenden sozialen Gruppen ab, doch ist gerade kulturelle Macht prekärer und volatiler als ökonomische Macht oder die auf die Staaten beschränkte Verfügung über polizeilich-militärische Zwangsinstrumente. Kulturelle Führerschaft kann von materiell machtlosen Gruppen immer wieder angefochten und destabilisiert werden.

Robert W. Cox (1981), der Pionier des neogramscianischen Ansatzes, schlägt darum vor, bei der Analyse von historischen sozialen Ordnungen insgesamt drei Komponenten zu berücksichtigen, nämlich die als „material capabilities" bezeichnete Kontrolle über materielle Ressourcen, die jeweils vorherrschenden kulturellen Konzepte („ideas") und die Institutionen.[9] Institutionen werden dabei als „quasi-materielle" Kräfte gefasst (R. W. Cox 1996 [1992]: 149 f., vgl. auch Gill

---

[9] Der Begriff der Weltordnung wird bei Gill (2005: 55) analog definiert als „relatively persistent pattern of ideas, institutions and material forces which form historical structures over time, where structures can transcend particular societies or civilizational forms, in both space and time."

und Law 1988: 64], in welchen sich *sowohl* die materiellen Machtverhältnisse, die zur Zeit ihrer Entstehung geherrscht haben, *als auch* die vorherrschenden kulturellen Konzepte verdichten. Insbesondere formale Institutionen wie internationale Organisationen können als zentrale Stützen einer hegemonialen Strategie dienen, da sie, so Cox, der „Universalisierung" und allgemeinen politischen Legitimation von Interessen dienen und in der Regel ein (gewisses) redistributives Moment enthalten. Sie sind jedoch nicht mit Hegemonie identisch, sondern entwickeln im Laufe der Zeit eine Eigendynamik und können angesichts von Veränderungen der Produktionsverhältnisse, der Verfügungsgewalt über militärische Ressourcen und der vorherrschenden Ideen ihre Legitimität und integrative Kraft verlieren.

Ideen, materielle Ressourcen und Institutionen entfalten ihre Wirkung bei Cox wiederum auf drei Ebenen: der Ebene der Weltordnung, derjenigen der Staatsformen (z. B. des fordistischen Wohlfahrtsstaates oder des internationalisierten postfordistischen Wettbewerbsstaates) und derjenigen der wirtschaftlichen Produktionsverhältnisse (R. W. Cox 1981). Die drei genannten Sphären sind jedoch in ihren jeweiligen Strukturen ebenfalls nicht voneinander unabhängig. So erzeugen etwa Veränderungen in der Organisation wirtschaftlicher Produktionsprozesse (z. B. Einführung des Taylorismus oder der informatikgesteuerten Produktion) neue soziale Kräfte in der Klassenstruktur der Gesellschaft und damit auch Veränderungen in der Beschaffenheit des „state/society complex." Veränderungen in der Staatsform schließlich haben einen Einfluss auf die Ausgestaltung der aktuellen Weltordnung (Imperialismus, Fragmentierung der Weltwirtschaft durch Protektionismus etc.) und *vice versa*.

Gegenwartsanalyse: Von der „Pax Americana" zum „Interregnum"

Die Weltordnung zwischen dem Ende des Zeiten Weltkrieges und den 1970er Jahren wird im Neogramscianismus als hegemoniale Ära charakterisiert. Es gelang den Vereinigten Staaten in dieser Zeit, zumindest in der westlichen Hemisphäre wirtschaftliche und militärische Dominanz zu erlangen und sich zudem politische Unterstützung durch einen wesentlichen Teil der internationalen Gemeinschaft zu sichern. Die in neogramscianischen Texten häufig vorkommende Bezeichnung *Pax Americana* (R. W. Cox 1987, 2004, Gill 2005, Gill und Law 1988) ist allerdings insofern problematisch, als sie auf ein staatszentriertes Hegemonieverständnis verweist (die „USA" als Hegemonialmacht), während der Neogramscianismus im Prinzip eine Klassenperspektive auf Hegemoniebildungsprozesse einnimmt. Wie R. W. Cox (z. B. 1981) sowie Gill und Law (1988) deutlich machen, ging die hegemoniale Weltordnung der Nachkriegszeit in erster Linie von internationalistisch ausgerichteten politischen Elitefraktionen der USA sowie den dort beheimateten transnationalen Unternehmen aus. Diese mussten zunächst einen innenpolitischen Konsens erzeugen und zivilgesellschaftliche Unterstützung finden, um dann mit der Unterstützung des Staatsapparates *und* der Zivilgesellschaft auf die Eliten und zivilgesellschaftlichen Kräfte anderer Länder einzuwirken.

Die Mechanismen der Einwirkung reichten dabei von der Hilfe beim europäischen Wiederaufbau in der unmittelbaren Nachkriegszeit über die strategische (antikommunistische) Entwicklungshilfe in der (Semi-) Peripherie (Augelli und Murphy 1993, Gill und Law 1988: 295 ff.) und den Aufbau von (oft privat finanzierten) ausländischen Bildungsprogrammen (Gill und Law 1988: 352) bis zur Einrichtung zahlreicher internationaler Organisationen im UN-System (s. u.). Nur dank dieser verschiedenen Mittel konnte es gelingen, die absolute wirtschaftliche und militärische Vormachtstellung des US-amerikanischen Staates mit einer grenzübergreifenden kulturellen und politischen Führerschaft des US-amerikanischen Staats- und Gesellschaftskomplexes (des „erweiterten Staates") zu verbinden (R. W. Cox 1981: 145).

„The Pax Americana of the post-World War II era had the characteristics of this Gramscian meaning of hegemony. The United States was the dominant power and its dominance was expressed in leadership enshrined in certain principles of conduct that became broadly acceptable. The economic ‚regimes‘ established under the US aegis during this period had the appearance of consensual arrangements. They did not look like the crude exploitation of a power position or like a hard bargain arrived at among rival interests." (R. W. Cox 1993: 264)

Die Grundprinzipien der US-amerikanischen Hegemonie in der westlichen Hemisphäre waren dabei denen der früheren *Pax Britannica* recht ähnlich: Auch hier standen der relativ freie Handel, ein vernünftiges Maß an Wechselkursstabilität und – mehr noch als in der Ära Großbritanniens – der freie Kapitalverkehr im Vordergrund. Im Vergleich zur *Pax Britannica* war die Nachkriegszeit allerdings durch einen höheren Grad an Institutionalisierung gekennzeichnet. Die US-amerikanische Hegemonie stellte noch deutlicher als diejenige Großbritanniens auf eine Harmonisierung der nationalstaatlichen Wirtschaftspolitik ab, um die fortschreitende wirtschaftliche Verflechtung zu fördern. Internationale Organisationen wurden mit der Aufgabe betraut, durch die Vergabe von Krediten und langfristiger Entwicklungshilfe nationale Wirtschaftskrisen zu lindern, und zugleich wurden Mechanismen der zwischenstaatlichen Konsultation, der wechselseitigen Kontrolle und der Politikanpassung (etwa die Review-Verfahren der OECD, der NATO und des IWF) geschaffen.

Was hingegen die gegenwärtige Weltordnung betrifft, wird diese aus neogramscianischer Sicht wahlweise als Phase schwacher und instabiler Hegemonie

(R. W. Cox 1993), als „post-hegemonial" (R. W. Cox 1996 [1992], Gill 2005) oder als „Interregnum" (Gill 2005) – letztlich also als Welt*un*ordnung – beschrieben. Die Vereinigten Staaten spielen darin zwar weiterhin eine zentrale Rolle, doch ist ihr wirtschaftlicher und militärischer Vorsprung gegenüber anderen Nationen und insbesondere gegenüber regionalen Blöcken wie der EU über die letzten Jahrzehnte kleiner geworden (Gill und Law 1998: Kap. 16 [S.335 ff.], Bornschier 2008a: 480 ff.). Herrschaftsstabilisierende Funktionen werden vermehrt auch von zunehmend autonomer agierenden internationalen Organisationen und anderen, mit den USA in wirtschaftlicher Konkurrenz stehenden Zentrumsnationen ausgeübt (Bornschier 2008a: 480 ff.). Der aktuell dominante historische Block ist indes wenig kohärent und nur schwach hegemonial abgesichert, zeichnet sich doch die transnationale Kapitalistenklasse, deren Interessen bedient werden, weiterhin durch ein beträchtliches Maß an Fraktionalisierung aus (vgl. Nollert 2005 für einen kritischen Literaturüberblick zum Konzept der transnationalen Kapitalistenklasse). Dass der neoliberale Washingtoner Konsens, der die Leitprinzipien der aktuellen Welt(un)ordnung festlegt, an Integrationskraft verloren hat, zeigt nicht zuletzt das wiederholte Scheitern der WTO-Verhandlungen nach Beginn der sogenannten Doha-Runde im Jahr 2001. Ähnlich wie in Wallersteins Weltsystemansatz gilt also auch aus neogramscianischer Sicht, dass sich die aktuelle Weltordnung in einer instabilen Situation befindet und radikale Veränderungen heuer eher möglich sind als etwa zur Zeit der 1968er-Bewegung.

Die Entstehungschancen eines gegenhegemonialen historischen Blocks

Für linksprogressive soziale Bewegungen und andere zivilgesellschaftliche Akteure stellt die gegenwärtige Hegemoniekrise eine historische Chance zur Durchsetzung ihrer Anliegen dar. Die Erfolgsaussichten der linksprogressiven Zivilgesellschaft werden bei Neogramscianern wie R. W. Cox (1999) und Gill (2000) allerdings eher skeptisch eingeschätzt. Um maßgeblichen Einfluss auf den gegenwärtigen globalen Wandel zu erlangen, müssten linksprogressive Akteure in der näheren Zukunft einen breit abgestützten, transnationalen gegenhegemonialen Block bilden, doch ist ein solcher, wenn überhaupt, erst in Konturen vorhanden. Inwieweit es den linksprogressiven Bewegungen gelingen wird, bei der Herausbildung eines solchen Blocks mit den globalen sozialen Gelegenheiten für einen tiefer greifenden Umbruch Schritt zu halten, ist R. W. Cox (1999, vgl. auch 1983: 174) zufolge durchaus fraglich.

> „[T]here has been a growth of many non-governmental organizations, often of a local self-help kind, and often building linkages and mutual help relationships with similar organizations in other countries. (…) These various instances are indicative

of something moving in different societies across the globe towards a new vitality of ‚bottom-up' movement in civil society as a counterweight to the hegemonic power structure and ideology. This movement is, however, still relatively weak and uncoordinated. It may contain some elements but has certainly not attained the status of a counterhegemonic alliance of forces on the world scale." (R. W. Cox 1999: 13)

Ein zentrales Problem bei der Bildung von transnationaler Gegenmacht ist dabei, so Cox (v. a. 1999), das Fehlen einer klar umrissenen „fundamentalen" Trägerschaft. Die Arbeiterklasse etwa, auf die Gramsci seine theoretischen und strategischen Überlegungen abstellte, ist durch die Expansion transnationaler Konzerne in verschiedene Fraktionen aufgespaltet worden. Heute finden sich unter den Arbeiter/innen weltweit eine Fraktion von relativ privilegierten Angestellten bei den ausländischen Konzerntöchtern (vgl. auch Bornschier und Chase-Dunn 1985), eine Fraktion von prekär beschäftigten Arbeiter/innen in den von TNCs abhängigen „einheimischen" Zulieferbetrieben sowie eine Fraktion von zahlreichen von der transnationalen Wirtschaft ausgeschlossenen Arbeitskräften in lokalen Klein- und Familienunternehmen. Zudem steht den formal Beschäftigten eine wachsende Zahl von Arbeitslosen und Arbeiter/innen im informellen Subsistenzsektor gegenüber, die wiederum unterschiedlichen ethnischen und konfessionellen Gruppen angehören. Für linksprogressive Kräfte stellt sich daher die schwierige Aufgabe, auf mehreren Artikulationsebenen (lokal, national, transnational) eine gemeinsame Solidaritätsbasis für die multisektorale Zusammenarbeit etwa zwischen organisierten Landarbeiter/innen und Arbeitslosen, indigenen Bewegungen, Gewerkschaften und Umweltbewegungen zu schaffen und außerdem gemeinsame Alternativvorschläge zu finden.

„The problem for the organic intellectuals of the Left is how to envisage a strategy that could build from this fragmented situation of subordinate social groups a coherent alternative to economic globalization (...). These organic intellectuals are now themselves a fragmented lot: trade union leaders, environmentalists, social activists on behalf of the of the poor and homeless and the unemployed, and promoters of self-help community organizations. They compete for potential clientele with right-wing populists, anti-immigrant racists, and religious cults." (R. W. Cox 1999: 18)

Bislang ist es dem Netzwerk globalisierungskritischer Bewegungskoalitionen zwar gelungen, einen transnationalen, sektorübergreifenden Widerstand zu organisieren, doch stützt sich dieser in erster Linie auf die Negation des bestehenden neoliberalen Modells. Alternativvorschläge sind erst in Umrissen vorhanden und keineswegs unumstritten. Jenseits der Kritik am Neoliberalismus gehen die jeweiligen Interessen und Anliegen durchaus auseinander.

Kritische Würdigung

Die neogramscianische Sicht auf globale Ordnungsprozesse ist im Vergleich zum Weltsystemansatz und dem *World Polity*-Ansatz insofern komplexer, als sie einerseits die Bedeutung von Ideen und Konzepten anerkennt, die im Vordergrund *World Polity*-Ansatzes stehen, diese aber andererseits mit einer politökonomischen Perspektive à la Weltsystemansatz verbindet. Dennoch ist der neogramscianischen Ansatz sparsam genug, um die Komplexität des untersuchten Gegenstandes – auch der Neogramscianismus will letztlich „die Welt erklären" – auf ein theoretisch handhabbares Maß zu reduzieren. Der Neogramscianismus wird darum im weiteren Verlauf der Studie als globale Makrotheorie der Wahl erscheinen.

Attraktiv ist nicht zuletzt der neogramscianische Hegemoniebegriff, welcher an die Stelle der „Staatenperspektive" auf Hegemoniebildungsprozesse eine „Klassenperspektive" setzt. Der Neogramscianismus bereitet damit begrifflich vor, was Volker Bornschier als „Hegemonie ohne Hegemon" (Bornschier 2008a: 492) bezeichnet: eine Weltordnung, die ohne absolut übermächtige nationalstaatlich verfasste Führungsmacht auskommt, weil die bestehenden Herrschaftsverhältnisse über ein dichtes Geflecht von staatlichen und nicht-staatlichen Institutionen stabilisiert werden. Vor allem aber weist der neogramscianische Ansatz auf die kulturellen Aspekte von Hegemonie hin, was einerseits den Blick für ideologische und legitimitätsstiftende Machtstrategien öffnet und andererseits auch auf die Bedeutung der „*cultural politics*" (Alvarez et al. 2004, Kaltmeier et al. 2004) von sozialen Bewegungen verweist.

Gerade in der Klassenperspektive auf Hegemoniebildungsprozesse und in der Multidimensionalität des Hegemoniebegriffs liegt freilich auch eine Schwierigkeit, bergen diese beiden Besonderheiten des Ansatzes doch ein beträchtliches Potential für konzeptionelle Unschärfen und Missverständnisse. So kann etwa für die erste Hälfte des 20. Jahrhunderts noch davon ausgegangen werden, dass Klassen *für sich* nur sehr beschränkt über nationale Grenzen hinausreichten, und die damals herrschende Weltordnung problemlos als *Pax Americana*, als Hegemonie unter der Führung der US-amerikanischen Staates, bezeichnet werden. In dem Masse jedoch, in dem sich die Produktionsverhältnisse und damit die Klassenbildungsprozesse von ihrer nationalstaatlichen Basis gelöst haben, wird der Begriff der Hegemonie weniger eindeutig. Wie Borg (o. J.) kritisch festhält, verwickeln sich die neogramscianischen Autoren daher „im skizzierten Spannungsverhältnis zwischen Staaten- und Klassenperspektive in gehörige Widersprüche."

Stephen Gill etwa fällt in seinen jüngeren Arbeiten zuweilen einer gewissen „begrifflichen Unentschiedenheit" (Borg o.J.: o.S.) zum Opfer, wenn er in einer durchaus „paradoxen Situationsbeschreibung" (Bieling und Deppe 1996: 734) die Gegenwart einerseits als „post-hegemonial," andererseits als Ära eines „hegemonialen neoliberalen Diskurses" fasst (Gill 2005, e. Ü.) – „post-hegemonial" aus der Staatenperspektive, „weil es keine stabile Weltordnung mehr nach dem Muster der mit einem hegemonialen Staat im Zentrum gibt" (Bieling und Deppe 1996: 734), aber hegemonial, da „überall neoliberale Strategien auf dem Vormarsch sind" (Bieling und Deppe 1996: 734).

„[W]ährend Gill einerseits feststellt, dass das neoliberale Projekt des transnationalen Kapitals vermehrt konstitutionell in den Nationalstaaten verankert wird (z. B. in Gestalt unabhängiger Zentralbanken), spricht er im Hinblick auf das Verhältnis von Staaten weiterhin von einer ‚posthegemonialen Weltordnung'. Um alles noch komplizierter zu machen, wirbelt er an anderer Stelle diese beiden Ebenen von Hegemonie wieder durcheinander – z. b. wenn er anmerkt, die entstehende ‚US-zentrierte transnationale Hegemonie' sei als ‚unvollständige Form transnationaler Dominanz' zu verstehen, ‚die dennoch in der politischen und militärischen Zentralität der USA' verankert sei (...). Hinzu kommt, dass er zumindest im Hinblick auf die EU in jüngster Zeit davon ausgeht, dass der ‚disziplinierende Neoliberalismus' mehr und mehr autoritär, also dezidiert nicht-hegemonial durchgesetzt wird. Wie sich dies mit seiner Diagnose einer hegemonialen ‚Kultur des Marktes' verträgt, bleibt ungeklärt." (Borg o. J.: o. S.)

Um derartige begriffliche Verwirrungen zu vermeiden, wird die Bezeichnung „post-hegemonial" in der vorliegenden Arbeit vermieden. Hegemonie ist graduell skaliert, nicht dichotom (also „vorhanden" oder „nicht vorhanden"). Eine Allianz aus unterschiedlichen sozialen Kräften (den internationalen Organisationen, dem militärischen Komplex der USA, den organischen Intellektuellen des transnationalen Kapitals usw.) ist in der aktuellen Weltordnung darum besorgt, dass herrschaftsstabilisierende Funktionen gewährleistet bleiben, doch in dem Masse, in dem dieser historische Block (noch) fragmentiert ist und seine neoliberale Ideologie auf wachsendes Misstrauen stößt, kann die Gegenwart nur als „schwache" und instabile Hegemonie gelten.

5.4   Ein neogramscianisches Fazit: die aktuelle Hegemoniekrise

Für eine Analyse der Gestaltungsspielräume transnationaler Bewegungskoalitionen sind der Weltsystemansatz Wallersteinscher Prägung und der *World Polity*-Ansatz gleichermaßen unbefriedigend. Denn während der Weltsystemansatz die soziale Welt nahezu ausschließlich aus der Optik politökonomischer Verhältnisse untersucht, legt der *World Polity*-Ansatz seinen Fokus genauso exklusiv auf die Wirkung kultureller Prozesse. Dass die politökonomischen Verhältnisse und die kulturelle Dimension des Weltsystems wechselseitig miteinander verschränkt

sind, geht jedoch gleich in beiden Ansätzen verloren. Wird im einen Fall ein
Primat der Wirtschaft sowohl gegenüber der Kultur als auch der Politik unterstellt, gilt im anderen Fall, dass wirtschaftlich-materielle Kräfteverhältnisse weitgehend ausgeblendet bleiben und sich politische Prozesse dem Primat der Kultur
unterordnen. Dieses Buch schlägt daher eine neogramscianische Interpretation
globaler sozialer Ordnungsprozesse im Sinne von Robert W. Cox vor. Darin werden die kulturelle, wirtschaftliche und politische Dimension des Weltsystems als
analytisch gleichwertig betrachtet und globale Ordnungsprozesse in einem hoch-
dynamischen *Schnittfeld* dieser drei Dimensionen angesiedelt.

    Die politische Ökonomie des Weltsystems ist in dieser Sicht eingebettet in
ein Geflecht von „vorpolitisch" definierten Bedeutungen, Werten und Normen,
und die bestehenden Herrschaftsverhältnisse werden nur dann als stabil gefasst, wenn sie auch in der kulturellen Sphäre hegemonial abgesichert sind (s. u.:
die These der kulturellen Dimension politökonomischer Herrschaftsprozesse).
Gleichzeitig gilt aber auch, dass wirtschaftliche und politische Eliten, wenn es um
die Ausarbeitung und Verbreitung von kulturellen Legitimationsressourcen geht,
gegenüber subalternen Gruppen einen materiell bedingten Wettbewerbsvorteil
haben. Demzufolge vermögen sich herrschaftsstabilisierende Kulturelemente in
der Regel eher durchzusetzen als die Vorstellungen und Praktiken gegenhegemonialer Widersacher (*die These der materiellen bedingten Ungleichheit kultureller
Bedeutungsproduktion*). Was die gegenwärtige Weltordnung betrifft, ist indes
eine Hegemoniekrise zu konstatieren. Der historische Block, der an der Spitze der
herrschenden Weltordnung steht, befindet sich gegenwärtig in einer Umbruchphase, leidet unter einer Vertrauenskrise und hat Mühe, für seine neoliberale Globalisierungsoffensive einen breiten Konsens zu erzeugen (*die These der aktuellen
Hegemoniekrise*). Es soll daher – ähnlich wie bei Wallerstein, aber mit einer anderen Begründung – unterstellt werden, dass gegenhegemoniale Bewegungen in
der Gegenwart und nahen Zukunft optimale Möglichkeiten vorfinden, ihre emanzipatorischen Anliegen im Weltmassstab zur Umsetzung zu bringen.

Die kulturelle Dimension politökonomischer Herrschaftsverhältnisse

Politik wird in der Regel gleichgesetzt mit einer Reihe von (formal) standardisierten Prozeduren (Wahlen, Lobbying, internationale Verhandlungen), die in klar
abgegrenzten institutionellen Räumen wie dem Parlament, den Parteien oder
den internationalen Organisationen stattfinden (zur Kritik des herkömmlichen
Politikbegriffs: Alvarez et al. 2004: 40). In der politischen Sphäre, so das herkömmliche Verständnis, tragen die dazu autorisierten Repräsentanten bestimmter sozialer Gruppen (Ethnien, Klassen, Nationen usw.) Interessenkonflikte aus,
um auf verschiedenen Ebenen (national, regional, international usw.) über ver-

bindliche Regeln für das Zusammenleben der jeweiligen Herrschaftssubjekte zu entscheiden. Dieser enge Politikbegriff vernachlässigt allerdings, dass die als politisch verstandenen Gruppeninteressen Gegenstand und Ergebnis kultureller Bedeutungsproduktion darstellen. Die kollektiven Identitäten und daraus abgeleiteten Gruppeninteressen von sozialen Gruppen müssen, bevor sie im nationalstaatlichen politischen System oder auf der Bühne der Weltpolitik repräsentiert und gegeneinander abgewogen werden können, zunächst einmal definiert werden. „Nationale" Interessen etwa können, wie Wendt (1995) in seiner konstruktivistischen Sicht auf die internationalen Beziehungen betont, nur als Ausdruck kollektiv geteilter Überzeugungen verstanden werden. Diese sind es, welche die materiellen Verhältnisse mit spezifischen Bedeutungen versehen. Nationale Interessen sind nicht, wie etwa bei Wallerstein angenommen, unproblematischer Ausfluss „objektiver" Positionen in der globalen Arbeitsteilung, sondern kulturelle Konstrukte, die ihm Rahmen sozialer Praktiken immer wieder reproduziert, aber auch angefochten und verändert werden.

> „[M]aterial resources only acquire meaning for human action through the structure of shared knowledge in which they are embedded. For example, 500 British nuclear weapons are less threatening to the United States than 5 North Korean nuclear weapons, because the British are friends of the United States and the North Koreans are not, and amity or enmity is a function of shared understandings. (…) Material capabilities as such explain nothing; their effects presuppose structures of shared knowledge, which vary and which are not reducible to capabilities." (Wendt 1995: 73)

Zur (Welt-)Politik ist daher auch das kulturelle Ringen um Bedeutungen zu zählen, das in einer großen Zahl von Räumen stattfindet, welche üblicherweise als „vorpolitisch" – das heißt: privat, wirtschaftlich, wissenschaftlich usw. – definiert werden (Alvarez et al. 2004: 40). Zumal „Bedeutungen und Praktiken – insbesondere solche, die als marginale oder von Minderheiten, als oppositionelle oder von Restgruppen, als alternative, abweichlerische, neuartige o. ä. im Verhältnis zu einer bestehenden dominanten politischen Ordnung theoretisiert werden – Ursache von Prozessen sein können, die als politische akzeptiert werden müssen" (Alvarez et al. 2004: 36), verfügen gesellschaftliche Akteure, die in kulturellen Prozessen Definitionsmacht wahrnehmen, letztlich auch über politische Macht. Zivilgesellschaftliche Akteure wie soziale Bewegungen und Nichtregierungsorganisationen waren und sind denn auch damit beschäftigt, alternative Konzepte von Indigenität, Frau-Sein, Fortschritt, Wirtschaft und Demokratie zu verbreiten und verändern damit die symbolischen Parameter des Politischen: die Identitäten der beteiligten Akteure, die kollektive Sicht auf die maßgeblichen Institutionen und die als relevant erachteten Themen. Soziale Bewegungen, so hält Arturo Escobar (2005: 308) fest, „are about the transformation of many of the practices of development and modernity, about the envisioning and reconstruction of social orders, perhaps alternative modernities or different modes of historicity."

Der Beitrag zivilgesellschaftlicher Akteure zu einer Politik, die als emanzipatorisch gelten kann, ist jedoch ambivalent. Beispielsweise ist aus „radikalen" beziehungsweise „autonomen" Kreisen immer wieder zu vernehmen, dass diejenigen Bewegungsorganisationen, die (unter anderem) kooperative Strategien verfolgen und punktuelle Reformen *innerhalb* institutioneller politischer Arrangements anstreben (z. B. staatliche Armutsbekämpfungsprogramme oder Schutzklauseln in Freihandelsabkommen), Hand zur Legitimation und Reproduktion der in diesen Arrangements verdichteten Herrschaftsverhältnisse bieten: Das institutionelle politische System kann mit der Umsetzung reformistischer Anliegen demokratische Offenheit und „Bürgernähe" signalisieren, ohne eine grundlegende Transformation zu erfahren. Umgekehrt sehen sich aber autonom verwaltete Basisgruppen immer häufiger mit der Aufgabe konfrontiert, Aufgaben zu erfüllen, die in einem traditionell linken Politikverständnis in den Verantwortungsbereich des Staates gehören (Bildung, Krankenpflege, Gesundheitserziehung usw.). Wie Kaltmeier et al. (2004) betonen, lindern solche selbstverwalteten Basisprojekte zwar die Folgen des neoliberalen Staatsschwundes, treiben den Rückzug des Staates aber genau dadurch auch an.

Trotzdem lässt sich kaum bestreiten, dass soziale Bewegungen und Basisprojekte durchaus Ansatzpunkte für emanzipatorische Politik bieten, indem sie „subalterne Gegenöffentlichkeiten" erzeugen, also „parallel discursive arenas where members of subordinate social groups invent and circulate counterdiscourses, which in turn permit them to formulate oppositional interpretations of their identities, interests, and needs" (Fraser 1990: 67). Wie Melucci (1985, 1995) besonders prominent betont hat, werden in den Protestveranstaltungen, Vorbereitungstreffen und internen Kommunikationen sozialer Bewegungen die sozialen Identitäten der Beteiligten genauso immer wieder neu verhandelt wie die als „dominante Codes" beschriebenen symbolischen Fundamente der herrschenden Gesellschaftsordnung. So setzen selbst Bewegungen, die materielle Interessen vertreten, punktuelle politische Reformen anstreben und letztlich aus dem Bereich der primär identitätszentrierten „neuen" sozialen Bewegungen herausfallen, wichtige kulturelle Veränderungen in Gang, die eine eminent politische Wirkung entfalten (Alvarez et al. 2004, Escobar 2005).

Die materiell bedingte Ungleichheit kultureller Bedeutungsproduktion

Dass soziale Bewegungen kulturelle Prozesse in Gang setzen, welche bisweilen in eine Neudefinition politischer Akteure, Prozesse und Themen münden, soll jedoch nicht bedeuten, dass sie außerhalb vorgegebener Strukturen in einer Sphäre des „freien Willens" operieren. Vielmehr weist bereits der *World Polity*-Ansatz darauf hin, dass Kultur ein System von eng miteinander verknüpften Konzepten bildet, die sich keineswegs beliebig umdeuten lassen. Wie auch Polletta (1999: 66 f.) festhält, ist Kultur als symbolische Dimension von Institutionen und Praktiken durchaus strukturiert. Sie weist eine innere Ordnung auf, die zwar Widersprüche und Potential für gewisse Neudeutungen beinhaltet, soziale Bewegungen in ihrer Bedeutungsproduktion aber auch einschränkt:

> „[C]ulture (…) [is] the symbolic dimension of all structures, institutions, and practices (political economic, educational, etc.). Symbols are signs that have meaning and significance through their interrelations. The pattern of those relations is culture. Culture is thus patterned and patterning; it is enabling as well as constraining; and it is observable in linguistic practices, institutional rules, and social rituals rather than existing only in people's minds."

Traditionen, etablierte Prinzipien und kulturelle Codes können von Sozialaktivist/innen denn auch nicht „weggedacht" werden. Sie sind „structural in the sense that they are supraindividual and constrain individual action" (Polletta 1999: 68). Die *frames*, in denen soziale Bewegungen und andere politische Akteure neue Deutungsmuster anbieten, müssen daher zwingend an den bereits bestehenden kulturellen Strukturen anknüpfen. Bewegungen können nicht umhin, die „eigenen" Worte in der Sprache der „Anderen" zu suchen.

Vor allem aber darf nicht vergessen werden, dass oppositionelle Konzepte und Praktiken erst dann Breitenwirkung entfalten, wenn sie auch außerhalb der sozialen Bewegungen wahrzunehmen sind. Organisierte Gruppen innerhalb sozialer Bewegungen versuchen deshalb, über eigenes Informationsmaterial, Bildungsprogramme oder öffentliche Konferenzen eine autonome Außenkommunikation zu betreiben. Die finanziellen und materiellen Ressourcen, die sie dazu benötigen, sind allerdings deutlich knapper als diejenigen der wirtschaftlichen Eliten und ihrer Interessenvertreter. Der Hauptmodus der öffentlichen Kommunikation von sozialen Bewegungen bleibt weiterhin die Organisation von Protestveranstaltungen, über die dann die herkömmlichen Massenmedien berichten (Rucht 2001). Die massenmediale Protestberichterstattung ist allerdings hochgradig selektiv, und die inhaltlichen Anliegen der Protestierenden werden, wenn überhaupt, oft nur stark verzerrt wiedergegeben (Almeida und Lichbach 2003, Beyeler und Kriesi 2005, McCarthy et al. 1996, Rucht 2001, J. Smith et al. 2001). Was die Verbreitung von Deutungsangeboten betrifft, stehen soziale Bewegungen also in einer scharfen Konkurrenz mit den dominanten Eliten und ihren Interessenvertretern, doch verfügen letztere über materiell bedingte Wettbewerbsvorteile. Beispielsweise treten internationale Organisationen wie die Weltbank und der Internationale Währungsfonds nicht nur als Kreditgeber für verschuldete Volkswirtschaften in Erscheinung, sondern können dank ihrer riesigen Forschungs- und PR-Kapazitäten auch als Herausgeber von ökonomischer und sozialwissenschaftlicher Fachliteratur operieren, als Produzenten von unzähligen *policy briefs* und Presseerklärungen sowie als Anbieter von hochdotierten akademischen Stipendien. Großkonzerne wiederum unterstützen über massives Sponsoring die weltanschauliche „Wissensproduktion" einschlägiger *think tanks* und haben als Mitinhaber sowie begehrte Werbekunden überproportional großen Einfluss auf die kommerziellen Massenmedien. In den Worten von John Fiske (1989: 132, zit. nach Escobar 2005: 306) bringen materielle Ressourcen folglich auch Deutungsmacht mit sich, und „those who dominate social relations also dominate the production of the meanings that underpin them." Herkömmliche Machtmittel und das, was Fiske als „semiotische Macht" bezeichnet, gehen durchaus Hand in Hand.

Die aktuelle Hegemoniekrise

Ein eindrückliches Indiz dafür, dass „harte" materielle Macht auch die Ausübung „weicher" kultureller Macht begünstigt, bietet insbesondere der globale Siegeszug des neoliberalen Wirtschafts- und Gesellschaftsmodells. Wie David Harveys *Kleine Geschichte des Neoliberalismus* (Harvey 2007 [engl. Original: 2005] anschaulich aufzeigt, hätte sich die wirtschaftliche und politische Globalisierung nach neoliberalem Strickmuster kaum durchsetzen können, wäre sie nicht von einer eigentlichen „Propagandaoffensive" begleitet gewesen. Dank einer Reihe von mehr oder weniger konzertierten, vor allem aber ausgesprochen kostenintensiven öffentlichkeitspolitischen Strategien ist es dem Großkapital unter US-amerikanischer Führung gelungen, den Neoliberalismus in weiten Teilen der Welt zur herrschenden Denk- und Handlungsweise zu erheben – und dies „so weitgehend, dass neoliberale Interpretationen sich häufig in den ‚gesunden Menschenverstand' eingeschlichen haben, mit dem viele Menschen ihr Alltagsleben und das Funktionieren unserer Welt wahrnehmen und interpretieren" (Harvey 2007: 9).

Der tatsächliche Globalisierungsschub hat allerdings zu deutlichen Verschiebungen in den weltwirtschaftlichen Kräftekonstellationen geführt und paradoxerweise den Vereinigten Staaten, deren Grossunternehmen und politische Eliten noch in den 1970er Jahren das Epizentrum eines hegemonialen historischen Blocks bildeten, einen nicht unbeträchtlichen Bedeutungsverlust beschert. So ist es zwar, was die weltwirtschaftliche Vormachtstellung der USA angeht, in den 1990er Jahren zu einer Zwischenerholung gekommen, doch hat diese nur wenige Jahre anzudauern vermocht. Insgesamt ist der Anteil der USA an der globalen Güterproduktion und dem Welthandel, aber auch dem Welttotal der grenzübergreifenden Direktinvestitionen (Bornschier 2008a: Darstellung 12.3 [S. 484]) seit den frühen 1970er Jahren spürbar kleiner geworden. Die verschiedenen Stimmen, die den Vereinigten Staaten in der Zeit unmittelbar nach dem Ende des Kalten Krieges einen hegemonialen Neubeginn prophezeiten, sind darum bereits vor der jüngsten Finanzkrise wieder verstummt (für eine Übersicht über die Hegemoniedebatte der letzten beiden Jahrzehnte: M. Cox 2007).

Dass die Vereinigten Staaten durch einen neuen Hegemonialstaat abgelöst werden könnten, ist indes unwahrscheinlich. Wie Volker Bornschier (2008a: 487 ff.) überzeugend aufgezeigt hat, haben Nationalstaaten bisher immer nur in Weltkriegen eine hegemoniale Stellung erlangt, doch ist ein Weltkrieg zwischen demokratisch organisierten Ländern wie der USA und den Mitgliedstaaten der EU (oder Indien) nur schwer vorstellbar. Außerdem hat die Transnationalisierung der Wirtschaft zu einer drastischen Beschleunigung grenzübergreifender Lernprozesse geführt. Technische und organisationelle Innovationen diffundieren seit dem jüngsten Globalisierungsschub so rasch, dass kaum mehr ein einzelnes Land eine genügend großen wirtschaftlichen und militärischen Vorsprung erreichen kann, um in der aktuellen politischen Weltökonomie eine absolute Vormachtstellung zu beanspruchen. Systemische Veränderungen, so Bornschier (2008a: 487), versperren also die „Rückkehr der Geschichte," und die Trägerschaft einer zukünftigen hegemonialen Weltordnung dürfte bei einer Allianz aus verschiedenen Fraktionen der transnationalen Kapitalistenklasse im Verbund mit den internationalen Organisationen und mehreren nationalstaatlichen Machtapparaten liegen.

Zurzeit aber ist die transnationale kapitalistische Elite, wenngleich homogener und deutlich besser organisiert als die zivilgesellschaftliche Opposition, recht stark fraktionalisiert. Sie bildet eine „Klasse an sich," doch ist sie personell weniger stark integriert und auf dem Weg zur Herausbildung einer gemeinsamen Identität und zur Formulierung kohärenter politischer Ziele noch weniger weit vorangeschritten, als etwa von Robinson und Harris (2000) oder Sklair (2001) gerne behauptet wird. Netzwerkanalytische Untersuchungen der personellen Verflechtungen zwischen führenden Unternehmen in Form von wechselseitiger Einsitznahme in den Vorstandsgremien („interlocking directorates") (Carroll und Fennema 2002, Kentor und Jang 2004) beziehungsweise in Form von (multiplen) Mitgliedschaften in politischen Clubs wie der *European Roundtable of Industrialists* (Nollert 2005) oder der Internationalen Handelskammer und dem *World Economic Forum* (Carroll und Carson 2003) belegen dies deutlich. Sie zeigen nämlich, dass:

- der transnationale Verflechtungsgrad der Führungskräfte von Grossunternehmen in den späten 1990er Jahren nur geringfügig höher ausfiel als in den späten Siebzigern (Caroll und Fennema 2004) beziehungsweise den frühen Achtzigern (Kentor und Jang 2004, kritisch: Carroll und Fennema 2004);

- die intra-nationalen Verflechtungen zwischen den untersuchten Unternehmen deutlich höher ausfallen als die transnationalen (Kentor und Jang 2004, Nollert 2005);
- die transnationalen Verflechtungen einen ausgesprochen kleinen Personenkreis betreffen (Carroll und Carson 2003);
- sich dieser kosmopolitische *inner circle* fast ausschließlich aus US-Amerikanern und Westeuropäern zusammensetzt (Carroll und Carson 2003, Kentor und Jang 2004).

Insgesamt existiert ein transnationales Netzwerk von Wirtschaftseliten also durchaus, doch sind es nur „a few dozen cosmopolitans – primarily men based in Europe and North America and actively engaged in corporate management – [who] knit the network together" (Carroll und Carson 2003: Abstract [S. 29]). Das Netzwerk ist außerdem von zahlreichen regionalen Ungleichheiten geprägt, und „its lack of reach into the global South (...) is striking" (Carroll 2006: 26).

Ausserdem ist festzuhalten, dass transnationale Konzerne und ihre Vorstandsmitglieder seit einigen Jahren in der Weltbevölkerung unter einem deutlichen Vertrauensdefizit leiden. Wie Umfragen von *GlobeScan* in 20 Industrie- und Entwicklungsländern aufgezeigt haben, sind im Jahr 2005 nur gerade 41 % der befragten Personen der Meinung, dass man global tätigen Unternehmen vertrauen kann, wohingegen 52 % ihr Misstrauen äußern. Die Vertrauensdifferenz liegt hier also mit minus 11 Prozentpunkten im Negativbereich, und für diejenigen 14 Länder, für die auch Vergleichsdaten zum Jahr 2001 vorliegen, zeigt sich, dass dieses Vertrauensdefizit der transnationalen Konzerne in nur vier Jahren deutlich ausgeprägter geworden ist. Nichtregierungsorganisationen und die Vereinten Nationen hingegen genießen einen Vertrauensüberschuss von plus 28 Prozentpunkten im Falle der NGOs (61 % Vertrauen vs. 32 % Misstrauen) und 18 Prozentpunkten im Falle der UNO (55 % Vertrauen vs. 37 % Misstrauen, alle Angaben: GlobeScan o. J.).

Analog dazu zeigen internationale Umfragen im Auftrag des *World Economic Forum* auf, dass das gemeinsame politische Projekt der transnationalen Kapitalistenklasse, die neoliberale Globalisierungsoffensive, in der Weltöffentlichkeit ebenfalls auf zunehmend negative Resonanz stößt. So geben jeweils mehr als die Hälfte aller befragten Personen an, dass Globalisierung den reichen Ländern mehr nützt als den Armen (52 % Zustimmung), dass die reichen Länder in Freihandelsverhandlungen *foul play* betreiben (56 % Zustimmung, GlobeScan 2004, Umfrage in 25 Ländern) und dass Globalisierung zu einer Konzentration von Reichtum führe (55 % Zustimmung, GlobeScan 2003, Umfrage in 19 Ländern). Wenn kulturelle Hegemonie neben Einfluss auf die Massenmedien auch Legitimität und Vertrauenswürdigkeit in den Augen der Weltbevölkerung beinhaltet, kann die transnationale Kapitalistenklasse mit ihrem neoliberalen Globalisierungsprojekt zurzeit also keinen eigentlichen hegemonialen Status (mehr) beanspruchen.

Der bemerkenswerteste Befund weltweiter Bevölkerungsumfragen dürfte freilich sein, dass über 10% aller Befragten ihre Meinung zur Globalisierung jeweils noch während der Befragung wechseln (GlobeScan 2002) und dass insbesondere in den Entwicklungsländern große Teile der Bevölkerung den Begriff der Globalisierung gar nicht erst kennen. In Bolivien etwa gaben im Rahmen einer CIMA-Umfrage aus dem Jahr 2006 ganze 50% aller Teilnehmer/innen an, den Globalisierungsbegriff noch nie gehört zu haben; in Kolumbien und Guatemala belief sich der entsprechende Anteil auf immerhin 40% und in Ecuador, Peru und Venezuela auf je 40% (CIMA 2006: o. S.). Für die Meinungsführer der Zukunft besteht mit anderen Worten noch beträchtlicher Spielraum, um den Globalisierungsbegriff den jeweiligen Interessen entsprechend mit Bedeutung zu versehen. Ob es der transnationalen Kapitalistenklasse gelingen wird, ihre frühere Meinungsführerschaft zu halten, ist allerdings offen. Der Vertrauensvorschuss, den Nichtregierungsorganisationen und andere zivilgesellschaftliche Akteure genießen, lässt auch sie als potentielle Kandidaten für diese Rolle erscheinen.

6 „Globalisierung" – Chance und Herausforderung

Die Hegemoniekrise der aktuell herrschenden Weltordnung bietet optimale Voraussetzungen für tiefgreifende globale Umbrüche. Inwieweit linksprogressive soziale Bewegungen in der Lage sein werden, diese historische Chance für ihre Zwecke nutzbar zu machen, steht jedoch noch zur Debatte. Schließlich agieren sie innerhalb genau jenes politischen, wirtschaftlichen und kulturellen Kontextes, den sie zu verändern versuchen. Bewegungen wirken nicht etwa aus einem neutralen Außenraum auf die soziale Welt ein, sondern werden von ihrem jeweiligen Umfeld mit beeinflusst. Wer ihre globalen Einflussmöglichkeiten einschätzen will, muss sich folglich umgekehrt auch mit der Wirkung gegenwärtiger globaler sozialer Verhältnisse und Wandlungsprozesse auf die Binnenstrukturen dieser Bewegungen und die strategischen Konfliktpotentiale transnationaler Koalitionen beschäftigen.

Die ungleichen Strukturen der sozialen Welt – vermittelt über die jeweiligen Interpretationen und Handlungsstrategien der betroffenen Akteure – übersetzen sich für linksprogressive soziale Bewegungen und ihre Koalitionsarbeit nicht nur in politische Gestaltungspotentiale, sondern auch in ungewollte Handlungszwänge, bewegungsinterne Ungleichgewichte und strategische Konfliktpotentiale. Die Folgeprobleme, die sich aus diesen externen Einflüssen ergeben, können das emanzipatorische Potential der betreffenden Akteure empfindlich einschränken und ihre Bündnisse sogar frühzeitig auseinanderbrechen lassen. Inwieweit es den linksprogressiven Bewegungen gelingen wird, maßgebliche Kontrolle über den künftigen globalen Wandel zu gewinnen, hängt daher nicht zuletzt von ihrem Umgang mit internen Spannungen und von ihren strategischen Handlungsweisen im Rahmen extern vorgegebener Strukturen ab.

6.1 Soziale Bewegungen und die jüngste Globalisierungswelle

Umbrüche wie die digitale Revolution in der Kommunikationstechnologie und die drastische Abnahme von Transport- und Reisekosten haben über das letzte Vierteljahrhundert hinweg nicht nur die Wirkungsfelder und Organisationsformen der Wirtschaftskonzerne verändert, sondern auch diejenigen der sozialen Bewegungen, Gewerkschaften und Nichtregierungsorganisationen (Ayres 2001, Kriesberg 1997). Das Konzept der Globalisierung, mit dem diese Prozesse in der Regel beschrieben werden, vernachlässigt allerdings, dass es sich bei der

Zunahme von grenzübergreifenden sozialen Beziehungen um ein Geflecht von verschiedenen Teilprozessen – also Globalisierungen im *Plural* – handelt. Wie bereits Bornschier (2008a) deutlich gemacht hat, ist Globalisierung ein multidimensionales Phänomen, das neben der wirtschaftlichen Sphäre auch die Politik, die Kultur und die Kommunikation betrifft. Diese verschiedenen sozialen Bereiche wiederum weisen in ihrem Wandel einerseits eine gewisse Eigendynamik auf, sind andererseits aber auch wechselseitigen Beeinflussungen unterworfen. Für die Forschung zu sozialen Bewegungen und ihrer Koalitionsbildung ist es daher unabdingbar, die verschiedenen Dimensionen des globalen Wandels mit ihren je spezifischen Auswirkungen analytisch auseinanderzuhalten, sie aber gleichzeitig in ihrer gegenseitigen Bedingtheit zu begreifen.

Ausserdem handelt es sich bei der Globalisierung nicht nur um einen mehrdimensionalen, sondern auch um einen lokal fragmentierten Prozess. Verschiedene kultursoziologische Studien haben aufgezeigt, dass global wirksame kulturelle Strömungen in verschiedenen lokalen Kontexten höchst unterschiedlich aufgenommen und interpretiert werden (vgl. z. B. Appadurai 2001, Boli und Lechner 2001). Analog haben wirtschaftssoziologische Studien nachweisen können, dass transnational tätige Unternehmen je nach Kontext andere Produktions- und Vermarktungsstrategien verfolgen (UNCTAD 1993) und regional unterschiedliche sozioökonomische Auswirkungen zeitigen (Herkenrath 2003, Kerbo 2005, 2006, Kiely 1998, UNCTAD 2003). Was die verschiedenen Dimensionen des aktuellen Globalisierungsschubes angeht, gilt folglich dasselbe wie bereits für die Folgen des Kolonisierungsprozesses (Cardoso und Faletto 1976 [1969], Cardoso 1977): Die selben weltweit wirksamen Prozesse interagieren auf der lokalen Ebene mit den jeweiligen historischen, politischen und kulturellen Rahmenbedingungen und nehmen in der Folge höchst unterschiedliche spezifische Ausprägungen an – „*the same* thing is transformed into *the other*" (Cardoso 1977: 15, Hervorhebung im Original).

Dieses Kapitel wird daher aufzeigen, wie unterschiedliche Aspekte der Globalisierung je für sich die potentiellen Aktionsradien von sozialen Bewegungen und anderen zivilgesellschaftlichen Akteuren erweitert haben. Ferner wird dargelegt werden, inwieweit der Zugang zu neuen Handlungsmöglichkeiten strukturell ungleich verteilt ist und die Herausbildung von transnationalen Koalitionen vornehmlich Organisationen aus dem privilegierten globalen Norden und den Subzentren des Südens begünstigt. Gleichzeitig soll aber auch der Vorstellung widersprochen werden, wonach lokal tätige, transnational wenig vernetzte Bewegungen keinen sinnvollen Beitrag zu einer möglichen anderen Weltordnung zu leisten vermögen. Die Diffusion neoliberaler Reformen, gegen welche die Globalisierungskritik spätestens seit den 1990er Jahren ankämpft, ist in gewisser Hinsicht auch ein „nationales" Phänomen. Obwohl global wirksame Strukturzwänge bestehen, welche die Diffusion des Neoliberalismus in einzelne Länder begünstigen, zeigen doch verschiedene Studien auf, dass die nationalen Regierungen bei der Implementation wirtschafts- und sozialpolitischer Reformen beträchtliche Handlungsspielräume haben. Wenn sie diese Spielräume nicht nutzen, um die Interessen der schwächeren Gesellschaftsmitglieder zu schützen, fehlt ihnen dazu oft nicht nur die innenpolitische Unterstützung, sondern auch der politische Wille. Lokalen sozialen Bewegungen kommt hier also die Aufgabe zu, kleinräumig zur Ermächtigung der subalternen Gesellschaftsgruppen beizutragen und mit deren Unterstützung die nationalen Regierungen auf gesamtgesellschaftlich verantwortliches Handeln zu verpflichten.

Soziale Bewegungen und computergestützte Kommunikation

Die digitale Revolution der Kommunikationstechnologien hat maßgebliche Veränderungen in den Alltagswelten der einzelnen Bürger/innen und in den Artikulationsmöglichkeiten der sozialen Bewegungen bewirkt. Wie etwa Schiltz et al. (2007) betonen, stellt das Internet im Gegensatz zu Tageszeitungen, Radio und Fernsehen ein horizontales und interaktives Medium dar, auf das auch ressourcenschwache Akteure zu vergleichsweise günstigen Konditionen zugreifen können. Den sozialen Bewegungen und darin beteiligten Nichtregierungsorganisationen bieten die eigenen Webseiten, Diskussionsforen und Maillisten denn auch zahlreiche neue Möglichkeiten, mit ihren Anhänger/innen in nahezu permanentem Kontakt zu bleiben und zugleich die außenstehende Öffentlichkeit mit Information zu bedienen. In der Außenkommunikation der Bewegungen besteht folglich eine immer geringere Abhängigkeit von den kommerziellen Massenmedien mit ihren wettbewerbsbedingten Selektionskriterien und ihren politischen (Ab-)Neigungen (Almeida und Lichbach 2003, Beyeler und Kriesi 2005, Mc Carthy et al. 1996, J. Smith et al. 2001).

Hatten soziale Bewegungen bereits früher eigene Kommunikationsmedien, so dienten diese in der Regel dem internen Informationsaustausch unter den Trägerorganisationen und Mitgliedern. Heute hingegen können sich selbst ressourcenschwache Bewegungen direkt an die Öffentlichkeit richten. Die Grenzen zwischen der öffentlichen Außen- und der bewegungsinternen Binnenkommunikation werden demnach weitgehend aufgelöst.

> „Computer-mediated communication (CMC) – in particular, the Internet – gives social movements the ability to spread uncensored messages and to influence mass media. While social movements have traditionally created their own communication media (…), which were, however, predominantly inward-oriented, the Internet has enormously increased the potential for developing alternatives and making the border between inward- and outward-oriented communication much more permeable.

> Indeed, CMC differs from the traditional media in that it favors ‚disinter-mediation,‘ especially facilitating resource-poor actors: movements present themselves directly to the public with low costs." (Della Porta et al. 2006: 93)

Folgenreich für die Entwicklungsdynamik gegenwärtiger sozialer Bewegungen ist aber auch, dass die neuen Kommunikationsmittel den Austausch und die Vernetzung zwischen den zivilgesellschaftlichen Organisationen verschiedener Sektoren und sogar zwischen Bewegungen und Organisationen verschiedener Länder und Kulturkreise erleichtern. Waren die Organisation von transnationalen Kampagnen und der Aufbau langfristiger Koalitionen bisher ausgesprochen aufwendig, so sind die Transaktionskosten solcher Unternehmungen in den letzten Jahren deutlich kleiner geworden (Della Porta et al. 2006: 96). Wie die nachfolgenden Auszüge aus einem Interview mit Rina Bertaccini aufzeigen, wären die transnationalen Koalitionen, denen diese Aktivistin angehört, der *Consejo Mundial de la Paz* und die *Alianza Social Continental*, ohne das Internet nicht aufrechtzuerhalten gewesen:

> „Im Subkomitee für Kommunikationsfragen haben wir kürzlich eine Berechnung angestellt. Wir versenden zurzeit (…) im Durchschnitt – oder warte mal, vielleicht sogar im Minimum – fünfhundert Mails pro Tag. Wenn man das über den herkömmlichen Postweg machen müsste, wären wir dazu nicht in der Lage. Niemals. Ein Umschlag und eine Briefmarke kosten etwas mehr als einen Peso, und multipliziert mal fünfhundert würde das einen Gesamtposten von fünfhundert Pesos ausmachen. Wir haben für den Unterhalt unserer Organisation hier aber nur ein Budget von tausend Pesos pro Monat. Das wäre also in gerade einmal zwei Tagen aufgebraucht. Außerdem haben wir eine ganze Reihe von Fixkosten, auch wenn uns hier das Gebäude gehört. Das heißt, der elektronische Postverkehr ist eine sehr, sehr kostengünstige Ressource. (…) Wir können mit diesem Medium, das außerdem sehr effizient ist, dreitausend Kontakte unterhalten, und das kostet uns gerade einmal hundert Pesos im Monat." (Interview: Rina Bertaccini, e. Ü.)

Soziale Bewegungen und ihre Trägerorganisationen haben mit anderen Worten dank der computergestützten Kommunikationstechnologie bislang ungeahnte Möglichkeiten der Organisation von multisektoralen Massenprotesten und transnationaler Zusammenarbeit gewonnen. Sie können über das Internet ohne Zeitverzögerung untereinander kommunizieren, mit vergleichsweise geringem Aufwand grenzübergreifende Kontakte pflegen und dank dem interaktiven, horizontalen Charakter des Mediums sogar partizipativ ausgerichtete Konsultationsprozesse initiieren. Verschiedene Autor/innen machen deshalb geltend, dass sich die Netzwerke sozialer Bewegungen in ihren Strukturen immer mehr denjenigen des Mediums anpassen, also zunehmend eine „rhizomatische" – horizontale und polyzentrische – transnationale Form annehmen (Bennett 2003, Castells 2000, Cleaver 1999, Della Porta et al. 2006: 94 ff., Klein 2003: 47 f.).

Das Problem der neuen computergestützten Medien besteht freilich darin, dass der Zugang dazu sowohl zwischen den Ländern als auch zwischen den verschiedenen sozialen Gruppen ungleich verteilt ist. Wenn *The New York Times*-Kolumnist Thomas L. Friedman behauptet, die Welt sei im Zuge der digitalen Revolution so „flach" geworden wie ein *BlackBerry* oder ein *iPhone* (Friedman 2005), zielt dies insbesondere für die Entwicklungsländer deutlich an der Realität vorbei. Stattdessen folgt die globale Verbreitung der Infrastruktur, welche die computerbasierte Kommunikation überhaupt möglich macht (Heimcomputer, PDAs, Internethosts, Telefonlinien, Kabelnetze), der Verteilung der effektiven ökonomischen Kaufkraft. Die digitale Revolution trennt somit den gobalen Norden vom Süden, die urbanen Zentren von den ländlichen Peripherien und die Reichen von den Armen. Friedmans optimistischen Beteuerungen zum Trotz ist mit dem *digital divide* letztlich eine zusätzliche Dimension der globalen Ungleichheit entstanden. In ihrer Struktur folgt diese neue Ungleichheit weitgehend der Topographie bestehender ökonomischer Ungleichheiten (Della Porta et al. 2006: 98).

Zudem setzt eine intensive Nutzung des Internets neben Infrastruktur auch Schreib- und Lesefähigkeit, Anwenderkenntnisse, Zeit und die Beherrschung mindestens einer Weltsprache, etwa Englisch oder Spanisch, voraus. Sie begünstigt daher in ärmeren Regionen Personen mit hohem Bildungsgrad und innerhalb von sozialen Bewegungen die Mitarbeiter/innen professionalisierter Nichtregierungsorganisationen. In dem Masse also, indem soziale Bewegungen im Kampf gegen globale Ungleichheiten auf die neuen Kommunikationsmittel setzen, reproduzieren sich diese Ungleichheiten weiter. Aktivist/innen auf der einen Seite des digitalen Grabens bietet das Internet Möglichkeiten der vertieften grenzübergreifenden Integration, doch diejenigen auf der anderen Seite bleiben von diesen Möglichkeiten weitgehend ausgeschlossen. Kommunikation über das Internet erlaubt es zwar im Prinzip auch kleineren und ressourcenschwachen Bewegungen, sich der Weltöffentlichkeit zu präsentieren, doch wie Schulz (1998, 2007) am Beispiel der Zapatisten im Chiapas-Aufstand verdeutlicht hat, brauchen sie dazu oft die Unterstützung ressourcenstarker Partner/innen des globalen Nordens. Diese übersetzen und verbreiten Informationen weiter, tun dies aber in der Regel nur selektiv und nach Maßgabe ihrer eigenen Relevanzkriterien.

Allerdings darf die Nutzung des Internets unter den sozialen Bewegungen auch nicht überschätzt werden. Zumal die Aktivist/innen um die Gefahren der Überwachung und des Missbrauchs (z. B. irreführende *postings* durch Bewegungsgegner/innen) wissen, nutzen viele unter ihnen das neue Medium nur mit Vorsicht und Zurückhaltung (Della Porta et al. 2006, Starr et al. 2007). Vor allem wenn es darum geht, Aktionen des zivilen Ungehorsams und andere riskante Aktionsformen zu planen, ist Vertrauen in die Integrität der Kommunikationspartner und des Mediums zentral wichtig, doch vermag das Internet gerade dies nicht zu gewährleisten. Mangelhafte Möglichkeiten der Qualitätskontrolle führen vielmehr dazu, dass im Netz nur selten neue Kontakte oder gar neue Vertrauensbeziehungen entstehen und dass netzbasierte Kommunikation vor allem der Intensivierung von bereits bestehenden persönlichen Kontakten dient. Mies (2001) berichtet, dass die zivilgesellschaftlichen Proteste gegen das MAI, das (gescheiterte) multilaterale Investitionsabkommen der OECD, sowie gegen das WTO-Treffen in Seattle 1999 hauptsächlich über Briefpost und Telefonate koordiniert wurden. Das Internet vermag letztlich keine neuen Aktivist/innen zu erzeugen, sondern gibt den bereits mobilisierten Anhänger/innen neue Möglichkeiten des Informationsaustausches und der Partizipation (Bennett 2003).

Zivilgesellschaftliche Aktionstreffen und globale Sozialforen

Zu den Orten, an denen tatsächlich neue Beziehungen zwischen zivilgesellschaftlichen Gruppierungen entstehen können, gehören neben den Sonderkonferenzen der UNO und den zivilgesellschaftlichen Foren anderer internationaler Organisationen vor allem auch von der Zivilgesellschaft selbst organisierte Treffen, etwa das Weltsozialforum, die verschiedenen Regionalforen, die Völkergipfel der ASC sowie die *encuentros* der Zapatisten und der *People's Global Action*. Diese Treffen bezwecken, den persönlichen Informationsaustausch zu fördern, zivilgesellschaftlichen Gruppen die grenzübergreifende Vernetzung zu erleichtern und auf diese Weise die Zivilbevölkerung der gesamten Welt zum Subjekt der eigenen Geschichte zu erheben. Wie etwa die Charta des Weltsozialforums (auf www. forumsocialmundial.org.br, letzter Zugriff am 9. 9. 2008) deutlich macht, haben solche Treffen das erklärte Ziel

„to strengthen and create new national and international links among organizations and movements of society, that – in both public and private life – will increase the capacity for non-violent social resistance to the process of dehumanization the world is undergoing and to the violence used by the State, and reinforce the humanizing measures being taken by the action of these movements and organizations."

Dass solche zivilgesellschaftlichen Treffen tatsächlich einen wichtigen Beitrag zur transnationalen Vernetzung leisten, zeigt etwa Kohlers qualitative Befragung unter den Beteiligten des Weltsozialforums im Jahr 2005 (Kohler 2006). Die Studie macht deutlich, dass das Weltsozialforum (WSF) allen Beteiligten wichtige „Begegnungsmomente" beschert, über verschiedene Formen nicht-sprachlicher Kommunikation (z. B. künstlerische Darbietungen wie Theaterperformances, Tanz und Wandgemälde) die interkulturelle Verständigung stärkt und dadurch die Identifikation der Beteiligten mit dem globalen Altermundialismus nachhaltig zu vertiefen vermag. Zudem lassen eigene Befragungen mit Aktivist/ innen in Argentinien erkennen, dass dieser motivationale Effekt über lange Zeit nachhallt: Mehrere Monate und sogar Jahre nach ihrem letzten Besuch berichten die befragten Personen weiterhin mit Enthusiasmus darüber, wie das WSF ihnen das Gefühl gab, tatsächlich Teil einer weltweiten und ausgesprochen kraftvollen Gesamtbewegung zu sein. Außerdem habe der Informationsaustausch am Forum ihre Strategien erweitert und das taktische Repertoire verändert.

Auch bei zivilgesellschaftlichen Treffen gilt jedoch, dass die Teilnahmemöglichkeiten aufgrund der hohen Reisekosten ungleich verteilt sind und nach Maßgabe bestehender (ökonomischer) Ungleichheiten diskriminieren. Wie an anderer Stelle bereits detailliert aufgezeigt worden ist (Herkenrath 2007), belaufen sich etwa die Kosten eines Fluges von Lagos nach London auf rund 170 % des durchschnittlichen nigerianischen Jahreseinkommens, während umgekehrt die Kosten eines Fluges von London nach Lagos in England nicht einmal ein durchschnittliches *Monats*einkommen ausmachen. Analog dazu berichten Graswurzelaktivisten aus dem argentinischen Hinterland, dass ihnen oft sogar die Mittel für die Reise an nationale Koordinationstreffen in der Hauptstadt Buenos Aires fehlen (Quellen: Interview mit Carlos Villareal [Pseudonym] und informelle Gespräche mit Vertreter/innen des *MTD La Matanza*). Eine Reise ans Weltsozialforum im benachbarten Brasilien oder an die panamerikanischen zivilgesellschaftlichen Treffen der *Alianza Social Continental* auf Kuba ist für die Koordinator/innen und Aktivist/innen solcher suburbaner und ländlicher Graswurzelgruppen demnach undenkbar.

Privatisierung der Weltpolitik – neue Chancen oder „business as usual"?

Ein weiterer Faktor, der die Dynamik sozialer Bewegungen und ihrer transnationalen Koalitionsbildung prägt, ist die rasche Zunahmen der Ministertreffen und Gipfelveranstaltungen internationaler Organisationen. Wie Jeffrey Ayres (2001) deutlich gemacht hat, dienen solche internationalen Konferenzen als eine Art „Leuchttürme" für die zivilgesellschaftlichen Organisationen, die dort auch ihre Proteste und Gegenveranstaltungen abhalten. Schließlich gehen solche Treffen mit einer hohen Medienpräsenz und Öffentlichkeitswirkung einher und bieten Protestierenden die Möglichkeit, von den relevanten offiziellen Regierungen direkt wahrgenommen zu werden. Wie das *Civil Society Yearbook* in seinen verschiedenen Ausgaben aufzeigt, finden darum immer seltener offizielle Minister- und Gipfeltreffen der internationalen Organisationen statt, ohne dass es zu entsprechenden Gegenveranstaltungen kommt (z. B. Pianta 2001, Pianta et al.

2004). Diese Gegenveranstaltungen wiederum bringen oft einheimische Aktivist/innen in Kontakt mit Delegationen aus dem Ausland.

Die internationalen Organisationen beeinflussen die Akteure der (transnationalen) Zivilgesellschaft freilich nicht nur, indem sie Anlass zu Protestaktionen bieten, sondern auch über ihre Foren des sogenannten zivilgesellschaftlichen Dialoges. Diese bieten seit den UN-Sonderkonferenzen in den 1980er Jahren für Bewegungsorganisationen und NGOs die Möglichkeit, sich zu vernetzen und wichtige politische Fertigkeiten zu entwickeln:

> „[These meetings] provide the opportunity for movement representatives of different parts of a region such as Europe, or of the entire world, to meet, to create new networks among themselves and to coordinate their activities. In other words, the existence of supranational arenas reinforces transnational linkages. Moreover, it provides a training ground for movement activists from countries with little experience in mobilization, and it gives some movement leaders more visibility, which in turn may enhance their legitimacy in their home countries." (Della Porta und Kriesi 1999: 18 f.)

Darüber hinaus ermöglichen es zivilgesellschaftliche Dialogforen den Beteiligten, tatsächlich einen gewissen Einfluss auf die jeweiligen Politikfelder zu nehmen. Wie Jan Aart Scholte (2004) und verschiedene andere Autor/innen (z. B. O'Brien et al. 2000, Jawara und Kwa 2003) aufzeigen, sind verschiedene intergouvernmentale Organisationen ins Kreuzfeuer die internationalen Kritik gelangt, weil sie als intransparent, unkontrollierbar und letztlich undemokratisch gelten. Der Einbezug von NGOs hilft ihnen, ihr Imageproblem anzugehen und im Sinne von „democracy by proxy" (Huddock 1999) ihre weltgesellschaftliche Legitimität zu erhöhen. Dies funktioniert allerdings nur solange glaubhaft, als den NGOs tatsächlich effektive Einflussnahme gestattet wird. Die intergouvernmentalen Organisationen müssen folglich nicht nur symbolisch, sondern auch materiell gewisse Konzessionen machen.

Außerdem verfügen NGOs in verschiedenen Politikbereichen über größere Expertise als die Verhandlungsdelegationen. In vielen Fällen ist ihr Mittun deshalb nicht nur geduldet, sondern sogar erwünscht (O'Brien et al. 2000). NGOs können internationale Verhandlungen einerseits inhaltlich bereichern und andererseits die Implementation der Abkommen erleichtern. Für viele Beobachter/innen der Weltpolitik ist darum klar, dass allmählich ein System des komplexen Multilateralismus entsteht, in dem verschiedene Akteurstypen (Staaten, Wirtschaftsvertreter/innen, Wissenschaftler/innen, Nichtregierungsorganisationen usw.) auf verschiedenen Politikebenen (lokal, regional, international etc.) miteinander zu interagieren haben (Della Porta und Kriesi 1999, Tarrow 2005a).

Für soziale Bewegungen sind die aktuelle *Global Governance*-Architektur und die fortschreitende „Privatisierung der Weltpolitik" (Brühl et al. 2001) allerdings insofern ambivalent, als sie zwar den in Bewegungen beteiligten Nichtregierungsorganisationen gewissen Einfluss bescheren, dieser Einfluss jedoch klein bleibt und stark diskriminiert (Missbach 1999). Viele Vertreter/innen radikalkritischer Bewegungen sowie verschiedene wissenschaftliche Beobachter/innen (z. B. Brand et al. 2000, Brunnengräber et al. 2001) sind deshalb zur Ansicht gelangt, dass die Einbindung linksprogressiver zivilgesellschaftlicher Akteure ins *Global Governance*-System lediglich der Fortsetzung bisheriger internationaler Politik mit leicht anderen Mitteln dient. Bewegungen und ihre Trägergruppen werden gemäß dieser kritischen Sicht von den internationalen Organisationen selektiv einbezogen, um deren symbolische Legitimität zu erhöhen oder um vorhandene Protestpotentiale zu absorbieren und einen tatsächlichen politischen Richtungswechsel zu vermeiden. Die Einbindung der Zivilgesellschaft in die *Global Governance*-Struktur erscheint folglich als funktional für das System und seine Nutznießer: Sie markiert Transparenz und demokratische Mitbestimmung, führt aber zu keinen substantiellen Veränderungen. Zivilgesellschaftliche Akteure, die sich als „Insider" (Korzeniewicz und W. C. Smith 2001, 2003a, 2003b) aktiv in der Dialog mit internationalen Organisationen einbinden lassen, werden damit in der kritischen Sichtweise zur Legitimationsressource eines Systems, gegen das sie eigentlich Opposition betreiben (Anderson und Rieff 2004, Brand 2001, Brand et al. 2000).

Tatsächlich spricht viel für diese kritische Sicht. So können zwar die 1990er Jahre mit ihren verschiedenen UN-Weltkonferenzen und zahlreichen neuen zivilgesellschaftlichen Dialogforen der internationalen Organisationen als „Jahrzehnt der NGOs" gelten, doch waren die Ergebnisse äußerst enttäuschend. Gerade diejenigen internationalen Organisationen, die Einfluss auf die Weltwirtschaftspolitik haben, erweisen sich gegenüber linksprogressiven zivilgesellschaftlichen Forderungen als weitgehend immun (vgl. etwa O'Brien et al. 2000 und Jawara und Kwa 2003 zur WTO), und es haben hier vor allem „graue" Nichtregierungsorganisationen Einfluss, die als Lobbyagenturen die Interessen des Wirtschaftskapitals vertreten (Deardorff 2003, vgl. auch Missbach 1999). Betrachtet man etwa die Teilnehmerliste der WTO-Ministerkonferenz in Hongkong 2005 (www. wto.org/english/thewto_e/minist_e/min05_e/ngo_info_e.htm), fällt auf, dass dort hauptsächlich vom *big business* finanzierte NGOs teilnahmen, etwa die *American Apparel and Footwear Association*, die *American Bio Industry Alliance* und die *American Chamber of Commerce to the European Union*. Umgekehrt sind diejenigen Organisationen, in denen progressive und kritische zivilgesellschaftliche Akteure über gewisse Partizipationsmöglichkeiten verfügen, weltpolitisch stark marginalisiert worden (vgl. z. B. Brand et al. 2000 zum ECOSOC der UNO).

Nichtsdestotrotz darf nicht vernachlässigt werden, dass „Insider"-NGOs in den internationalen Politikgremien durchaus (punktuelle) Veränderungen bewirken, die dann einen positiven Einfluss auf die Lebenschancen der global Benachteiligten haben (vgl. Brand et al. 2000, Roth 2001, Wahl 2001). Wenn also etwa Anderson und Rieff (2004) einen Rückzug der zivilgesellschaftlichen Kräfte aus der offiziellen *Global Governance*-Architektur fordern, ist dies zwar strategisch nachvollziehbar, aber auch zynisch.

Weltkultur und die Globalisierung der sozialen Bewegungen

Verschiedene globale Entwicklungen haben, folgt man den bisherigen Ausführungen, den sozialen Bewegungen zwar ungleiche, aber dennoch zunehmende Möglichkeiten der transnationalen Kontaktnahme beschert: Noch nie in der Geschichte sozialer Bewegungen dürfte es so einfach gewesen sein, jenseits der eigenen Landesgrenzen Verbundpartner zu finden und gemeinsame Strategien zu entwickeln. Gelegenheiten zur Kommunikation führen jedoch nicht zwingend zu gegenseitigem Verständnis oder gar zum Aufbau von Vertrauensbeziehungen. Diese setzen vielmehr Verständigungsbereitschaft sowie die wechselseitige Attribution von Ähnlichkeit und gemeinsame Bezugspunkte voraus. Für die vermehrte Entstehung transnationaler Bewegungsnetzwerke und höher integrierter Bewegungskoalitionen in den letzten Jahrzehnten muss daher auch die zunehmende Diffusion von weltgesellschaftlichen Werten und Normen, insbesondere der universalen Menschenrechte, verantwortlich gemacht werden. Dieser weltkulturelle Prozess wird von den Bestrebungen sozialer Bewegungen nicht nur vorangetrieben, sondern stellt umgekehrt auch für die zahlreichen Bewegungen der Gegenwart einen gemeinsamen normativen Anknüpfungspunkt dar. Wie Bornschier (2008a: 641, Hervorhebung im Original) betont, verdanken sich gerade transnationale soziale Bewegungen „nicht der wirtschaftlichen, sondern der *kulturellen* Globalisierung – ausgelöst durch Bildungsexpansion und Wertewandel." Die universalen Menschenrechte, die als normatives Projekt von globaler Reichweite den Übergang vom Weltsystem zu einer eigentlichen Weltgesellschaft markieren (Bornschier 2008a: 23), stellen für zahlreiche linksprogressive Bewegungen und NGOs den Hintergrund dar, vor dem sie ihr Engagement für „die Belange der Menschheit – eine Gemeinschaft der Spezies Mensch" (Bornschier 2008a: 641) begründen.

Weltkultur bedeutet jedoch nicht nur die weltweite Diffusion von Werten und Normen, sondern äußert sich auch in einer zunehmenden Ähnlichkeit von politischen Institutionen. Die Isomorphie von institutionellen Regelungen kann wiederum als Angleichung von nationalen institutionellen Gelegenheitsstrukturen für die sozialen Bewegungen interpretiert werden (vgl. z. B. Kriesberg 1997 zur

Bedeutung der weltweiten Demokratisierungswelle der 1980er Jahre). Zumal sich die institutionellen Ordnungen der Nationalstaaten, in denen soziale Bewegungen operieren, einander immer ähnlicher werden (Meyer et al. 1997, Meyer 2000), macht es für die Aktivist/innen zunehmend mehr Sinn, grenzübergreifende Aktionsformen wie *Global Days of Action* zu entwickeln oder zumindest Elemente des Aktionsrepertoires ausländischer Bewegungen für sich zu vereinnahmen. Mit Tarrow (2005a) kann argumentiert werden, dass zivilgesellschaftliche Aktionsformen und Protest-Frames dank der neuen Kommunikationstechnologien „modular" geworden sind und dank der zunehmenden Attribution von Ähnlichkeiten zwischen Bewegungen aus unterschiedlichen Ländern nun auch vergleichsweise rasch global diffundieren können. So muss das gleichzeitige Auftreten der gleichen Aktionsformen und *frames* an verschiedenen Orten zwar nicht Ausdruck tatsächlicher Vernetzung sein (denn modulare Aktionselemente können über die Massenmedien auch ohne persönliche Kontakte diffundieren; Tarrow 2002, 2005a, 2005b), doch erleichtert die Verwendung ähnlicher Aktionsformen und kultureller Deutungsangebote die spätere Zusammenarbeit zwischen den Anwender/innen deutlich.

Von zentraler Bedeutung für die Herausbildung von transnationalen Bewegungsnetzwerken ist aber auch die weltweite Diffusion ursprünglich westlicher Organisationsformen des Bildungssystems sowie die Angleichung von Lerninhalten, insbesondere in den Sozialwissenschaften. Denn im Zuge der globalen Expansion sozialwissenschaftlicher Bildungsgänge werden John W. Meyer (2007: 269) zufolge weltweit immer mehr Menschen mit nahezu denselben ontologischen und normativen Vorstellungen des Sozialen konfrontiert und einer ähnlichen Sekundärsozialisation unterzogen:

> „The winners of the 20th century are the social sciences, providing universalized natural law pictures of the good individual in the good society in the good world. In any proper university in the world, the young student can learn how societies everywhere – perhaps even in places that do not exist – should and do properly function. And obviously, a young person aspiring to legitimate and globally admired political leadership – say in an impoverished Third World country – would be best advised to study principles of social management in a university in a core country, rather than to consult with the toothless peasants at home."

Es erstaunt daher nur wenig, dass etwa am Weltsozialforum 2005 in Porto Alegre über 50% aller Beteiligten Studierende der Sozialwissenschaften waren oder bereits einen sozialwissenschaftlichen Abschluss erworben hatten (unter den Beteiligten aus der Peripherie: 69%, aus der Semiperipherie: 48%, aus den Zentrumsnationen: 56%, Chase-Dunn et al. 2008, vgl. Kap. 7). Die globalisierungskritische Bewegung kann mithin als Gemeinschaft von ähnlich gesinnten

Personen interpretiert werden, die trotz weiterhin bestehender kultureller Unterschiede einen ähnlichen Bildungshintergrund haben und keine prinzipiell divergenten Weltanschauungen vertreten.

6.2 Globalisierung und lokaler Widerstand

In der Summe haben die verschiedenen Globalisierungstrends der jüngsten Vergangenheit ambivalente Wirkungen entfaltet. So ist es einerseits zur Verschärfung globaler sozialer Probleme (internationale Einkommensungleichheit, Armut, Klimaerwärmung, Verschleiß nicht-erneuerbarer Ressourcen usw.) gekommen, doch haben andererseits die sozialen Bewegungen und NGOs neue Mittel erhalten, um im Kampf gegen diese Probleme grenzübergreifend zusammenzuarbeiten. Der Zugang zu diesen Mitteln ist jedoch ungleich verteilt und transnationale Kooperation unter Bewegungen nicht nur finanziell kostspielig, sondern auch zeitaufwendig, konflikträchtig und anfällig für Machtungleichgewichte. Viele zivilgesellschaftliche Gruppen können sich eine Beteiligung in transnationalen Koalitionen daher nicht leisten oder verzichten angesichts möglicher Autonomieverluste freiwillig darauf. Im weltweiten Widerstand gegen die neoliberale Globalisierung finden sich weiterhin Myriaden von weitgehend isoliert agierenden lokalen Protestbewegungen. Es drängt sich die Frage auf, ob auch diese lokalen Bewegungen einen sinnvollen Beitrag zur Lösung globaler Probleme leisten.

Die dominante Sicht in der einschlägigen Fachliteratur verneint diese letzte Frage deutlich. Es besteht weitgehend Einigkeit darüber, dass der Kampf gegen globale Probleme ebenfalls global organisiert sein muss und Bewegungen, die ihre Anstrengungen in erster Linie auf die lokale oder nationale Politikebene richten, nur sehr begrenzte Wirkung entfalten können. Die Lösung für weltweite Probleme liegt dieser Sicht zufolge, wenn überhaupt irgendwo, in der Herausbildung einer wahrhaft globalen Zivilgesellschaft (kritisch: Halperin und Laxer 2003):

> „[W]hile there are differences regarding many issues, there is widespread agreement that globalization implies the weakening of state sovereignty, state structures and national identities. It is asserted that states no longer have sufficient power to regulate economic affairs and that, regardless of whether a government is Left or Right, it supports the corporate agenda anyway. Based on these notions, many analysts and activists argue that resistance to global capital depends on strengthening ‚global civil society‘ and global citizenship (...)." (Halperin und Laxer 2003: 1)

Die Fragmentierung des Widerstandes in eine Reihe von tatsächlich transnationalen Bewegungsnetzwerken und zahlreichen lokalen Akteuren ist aus dieser dominanten Sicht insofern problematisch, als die weltweite Diffusion neoliberaler Reformen nicht zuletzt eine Reaktion auf die strukturelle Macht des immer mobiler werdenden Kapitals (z. B. Gill und Law 1988) sowie auf den politischen Einfluss der Weltbank und des Internationalen Währungsfonds darstellt. Die einzelnen Länder sind, so das Argument, zunehmend eingebettet in einen globalen Standortwettbewerb und ein dichtes Netz von gegenseitigen Abhängigkeiten, wodurch ihre Handlungsspielräume immer stärker beschnitten werden. Wie etwa William I. Robinson (1999) deutlich macht, können zivilgesellschaftliche Forderungen an die Adresse lokaler politischer Instanzen und einzelner Nationalstaaten daher rasch an strukturelle Grenzen stoßen.

> „Developing a viable, alternative socioeconomic program is not enough. Social forces operating through nationally based social movements clearly need to transpose their mobilization and their capacity to transnational space to place demands on the system, because it is at the transnational level that the causes are to be found of the conditions that these movements seek to address." (Robinson 1999: 64)

Die beliebte Vorstellung, wonach der Nationalstaat zurzeit einen säkularen Bedeutungsverlust erfährt, muss allerdings differenziert werden. Hier wird vielmehr die These vertreten, dass der Staat auch im Zeitalter der Globalisierung weiterhin eine gewisse innere und äußere Souveränität genießt. Wie auch Leo Panitch betont, ist der Staat kein passives Opfer von Globalisierungsprozessen, sondern gehört zu deren Urhebern und Mitgestaltern:

> „Capitalist globalization (...) takes place in, through, and under the aegis of states; it is encoded by them and in important respects even authored by them; and it involves a shift in power relations within states that often means the centralization and concentration of state powers as the necessary condition of and accompaniment of global market discipline." (Panitch, zit. in Halperin and Laxer 2003: 11).

Hyperglobalistische Vorstellungen, wonach der Staat nicht anderes mehr sein kann als die Implementationsinstanz neoliberaler Reformen, basieren auf empirisch wenig haltbaren Prämissen. So verfügt der Staat selbst in einer zunehmend globalisierten Welt über nicht unerhebliche Handlungsspielräume. Die Veränderungen, die erfolgreiche Proteste gegen einzelne Staaten bewirken können, dürfen daher keineswegs unterschätzt werden.

Globale Strukturzwänge – ein „reality check"

Die hyperglobalistische Vorstellung vom Verlust staatlicher Souveränität findet sich in der Literatur in unterschiedlichen Spielarten und Ausrichtungen. In der

Regel werden jedoch Variationen und unterschiedliche Kombinationen von nur drei Argumenten bemüht:

- Das transnationale Produktionskapital ist nahezu unbeschränkt mobil und setzt mit seiner Präferenz für „attraktive" Investitionsstandorte die Nationalstaaten unter scharfen globalen Konkurrenzdruck.
- In dieser weltweiten Konkurrenz um Auslanddirektinvestitionen und ausländische Produktionsaufträge sind neoliberale Reformen ein zentraler Erfolgsfaktor. Staaten kommen, wenn sie wirtschaftlich erfolgreich sein wollen, kaum mehr umhin, im Rahmen eines globalen „race to the bottom" die Investitionsgesetzgebung zu lockern, Steuern und Löhne zu senken, Sozialstandards abzubauen und Umweltauflagen auf ein weltweites Minimum zu reduzieren,
- Strukturelle Zwänge, die sich aus dem globalen Standortwettbewerb ergeben, werden ergänzt durch die politische Macht der internationalen Finanzinstitute Weltbank und IWF, die mit ihren neoliberalen Strukturanpassungsprogrammen (SAP) ebenfalls auf Liberalisierung, Deregulierung und Privatisierung drängen.

Ökonomistische Varianten der These vom staatlichen Autonomieverlust betonen dabei hauptsächlich die ersten beiden Argumente, während politökonomische Varianten vor allem das dritte hervorheben. Alle drei Annahmen sind jedoch aus empirischer Sicht problematisch. So überschätzt der Hyperglobalismus in seiner ökonomistischen Variante sowohl das Ausmaß der tatsächlichen Kapitalmobilität als auch die Bedeutung neoliberaler Reformen für den Zufluss von Auslandsinvestitionen, während er in der politökonomischen Variante *unter*schätzt, wie weit sich Nationalstaaten der Kontrolle durch internationale Organisationen zu entziehen.

Die (Im)mobilität des Kapitals

Privates Investitionskapital ist in den letzten Jahrzehnten tatsächlich mobiler geworden. Der den aktuellen Globalisierungsdiskurs beherrschende Hyperglobalismus übertreibt jedoch das Ausmaß, in welchem dieser Prozess bereits fortgeschritten sein soll, und damit auch die strukturelle Macht des Kapitals über den Staat. Im Jahr 2005 etwa betrug das Verhältnis zwischen dem Welttotal ausländischer Direktinvestitionsflüsse und demjenigen der Bruttokapitalbildung lediglich 9,7%, und der Anteil am globalen Bruttoprodukt, der auf die FDI-finanzierten Auslandtöchter transnationaler Konzerne entfiel, machte gerade einmal 10,1% aus (UNCTAD 2006: Tab. 1.2. [S. 9], eigene Berechnungen). Es darf mit anderen Worten behauptet werden, dass ein Grossteil aller Güter und Dienstleistungen dieser Welt weiterhin von überwiegend einheimischen Firmen für den lokalen Markt hergestellt und dort konsumiert wird. Wenn Robinson (2001) behauptet, der ehemals internationale Kapitalismus (die „world economy") sei vom globalen Kapitalismus (der „global economy") verdrängt worden, greift er damit zu weit. Wie Robert W. Cox (1999: 259 ff.) deutlich macht, existieren in der heutige Situation die internationale und die globale Wirtschaft parallel zueinander.

Standortkonkurrenz oder „race to the bottom"?

Hyperglobalisten überschätzen freilich nicht nur die Mobilität und strukturelle Macht des Kapitals, sondern auch den Beitrag von neoliberalen Reformen an das, was potentielle Investoren als attraktives Investitionsklima betrachten. Internationale Konkurrenz um produktives Kapital findet zwar durchaus statt, doch scheint neoliberale Politik in dieser Konkurrenz kaum Standortvorteile zu erzeugen. Verschiedene Übersichten über die ländervergleichende Literatur, die sich mit den Determinanten von Auslanddirektinvestitionen beschäftigt (z. B. Asiedu 2002, 2006 und Chakrabarti 2001), zeigen deutlich, dass nur wenige Arbeiten einen robusten und signifikanten Zusammenhang zwischen diesen FDI-Zuflüssen und den Arbeitskosten oder der Steuerbelastung entdecken. Die Mehrheit der einschlägigen Studien findet hingegen keine solchen Effekte, und Agosin und Machado (2007) können auch keinen nennenswerten Zusammenhang zwischen ihrem Index für „FDI openness" (ein Maß für die Absenz von Investitionsrestriktionen) und den tatsächlichen FDI-Zuflüssen ausmachen. Der Effekt ist schwach und nur auf dem 10%-Niveau signifikant. Stattdessen zeigt sich, dass ausländische Firmen vorwiegend in Länder mit einem hohen Entwicklungsstand (und entsprechend großem Absatzmarkt), gut ausgebildeten Arbeitskräften, einer gut funktionierenden technischen Infrastruktur (Transport, Elektrizität etc.) und eine hohen politischen Stabilität fließen.

Die Vorstellung von einem globalen „race to the bottom" entpuppt sich damit als Mythos. Vielmehr erhärtet sich die bereits in Bornschiers Theorie des Weltmarktes für Protektion (Bornschier 2008a: Teil II) angelegte Einsicht, dass der Weg zur erfolgreichen nachholenden Entwicklung nicht über Lohnsenkungen und Umweltdumping, sondern über die Bereitstellung von sozialen Schutzmechanismen für Benachteiligte und über gesellschaftliche Kohäsion führt. Eine Politik, die den Bevölkerungsmehrheiten die soziale Sicherheit verweigert und langfristig Konflikte verursacht, kann in der globalen Standortkonkurrenz nicht punkten.[1]

---

[1] Die globalen FDI-Ströme fliessen mit einem Anteil von 71 % (Stand 2005; UNCTAD 2008, eigene Berechnungen) vorwiegend in die Industrienationen. Zudem hat sich dieser Wert über die letzten drei Jahrzehnte nur wenig verringert (1975: 75 %). Es sind weiterhin vor allem die Hochlohnländer

Strukturanpassungsprogramme und neoliberale Reformmaßnahmen

In ihrer politökonomischen Variante stellt die These vom Verlust der staatlichen Handlungsautonomie vor allem die wachsende Macht der Weltbank und des IWF ab, die ihre Kreditvergabe an notleidende Entwicklungsländer von der Erfüllung neoliberal ausgerichteter Strukturanpassungsprogramme (SAP) abhängig machen. Wie Henisz et al. (2005) in ihrem bahnbrechenden quantitativen Ländervergleich aufzeigen können, ist der Einfluss solcher SAP auf die Durchführung neoliberaler Reformen allerdings selektiv und schwach. Ein signifikanter positiver Effekt von extern auferlegten Strukturanpassungsprogrammen zeigt sich nur gerade dann, wenn es um die gut sichtbare Privatisierung von Staatsbetrieben („majority privatization") und den Abbau der im Gesetz festgelegten wirtschaftspolitischen Interventionsmöglichkeiten der Exekutive („regulatory separation") geht. Keine eindeutigen Wirkungen ergeben sich hingegen für die faktische Implementation dieser Gesetzesänderungen („regulatory depoliticization") sowie für die Liberalisierung des Verbrauchermarktes durch die erfolgreiche Zulassung mehrerer konkurrierender Anbieter („market liberalization"). Mit anderen Worten haben die SAPs der *Bretton Woods*-Institutionen nur auf solche Reformschritte einen eindeutigen Effekt, die kurzfristig angelegt sind, auf der Ebene formaler Gesetzesänderungen verbleiben und sich extern vergleichsweise einfach überwachen lassen:

Die Möglichkeiten der effektiven politischen Einflussnahme durch die Weltbank und den IWF sind damit, so die Schlussfolgerung bei Henisz et al. (2005), geringer als gemeinhin angenommen. Verschiedene Staaten sind mit ihren Reformen weitgehend unbemerkt hinter den Erwartungen der internationalen Finanzinstitute zurückgeblieben, während andere die Erwartungen übererfüllt oder neoliberale Reformen auch ohne konditionierte Kredite durchgeführt haben.[2]

---

der OECD, die ausländische Direktinvestitionen anziehen, nicht die vergleichsweise günstigeren Produktionsstandorte der Entwicklungsländer. Die an der jeweiligen Wirtschaftsleistung gemessene *relative* Bedeutung der FDI, die in die Entwicklungsländer fließen, hat allerdings in derselben Zeit stark zugenommen. So machte etwa der Bestand an Auslandinvestitionen im Jahr 2005 in Argentinien 30 % des Bruttoinlandproduktes (BIP) aus, in Tansania sogar 50 %, in den USA aber nur gerade 13 % (UNCTAD 2006: Tab. Annex B.3 [S. 307 ff.]). In einem passiven Sinne sind Entwicklungsländer wie Argentinien und Tansania also durchaus „globalisierter" als Industrienationen wie die USA. Der durchschnittliche Anteil der inwärtigen FDI am BIP beträgt in den Entwicklungsländern 27 %, in den Industrienationen nur 21 %.

[2] Ein eindrückliches Beispiel für ein Land, das die Auflagen der Weltbank übererfüllt hat, ist Mexiko: „[Mexico] went much further in reducing its trade barriers than the [World] Bank required. As in other policy areas, including agriculture, the World Bank influence only came to bear because the Mexican government was itself convinced of the need to press ahead with the reforms. (...)(...) [T]he bank does not need to force Mexico to do anything; the two sides agree on almost everything. (...) World Bank economists and Mexican officials often spend weekends together brainstorming on

Insgesamt kann deshalb festgehalten werden, dass Staaten bei der Umsetzung neoliberaler Reformen trotz strukturellem und politischem Aussendruck einen erheblichen Handlungsspielraum haben. Wenn verschiedene Staaten diesen Spielraum nicht ausnutzen, um die Interessen politisch und ökonomisch schwacher Bevölkerungsgruppen zu schützen, liegt dies daran, dass ihnen dazu der politische Wille fehlt. Wie Randeria (2007) festhält, setzen Staaten neoliberale Maßnahmen oft freiwillig um und gehen sogar über externe Anforderungen hinaus, machen aber weiterhin die externen Anforderungen für ihre Politik verantwortlich. Es gilt daher schwache Staaten abzugrenzen von dem, was Randeria als „listige" Staaten bezeichnet:

> „It may be useful in this context to distinguish between weak and aid-dependent states like Benin or Bangladesh, and cunning states like India, Mexico or Russia. Weak states are unable to discharge their obligations of justice because they lack the capabilities to successfully discipline and regulate non-state actors. Cunning states, on the contrary, are in a position to negotiate the terms on which they share sovereignty in certain fields of policy-making while retaining control over others. They deny power only to deploy it in order to evade responsibility. They play on their perceived weakness to justify specific policy choices to citizens and to international donors, short-changing both in the process. Faced with popular discontent at their policies, they point to external pressure for reforms, or simply to the demands of ‚globalization' (i. e. the real or imagined fear of capital flight or of an inability to attract foreign direct investment)." (Randeria 2007: 6)

In Ländern, deren Staaten mit listigem Verhalten ihre Schutzfunktion gegenüber den sozial Schwachen vernachlässigen, kommt lokalem und national koordiniertem Widerstand eine eminent wichtige Bedeutung zu. Soziale Bewegungen haben hier nämlich die Aufgabe, den Staat im Rahmen seiner Möglichkeiten zur Verantwortung zu ziehen. So sind zwar die Handlungsspielräume der Staaten im Schrumpfen begriffen, aber solange gewisse Staaten darauf verzichten, diese Handlungsspielräume genügend auszuschöpfen, kann nationaler Widerstand ausgesprochen effektiv sein. Wie Halperin und Laxer (2003) festhalten, könnte der Versuch einer aufwendigen und kostspieligen transnationalen Vernetzung in diesen Fällen sogar einen unnötigen Verschleiß an Ressourcen bedeuten.

---

policy issues. Many are graduates of the same US universities, and friends." (*The Financial Times* vom 3. 3. 1992, S. 7)

6.3   Lokale Basisarbeit und transnationale Kooperation

Zusammenfassend sprechen die vorangehenden Ausführung für eine Sichtweise, welche die Gründe für die weltweite Diffusion einer neoliberalen Gesellschafts- und Wirtschaftsordnung nicht nur in globalen Strukturzwängen, sondern auch im Handeln der betroffenen Nationalstaaten verortet. Der globale Neoliberalismus mit seinen Folgewirkungen weist demnach auch eine „nationale" Komponente auf, denn die politischen Eliten verschiedener Länder vollziehen neoliberale Reformen nicht nur unter dem Eindruck externer Zwänge, sondern auch weil sie sich davon persönliche Vorteile versprechen. Wie verschiedene Fallstudien aufgezeigt haben, verdankt sich der Durchbruch des Neoliberalismus in zahlreichen Ländern dem Kampf einheimischer Elitefraktionen, die in wirtschaftlichen oder politischen Krisen protektionistische, wohlfahrtsorientierte Kräfte aus der Regierung hinauszudrängen wussten (Dezalay and Bryant 2002, Fourcade-Gourinchas und Babb 2002).

Dass sich neoliberale Reformen in diesen Ländern tatsächlich durchsetzen konnten, liegt freilich auch am geringen politischen Widerstand seitens der davon benachteiligten Bevölkerungsmehrheiten. Die globale Welle neoliberaler Reformen widerspiegelt letztlich das, was argentinische Graswurzelaktivisten in Abgrenzung von der These des staatlichen Souveränitätsverlustes als „crisis del soberano," als Krise des souveränen Volkes, bezeichnen (s. Kap. 10): Den unterprivilegierten Mehrheiten vieler Länder mangelt es nicht zuletzt an materiellen Mittel und kulturellen Fertigkeiten, um sich zu organisieren und ihre kollektiven Interessen aktiv in den politischen Prozess einzubringen. Zudem fehlt auch das Vertrauen in die Wirksamkeit des politischen Systems und damit die Motivation, sich überhaupt politisch zu engagieren. Wie Robert W. Cox (1999: 109) deutlich macht, herrscht vielerorts – und besonders ausgeprägt in den Entwicklungsländern – Hoffnungslosigkeit und Zynismus:

> „Today, a different kind of crisis affects democracies: a disillusionment of people with political leadership, a turning away from politics with a certain disgust, an association of politics with corruption, a sense that politics doesn't really matter except to the politicians, a widespread depoliticization. (...) The sense of civic efficacy is removed, and many people, the most disadvantaged, are left in the futility of alienation. Their rage is unchannelled, ineffective, self-consuming. It marks an impasse. It does not herald the construction of a future."

Linksprogressive Bewegungen, die gegen den globalen Neoliberalismus und seine Folgewirkungen ankämpfen, stehen damit vor einem komplexen Aufgabenbündel. Sie müssen *erstens* mittels grenzübergreifender Kooperation diejenigen globalen sozialen Kräfte eindämmen, die den einzelnen Nationalstaaten zunehmend weniger Freiräume für eine eigenständige, sozial und ökologisch nachhaltige Entwicklungspolitik gewähren. *Zweitens* sollten sie die Regime, welche die noch immer verbliebenen Handlungsspielräume optimal zu nutzen versuchen, in diesen Bestrebungen unterstützen und allenfalls auch neue Formen der regionalen Kooperation fördern – dies allerdings, ohne die eigene Autonomie aufzugeben. *Drittens* kommen sie nicht umhin, zunehmenden politischen Druck auf diejenigen Regime auszuüben, die im Sinne „listigen" Staatshandelns neoliberale Reformen als unausweichliche Antwort auf politischen und wirtschaftlichen Aussendruck darstellen. Dazu wiederum müssen sie, *viertens*, Basisarbeit leisten und zur Mobilisierung subalterner Gesellschaftsschichten beitragen, die sich als politisch machtlos begreifen (Flores 2002).

Transnationale Koalitionsbildung bietet im Prinzip Möglichkeiten, diese verschiedenen Aufgaben simultan in Angriff zu nehmen. Bewegungskoalitionen lassen den beteiligten Gruppierungen definitionsgemäß genügend Autonomie, um sich jenseits der transnationalen Koordination gewisser Aktivitäten auch eigenen Projekten und der lokalen Basisarbeit zu widmen, ermöglichen aber die gemeinsame Nutzung von Information und bieten einen gewissen Schutz vor lokaler Repression (Schulz 2007). Umgekehrt bedingt transnationale Koalitionsbildung jedoch den Einsatz von knappen zeitlichen, organisatorischen und finanziellen Ressourcen, die ansonsten in lokale Basisarbeit oder nationale Protestaktionen fließen würden (Halperin und Laxer 2003). Die Frage nach der optimalen Balance zwischen Aktivitäten auf der lokalen, nationalen und transnationalen Ebene bietet beträchtliches Konfliktpotential.

7 Nord-Süd-Differenzen im Altermundialismus? Eine Umfrage an den Weltsozialforen 2005 und 2007

Dem globalisierungskritischen *global justice movement* werden häufig ein internes Demokratiedefizit und eine Dominanz nördlicher Interessen unterstellt. Der Grund dafür ist, dass Beteiligte aus dem privilegierten globalen Norden an den internationalen Treffen dieser Bewegung oft überrepräsentiert sind (J. Smith 2002, 2004a; vgl. auch Beckfield 2003, Katz 2007, J. Smith 2004b, sowie J. Smith und Wiest 2005) und dass sie selbst dort einen übergroßen Einfluss auf die Meinungsbildung haben dürften, wo sie zahlenmäßig eine Minderheit bilden. Das erste interkontinentale Treffen der Zapatisten in Chiapas im Jahr 1996 ist dafür ein gutes Beispiel. Wie Pollack (2001, o. J.) berichtet, konnte dieses Treffen, obwohl es auch von südlichen Aktivist/innen gut besucht war, seinem egalitären und partizipativen Anspruch kaum gerecht werden:

> „Though the Encounter was organized in a ‚democratic' manner, in the sense that enough tables and sub-tables were arranged such that all could have a chance to participate, many forms of exclusion were to be found within the Encounter itself. The European tone of the discussions meant that often those who spoke were those who were quickest to interrupt, while those who would politely wait their turn would never have an opportunity to speak. Additionally, the traditional hierarchies of power (male/female, North/South, modern/non-modern) were present, with the obvious but nonetheless striking twist that any Mayan with a bandanna or ski mask was given infinite respect." (Pollack o. J.: o. S.)

Dieses Kapitel wird darum der Frage nachgehen, inwieweit nördliche Gruppierungen nicht nur die Bewegung dominieren, sondern auch grundlegend andere politische Ansichten vertreten als solche aus dem globalen Süden. Sollten sich die Unterschiede als groß erweisen, würde dies die kritische Ansicht stützen, wonach die globalisierungskritische Bewegung an den Bedürfnissen und Anliegen der globalen Subalternen vorbeizielt (Anderson und Rieff 2004, Bob 2002, Chandhoke 2002, 2005). Die nachfolgende Untersuchung beruht auf einer Umfrage unter den Teilnehmer/innen der beiden Weltsozialforen 2005 in Porto Alegre, Brasilien, und 2007 in Nairobi, Kenia. Detailangaben zur Erhebungsmethode und der Konstruktion der Variablen finden sich im Anhang.

7.1 „Eine andere Welt ist möglich" – ein Kurzporträt des Weltsozialforums

Das Weltsozialforum (WSF) ist in den wenigen Jahren seines Bestehens bereits zur größten regelmäßig stattfindenden politischen Versammlung der modernen Geschichte geworden (J. Smith et al. 2008: 2). Im Jahr 2001 waren es etwas weniger als 5.000 Personen aus 117 Ländern, die als registrierte Delegierte nach Porto Alegre ans erste Forum reisten. Im Jahr 2005 zog die Veranstaltung bereits 155.000 Delegierte aus 155 Ländern an (WSF 2006: o. S.). Werden außerdem auch nicht-registrierte Teilnehmer/innen mitgerechnet, belief sich die Zahl der anwesenden Personen im Jahr 2001 auf rund 20.000 und im Jahr 2005 bereits auf 500.000 (WSF 2006: o. S.). Am WSF 2007 im kenianischen Nairobi kamen immerhin 74.309 registrierte Delegierte zusammen (IBASE 2007: o. S.).[1]

Die Leitung des WSF liegt beim Internationalen Rat. Dieser setzt sich aus diversen Nichtregierungsorganisationen und Netzwerkorganisationen sozialer Bewegungen zusammen. Das Forum wird jedoch nicht als kollektiver Akteur oder als Gremium verstanden, das eigene politische Positionen vertritt, sondern als „open space" (WSF 2002: o. S.), als offen zugänglicher Versammlungsort. Die Charta (WSF 2002) schließt ausdrücklich aus, dass der Internationale Rat im Namen des Forums öffentlich Stellung beziehen darf, und das Treffen soll auch keinen repräsentativen Anspruch erheben. Es will nicht als Generalversammlung der linksprogressiven NGOs und sozialen Bewegungen gelten. Zumal ihm die organisatorischen und finanziellen Ressourcen fehlen, um finanzschwachen Gruppierungen aus entlegenen Weltregionen die Teilnahme zu ermöglichen, wäre dieser Anspruch vermessen.

Trotzdem ermöglichen Umfragen unter den Teilnehmer/innen des WSF wichtige Einblicke in den Zustand des weltweiten *global justice movement*. So unterliegt zwar die Teilnahme am Forum einer Selbstselektion, die vor allem sozial privilegierte Personen und finanzstarke NGOs begünstigt, doch wenn sich sogar in der vergleichsweise homogenen Auswahl der WSF-Teilnehmenden politische Differenzen zeigen sollten, dürften diese Differenzen in der Gesamtbe-

---

[1] Inzwischen liegen bereits verschiedene wissenschaftliche Untersuchungen vor, die sich mit dem Weltsozialforum und den inhaltlichen Debatten beschäftigen. Die meisten dieser Studien sind jedoch qualitativer Natur und beruhen auf teilnehmender Beobachtung an Workshops und der Analyse von Sitzungsprotokollen (Hammond 2003, Ponniah und Fisher 2003, J. Smith 2002, 2004a) oder auf unstandardisierten Gesprächen mit ausgewählten Teilnehmenden oder mit Mitgliedern des Organisationsgremiums, des Internationalen Rates (Patomaki and Teivainen 2004, Schönleitner 2003). Nur eine bei Schönleitner (2003) kurz erwähnte Studie der *Fundação Perseu Abramo* sowie die Untersuchungen des Forschungsinstitutes IBASE (2005, 2006, 2007) gehen quantitativ und auf der Basis von umfassenden Befragungsdaten vor. Die Auswertungen in diesen Studien sind indes auf bivariate Analysen beschränkt. Die vorliegende Studie hingegen verwendet multivariate Analyseverfahren.

wegung noch ausgeprägter sein. Ans WSF zugelassen sind gemäß der Charta zivilgesellschaftliche Gruppierungen, die in „Opposition zum Neoliberalismus und der Weltherrschaft des Kapitals und jeglicher Form des Imperialismus" (WSF 2002: o. S., e. Ü.) stehen, aber gewaltfrei operieren.

7.2 Grundkonflikte in der globalisierungskritischen Bewegung

Dass es sich bei der globalisierungskritischen „Bewegungsfamilie" um ein heterogenes Gebilde handelt, gehört in der einschlägigen Literatur bereits zu den Gemeinplätzen (vgl. della Porta 2005b, Patomaki und Teivainen 2004, Ponniah und Fisher 2003). So überrascht auch nicht, dass in der wissenschaftlichen Forschung verschiedene Versuche vorliegen, die Anhänger/innen dieser weltweiten Bewegung für globale soziale Gerechtigkeit möglichst trennscharf in bestimmte Kategorien („Globalisierer von unten," „Ökopazifisten," „Lokalisten" usw.) zu gliedern (Andretta et al. 2003: Kap. 2, Bond 2001, Della Porta et al. 2006: Kap. 3, Starr 2000). Allerdings gehen die Ergebnisse dieser Gruppierungsversuche jeweils weit auseinander, und die Autor/innen weisen regelmäßig darauf hin, dass zwischen ihren idealtypischen Kategorien auch zahlreiche Überlappungen bestehen. Eine der wichtigsten Besonderheiten der Bewegung dürfte demnach in der Absenz von eindeutig identifizierbaren „Lagern" liegen. Dass sich die Globalisierungskritik nicht klar in unterschiedliche Fraktionen einteilen lässt, ist mithin selbst ein Datum: Die Bewegung ist zwar heterogen, doch sind die inneren Grenzen und ideologischen Gruppenzugehörigkeiten fließend (Andretta et al. 2003, Della Porta et al. 2006).

Nichtsdestotrotz zeigen sich am WSF und im *global justice movement* verschiedene thematische Konfliktlinien, die immer wieder für heftige Diskussionen sorgen. So weisen Ponniah und Fisher (2003) erstens auf die anhaltenden Auseinandersetzungen zwischen *radikalen Antikapitalisten* und *Reformkapitalisten* hin, welche den globalen Kapitalismus und seine Trägerorganisationen (z. B. den IWF und die WTO) im ersten Fall abschaffen und im zweiten Fall lediglich reformieren und „zähmen" wollen. Zweitens lassen sich *Globalisten*, welche eine Lösung aktueller sozialer Probleme über die Schaffung neuer globaler Institutionen anstreben, von *Lokalisten* (beziehungsweise *Regionalisten*) unterscheiden. Letztere suchen die strategischen Mittel zur Überwindung der herrschenden Weltordnung primär auf der lokalen (beziehungsweise regionalen) Ebene. Drittens bestehen beträchtliche Divergenzen in der globalisierungskritischen Bewegung, was deren Organisationsform angeht. So fordern *Zentralisten* die Bewegung dazu auf, allmählich eine parteiähnliche Dachorganisation mit eindeutigen politischen Positionen zu bilden. *Horizontalisten* hingegen lehnen die Zentralisierung der Bewegung und die Anwendung repräsentativer Strukturen ab. Sie beharren ins-

besondere auch auf der Organisationsform des WSF als Diskussionsplattform
ohne eigene politische Positionen.

Außerdem bestehen, viertens, Wertekonflikte zwischen *Universalisten*, welche sich an den allgemeinen (westlichen) Menschenrechten orientieren und den
zusätzlichen Einschluss von Frauenrechten und Schutzrechten für ethnische und
sexuelle Minderheiten fordern, und Vertreter/innen von *wertkonservativen* beziehungsweise *wertepluralistischen* Positionen. So zeigten Untersuchungen von
IBASE (2006) am Weltsozialforum des Jahres 2006, das an verschiedenen Orten
gleichzeitig stattfand, dass immerhin 61 % aller befragten Teilnehmer/innen am
Subforum in Bamako, Mali, im Sinne eines strikten Wertkonservatismus gegen
die Legalisierung der Abtreibung und 77 % gegen die gesetzliche Anerkennung
von gleichgeschlechtlichen Partnerschaften waren. Am Subforum in der venezolanischen Hauptstadt Caracas hingegen betrugen die entsprechenden Zahlen
gerade einmal 39 % beziehungsweise 43 % (IBASE 2006: Tab. 30). Ponniah und
Fisher (2003) weisen darauf hin, dass verschiedene Gruppierungen im Sinne
eines starken Wertepluralismus die vermeintlich universell anerkannten Menschenrechte als westliche Herrschaftsinstrumente und Relikte eines überholten
patriarchalen und neokolonialen Wertekanons ablehnen.

Die Frage, die hier untersucht werden soll, lautet, inwieweit die Selbst-
positionierungen der Aktivist/innen auf den genannten Konfliktlinien von sozialstrukturellen und organisationsbezogenen Merkmalen geprägt sind. Dabei
interessieren vor allem systematische Unterschiede zwischen Aktivist/innen aus
dem globalen Norden und solchen aus dem Süden.

Nord-Süd-Differenzen in der linksprogressiven Zivilgesellschaft

Verschiedenen südlichen Basisgruppen zufolge dürften die Nord-Süd-Unterschiede im *global justice movement* beträchtlich sein. Die Publikationen des
Jubilee South-Netzwerkes etwa suggerieren, dass südliche Aktivist/innen in
der Regel die radikaleren Anliegen vertreten als die tendenziell eher reformka-
pitalistisch ausgerichteten nördlichen Gruppen. Außerdem sollen sie öfter für
konfrontative „Outsider"-Strategien als für moderates „Insider"-Lobbying optieren – denn: „Leere Mägen lassen es nicht zu, dass man die Augen verschließt und
die Stimme senkt" (Jubilee South 1999: o. S., e. Ü.). Für die Entwicklungsländer
ergeben sich, so das zentrale Argument hier, aus der aktuell herrschenden politischen Weltökonomie so eindeutige Nachteile, dass ihre Aktivist/innen zwingend für eine fundamentale Neuordnung dieses Systems einstehen, eine radikal
antikapitalistische Grundhaltung vertreten und anstelle einer Umgestaltung der
bestehenden internationalen Organisationen deren vollständige Abschaffung verlangen (s. auch Brecher et al. 2002 [2000]).

Nördlichen Aktivist/innen hingegen wird unterstellt, dass sie im herrschenden System zu den Profiteuren gehören, kaum Verständnis für die Realitäten der
Entwicklungsländer mitbringen und daher die systemischen Ungleichgewichte
zu wenig fundamental zu hinterfragen vermögen. Sie begnügen sich dieser Kritik zufolge damit, punktuelle Änderungen in der aktuellen *Global Governance*-
Architektur zu verlangen. Weil sie vom herrschenden System privilegiert werden,
wollen sie dieses zwar demokratischer und gerechter gestalten, die bestehende
Ordnung aber nicht fundamental auf den Kopf stellen. Nördliche Bewegungen
bekämpfen, um es mit Bendaña (2006: Abstract) auszudrücken, vor allem bestimmte politische Projekte und *policies*, nicht aber die ihnen zugrunde liegenden
ungleichen Machtverhältnisse (vgl. auch Batliwala 2002).

Auszüge aus einer Streitschrift des *Jubilee South*-Netzwerkes zeigen, dass
die südlichen Graswurzelbewegungen den nördlichen Gruppierungen mithin sogar Verrat an möglichen gemeinsamen Zielen vorwerfen:

„A central political incoherence of our time takes the form of ongoing multiple challenges to neoliberal corporate globalization on the one hand, and the retreat of organizations and institutions previously supportive of those struggles. (…) Since the
end of the Cold War, one witnesses how many once traditional allies in the North,
including Churches and NGOs, practice a form of collective, unconscious censor-
ship in regard to the onslaught of aggressive neoliberalism. (…) (…) We ask why so
many who once stood in solidarity now seem apologetic for any progressive position
taken in the past, to the point of getting in bed with governments and corporations,
including their donations. (…) [D]o not ask us, as we are often asked by debt coalitions and Jubilee Campaigns in the North, to accept the lesser of many evils, to settle
for a piece of the loaf and not the whole." (Jubilee South 1999: o. S.)

Die Kritik radikaler südlicher Basisorganisationen richtet sich freilich nicht nur
an die Adresse nördlicher Gruppen. Kritisiert werden vielmehr auch fremdfinanzierte NGOs – unabhängig davon, ob diese aus dem globalen Norden oder
dem Süden stammen. Denn die finanziellen und infrastrukturellen Ressourcen,
die diese professionalisierten NGOs zu mobilisieren vermögen, können den jeweiligen Bewegungen zwar neue Handlungsspielräume eröffnen und die Organisation von Massenprotesten vereinfachen (Cress und Snow 1996, Jenkins und
Eckert 1986, McCarthy und Zald 1977, Staggenborg 1986), doch setzt die Suche
nach externem Sponsoring die betroffenen Organisationen unter Konkurrenzdruck und trägt potentiell zur Mäßigung der Ziele, Strategien und Aktionsrepertoires bei (Piven und Cloward 1977, Sikkink 2002, s. auch Kap. 3.2). Fallbeispiele
aus der sozialwissenschaftlichen Literatur lassen erkennen, dass einflussreiche
Sponsoren vornehmlich „gemäßigte" Organisationen finanzieren, allzu radika-

len oder „militanten" Organisationen hingegen die Unterstützung verweigern (Haines 1984, Jenkins und Eckert 1986, Meyer und Tarrow 1998).

Wie Arundhati Roy betont, sind es daher die Interessen der relativ privilegierten privaten und staatlichen Gönner, die über die programmatischen Ziele der professionalisierten NGOs entscheiden, und nicht in erster Linie die genuinen Bedürfnisse der Personengruppen, für deren Anliegen diese Organisationen einzutreten vorgeben (Roy 2004: o. S., vgl. auch Chandhoke 2002). Roy warnt denn auch, die „NGO-isierung" der globalisierungskritischen Bewegungen könnte zu einer unwillkommenen strategischen Mäßigung führen:

> „Eventually – on a smaller scale but more insidiously – the capital available to NGOs plays the same role in alternative politics as the speculative capital that flows in and out of the economies of poor countries. It begins to dictate the agenda. It turns confrontation into negotiation. It depoliticizes resistance. It interferes with local peoples' movements that have traditionally been self-reliant. NGOs have funds that can employ local people who might otherwise be activists in resistance movements, but now can feel they are doing some immediate, creative good (and earning a living while they're at it). Real political resistance offers no such short cuts. The NGO-ization of politics threatens to turn resistance into a well-mannered, reasonable, salaried, 9-to-5 job with a few perks thrown in. Real resistance has real consequences, and no salary." (Roy 2004: o. S.)

Aktivist/innen der globalisierungskritischen Bewegung unterscheiden mit anderen Worten nicht nur zwischen nördlichen und südlichen Gruppierungen, sondern auch zwischen professionalisierten NGOs und SMOs im Sinne von selbstfinanzierten Basisgruppen. Fremdfinanzierte NGOs gelten – durchaus im Einklang mit den weiter oben genannten wissenschaftlichen Befunden – als tendenziell moderat und reformistisch, SMOs hingegen als radikal antikapitalistisch und konfrontativ in ihrem Aktionsrepertoire.

Viel Lärm um nichts?

Das Nord-Süd-Ungleichgewicht in der globalisierungskritischen Bewegung dürfte zu dessen Hauptproblemen gehören. Es bietet nicht zuletzt auch Angriffsfläche für Diffamierungsversuche. Milton Friedman etwa, einer der Vordenker des Neoliberalismus, beschreibt die Aktivist/innen der Globalisierungskritik abschätzig als „gut situierte Mittelklasse-Zöglinge, die sich amüsieren wollen" (zit. in *Spiegel* 44/2001, S. 94), und Mike Moore, der ehemalige Generaldirektor der WTO, wird sogar noch deutlicher. Er bezichtigt die Bewegung einer neuen, Übelkeit erregenden Form des Imperialismus:

„Ich werfe den Aktivisten der Industrieländer vor allem ihre heuchlerische und imperialistische Gesinnung vor. Sie behaupten, sie verstünden die Bestrebungen und Bedürfnisse der Länder des Südens. Das kotzt mich wirklich an." (Mike Moore, zit. in Ziegler 2003: 255)

Aus wissenschaftlicher Sicht birgt das Denken in den Kategorien der Nord-Süd-Dichotomie allerdings die Gefahr, mögliche Süd-Süd-Unterschiede zu verwischen (Sikkink 2002) und insbesondere den Blick für Divergenzen zwischen der Peripherie und der Semiperipherie zu verstellen (Chase-Dunn et al. 2008). Schließlich ist die Semiperipherie des Weltsystems insofern von der Peripherie zu unterscheiden, als globaler struktureller Wandel seinen Anfang historisch gesehen meist in der semiperipheren Zone genommen hat (Chase-Dunn und Hall 1997: Kapitel 5). Weil dort krasse interne Klassengegensätze auf die für eine Massenmobilisierung notwendigen finanziellen und organisatorischen Ressourcen treffen, sind antisystemische Ideen und risikofreudige soziale Bewegungen eher in der Semiperipherie als der Peripherie anzutreffen (Boswell und Chase-Dunn 2000, Chase-Dunn und Boswell 2004). Aktivist/innen aus Ländern wie Brasilien, Argentinien, Venezuela, Indien oder Südafrika sollten demnach tendenziell häufiger unter den Anhänger/innen eines radikalen Antikapitalismus zu finden sein als solche aus dem Zentrum *und* der Peripherie.

Fraglich ist aber auch, inwieweit sich die Zugehörigkeit eines Landes zu einer bestimmten weltsystemischen Schichtungszone überhaupt in individuelle politische Einstellungen übersetzt. Eine Sicht, die Aktivist/innen des *global justice movement* „zonentypische" Haltungen auf der Individualebene unterstellt, geht von einigen impliziten, aber keineswegs trivialen Grundannahmen aus. Sie setzt voraus:

- dass die weltsystemische Position eines Landes zonentypische Diskurse oder politische Kulturen erzeugt;
- dass diese typischen politischen Kulturen einen größeren Einfluss auf die individuellen politischen Präferenzen haben als die Einstellungen, die sich aus der jeweiligen sozialen Lage eines Individuums im nationalen Schichtungsgefüge ergeben;[2]

---

[2] Aus der individualistischen *Rational choice*-Perspektive müssen sich zonenspezfische nationale Interessen gar nicht erst in individuelle Interessen „hineinübersetzen." Vielmehr kann hier, wenn es um Fragen der globalen Einkommens(um)verteilung geht, Interessenkongruenz bereits *a priori* unterstellt werden. Wie Milanovich (2001) aufzeigt, ist die weltsystemische Position des Herkunftslandes der stärkere Prädiktor für die Einkommenssituation eines Individuums als dessen soziale Lage innerhalb des betreffenden Landes. Von einer globalen Einkommensumverteilung oder einer radikalen Umwälzung der weltpolitischen Machtverhältnisse würden die Bewohner der Industrienationen folglich selbst dann nicht profitieren, wenn sie dort zu den Unterschichten gehörten.

- dass sich die verschiedenen Akteure der globalisierungskritischen Bewegungsfamilie ihrer politischen Präferenzen tatsächlich bewusst sind – und zwar auch dann, wenn es um die im *global justice movement* verhandelten komplexen Fragen der Weltpolitik und der Weltwirtschaft geht;
- dass sowohl die global benachteiligten als auch die privilegierten Akteure sich primär an zivilgesellschaftlichen Treffen und Debatten beteiligen, um diesen bereits vorgängig festgelegten Interessen und Sichtweisen zum Durchbruch zu verhelfen.

Nicht vorgesehen ist in diesem Ansatz hingegen, dass politische Aktivist/innen an zivilgesellschaftlichen Treffen teilnehmen, um sich dort Klarheit über noch ungesicherte Ansichten und Interessen zu verschaffen. Treffen wie das WSF erscheinen in diesem Ansatz darum als Kampfarenen, nicht als Foren des Austausches.

Einem solch vereinfachten Denkmodell stehen freilich verschiedene wissenschaftliche Befunde gegenüber, die ein deutlich differenzierteres Gesamtbild ergeben. Ein Überblick über einschlägige Studien zeigt nämlich, dass:

- politische Einstellungen (etwa gegenüber dem Wohlfahrtsstaat oder Fragen der internationalen Einkommensumverteilung) unter Ländern derselben weltsystemischen Zonen kaum zonentypische Gemeinsamkeiten haben, sondern eine hohe länderspezifische Varianz aufweisen (zu Einstellungen gegenüber dem Wohlfahrtsstaat im Industrieländervergleich: Blekesaune und Quadagno 2003, Andress und Heien 2001; zu Einstellungen gegenüber der internationalen Umverteilung: Noël und Thérien 2002);
- in Umfragen zu weltpolitischen Themen die individuellen Einstellungen oft ungefestigt und widersprüchlich erscheinen (GlobeScan 2002, vgl. auch Kap. 5.4; kritisch: Noël und Thérien 2002), wobei aber der Tendenz nach eine hohe Korrelation zwischen Einstellungen zu Fragen der Innen- und solchen der Außenpolitik besteht (für eine Forschungsübersicht: Noël und Thérien 2002);
- diese Einstellungen wiederum vorwiegend von der jeweiligen objektiven und vor allem subjektiven Schichtposition im *nationalen* Referenzrahmen abhängen (Hayes 1995, M. D. Grimes 1989, Western 1999) – inwieweit sie auch von der individuellen (subjektiven oder objektiven) Lage im *globalen* Schichtungsgefüge beeinflusst werden, ist hingegen weitgehend unerforscht.

Außerdem lassen qualitative Studien unter den Teilnehmer/innen des Weltsozialforum erahnen, dass diese oft einen bemerkenswert komplexen, multivalenten sozialstrukturellen Hintergrund und entsprechend fragmentierte Identitäten und Interessen mitbringen. Anand (2003: 143) zum Beispiel beschreibt, wie eine Teilnehmerin, die aus Nepal stammt, in den USA studiert, für die Presse arbeitet und sich gleichzeitig für eine venezolanische NGO engagiert, je nach Diskussionsrunde unterschiedliche soziale Rollen einnimmt:

> „[T]he WSF confronts participants with encounters and meetings that challenge communicating within familiar discourses. Those participating in the event frequently take advantage of the space it provides to shift and change their identities (...). One delegate moved between participating as a press representative, representing a Venezuelan NGO, and taking part as a US university student from Nepal. Depending on the meeting space, she spoke as a woman, as US student, as a minority, as a researcher, as Nepali citizen and as a media artist."

WSF-Teilnehmer/innen sind Anand (2003) zufolge also nicht bloß nördliche Privilegierte oder südliche Subalterne, sondern auch Angehörige ethnischer Minderheiten, Frauen, transkulturelle Migrant/innen und hochgebildete Selbstständigerwerbende – und dies oft in einer Person. Ihre sozialen Identitäten sind vielgestaltig und die daraus abgeleiteten politischen Einstellungen weder eindeutig vorhersagbar noch in jedem Fall kohärent (vgl. auch Mittelman und Chin 2005 [2000]: 19).

Einem theoretischen Modell, das zivilgesellschaftliche Treffen als Kampfplätze zwischen „nördlichen" und „südlichen" Interessen fasst, lässt sich darum ein Modell gegenüber stellen, in welchem die Aktivist/innen des *global justice movement* erstens einmal häufig verschiedenen sozialen Gruppen angehören, die mit je unterschiedlichen sozialen Status und materiellen Privilegien ausgestattet sind. Die betreffenden Personen dürften demnach, zweitens, keine eindeutigen Vorstellungen von ihren „objektiven" Interessen haben und genügend unklare Präferenzen aufweisen, um sich gerade vom Austausch mit anderen Personen Lerneffekte und Klärung zu versprechen. Drittens kann angenommen werden, dass die Beteiligten zwar vorgefasste Meinungen mitbringen, aber grundsätzlich lernfähig sind. In einem solchen Modell sind Nord-Süd-Unterschiede weder zwangsläufig, noch würden sie sich zwingend in eine Dominanz nördlicher Interessen übersetzen.

7.3   Wer nimmt am Weltsozialforum teil?

Tabelle 7.1 zeigt auf, in welchen Ländern, geographischen Regionen und weltsystemischen Schichtungszonen die Teilnehmer/innen der Umfrage an den beiden Weltsozialforen 2005 und 2007 ihren Wohnsitz haben. Dabei wird zunächst einmal deutlich, dass erwartungsgemäß die meisten Befragten in der näheren geographischen Umgebung des jeweiligen Austragungsortes wohnen. So leben mehr als die Hälfte aller in Porto Alegre befragten Personen in Brasilien, und weitere 10 % haben ihr Zuhause in den Nachbarländern Argentinien, Uruguay und Peru. Was die in Nairobi befragten Personen betrifft, leben 41 % in Kenia. Die Ergebnisse der Umfrage in Nairobi lassen allerdings erkennen, dass insgesamt nur gerade 5 % aller Befragten aus den Nachbarländern Tansania, Uganda und Äthiopien und keine aus dem Sudan oder Somalia stammen. So ist denn auch der Anteil lateinamerikanischer Befragter am WSF 2005 in Porto Alegre deutlich höher als der Anteil afrikanischer Befragter am WSF 2007 in Nairobi – und dies, obwohl der Anteil Afrikas an der Weltbevölkerung mit 12 % klar größer ist als derjenige Lateinamerikas mit 9 % (Chase-Dunn et al. 2008).

Hingegen stammen in der Stichprobe für das WSF 2007 in Nairobi mehr Personen aus Westeuropa (19 % im Vergleich zu 11 % für Porto Alegre 2005), während in beiden Stichproben die Personen aus Asien auffällig schwach und diejenigen aus Nordamerika sehr stark vertreten sind. Es erstaunt daher auch nicht, dass die Zentrumsländer im Vergleich zu ihrem Anteil an der Weltbevölkerung (13 %) in beiden Stichproben eine überproportional starke Vertretung haben (20 % in Porto Alegre 2005; 29 % in Nairobi 2007), während die Peripherie im semiperipheren Porto Alegre und die Semiperipherie im peripheren Nairobi jeweils massiv untervertreten sind. Trotz weltweit sinkender Reisekosten hindert also die „Tyrannei der Geographie" (Chase-Dunn et al. 2008) viele Sozialaktivist/innen des Südens daran, jemals ein Sozialforum zu besuchen, das nicht in ihrer geographischen Nähe stattfindet.[3]

In Tabelle 7.2 zeigt sich eine nahezu gleichgewichtige Verteilung der Geschlechter – ein Befund, der sich auch mit den Ergebnissen von IBASE (2005:

---

[3] Im Anhang wird darauf hingewiesen, dass die Stichproben des IROWS-Surveys nicht in einem strengen Sinne als zufällig gelten dürfen. Vergleiche mit den Angaben des WSF-Organisationskomitees zu den Herkunftsländern der registrierten Delegierten können das Vertrauen in die Validität der Untersuchung jedoch untermauern: Die Übereinstimmungen in den Verteilungen sind insgesamt zufriedenstellend. Ein Unterschied zwischen den Daten des Organisationskomitees und den Erhebungen der IROWS-Gruppe besteht lediglich darin, dass die IROWS-Surveys eine stärkere internationale Beteiligung ausweisen. So stammen unter den offiziell registrierten Delegierten des WSF 2005 immerhin 80 % aus Brasilien (Organisationskomitee des WSF, zit. in IBASE 2005: Tab. 3, S. 12), wohingegen im IROWS-Survey nur 56 % der befragten Personen angeben, einen brasilianischen Wohnsitz zu haben. Dafür sind es in den Statistiken des WSF nur 9 % (ibid.) und im IROWS-Survey immerhin 15 % aller erfassten Personen, die aus dem restlichen Lateinamerika stammen. Die beiden letztgenannten Zahlen des IROWS-Survey weisen freilich eine hohe Übereinstimmung mit den Angaben des Forschungsinstitutes IBASE (2005: Tab. 5, S. 14) zur Herkunftsverteilung der nicht-registrierten Teilnehmer/innen und „campers" (Brasilien: 61 %; Argentinien, Uruguay, Chile, Peru und Paraguay: total 20 %) auf, denn während sich die offiziellen Zahlen des WSF nur auf registrierte Delegierte beziehen, erfassen die IROWS-Surveys auch nicht-registrierte Teilnehmende. Am WSF 2007 wiederum stammten 48 % aller registrierten Delegierten aus Kenia und 22 % aus dem restlichen Afrika (WSF-Organisationskomitee, zit. in IBASE 2007: 4), so dass die entsprechenden Zahlen im IROWS-Survey mit 41 % beziehungsweise 14 % weitgehend übereinstimmen.

Tabelle 7.1   WSF-Teilnehmer/innen und ihr geographischer Wohnsitz

	Porto Alegre 2005	Nairobi 2007
	Gültige %	*Gültige %*
Wohnsitzländer – Top 5		
1. Rang	Brasilien (56%)	Kenia (41%)
2. Rang	USA (6%)	USA (7%)
3. Rang	Argentinien (4%)	Brasilien (6%)
4. Rang	Kanada (3%)	Indien (5%)
5. Rang	Uruguay (3%)	Frankreich (4%)
Regionale Verteilung		
Lateinamerika & Karibik	71%	8%
Westeuropa	11%	19%
Nordamerika (ohne Mexiko)	9%	10%
Asien & Mittlerer Osten	8%	7%
Afrika	1%	55%
Ozeanien	0%	0%
Weltsystemzone[a]		
Zentrum	20%	29%
Semiperipherie	72%	15%
Peripherie	8%	56%

[a] Zum Vergleich: Die Weltbevölkerung verteilt sich zu 13% auf das Zentrum, zu 55% auf die Semiperipherie und zu 32% auf die Peripherie (Chase-Dunn et al. 2008).

Tab. 9, S. 19) für das WSF 2005 deckt.[4] Wenn man die Subsamples der Zentrumsländer, der Semiperipherie und der Peripherie getrennt betrachtet, bestehen in der Geschlechterzusammensetzung allerdings beträchtliche, statistisch signifikante Unterschiede. So beträgt der Frauenanteil im Sample des Jahres 2005 unter den Teilnehmenden aus dem Zentrum immerhin 54% und unter denjenigen aus der Semiperipherie 50%, während er unter den Teilnehmenden aus der Peripherie auf gerade einmal 36% absinkt (Chi-Quadrat: 3,492**, sig.: ,000).

Im Sample des Jahres 2007 liegt der Frauenanteil bei 65% für die Teilnehmenden aus dem Zentrum, bei nur 35% für diejenigen aus der Semiperipherie

---

[4] Die Untersuchung von IBASE für das WSF 2007 enthält keine Angaben zur Geschlechterverteilung.

Tabelle 7.2   Soziodemographische und -strukturelle Merkmale der
                 WSF-Teilnehmer/innen

	Porto Alegre 2005	Nairobi 2007
	Gültige %	*Gültige %*
Geschlecht		
Männlich	52%	53%
Weiblich	48%	45%
Andere	0%	2%
Alter		
Unter 26 Jahre alt	41%	33%
26–45 Jahre	43%	26%
Über 45 Jahre	16%	41%
Personen in Ausbildung		
In Ausbildung	51%	17%
Bildungsjahre		
Weniger als 11 Ausbildungsjahre	10%	8%
11–15 Jahre	40%	38%
16 und mehr Jahre	51%	54%
Klassenzugehörigkeit (subjektive Einschätzung)		
Unterschicht	–	17%
Arbeiterklasse	–	21%
Untere Mittelschicht	–	37%
Obere Mittelschicht	–	23%
Oberschicht	–	2%

und bei 41% für solche aus der Peripherie (Chi-Quadrat: 27,610**, sig.: ‚000).
Aus den südlichen Ländern, die jeweils nicht gerade in der unmittelbaren Nähe
des Austragungsortes liegen, reisen mit anderen Worten fast doppelt so viele
Männer ans WSF wie Frauen (vgl. auch IBASE 2005: Tab. 9, S. 19.).

Außerdem zeigt Tabelle 7.2 auf, dass der Jugendanteil unter den Teilnehmenden des WSF vergleichsweise gering ist. Waren im Jahr 2005 immerhin 44%
der Weltbevölkerung weniger als 25 Jahre alt (U.S. Census Bureau International
Database o.J: Tab. 094), so liegt der Anteil der unter 25-Jährigen in der Umfrage
am WSF 2005 bei 41% und am WSF 2007 bei nur 33%. Leicht überproportio-

Tabelle 7.3 Organisationszugehörigkeit und politischer Aktivismus der WSF-Teilnehmer/innen

	Porto Alegre 2005	Nairobi 2007
	Gültige %	*Gültige %*
Befragte/r ist assoziiert mit ... (mehrere Antworten)		
NGO	45%	53%
Gewerkschaft	23%	13%
Politische Partei	20%	8%
Basisgruppe („social movement organization")	43%	22%
Keine Gruppe	18%	14%
Protestbeteiligung im Vorjahr		
An keinem Protest beteiligt	15%	31%
1–4 Proteste	54%	40%
5 und mehr Proteste	31%	28%

nal vertreten ist hingegen die Gruppe der 26- bis 45-jährigen Personen: Deren Anteil an der Weltbevölkerung beträgt nur 27%, doch macht sie am WSF 2005 immerhin 43% der untersuchten Stichprobe aus, am WSF 2007 allerdings nur 26%. Zugleich fällt auf, dass am WSF 2007 in Nairobi der größte Teil der befragten Personen über 45 Jahre alt ist und sich auch nur ein kleiner Teil noch in Ausbildung befindet, wohingegen Schüler und Studierende mehr als die Hälfte der Stichprobe für das WSF 2005 ausmachen.

Das Bildungsniveau ist wiederum in beiden Samples hoch: In beiden Untersuchungen hat etwas mehr als die Hälfte der befragten Personen bereits 16 Jahre formale Bildung absolviert. Nur rund ein Zehntel aller Befragten blickt auf weniger als 11 Schuljahre zurück. So erstaunt denn auch nicht, dass sich in der Erhebung des Jahres 2007 der größte Teil der Befragten zur unteren beziehungsweise der oberen Mittelschicht zählt. Insgesamt entsteht der Eindruck, dass sich die Teilnehmer/innen als gesellschaftlich privilegiert empfinden. Allerdings gibt nur ein Drittel der Befragten an, dass ihr Einkommen über dem Medianeinkommen des Wohnsitzlandes liegt, und immerhin 27% empfinden sich als Angehörige einer diskriminierten ethnischen Gruppe (Resultate beim Autor).

Tabelle 7.3 zeigt auf, dass rund die Hälfte aller befragten Personen einer (professionalisierten und extern finanzierten) Nichtregierungsorganisation angehört. Der Anteil der Personen, die sich (auch) einer Basisgruppe, also einer SMO

Tabelle 7.4   Organisationszugehörigkeiten der WSF-Teilnehmer/innen (nach
                   Weltsystemzone)

Zugehörigkeit zu Organisationen

Mehrfachantworten möglich

			Porto Alegre 2005
	Zentrum	*Semiperipherie*	*Peripherie*
NGO**	52%	40%	64%
Gewerkschaft	28%	22%	16%
Politische Partei	18%	21%	11%
Basisgruppe**	57%	37%	44%
Keine Gruppe†	15%	%	8%

			Nairobi 2007
	Zentrum	*Semiperipherie*	*Peripherie*
NGO**	41%	59%	58%
Gewerkschaft**	21%	21%	7%
Politische Partei**	14%	11%	3%
Basisgruppe**	32%	34%	13%
Keine Gruppe	13%	9%	17%

Alle Angaben sind in gültigen Prozenten (unter Ausschluss von unklaren und „Weiß nicht"-Antworten); Signifikanzniveaus der Chi-Quadrat-Tests für Unterschiede zwischen den drei Weltsystemzonen: † 10%, * 5% und ** 1%

zugehörig fühlen, variiert hingegen zwischen den beiden Erhebungen beträchtlich. So geben am WSF 2005 in Porto Alegre immerhin 43% aller Teilnehmenden an, in einer Basisgruppe beteiligt zu sein, während dieser Anteil am WSF
2007 in Nairobi nur 22% beträgt. Der Anteil der Personen, die keiner Gruppe
angehören, fällt wiederum relativ konstant aus, doch gibt es beträchtliche Unterschiede in den Anteilen von Gewerkschafter/innen sowie von Parteimitgliedern.
        Varianzen zeigen sich auch in der Vertretung verschiedener Organisations-
typen nach Weltsystemzone. So gehören Befragte aus der Peripherie signifikant
häufiger einer NGO an als solche aus den Zentrumsländern, während umgekehrt
Befragte aus den Zentrumsländern häufiger in einer Basisgruppe beteiligt sind
(Tabelle 7.4). Was die Befragten der Semiperipherie angeht, gibt es auffällige
Unterschiede zwischen den Erhebungen von 2005 (im semiperipheren Brasilien) und 2007 (im peripheren Kenia). Diese Unterschiede gehen jedoch nicht
zuletzt auf die starke Präsenz der Lokalbevölkerung am WSF 2005 in Porto
Alegre zurück. Das Forum wurde mit Bedacht in der Ausgehzone am Ufer des

Tabelle 7.5   Teilnahmemotivation der WSF-Teilnehmer/innen (nach
Weltsystemzone)

Gründe für die Teilnahme am WSF (Auswahl)			
		Mehrfachantworten möglich	
			Total
		Porto Alegre 2005	*Nairobi 2007*
Informationsaustausch und Lernen		75%	74%
Organisation von Aktionen und Kampagnen		25%	36%
Networking		41%	51%
			Porto Alegre 2005
	Zentrum	*Semiperipherie*	*Peripherie*
Informationsaustausch und Lernen	75%	76%	65%
Organisation von Aktionen	23%	25%	24%
Networking**	56%	35%	61%
			Nairobi 2007
	Zentrum	*Semiperipherie*	*Peripherie*
Informationsaustausch und Lernen*	82%	78%	70%
Organisation von Aktionen*	36%	48%	33%
Networking**	60%	64%	41%

Alle Angaben sind in gültigen Prozenten (unter Ausschluss von unklaren und „weiß nicht"-Antworten); Signifikanzniveaus der Chi-Quadrat-Tests für Unterschiede zwischen den drei Welt-systemzonen: † 10%, * 5%, ** 1%.

Guaíba-Flusses durchgeführt, um auch Passant/innen zur Teilnahme zu animie-
ren (IBASE 2005: 10). So kommt es denn auch, dass im Sample des Jahres 2005
ein vergleichsweise großer Teil (21%) aller Befragten aus der Semiperipherie
keiner politisch aktiven Gruppierung angehören und insbesondere die Anteile
der Personen, die in einer NGO oder einer Basisbewegung aktiv sind, tief bleiben.
Am WSF 2007 in Nairobi hingegen sind die Anteile der Befragen aus der Semiperipherie, die einer NGO (59%) und/oder einer Basisgruppe (34%) angehören,
überdurchschnittlich hoch. Wie bereits Fisher et al. (2005) festhalten, spielt die
finanzielle und organisatorische Unterstützung von NGOs und (in etwas gerin-
gerem Masse) von Basisorganisationen eine wichtige Rolle, wenn Aktivist/innen
des Südens zu zivilgesellschaftlichen Treffen im Ausland reisen wollen.

   Dass jedoch die Teilnehmenden des WSF trotz ihrer häufigen Zugehörigkeit
zu angeblich moderaten NGOs nicht sehr „protestscheu" sind, ist klar. So gibt in

beiden Erhebungen jeweils mehr als ein Viertel aller Befragten an, sich im Vorjahr an mindestens fünf Protestveranstaltungen beteiligt zu haben (Tabelle 7.3). Allerdings scheinen die Befragten im Sample für das WSF 2005 durchschnittlich etwas häufiger auf unkonventionelle politische Ausdrucksmittel zurückzugreifen als diejenigen des Samples für das WSF 2007. So beträgt der Anteil der Personen, die sich an *keinen* Protesten beteiligt haben, im ersten Fall nur 15 % und im zweiten Fall immerhin 31 %.

Was die Teilnahmemotivation angeht, zeigt Tabelle 7.5 auf, dass eine überwältigende Mehrheit aller Befragten das WSF besucht, um dort Informationen auszutauschen und sich über Themen und Anliegen zu informieren. Dagegen sind die Anteile der Befragten, deren Teilnahmemotivation auch das „Networking" beziehungsweise das Organisieren von Aktionen und Kampagnen umfasst, deutlicher kleiner. Die Hypothese, wonach ein substantieller Teil der Teilnehmenden ans WSF reist, um von anderen Teilnehmenden zu lernen und Erfahrungen auszutauschen, wird demnach gestützt.

Auch findet sich klarer empirischer Rückhalt für die Vermutung, der Anteil der Personen, die am WSF teilnehmen, um dort Allianzpartner im Kampf für vorgefertigte Interessen zu finden, sei im Vergleich dazu kleiner. Das WSF ist nicht ein Ort, an dem Aktivist/innen für festgefahrene Anliegen werben und Verbündete suchen; vielmehr beteiligt sich der Grossteil aller Befragten am Forum, um neue Positionen kennenzulernen und sich der eigenen Interessen klarer gewahr werden zu können. Auffällig ist außerdem, dass unter den Befragten, die in Zentrumsländern leben, das Lernmotiv *noch* öfter hervorgehoben wird als unter den Befragten der Peripherie. Die Unterschiede zwischen den drei Weltsystemzonen erweisen sich jedoch nur für die Erhebung am WSF 2007 in Nairobi als statistisch signifikant.

7.4   Politische Einstellungen nach Weltsystemzonen

Wie aber sind die politischen Einstellungen zum globalen Kapitalismus verteilt? Hier zeigen sich zunächst einmal deutliche Unterschiede zwischen den beiden Stichproben für das WSF 2005 in Porto Alegre und für das WSF 2007 in Nairobi. Wie aus Tabelle 7.6 hervorgeht, ist am WSF 2005 eine klare Mehrheit aller Befragten für die radikale Abschaffung des kapitalistischen Systems. Am WSF 2007 stellt diese Sicht hingegen eine Minderheitenposition dar. Zudem finden sich in der Untersuchung zu Porto Alegre 2005 keine wesentlichen und statistisch signifikanten Unterschiede zwischen Befragten aus den verschiedenen Zonen des Weltsystems. Die beliebte Vermutung, wonach Sozialaktivist/innen aus dem globalen Süden und insbesondere solche aus der Semiperipherie radikaler antikapitalistisch eingestellt sein sollten als andere, wird durch diese vorläufigen

Tabelle 7.6   Einstellungen der WSF-Teilnehmer/innen zum Kapitalismus
(nach Weltsystemzone)

Soll der Kapitalismus reformiert oder abgeschafft werden?

Keine Mehrfachantworten möglich

Total

	Porto Alegre 2005	Nairobi 2007
Reformieren	42%	54%
Abschaffen (und ersetzen)	58%	36%
Weder noch	–	10%

Porto Alegre 2005

	Zentrum	Semiperipherie	Peripherie
Reformieren	43%	42%	41%
Abschaffen und ersetzen	57%	58%	59%

Chi-Quadrat: 0.071; sig.=.965; n=576

Nairobi 2007

	Zentrum	Semiperipherie	Peripherie
Reformieren	51%	37%	61%
Abschaffen	35%	57%	31%
Weder noch	15%	7%	9%

Chi-Quadrat: 21.394**; sig.=.000; n=472

Alle Angaben sind in gültigen Prozenten (unter Ausschluss von unklaren und „Weiß nicht"-Antworten); Signifikanzniveaus der Chi-Quadrat-Tests für Unterschiede zwischen den drei Welt-systemzonen: † 10%, * 5%, ** 1%.

bivariaten Befunde also nicht gestützt. Die Befragten, die aus der Semiperipherie stammen, scheinen nur in der Erhebung für das WSF 2007 radikaler zu sein als die restlichen Befragten – hier allerdings ist der Unterschied deutlich und auch auf dem 1%-Niveau statistisch signifikant. Das Subsample der Befragten, die aus der Semiperipherie stammen, ist freilich in der Erhebung für das WSF 2007 das einzige mit einer klaren antikapitalistischen Mehrheit. Vorläufig unterstützt wird indes die Hypothese, wonach mindestens ein Drittel der Befragten aus den Zentrumsländern eine antikapitalistische Haltung vertritt und je ein substantieller Teil der Befragten aus allen drei Schichtungszonen des Weltsystems dieselben Positionen befürwortet.

Ein ähnliches Bild ergibt sich auch mit Blick auf die Frage, was langfristig mit dem IWF und der WTO geschehen sollte (Tabelle 7.7). Auch hier stellen radikale Forderungen, die auf eine Abschaffung dieser Organisationen hinauslaufen,

Tabelle 7.7   Einstellungen der WSF-Teilnehmer/innen zum IWF und der
                   WTO (nach Weltsystemzone)

Was soll langfristig mit internationalen Finanz- und Handelsorganisationen wie dem IWF (und der WTO) getan werden?

Keine Mehrfachantworten möglich

Total

	Porto Alegre 2005	*Nairobi 2007*[a]
Reformieren/Verhandlungen aufnehmen	14 %	57 %
Abschaffen	25 %	25 %
Abschaffen & durch neue ersetzen	61 %	15 %
Gar nichts tun	–	4 %

Porto Alegre 2005

	Zentrum	*Semiperipherie*	*Peripherie*
Verhandlungen aufnehmen	13 %	14 %	19 %
Abschaffen	15 %	28 %	26 %
Abschaffen & durch neue ersetzen	73 %	58 %	56 %

Chi-Quadrat: 11.200*; sig.=.024; n=577

Nairobi 2007[a]

	Zentrum	*Semiperipherie*	*Peripherie*
Reformieren	35 %	32 %	75 %
Abschaffen	42 %	47 %	10 %
Durch neue ersetzen	22 %	19 %	9 %
Gar nichts tun	1 %	3 %	5 %

Chi-Quadrat: 98.115**; sig.=.000; n=450[b]

Alle Angaben sind in gültigen Prozenten (unter Ausschluss von unklaren und „weiß nicht"-Antworten); Signifikanzniveaus der Chi-Quadrat-Tests für Unterschiede zwischen den drei Welt-systemzonen: † 10 %, * 5 %, ** 1 %.

[a] Die Frage bezieht sich nur auf den IWF; Einstellungen zur WTO wurden separat erhoben.

[b] Die geringe Fallzahl für die Antwort „gar nichts tun" führt dazu, dass in 2 untersuchten Zellen die erwarteten Häufigkeiten unter dem Wert 5 liegen. Schließt man die Kategorie „gar nichts tun" aus der Kreuztabelle aus ergibt sich folgendes Testresultat: Chi-Quadrat: 92,572**; sig. = .000; n = 434.

nur am WSF 2005 in Porto Alegre die Mehrheitsposition dar. Gleichzeitig finden sich für das WSF 2005 keine signifikanten Unterschiede zwischen dem Subsample der Personen, die aus Zentrumsländern stammen, und den Subsamples der Befragten aus der Peripherie und der Semiperipherie. Die Vermutung, Aktivist/innen aus dem globalen Norden (beziehungsweise den Zentrumsnationen) seien öfter als andere reformistisch eingestellt, wird demnach erneut widerlegt. Die Aktivist/innen aus dem Zentrum sind gemäß Tabelle 7.7 sogar tendenziell „radikaler" als die restlichen Befragten.

Allerdings wird auch deutlich, dass radikale Befragte aus der Semiperipherie und der Peripherie signifikant seltener als solche aus dem Zentrum dafür optieren, die bestehenden internationalen Organisationen nicht nur abzuschaffen, sondern auch durch neue zu ersetzen. Mit anderen Worten zeigt sich hier, dass Aktivist/innen des globalen Südens problematische Erfahrungen mit den bestehenden Institutionen der *global governance* gemacht haben und daher eher für die Stärkung lokaler und regionaler Regulierungsinstanzen als für globalistische Lösungen und die Schaffung weiterer internationaler Organisationen optieren. *Nicht* gestützt wird hingegen die Annahme, die Skepsis gegenüber globalen Lösungen (d. h. gegenüber der Reform bestehender oder der Schaffung neuer globaler Regulierungsinstanzen) sei unter Befragten der Peripherie ausgeprägter als in der Semiperipherie.

Im Subsample für das WSF 2007 in Nairobi bilden radikale Forderungen erneut eine Minderheitsposition. An ihrer Stelle dominieren Reformvorschläge und konservative Positionen, denn immerhin fast zwei Drittel aller Befragten geben an, den IWF lediglich reformieren (57 %) oder unverändert lassen (4 %) zu wollen (Tabelle 7.7). Allerdings fällt auf, dass für die ausgeprägte Dominanz reformistischer und konservativer Positionen ausschließlich diejenigen Befragten verantwortlich sind, die ihren Wohnsitz in der Peripherie haben. Im Subsample dieser Personen ist es eine überwältigende Mehrheit aller Befragten, welche die Ansicht vertritt, der IWF sollte reformiert (75 %) oder in Ruhe gelassen (5 %) werden. Unter den Befragten, die aus dem Zentrum und der Semiperipherie stammen, überwiegt jedoch die radikale Forderung, den IWF in seiner bestehenden Form vollständig abzuschaffen oder zu ersetzen. Es sind hier also gerade nicht die Befragten aus den Zentrumsländern, die sich als wenig radikal erweisen, sondern diejenigen aus der Peripherie. Die Spaltungslinie zwischen radikalen und reformistischen Positionen scheint nicht zwischen dem globalen Norden und dem Süden zu verlaufen, sondern – zumindest mit Blick auf die Resultate für das WSF 2007 in Nairobi – innerhalb des globalen Südens die Aktivist/innen aus der Peripherie von denjenigen aus der Semiperipherie zu trennen.

Widersprüchlich ist in diesem Zusammenhang jedoch, dass die am WSF 2007 in Nairobi befragten Aktivist/innen eine mögliche postkapitalistische Ära mehrheitlich positiv einschätzen: Wie Tabelle 7.8 zeigt, ist mehr als die Hälfte aller Befragten der Ansicht, dass die meisten Formen der sozialen Ungleichheit und Hierarchie mit der Abschaffung des Kapitalismus ebenfalls vergehen würden (alle Angaben unter Ausschluss der Kategorie „unentschieden" und der ungültigen Antworten). Außerdem wird deutlich, dass diese Meinung unter den Befragten der Peripherie besonders häufig anzutreffen ist, sich der entsprechende

Tabelle 7.8 Prognosen der WSF-Teilnehmer/innen zur postkapitalistischen (Welt)Gesellschaft (nach Weltsystemzone)

„Die meisten Formen der sozialen Ungleichheit und Hierarchie werden mit der Abschaffung des Kapitalismus vermutlich ebenfalls verschwinden."

Nur am WSF 2007 in Nairobi erhoben

Total

	Porto Alegre 2005	*Nairobi 2007*
(Sehr) Einverstanden	–	54%
(Gar) Nicht einverstanden	–	46%

Nairobi 2007

	Zentrum	*Semiperipherie*	*Peripherie*
(Sehr) Einverstanden	25%	55%	69%
(Gar) Nicht einverstanden	75%	45%	31%

Chi-Quadrat: 58.855**; sig.=.000; n=388

Alle Angaben sind in gültigen Prozenten (unter Ausschluss von unklaren und „weiß nicht"-Antworten) und unter Ausschluss der Kategorie „unentschieden" berechnet; Signifikanzniveaus des Chi-Quadrat-Tests für Unterschiede zwischen den drei Weltsystemzonen: † 10%, * 5%, ** 1%.

Anteil unter Befragten des Zentrums jedoch auf ein Viertel reduziert. Vergleicht man diese Befunde mit denen aus Tabelle 7.6, ergibt sich also ein auffällig paradoxes Bild. So gehen unter den Befragten aus der Peripherie mehr als zwei Drittel davon aus, dass sich mit der Abschaffung des Kapitalismus egalitärere gesellschaftliche Zustände ergäben, doch optieren nur weniger als ein Drittel dafür, dass der Kapitalismus tatsächlich abgeschafft und durch ein anderes System ersetzt werden sollte. Es darf darum behauptet werden, dass viele Teilnehmer/innen des WSF (zumindest in Nairobi 2007) in ihren Einstellungen gegenüber dem kapitalistischen Wirtschaftssystem unsicher sind und bei ähnlich lautenden Fragen gegenläufige Positionen einnehmen.

7.5 Politische Einstellungen im Nord-Süd-Vergleich – logistische Regressionen

Wie die vorangehenden Analysen gezeigt haben, variieren die Größen Alter und Geschlecht sowie die Zugehörigkeit zu bestimmten Organisationstypen systematisch mit der Herkunft der befragten Personen aus unterschiedlichen Zonen des Weltsystems. Sie könnten daher die bisherigen bivariaten Befunde verzerrt haben und sollen in den nachfolgenden logistischen Regressionen (Tabellen 7.9–7.15) mitkontrolliert werden.[5]

Prädiktoren des radikalen Antikapitalismus

Das erste und das dritte Regressionsmodell in Tabelle 7.9 testen erneut die Annahme, Aktivist/innen des globalen Südens könnten radikaler antikapitalistisch sein als diejenigen des Nordens. Die Vermutung wird einmal mehr widerlegt. So fallen zwar die entsprechenden Regressionskoeffizienten sowohl in den Untersuchungen für das WSF 2005 (Modell 1) als auch in denjenigen für das WSF 2007 (Modell 2) erwartungsgemäß positiv aus, doch wird der Effekt nur in Modell 1 und auch dort nur auf dem 10%-Niveau statistisch signifikant. Entgegen den Vorwürfen, die etwa *Jubilee South* erhebt, scheinen Aktivist/innen aus dem globalen Norden demnach nicht systematisch die moderateren Anliegen zu vertreten als diejenigen aus dem Süden. Empirisch gestützt wird jedoch die Vermutung, wonach sich Aktivist/-innen aus der Semiperipherie mit signifikant höherer Wahrscheinlichkeit für eine Abschaffung des Kapitalismus einsetzen als solche aus den anderen Zonen. In Übereinstimmung mit den Prognosen von Boswell und Chase-Dunn (2000, Chase-Dunn und Boswell 2004) erweist sich die Semiperipherie hier also als die am radikalsten antikapitalistische Zone.

Systematische Unterschiede in den politischen Einstellungen finden sich weiter auch zwischen den Mitgliedern verschiedener Organisationstypen (ebenfalls Tabelle 7.9). So erweist sich die Wahrscheinlichkeit, dass Gewerkschaftsmitglieder im Vergleich zu Nicht-Mitgliedern eher antikapitalistische Positionen vertreten, in allen Modellen der Tabelle 7.9 als statistisch signifikant, und Aktivist/innen, die einer Basisgruppe angehören, scheinen sich ebenfalls deutlich häufiger für solche Positionen einzusetzen als diejenigen Personen, die sich in keiner SMO beteiligen. Der häufige Vorwurf an NGOs, sie würden mit Vorliebe moderate und reformistische Positionen vertreten, lässt sich hingegen nicht aufrechterhalten. Die entsprechenden logistischen Regressionskoeffizienten weisen je nach Modell unterschiedliche Vorzeichen auf und erweisen sich durchgehend als statistisch nicht-signifikant. Das „Universum" der NGO-Mitglieder entpuppt

---

[5] Ferner unterscheiden sich die Regressionen in den Tabellen 7.9–7.16 dadurch von den vorangehenden bivariaten Analysen, als nur noch Personen mituntersucht werden, die im engeren Sinne als politisch aktiv gelten können. Als Einschlusskriterium gilt, dass die Befragten im Vorjahr mindestens eine Protestveranstaltung besucht haben *und/oder* sich nach eigenen Angaben in mindestens einer sozialen Bewegung aktiv engagieren *und/oder* als Abgesandte einer Basisgruppe (SMO) am Forum teilnehmen. Die 31 (4,9%) der 639 Befragten am WSF 2005 und die 46 (8,6%) der 535 Befragten am WSF 2007, die keines dieser drei Kriterien erfüllen oder alle drei Fragen unbeantwortet gelassen haben, bleiben von der Analyse ausgenommen.

Tabelle 7.9   Zustimmung der WSF-Teilnehmer/innen zur Abschaffung des
                  Kapitalismus – logistische Regression

	WSF 2005		WSF 2007	
	Modell 1	Modell 2	Modell 3	Modell 4
	Koeff. *S.E.*	*Koeff.* *S.E.*	*Koeff.* *S.E.*	*Koeff.* *S.E.*
Süden	0,591† 0,308	–	0,378 0,305	–
Semiperipherie *(Referenz: Zentrum)*	–	0,668† 0,342	–	0,790* 0,360
Peripherie *(Referenz: Zentrum)*	–	0,212 0,424	–	0,022 0,393
Frau (oder „andere") *(Referenz: Mann)*	–0,056 0,200	–0,033 0,200	–0,403 † 0,235	–0,350 0,236
Alter <26 Jahre *(Referenz: 26–45 Jahre)*	0,360 0,226	0,349 0,226	–0,042 0,302	–0,063 0,304
Alter 45 Jahre *(Referenz: 26–45 Jahre)*	0,580 † 0,307	0,596 † 0,309	0,284 0,266	0,220 0,271
Gewerkschaftsmitglied	0,564* 0,262	0,522* 0,262	0,743* 0,337	0,753* 0,341
Angehörige/r einer Basisgruppe (SMO)	1,336** 0,213	1,322** 0,213	0,847** 0,281	0,774** 0,285
NGO-Mitglied	–0,291 0,208	–0,278 0,208	0,244 0,242	0,262 0,243
Wohnsitz in Brasilien	–0,603* 0,261	–0,671* 0,285	–	–
Wohnsitz in Kenia	–	–	–0,327 0,292	0,079 0,372
Konstante	–0,443 0,316	–0,451 0,328	–0,965** 0,338	–0,997** 0,343
N	481	481	363	363

† signifikant: 10%-Niveau; * signifikant: 5%-Niveau; ** signifikant: 1%-Niveau.

sich als heterogen, werden doch darin sowohl moderate als auch radikale Positionen vertreten.

Untersucht man nun, welche Befragten am ehesten einer radikalen Abschaffung des IWF (beziehungsweise des IWF und der WTO) zustimmen, ergeben sich die in Tabelle 7.10 dokumentierten Befunde. Darin wird einmal mehr deutlich, dass Befragte aus dem globalen Süden nicht mit größerer Wahrscheinlichkeit radikale Positionen vertreten als jene aus dem globalen Norden. In der Untersuchung für das WSF 2007 in Nairobi zeigt sich im Gegenteil sogar ein negativer Zusammenhang: Befragte aus dem Süden sind mit signifikant *kleinerer* Wahrscheinlichkeit als die Kolleg/innen aus dem Norden dazu bereit, radikale Positionen zu vertreten (Modell 7). Die Hypothese, gemäß der sich Aktivist/innen des Südens im Vergleich zu denen des Nordens eher für eine Abschaffung der internationalen Handels- und Finanzorganisationen einsetzen, wird also deutlich widerlegt.

Widerlegt wird in den Modellen der Tabelle 7.10 auch die Vorstellung, Aktivist/innen aus der Semiperipherie seien der Tendenz nach radikaler in ihren Forderungen als der Rest. Wie die Modelle 6 und 8 zeigen, tendieren Befragte aus der Semiperipherie zwar tatsächlich häufiger zu radikalen Forderungen als solche aus der Peripherie, nicht jedoch als solche aus den Zentrumsländern. Der entsprechende Koeffizient wird nicht nur nie signifikant, sondern wechselt zwischen den Modellen 6 und 8 auch das Vorzeichen. Dafür erhärtet sich der Zusammenhang zwischen der Neigung zu radikalen Positionen und der Zugehörigkeit zu Basisgruppen: Der entsprechende Koeffizient wird durchgehend positiv und statistisch signifikant auf dem 1%-Niveau (Modelle 5 und 6) beziehungsweise dem 5%-Niveau (Modelle 7 und 8). Für die Zugehörigkeit zu NGOs hingegen finden sich erneut keine eindeutigen Effekte.

Etwas andere Effekte zeigen sich indes für die Zustimmung zur (antikapitalistischen) Aussage, die Abschaffung des Kapitalismus würde zum Verschwinden von Ungleichheiten und Hierarchien führen. Wie die Ergebnisse in Tabelle 7.11 deutlich machen, wird diese implizit kapitalismuskritische Aussage von Befragten aus dem Süden durchaus häufiger unterstützt als von solchen aus dem Norden (Modell 9) – und zwar gilt dies für Befragte aus der Peripherie in gleichem Masse (d.h. mit nahezu identischen Effektstärken) wie für solche aus der Semiperipherie (Modell 10). Die Effekte sind außerdem statistisch signifikant. Hingegen finden sich keine Unterschiede zwischen der Semiperipherie und der Peripherie. Befragte mit Wohnsitz in Kenia – einem Teil der weltsystemischen Peripherie – scheinen eine mögliche postkapitalistische Zukunft sogar skeptischer einzuschätzen als andere. Für die Zugehörigkeit zu Basisgruppen ergeben sich einmal mehr signifikant positive Effekte.

Zusammenfassend zeigen sich bislang kaum eindeutige Nord-Süd-Differenzen. Die Wahrscheinlichkeit, dass die Befragten radikal antikapitalistische Forderungen vertreten, ist unter Aktivist/innen des globalen Südens *nicht* größer

Tabelle 7.10   Zustimmung der Befragten zur Abschaffung des IWF (und der WTO) – logistische Regressionen

	WSF 2005		WSF 2007	
	Modell 5	Modell 6	Modell 7	Modell 8
	Koeff. *S.E.*	*Koeff.* *S.E.*	*Koeff.* *S.E.*	*Koeff.* *S.E.*
Süden	0,351 0,440	–	–0,696* 0,318	–
Semiperipherie *(Referenz: Zentrum)*	–	0,508 0,517	–	–0,244 0,375
Peripherie *(Referenz: Zentrum)*	–	–0,165 0,557	–	–1,232** 0,405
Frau (oder „andere") *(Referenz: Mann)*	–0,437 0,287	–0,414 0,287	–0,039 0,266	–0,043 0,270
Alter <26 Jahre *(Referenz: 26–45 Jahre)*	–0,516 0,320	–0,547† 0,322	0,027 0,347	–0,024 0,351
Alter 45 Jahre *(Referenz: 26–45 Jahre)*	–0,147 0,451	–0,146 0,453	0,472 0,294	0,350 0,300
Gewerkschaftsmitglied	0,881* 0,445	0,836 † 0,446	0,356 0,378	0,361 0,382
Angehörige/r einer Basisgruppe (SMO)	0,831** 0,320	0,826** 0,320	0,794* 0,314	0,747* 0,319
NGO-Mitglied	0,035 0,294	0,065 0,297	0,080 0,273	0,119 0,277
Wohnsitz in Brasilien	–0,108 0,383	–0,285 0,447	–	–
Wohnsitz in Kenia	–	–	–1,552** 0,330	–1,053* 0,407
Konstante	1,770* 0,450	1,789* 0,468	0,262 0,375	0,319 0,382
N	481	481	345	345

† signifikant: 10%-Niveau; * signifikant: 5%-Niveau; ** signifikant: 1%-Niveau.

Tabelle 7.11   Zustimmung der Befragten zur Aussage „Die meisten Formen der sozialen Ungleichheit und Hierarchie werden mit der Abschaffung des Kapitalismus vermutlich ebenfalls verschwinden" – logistische Regressionen

	Modell 9	WSF 2007 Modell 10
	Koeff. *S.E.*	*Koeff.* *S.E.*
Süden	1,060** 0,342	–
Semiperipherie *(Referenz: Zentrum)*	–	1,079** 0,387
Peripherie *(Referenz: Zentrum)*	–	1,003* 0,445
Frau (oder „andere") *(Referenz: Mann)*	–0,681** 0,260	–0,653 † 0,315
Alter <26 Jahre *(Referenz: 26–45 Jahre)*	–0,015 0,346	0,005 0,348
Alter 45 Jahre *(Referenz: 26–45 Jahre)*	0,100 0,306	0,117 0,312
Gewerkschaftsmitglied	–0,166 0,381	–0,157 0,381
Angehörige/r einer Basisgruppe (SMO)	0,537* 0,343	0,472* 0,344
NGO-Mitglied	–0,124 0,274	–0,112 0,274
Wohnsitz in Kenia	–0,961** 0,332	–1,045* 0,414
Konstante	–0,635† 0,381	–0,672 † 0,387
N	301	301

† signifikant: 10%-Niveau; * signifikant: 5%-Niveau; ** signifikant: 1%-Niveau.

als unter denen des Nordens. Ferner zeigen sich auch keine robust signifikanten Unterschiede zwischen Aktivist/innen der Semiperipherie und solchen, die
aus anderen Zonen stammen. Die einzige Größe, die robuste und konsequent
statistisch signifikante Effekte aufweist, ist die Zugehörigkeit zu Basisgruppen
(SMOs). SMO-Anhänger/innen sind eher als andere geneigt, radikale Positionen
zu vertreten. Hingegen wird deutlich, dass die Mitglieder von NGOs nicht häufiger als andere moderate Positionen vertreten. Die in der Literatur und unter Ba-
sisaktivist/innen häufige Kritik an den angeblich moderaten und reformistischen
NGOs wird also weitgehend widerlegt. NGO-Mitglieder, die nicht zugleich auch
einer SMO angehören, sind zwar tendenziell weniger radikal eingestellt als die
Aktivist/innen dieser Basisorganisationen, doch unterscheiden sie sich damit weder von ihren Gewerkschaftskolleg/innen noch von Befragten, die sich für keinen
dieser drei Organisationstypen engagieren.

Prädiktoren des Globalismus und der Zustimmung zur Basisdemokratie

Vorangehende bivariate Analysen haben gezeigt, dass Aktivist/innen aus dem
globalen Süden und insbesondere der Peripherie der Schaffung von neuen globalen Regulierungsinstanzen tendenziell skeptischer gegenüber stehen als solche
aus dem Norden (siehe Tabelle 7.7). In Tabelle 7.12, in der die Zustimmung zur
Idee einer möglichen Weltregierung untersucht wird, verwischt sich dieser Unterschied jedoch. Der entsprechende Koeffizient weist nur in der Untersuchung für
das WSF 2005 in Porto Alegre das erwartete negative Vorzeichen auf (Modell 11).
In der Untersuchung zum WSF 2007 in Nairobi hingegen wird der Effekt positiv
und statistisch nicht-signifikant (Modell 13). Die mögliche Vermutung, Aktivist/
innen des Südens seien zentralistisch-globalistischen Politikvorschlägen eher ab-
geneigt als solche des Nordens, erweist sich mit anderen Worten als irreführend.
Außerdem zeigt sich, dass diesbezüglich keine robusten Unterschiede zwischen
der Peripherie und anderen Zonen bestehen (Modelle 12 und 14).

Aktivist/innen des Südens und besonders der Peripherie weisen jedoch eine
stärker ausgeprägte Tendenz zu dezentralen und partizipativen Formen der Basisdemokratie auf. Dies zeigt sich in Tabellen 7.13 und 7.14. Hier nämlich wird die
Wahrscheinlichkeit untersucht, mit der eine befragte Person die Mechanismen
der repräsentativen Demokratie durch solche der direkten (partizipativen und deliberativen) Basisdemokratie ersetzen will (Tab. 7.13).[6] Weiter wird gefragt, wer

---

[6] Frageformulierung: „In den meisten politischen Situationen ist die repräsentative Demokratie, in
der Führer gewählt oder bestimmt werden, um eine soziale Gruppe zu vertreten, in den Bankrott geraten. Wir müssen politische Hierarchien mit partizipativen (oder direkten) Formen der Demokratie
ersetzen." Als zustimmende Antworten wurden codiert: „einverstanden" und „sehr einverstanden"

die Dominanz der Intellektuellen am WSF kritisiert (Tab. 7.14).[7] Beide Fragen wurden indes nur am WSF 2007 in Nairobi erhoben. Im Ergebnis wird deutlich, dass beide Positionen unter Befragten des Südens (Modelle 15 und 16) und insbesondere unter solchen der Peripherie (Modelle 16 und 18) signifikant häufiger Zustimmung finden als unter den restlichen. Zwischen den Befragten der Semiperipherie und jenen des Nordens zeigen sich jedoch keine substantiellen Unterschiede (Modelle 16 und 18).

Es ergibt sich also die bemerkenswerte Situation, dass Befragte aus der Peripherie häufiger nach Mechanismen der direkten und partizipativen Demokratie verlangen als andere, zugleich aber der Idee einer Weltregierung genauso zugeneigt sind. Immerhin 88 % aller Befragten am WSF 2007, die ihren Wohnsitz in der Peripherie haben, anerkennen die Möglichkeit einer Weltregierung als „gute Idee und praktikabel" (51 %) oder als „gute Idee, aber nicht praktikabel" (37 %). Der Anteil der Personen, die „schlechte Idee" ankreuzen (11 %, abgerundet), ist im Vergleich zum Subsample der Befragten aus der Semiperipherie (20 %) und dem der Befragten aus dem Zentrum (21 %) deutlich kleiner. Ferner stimmen Befragte aus der Peripherie öfter als andere der Aussage zu, eine einzige globale Instanz sollte die Aktionen progressiver sozialer Bewegungen koordinieren dürfen (Resultate beim Autor). Wie aber eine Weltregierung oder eine globale Koordinationsinstanz für die progressiven sozialen Bewegungen partizipativ und deliberativ ausgestaltet werden könnten, muss hier offen bleiben.

Weiter fällt in Tabelle 7.13 auf, dass sich Gewerkschaftsmitglieder signifikant seltener als Nicht-Mitglieder kritisch gegenüber dem System der repräsentativen Demokratie äußern (Modelle 15 und 16). Die Mitglieder von NGOs hingegen stimmen signifikant seltener als Nicht-Mitglieder der Aussage zu, die Diskussionen am WSF würden von Intellektuellen dominiert (Tab. 7.14: Modelle 17 und 18). Diese Befunde erstaunen jedoch insofern nur wenig, als Gewerkschaften in der Regel nach den Prinzipien der repräsentativen Demokratie organisiert sind und sich professionalisierte NGOs in ihren Kampagnen oft auf die Unterstützung durch bekannte Intellektuelle und weitere Prominente berufen. Aktivist/innen, die mit diesen Mechanismen nicht einverstanden wären, würden sich solchen Organisationen kaum anschließen wollen.

(vs. „nicht einverstanden" und „gar nicht einverstanden"). Die Antwortkategorie „unentschieden/ neutral" wurde von der Analyse ausgeschlossen.

[7] Frage: „Die Diskussionen am WSF werden zu sehr von Intellektuellen dominiert" (Codierung siehe vorangehende Anmerkung).

Tabelle 7.12   Zustimmung der Befragten zur globalistischen Idee einer
             Weltregierunga – logistische Regressionen

	WSF 2005		WSF 2007	
	Modell 11	Modell 12	Modell 13	Modell 14
	Koeff. *S.E.*	*Koeff.* *S.E.*	*Koeff.* *S.E.*	*Koeff.* *S.E.*
Süden	−0,725* 0,334	–	0,347 0,370	–
Semiperipherie *(Referenz: Zentrum)*	–	−0,835* 0,364	–	0,104 0,435
Peripherie *(Referenz: Zentrum)*	–	−0,310 0,492	–	0,272 0,479
Frau (oder „andere") *(Referenz: Mann)*	−0,021 0,204	−0,043 0,204	0,167 0,312	0,138 0,314
Alter <26 Jahre *(Referenz: 26–45 Jahre)*	0,240 0,231	0,251 0,231	−0,376 0,396	−0,318 0,397
Alter 45 Jahre *(Referenz: 26–45 Jahre)*	−0,348 0,309	−0,330 0,310	−0,213 0,354	0,168 0,362
Gewerkschaftsmitglied	0,040 0,263	0,089 0,264	0,130 0,433	0,134 0,432
Angehörige/r einer Basisgruppe (SMO)	0,276 0,211	0,289 0,211	−0,489 0,339	−0,490 0,342
NGO-Mitglied	0,286 0,212	0,268 0,213	−0,158 0,314	−0,142 0,315
Wohnsitz in Brasilien	−0,287 0,258	−0,207 0,276	–	–
Wohnsitz in Kenia	–	–	0,757† 0,415	0,772 0,496
Konstante	1,135** 0,344	1,165** 0,360	1,444** 0,429	1,504** 0,438
N	474	474	355	355

† signifikant: 10%-Niveau; * signifikant: 5%-Niveau; ** signifikant: 1%-Niveau.

a Als zustimmende Antworten wurden codiert: „gute Idee" und „gute Idee, aber nicht machbar" (vs. „schlechte Idee")

Tabelle 7.13   Zustimmung der Befragten zur partizipativen Demokratie –
logistische Regressionen

	Modell 15	WSF 2007 Modell 16
	Koeff. *S.E.*	*Koeff.* *S.E.*
Süden	1,009* 0,428	–
Semiperipherie *(Referenz: Zentrum)*	–	0,630 0,467
Peripherie *(Referenz: Zentrum)*	–	1,509* 0,670
Frau (oder „andere") *(Referenz: Mann)*	0,069 0,347	0,064 0,349
Alter <26 Jahre *(Referenz: 26–45 Jahre)*	–0,248 0,481	–0,179 0,483
Alter 45 Jahre *(Referenz: 26–45 Jahre)*	–0,469 0,388	–0,386 0,395
Gewerkschaftsmitglied	–0,942* 0,439	–0,935* 0,437
Angehörige/r einer Basisgruppe (SMO)	0,403 0,420	0,420 0,420
NGO-Mitglied	–0,110 0,357	–0,098 0,357
Wohnsitz in Kenia	0,143 0,507	–0,334 0,713
Konstante	1,481** 0,481	1,426** 0,485
N	316	316

† signifikant: 10 %-Niveau; * signifikant: 5 %-Niveau; ** signifikant: 1 %-Niveau.

Tabelle 7.14   Zustimmung der Befragten zu „horizontalen"
                  Entscheidfindungsprozessen – logistische Regressionen

		WSF 2007
	Modell 17	Modell 18
	Koeff. *S.E.*	*Koeff.* *S.E.*
Süden	0,845* 0,387	–
Semiperipherie *(Referenz: Zentrum)*	–	0,307 0,429
Peripherie *(Referenz: Zentrum)*	–	2,128** 0,591
Frau (oder „andere") *(Referenz: Mann)*	–0,165 0,290	–0,136 0,298
Alter < 26 Jahre *(Referenz: 26–45 Jahre)*	–0,537 0,379	–0,520 0,387
Alter 45 Jahre *(Referenz: 26–45 Jahre)*	0,163 0,336	0,388 0,356
Gewerkschaftsmitglied	0,137 0,437	0,222 0,450
Angehörige/r einer Basisgruppe (SMO)	0,325 0,379	0,419 0,384
NGO-Mitglied	–0,900** 0,312	–1,056** 0,323
Wohnsitz in Kenia	–0,458 0,361	–0,610 0,549
Konstante	0,583 0,433	0,412 0,443
N	265	265

† signifikant: 10 %-Niveau; * signifikant: 5 %-Niveau; ** signifikant: 1 %-Niveau.

Prädiktoren des Wertekonservatismus

Deutliche Unterschiede ergeben sich hinsichtlich der Frage nach dem Recht auf Abtreibung. Wie Tabelle 7.15 zeigt, sind weibliche Befragte eher der Ansicht als Männer, dieses Recht müsse jederzeit oder zumindest fallweise gewährt werden können (Modelle 19 und 20). Befragte aus der Peripherie und insbesondere solche, die aus Kenia stammen, stimmen dieser Ansicht hingegen signifikant seltener zu als andere (Modell 20). Bivariate Detailuntersuchung zeigen, dass unter den Befragten der Peripherie immerhin 44 % das Recht auf Abtreibung generell verneinen („niemals"), während nur 56 % dieses Recht „unter allen Umständen" (12 %) oder wenigstens „manchmal" (44 %) befürworten. Unter Befragten aus den Zentrumsländern und der Semiperipherie kehren sich die Verhältnisse hingegen um: Hier sind es 83 % beziehungsweise 59 %, die dem Recht auf Abtreibung bedingungslos zustimmen, und 12 % beziehungsweise 29 %, die es fallweise gewährt haben wollen. Generell abgelehnt wird die Abtreibung nur von 5 % der Befragten des Zentrums und von 12 % der Befragten der Semiperipherie.

Weitere Untersuchungen und Fazit

Der IROWS-Survey für das WSF 2007 in Nairobi enthält eine Reihe von weiteren Einstellungsfragen, die in den bisherigen logistischen Regressionen noch nicht untersucht worden sind. So wird zum Beispiel gemessen, was die Befragten von der möglichen Einführung der Tobin-Steuer, von einer pauschalen Schuldenstreichung für die Entwicklungsländer oder von Reparationszahlungen für Verheerungen des Kolonialismus halten. Wie in Tabelle 7.16 gezeigt wird, gibt es bezüglich dieser Fragen jedoch keine systematischen Nord-Süd-Differenzen oder Unterschiede zwischen Aktivist/innen des Zentrums, der Semiperipherie oder der Peripherie. Es bestätigt sich in diesen Zusatzuntersuchungen vielmehr das Gesamtbild, das sich bereits in den vorangehenden Analysen abzuzeichnen begonnen hat: dass die internen Konfliktlinien des *global justice movement* zu strittigen politischen Fragen *nicht* entlang der Nord-Süd-Achse verlaufen.

Tabelle 7.16 gibt einen abschließenden Überblick über die bisherigen Befunde und die nicht im Detail besprochenen Zusatzuntersuchungen. Dabei wird deutlich, dass es kaum robuste Nord-Süd-Differenzen in den Antwortmustern gibt. Unterschiede ergeben sich nur bezüglich der Zustimmung zur Aussage, die Abschaffung des Kapitalismus würde vermutlich auch zur Verringerung von sozialen Ungleichheiten führen, sowie zu verschiedenen Items, die eine hohe Wertschätzung für die Prinzipien der „horizontalen," direkten Demokratie ausdrücken. Außerdem besteht ein signifikant negativer Zusammenhang mit der Zustimmung zum Recht auf Abtreibung. Betrachtet man diese Fragen jedoch als Indikatoren

Tabelle 7.15　　Zustimmung der Befragten zum Recht auf Abtreibung[a] – logistische Regressionen

	Modell 19	WSF 2007 Modell 20
	Koeff. *S.E.*	*Koeff.* *S.E.*
Süden	−1,193* 0,551	–
Semiperipherie *(Referenz: Zentrum)*	–	−0,726 0,648
Peripherie *(Referenz: Zentrum)*	–	−1,472* 0,609
Frau (oder „andere") *(Referenz: Mann)*	0,880** 0,289	0,911** 0,289
Alter < 26 Jahre *(Referenz: 26–45 Jahre)*	−0,296 0,407	−0,321 0,358
Alter 45 Jahre *(Referenz: 26–45 Jahre)*	−0,063 0,341	−0,109 0,343
Gewerkschaftsmitglied	0,246 0,541	0,228 0,545
Angehörige/r einer Basisgruppe (SMO)	0,677 0,442	0,632 0,447
NGO-Mitglied	−0,052 0,291	−0,029 0,292
Wohnsitz in Kenia	−1,535** 0,358	−1,224** 0,428
Konstante	2,460** 0,549	2,431** 0,553
N	360	360

† signifikant: 10%-Niveau; * signifikant: 5%-Niveau; ** signifikant: 1%-Niveau.

[a] Frage: „Unterstützen Sie das Recht der Frau auf Abtreibung?" Als zustimmende Antworten wurden codiert: „ ja, unter allen Umständen" und „manchmal (es kommt auf die Situation an)" (vs. „nein/niemals"). Die Antwortkategorie „unentschieden/neutral" wurde von der Analyse ausgeschlossen.

Tabelle 7.16   Übersicht über die Befunde

Abhängiges Konstrukt Indikator(en)	Nord/Süd-Differenz[a] (Vorzeichen für „Süden")	Signifikante Prädiktoren[b] (Vorzeichen des Effekts)
Radikaler Antikapitalismus		
Kapitalismus abschaffen	0	Semiperipherie (+) Gewerkschaftsmitglied (+) SMO/ Basisgruppe (+) Brasilien (−)
IWF/WTO abschaffen	0	SMO/Basisgruppe (+) Kenia (−)
Abschaffung des Kapitalismus = Ende der Ungleichheit	Ja (+)	Semiperipherie (+) Peripherie (+) SMO/Basisgruppe (+) Kenia (−)
Globalismus		
Weltregierung: gute Idee	0	0
Globale Koordinationsinstanz für progressive Bewegungen: gute Idee	Ja (+)	Peripherie (+) Alter<26 Jahre (−)
Partizipative Demokratie (vs. Repräsentation)		
Repräsentative Demokratie durch Direktdemokratie ersetzen	Ja (+)	Peripherie (+) Gewerkschaftsmitglied (−)
WSF wird von Intellektuellen dominiert	Ja (+)	Peripherie (+) NGO-Mitglied (−)
WSF soll keine politischen Positionen beziehen	0	0
Universale Menschen- und Frauenrechte		
Frauenquoten in der Politik	0	NGO-Mitglied (+)
Recht auf Abtreibung (mindestens fallweise)	Ja (−)	Peripherie (−) Frau/"andere" (+) Kenia (−)
Weitere Fragen		
Tobin-Steuer	0	0
Reparationszahlung für Schäden des Kolonialismus	0	0
Gewaltanwendung gegen Personen kann unter sozialen Bewegungen nie gerechtfertigt sein	0	0
Totale Schuldenstreichung für die Entwicklungsländer (vs. partielle Reduktion)!	0	Gewerkschaftsmitglied (−) SMO/Basisgruppe (+)

[a] „Ja" bedeutet, dass sich für die Variable „Süden" in allen getesteten Modellen (für das WSF 2007 in Nairobi sowie, wo vorhanden, auch für das WSF 2005 in Porto Alegre) ein signi-fikanter Effekt (sig.<10 %) zeigt.

[b] Getestet werden alle Variablen, die auch in den logistischen Regressionen der Tabellen 7.9–7.15 enthalten sind. Variablen werden nur dann aufgeführt, wenn sich in allen getesteten Modellen (für das WSF 2007 in Nairobi sowie, wo vorhanden, auch für das WSF 2005 in Porto Alegre) ein signifikanter Effekt zeigt.

für allgemeine theoretische Konstrukte wie „Antikapitalismus" oder „partizipative Demokratie," dürfen die Nord-Süd-Differenzen nicht überbewertet werden. Denn zu jedem dieser Konstrukte gibt es noch einen weiteren Indikator, für den sich gerade *keine* signifikanten Nord-Süd-Unterschiede zeigen, oder einen Indikator, für den sich widersprüchliche Befunde ergeben. So stimmen etwa Befragte aus dem globalen Süden eher als solche aus dem Norden der Aussage zu, es müsste eine globale Koordinationsinstanz für die progressiven sozialen Bewegungen geben, doch gibt es keine Unterschiede bezüglich der Frage, ob das WSF als kollektiver Akteur auftreten und politische Positionen beziehen sollte.

In einigen Fragen zeigen sich hingegen markante Unterschiede zwischen der Semiperipherie und der Peripherie sowie allgemein zwischen dem WSF 2005 und dem WSF 2007. So ist etwa das Sample des WSF 2007 in verschiedener Hinsicht konservativer als dasjenige des WSF 2005, und tatsächlich ist das WSF 2007 einigen kritischen Beobachter/innen als eine enttäuschende Veranstaltung in Erinnerung geblieben (Bello 2007: o. S.). Die kenianische Regierung hatte das WSF als eine Möglichkeit der Tourismusförderung gesehen, die Kontrolle über zentrale infrastrukturelle Einrichtungen und die Telekommunikation ausländischen Großkonzernen überlassen und damit wohl sehr viele radikal antikapitalistische und progressive Gruppen von der Teilnahme abgehalten.

7.6   Konklusionen – viel Lärm um Nichts!

Das *global justice movement* ist eine „Bewegung von Bewegungen," die ein hohes Maß an Diversität aufweist. Die beteiligten Aktivist/innen stammen aus unterschiedlichen Kulturkreisen und verschiedenartigen sozioökonomischen und politischen Kontexten. Wenn sie sich untereinander austauschen und gemeinsame Strategien entwickeln wollen, müssen sie daher zahlreiche geographische, kulturelle und kommunikative Grenzen überwinden. Außerdem vertreten die beteiligten Personen und Gruppierungen eine breite Palette von abweichenden und teils gegensätzlichen politischen Ansichten. Widersprüche ergeben sich unter anderem zwischen radikalen Antikapitalisten und Reformkapitalisten sowie zwischen Globalisten und Lokalisten/Regionalisten.

Eine wichtige Frage lautet, inwieweit die genannten Konfliktlinien entlang der Grenze zwischen Aktivist/innen des globalen Nordens und des Südens verlaufen. Schließlich wird Globalisierungskritiker/innen aus dem Norden oft vorgeworfen, dass sie die Zusammenkünfte und Diskurse der Bewegung dominieren, dabei aus einer Position der „vollen Mägen" argumentieren und im Endeffekt mäßigend auf die viel radikaleren Bewegungen des Südens einwirken.

Tatsächlich aber zeigen sich im Ergebnis dieser Untersuchung nur in wenigen Fragen systematische – also robuste und statistisch signifikante – Unterschiede zwischen Aktivist/innen, die aus dem Norden stammen, und solchen aus dem Süden. Insbesondere die Vermutung, nördliche Aktivist/innen seien weniger häufig radikal antikapitalistisch eingestellt, muss zurückgewiesen werden. Was die Abschaffung des globalen Kapitalismus und seiner Trägerorganisationen angeht, nehmen Befragte aus der Semiperipherie am häufigsten radikale Positionen ein, doch ergeben sich keine Unterschiede zwischen Befragten aus den Zentrumsländern und solchen aus der Peripherie.

Unterschiede hinsichtlich der Häufigkeit, mit der antikapitalistische Positionen vertreten werden, finden sich freilich für die Zugehörigkeit zu verschiedenen Organisationstypen. So sprechen sich die Anhänger/innen von SMOs – Basisgruppen, die sich hauptsächlich selbst finanzieren und weitgehend ohne professionellen Stab auskommen – signifikant häufiger als andere für radikale Anliegen aus. Hingegen scheint die Gruppe der Mitglieder von professionalisierten und fremdfinanzierten NGOs intern heterogen zu sein und sich im Durchschnitt nicht von Nicht-Mitgliedern zu unterscheiden. Der Vorwurf, wonach NGO-Mitglieder radikale Forderungen durch reformistische oder konservative Kompromisslösungen zu ersetzen versuchen, muss jedenfalls aufgrund der vorliegenden Ergebnisse zurückgewiesen werden. Anzumerken ist aber, dass sich die vorliegende Untersuchung mit den individuellen Meinungen der Befragten beschäftigt. Es ist durchaus denkbar, dass NGOs als Kollektivakteure deutlich moderatere Positionen als ihre individuellen Mitglieder vertreten. Denn in der Tat müssen professionalisierte NGOs in ihren öffentlichen Forderungen und Strategien mehrheitsfähig (oder „massentauglich") genug sein, um weiterhin Sponsorengelder anzuziehen.

Trotzdem: Eine klare Trennlinie, welche das globalisierungskritische *global justice movement* in eindeutig identifizierbare „Fraktionen" teilen könnte, scheint es weder zwischen dem „Norden" und dem „Süden," noch zwischen NGO-Mitgliedern und anderen Gruppen zu geben. Die Überschneidungen zwischen den Positionen, welche die Aktivist/innen verschiedener Regionen und Organisationstypen am WSF vertreten, sind beträchtlich. Wenn also tatsächlich eine eigentlich Kluft durch die Bewegung hindurchgehen sollte, dann würde diese woanders verlaufen: etwa zwischen denjenigen Gruppen, die überhaupt am WSF teilnehmen, und denjenigen, welche die Teilnahme mit Bedacht verweigern. So führten bereits am ersten WSF im Jahr 2001 die Besucher/innen des Jugendcamps Protestveranstaltungen gegen das Organisationskomitee durch (Klein 2001: o. S.), und am WSF 2004 in Mumbai stammte die wohl schärfste Kritik an den Organisationsstrukturen und Diskussionsinhalten des WSF aus den Reihen der *Mumbai Resistance* (J. Smith 2004a: 415 ff.). An diesem Parallelforum zum WSF hatten sich Einzelaktivist/innen und Vertreter/innen von mehr als 300 Gruppen versammelt, denen das WSF selbst zuwenig kapitalismuskritisch erschien und die zuweilen auch für gewaltsamen Widerstand einstanden. Wie Jackie Smith (2004a: 415 ff.) betont, haben sich die Debatten am WSF und im

Organisationskomitee aber immer wieder von Außenseiterpositionen inspirieren lassen und diese ernst genommen. Dies erklärt denn auch, warum sich Gruppen, die dem WSF kritisch gegenüberstehen, überhaupt die Mühe machen, am selben Ort ein Parallelforum wie die *Mumbai Resistance* zu besuchen.

Insgesamt sprechen die Befunde der vorliegenden Untersuchung denn auch für ein theoretisches Modell des Aktivist/innen-Verhaltens, das von fragmentierten sozialen Identitäten und wandelbaren Interessen sowie von der Fähigkeit zu Empathie, Toleranz und interkulturellem Lernen ausgeht. Nicht zuletzt wird deutlich, dass weder aus dem globalen Norden noch aus dem globalen Süden die Aktivist/innen ans WSF reisen, um dort ihre bereits vorgefertigten Meinungen und festgefahrenen Interessen zu verteidigen. Vielmehr steht bei vielen Teilnehmenden das Lernmotiv im Vordergrund ihrer Teilnahme.

Die Teilnehmer/innen des WSF sind damit mehr als nur Interessenvertreter/innen nördlicher Privilegien oder südlicher Veränderungswünsche; sie zeichnen sich durch die Zugehörigkeit zu mehreren Referenzgruppen mit je unterschiedlichem, oft widersprüchlichem sozialen Status aus. Diese Vielfalt von überlappenden Gruppenzugehörigkeiten und entsprechend komplexen sozialen Identitäten wiederum verhindert, so Anand (2003: 143 f.), die interne Fraktionalisierung der Bewegung in gegnerische Lager:

> „[M]ultiple identities are contrary to the disciplinary practice of ‚special interest‘ advocacy, where each person has a single unique role to play in the larger process. Assuming and practising multiple roles rapidly and together then becomes a resistance to simplified realities imposed by a ‚disciplined‘ discourse. Moving between these fixed separations of expertise and practice becomes a way to reject the enforcement of a socially reproduced anatomy of power that marginalises and fractures its subjects through self-imposed constraints on their actions.“

Wie Anand (2003: 144) deutlich macht, sind es genau die komplexen und fragmentierten Identitäten der Teilnehmer/innen des WSF, welche diesen die Bildung von Allianzen und grenzübergreifenden Kampagnen ermöglichen, erlauben sie doch den Brückenschlag jenseits etablierter und politisierter Identitäten wie „Frau“ oder „Arbeiter.“

8 Die „Alianza Social Continental" als Fallbeispiel transnationaler Koalitionsbildung – ein Portrait

Obwohl in der globalisierungskritischen Bewegungsfamilie kaum generelle Nord-Süd-Unterschiede in den politischen Präferenzen zu bestehen scheinen, sind im letzten Kapitel mehrfach Divergenzen zwischen selbstfinanzierten Basisbewegungen, professionalisierten Nichtregierungsorganisationen und vergleichsweise hierarschischen Gewerkschaften deutlich geworden. Die *Alianza Social Continental* (ASC) hingegen, um die es in diesem Buch hauptsächlich gehen soll, hat diese Divergenzen mehrheitlich überwunden. Sie vereint nicht nur Gruppierungen aus unterschiedlichen weltsystemischen Zonen, sondern auch höchst unterschiedliche Organisationstypen – und hat trotz dieser Heterogenität seit nunmehr über dreizehn Jahren Bestand gehabt. Sie kann daher als geradezu prototypisches Beispiel von erfolgreicher Koalitionsbildung gelten. Die Analyse ihrer Geschichte und Strukturen soll sowohl andere Bewegungskoalitionen, als auch die Theoriebildung in der wissenschaftlichen Bewegungsforschung befruchten (zum Konzept des Prototyps in der qualitativen Forschung: Lamnek 2005: 231, vgl. auch Snow und Trom 2002 und Stake 1994).[1]

Gleichzeitig ist die ASC ausgesprochen mitgliederstark und vergleichsweise einflussreich. In ihr vereinen sich einige der bekanntesten globalisierungskritischen Akteure überhaupt: etwa die regionalen Vertretungen von *Jubilee South*

---

[1] Als Fallbeispiel für ein lokales Koalitionsmitglied der ASC wird hier die argentinische *Autoconvocatoria No al ALCA* untersucht. Diese Auswahl hat vornehmlich forschungsstrategisch-pragmatische Gründe. Aus theoretischer Sicht hätten als Fallbeispiele für ein nationales Koalitionsmitglied der ASC auch deren Teilorganisationen in Mexiko, Brasilien oder anderswo gewählt werden können. Studien, welche sich mit der ASC aus der Optik nordamerikanischer und brasilianischer Gruppen beschäftigen, liegen allerdings bereits vor. Die Arbeiten von Massicotte (2003, 2004) etwa beruhen in erster Linie auf Interviews in Kanada und Mexiko, während von Bülow (2006) zusätzlich die Perspektive der brasilianischen Koalitionspartnerin REBRIP einbringt. Zur argentinischen *Autoconvocatoria No al ALCA* liegen hingegen über einen ersten Forschungsbericht von Echaide (2005) hinaus kaum wissenschaftliche Analysen vor. Die vorliegende Studie betritt damit also wissenschaftliches Neuland.
Zudem setzt die qualitative Untersuchung einer sozialen Bewegung angemessene Kenntnisse der lokalen Politik und Kultur sowie der subkulturellen Sprachcodes voraus. Diese waren beim Autor im Falle Argentiniens bereits gegeben, weil er sich zu früheren Zeitpunkten mehrere Jahre lang in diesem Land aufgehalten hatte. Die Teilorganisation der ASC etwa in Brasilien oder Mexiko zu untersuchen, hätte daher einen Verzicht auf wertvolle sprachliche, kulturelle und politische Vorkenntnisse bedeutet.

und Attac, die brasilianische Landlosenbewegung MST (über die *Coordinadora Latinoamericana de Organizaciones del Campo*/CLOC), verschiedene lokale Mobilisierungskomitees des Weltsozialforums, die eng mit Lula da Silvas Arbeiterpartei vernetzte CUT (*Central Unica dos Trabalhadores*) in Brasilien und am Rande – nämlich über die ORIT (*Organización Regional Interamericana de Trabajadores*) beziehungsweise die CSA (*Confederación Sindical de los Trabajadores y Trabajadoras de las Américas*) – der US-amerikanische Gewerkschaftsverbund AFL-CIO. Trotzdem ist die ASC in der massenmedialen und wissenschaftlichen Öffentlichkeit nur wenig bekannt. So gibt es zwar zahlreiche wissenschaftliche Arbeiten zum zivilgesellschaftlichen Widerstand gegen das NAFTA-Abkommen (z. B. Ayres 1998, Sinclair 1992, Stillerman 2003), doch der Widerstand der ASC gegen das umfassendere panamerikanische Freihandelabkommen FTAA/ALCA ist im englisch- und deutschsprachigen Raum erst selten systematisch untersucht worden (Ayres 2005, kürzlich abgeschlossene und laufende Projekte: Saguier 2004, von Bülow 2006).[2] Außerdem dokumentiert sich die ASC in ihren eigenen Druckmaterialien und Internetpublikationen (URL: http://www.asc-hsa.org) nur dürftig.

Mit der Untersuchung der ASC verfolgt dieses Buch deshalb zweierlei Zwecke: Es will einerseits einmal eine vertiefte Einsicht in die Strukturen, Konfliktlösungsmechanismen und die weiterhin bestehenden Spannungspotentiale dieser Koalition geben, andererseits aber auch eine Art „erweitertes Erfolgsmodell" der transnationalen Koalitionsbildung schaffen – und zwar durch die Gegenüberstellung der Erfahrungen, welche die ASC gemacht hat, mit den entsprechenden Befunden bei Bandy und J. Smith (2005b, vgl. Kap. 4.2). Deren Ergebnisse stellen ein Destillat verschiedener Fallstudien (Bandy und J. Smith 2005a) dar und genügen daher auch den Ansprüchen an eine datenbasierte Theorie im Sinne des *Grounded Theory*-Ansatzes von Glaser und Strauss (bes. 2005 [1967]). Sie können zu Rate gezogen werden, um zu einer möglichst facettenreichen und stichhaltigen Analyse der ASC zu gelangen, während umgekehrt die Befunde zur ASC eine Erweiterung und mögliche Korrektur der bisherigen theoretischen Aussagen

---

[2] Zur Entstehungsphase der ASC bis ins Jahr 2000 ist die Forschungsliteratur vergleichsweise umfassend: Anner und Evans 2004, Ayres 2001, Henkel 2003, Huyer 2004, Korzeniewicz und W. C. Smith 2001, Massicotte 2003, 2004. Für die Zeit nach 2000 finden sich in der Literatur jedoch nur noch anekdotische Verweise – so etwa bei Cox et al. (2006), Grugel (2006), Harris (2002, 2005), McDonald und Schwartz (2002), Prevost (2005) und E. T. Smith (2004). In der spanischsprachigen Literatur ist die ASC untersucht worden von: Berrón und Freire (2004), Botto (2003), Botto und Tussie (2003), Gambina (2003), Korzeniewicz und W. C. Smith (2003a, 2003b), W. C. Smith und Korzeniewicz (2006).

ermöglichen (vgl. Strauss und Corbin 1994 sowie Vaughan 1992 zum Einbezug von *extant theories* zur Erzeugung von formalen datenbasierten Theorien).[3,4]

8.1 Vom Widerstand gegen das NAFTA-Abkommen zur „Alianza Social Continental"

Die *Alianza Social Continental* bezweckt in erster Linie den Stop jeglicher Verhandlungen zum panamerikanischen Freihandelsabkommen FTAA/ALCA sowie die Auflösung von bilateralen Freihandelsverträgen zwischen den USA und anderen amerikanischen Staaten. Insbesondere ist die ASC die Initiantin und Koordinatorin einer Kampagne gegen das FTAA/ALCA-Abkommen, die von den Mitgliedern als *Campaña Continental de Lucha Contra el ALCA* (fortan: *Campaña*) bezeichnet wird. Das operative Sekretariat der ASC befand sich bis 2007 in den Räumlichkeiten der brasilianischen CUT, dem mit rund 7 Millionen Mitgliedern größten nationalen Gewerkschaftsverband in ganz Lateinamerika. Seither wird das operative Sekretariat von der kolumbianischen Netzwerkorganisation Recalca (*Red Colombiana de Acción Frente al Libre Comercio*) in Bogotá besorgt. Nachfolger des früheren Sekretärs Gonzalo Berrón ist Enrique Daza.

Was die historischen Wurzeln der ASC angeht, so reichen diese bis zum Widerstand gegen das trilaterale Freihandelsabkommen NAFTA und in erster Instanz sogar bis zum Kampf gegen das bilaterale CUSFTA (*Canada-USA Free Trade Agreement*) zurück (Ayres 2005, E. T. Smith 2004, Foster 2005). Wie Foster (2005) berichtet, trugen verschiedene kleinere Gruppierungen den zivilgesellschaftlichen Kampf gegen diese beiden Abkommen zunächst getrennt aus, doch formierten sich im Laufe der Zeit vier miteinander vernetzte nationale und sub-

---

[3] Der Versuch, datenbasierte Theorien (*grounded theories*) aus der Forschungsliteratur durch neue Fallstudien zu erweitern, ist bei Glaser und Strauss durchaus vorgesehen. Er ist allerdings insofern problematisch, als neu entstehende Konzepte nicht wieder auf die bereits untersuchten Fälle angewandt werden können, wenn kein Zugriff auf die Primärdaten besteht. Damit ist das für die Entdeckung von *grounded theories* charakteristische Prinzip der ständigen analytischen Vorwärts- und Rückwärtsbewegung verletzt. Wenn hier ein Erfolgsmodell transnationaler Koalitionsbildung entstehen soll, wird dieses daher auch nicht den Anspruch erheben, als eigentliche *grounded theory* im Sinne von Glaser und Strauss zu gelten.

[4] Mit der Untersuchung der ASC in Form einer (Einzel)Fallstudie gehen selbstverständlich Probleme der Generalisierbarkeit einher, auch wenn die Befunde anschließend mit denen bei Bandy und J. Smith (2005b) kombiniert werden. Denn sowohl die ASC als auch die bei Bandy und J. Smith (2005a, 2005b) untersuchten Koalitionen sind (fast) ausnahmslos Fälle von Zusammenarbeit zwischen a) Akteuren des linksprogressiven Politspektrums und b) Akteuren der westlichen Hemisphäre. Inwieweit sich die Aussagen dieser Studien auf Bewegungen des rechten Spektrums (oder auf Bewegungen mit stärker kulturpolitischem Anspruch) sowie auf Bewegungen etwa in Afrika oder Asien übertragen lassen, muss offen bleiben.

nationale Koalitionen mit je eigenen Koordinationsinstanzen heraus: die *Alliance for Responsible Trade* (ART) in den Vereinigten Staaten, die *Red Mexicana de Acción Frente al Libre Comercio* (RMALC) in Mexiko, *Common Frontiers* im englischsprachigen Kanada und das *Réseau Québéquois sur l'Intégration Continentale* (RQIC) in Québec. Dies wiederum waren die Organisationen, die ab Mitte der 1990er Jahre Kontakte mit Partnergruppen in Südamerika suchten und die panamerikanische Koalition ASC initiierten. Die formale Gründung der ASC fand im Jahr 1999 statt, kurze Zeit vor den weltweit bekannt gewordenen WTO-Protesten in Seattle.

Seit der Gründung der ASC haben die Mitgliederzahl und die politische Bedeutung der Koalition deutlich zugenommen. Zurzeit hat die ASC Koalitionsmitglieder in über zwanzig amerikanischen Ländern. Der dritte von der ASC organisierte „Völkergipfel", die *III° Cumbre de los Pueblos de las Américas* in Mar del Plata (November 2005), zog Vertreter/innen von mehr als fünfhundert Nichtregierungsorganisationen und Basisbewegungen an, und an der Abschlussdemonstration nahmen zwischen 50.000 und 60.000 Personen teil (vgl. URL: http://www.hsa-asc.org).

Die Vorgeschichte – der kanadische Widerstand gegen das CUSFTA

Auf dem nordamerikanischen Kontinent setzte der zivilgesellschaftliche Widerstand gegen den neoliberalen Freihandel bereits Mitte der 1980er Jahre ein – nämlich mit den kanadischen Protesten gegen das bilaterale Handelsabkommen zwischen den USA und Kanada. Die verschiedenen widerständischen Organisationen, die sich gegen das CUSFTA auflehnten, schlossen sich nach einer Reihe von getrennt durchgeführten Protesten zunächst zum *Pro-Canada Network* (PCN) zusammen, aus dem heraus später das *Canada Action Network* (CAN) entstand. Neben der Koordination von Protesten und Medienkampagnen unternahm das PCN auch Lobbying-Anstrengungen und initiierte eine Petition, um den Abbruch der Vertragsverhandlungen zu erzwingen. Im späteren Kampf gegen das NAFTA spielte das Netzwerk insoweit eine zentrale Rolle, als es seinen Mitgliedern gelang, den Kontakt mit mexikanischen Partnerorganisationen herzustellen und den bereits etablierten Proteststrategien zur grenzübergreifenden Diffusion zu verhelfen (Ayres 2001: 58, Anner und Evans 2004, Huyer 2004, Stillerman 2003).

Das kanadische PCN entstand im April 1987 am *Canada Summit* als Zusammenschluss verschiedener kleinerer Netzwerke und Protestgruppen. Es fanden sich darin Gewerkschaften genauso wieder wie indigene Gemeinschaften, kirchliche Organisationen, Frauengruppen, Bauernorganisationen und andere NGOs, wobei gerade dieses unerwartete Zusammengehen von Gewerkschaftsorganisationen mit Protestgruppen und NGOs für einige internationale Aufmerksamkeit sorgte. Die Zusammenarbeit zwischen den Gewerkschaften und den zivilgesellschaftlichen Basisorganisationen verlief jedoch in der Anfangsphase keineswegs reibungsfrei. Wie Huyer (2004: 61) festhält, führten nicht zuletzt Unterschiede in der Ressourcenausstattung und abweichende Führungsstile zu einigen Unstimmigkeiten:

> „Labour brought several strengths to the coalition: comparatively large financial resources, active members, a long tradition of organising, and regional offices across the country. These resources were an enormous boost to the coalition, but they also far outweighed the resources of other members, so that the role or perceived domination of labour was a constant issue of concern in decision making and resource mobilisation. Additional problems derived from difficulty in reconciling the hierarchical and institution-based structures of labour with the consensus-oriented, ad hoc decision-making styles of other popular-sector groups. As a result, although the unions were strongly supportive of and involved in both the FTA and NAFTA opposition campaigns, the degree and nature of collaboration that developed between labour and other popular-sector groups was viewed with mixed reactions on both sides.“

Weiter tendierten die Gewerkschaften dazu, eine engere Zusammenarbeit mit den oppositionellen politischen Parteien als mit den zivilgesellschaftlichen Koalitionspartnern zu suchen. In einem Strategiepapier des PCN von 1990 (zit. in Huyer 2004: 54) ist deshalb mehrfach von einer Situation des Misstrauens und von enttäuschten Erwartungen unter den Koalitionspartnern die Rede.

Dennoch gelang es dem PCN, das Freihandelsabkommen mit den USA zu einem Kernthema des kanadischen Wahlkampfes im Herbst 1988 zu machen. In großen Teilen der kanadischen Bevölkerung wurde die Handelsöffnung gegenüber den USA als wirtschaftliche Gefahr und, mehr noch, als Bedrohung für die Kultur und politische Eigenständigkeit des Landes gesehen. Allerdings vermochte das Netzwerk trotz intensiven außerparlamentarischen Aktivitäten, großer Medienaufmerksamkeit und beträchtlicher Unterstützung durch die Oppositionsparteien das Abkommen nicht mehr zu stoppen. Mit Premierminister Mulroneys *Progressive Conservative Party* wurde Kanadas Parlamentsmehrheit von einer Partei gewonnen, die dem CUSFTA wohlgesonnen war (Huyer 2004: 49, Stillerman 2003: 590).

In den Vereinigten Staaten blieb der Widerstand gegen das CUSFTA hingegen vergleichsweise schwach (von Bülow 2006: 11). Weil sich die US-amerikanischen Gewerkschaften vom Freihandel mit Kanada gesamtwirtschaftliche Vorteile versprachen und das nördliche Nachbarland auch nicht als Billiglohnkonkurrenz galt, sorgte das Thema gerade unter Gewerkschafter/innen kaum für Aufregung –

eine Situation, die sich erst dann änderte, als mit der geplanten Ausdehnung auf
Mexiko ein vermehrter Konkurrenz- und Lohndruck durch die noch günstiger
produzierenden *maquiladoras* drohte. Bis dahin stießen grenzübergreifende Mobilisierungsversuche von kanadischen Aktivist/innen in den USA auf wenig Resonanz (von Bülow 2006: 11). 1989 trat das Abkommen schließlich in Kraft.

Der trinationale Widerstand gegen das NAFTA

Als 1991 die Verhandlungen zum NAFTA-Abkommen begannen, welches auch
Mexiko in den nordamerikanischen Freihandel einschließen sollte, stellte das
aus dem PCN hervorgegangene *Canada Action Network* die geeignete Mobili-
sierungsplattform für erneute Protestaktionen dar (Stillerman 2003). Allerdings
nahmen die politischen Aktivitäten und Mobilisierungsanstrengungen des Netzwerkes, aus dem heraus bald auch die Organisation *Common Frontiers* entstand,
nunmehr einen transnationalen Charakter an. Das geplante NAFTA-Abkommen
hatte neue Gelegenheitsstrukturen und strukturelle Zwänge geschaffen, die nach
einer Ausdehnung des bislang vorwiegend national geführten Kampfes verlang-
ten. In Kanada selbst schätzten die Gegner/innen des NAFTA-Abkommens die
politischen Gelegenheitsstrukturen für einen Kampf gegen den Freihandel als
weiterhin ungünstig ein.

War in Kanada noch immer eine Mehrheit des Parlaments von Befürwor-
tern des Freihandels besetzt (Ayres 2001: 60, Stillerman 2003: 590), so verfügten
kanadische Aktivist/innen immerhin über enge Beziehungen zu freihandelskriti-
schen Organisationen in Mexiko. Rege Kontakte bestanden etwa zur dissidenten
mexikanischen Gewerkschaftsorganisation FAT (*Frente Auténtico del Trabajo*).
Den Aktivist/innen aus Kanada kam daher nicht zuletzt die zentrale Aufgabe zu,
Verbindungen zwischen Gruppen aus Mexiko und solchen aus den USA herzustellen, um mexikanischen Gruppen Gehör im US-Kongress und den nordamerikanischen Medien zu verschaffen. Dank der engen Beziehungen zwischen den
Aktivist/innen in Kanada und Mexiko übernahmen die mexikanischen Partnergruppen schließlich sogar die Koalitionsstruktur der kanadischen Partnergruppen und gründeten die nach ähnlichem Muster organisierte RMALC.

Auch in den USA formierte sich um 1990 herum allmählich Widerstand
gegen das geplante nordamerikanische Freihandelsabkommen, doch bestanden
von dort aus noch kaum Beziehungen zu potentiellen mexikanischen Verbündeten. Die einzigen bereits etablierten Verbindungen bezogen sich auf die eher
konservativen und nationalistischen Gewerkschaften (Huyer 2004), die dem um-
strittenen NAFTA ihre Unterstützung aussprachen (von Bülow 2006: 13, Anner
und Evans 2004: 40). Wie John Cavanagh in einem Interview mit Marisa von
Bülow (2006: 12) berichtet, mussten daher viele progressive Gruppen in den USA

Kontakte mit Mexiko entweder aus dem Nichts heraus aufbauen oder kanadische
Gruppierungen als Vermittler einsetzen:

> „I will never forget our first meeting without the Canadians. We sat there and said:
> ‚OK, who knows people in Mexico?‘ And basically we did not know anyone in
> Mexico. I knew some Canadians … it was shocking. Here we were, in 1990, and
> with some of the best non-profits in the country, and people didn't know anything
> about our two neighbors."

War jedoch bereits der Widerstand gegen das CUSFTA von strategischen und
organisationellen Differenzen zwischen Gewerkschaften und Bewegungsorganisationen geprägt gewesen, kamen im trinationalen Widerstand gegen das NAFTA
nun auch noch materielle Unterschiede zwischen Nord und Süd sowie kulturelle Vorurteile und entsprechende *Frame*-Dispute hinzu. Wie von Bülow (2006)
anschaulich aufzeigt, wies der Widerstand gegen das NAFTA zunächst starke
nationalistische und rassistische Untertöne auf. Eine enge transnationale Zusammenarbeit war anfänglich ausgesprochen schwierig, weil in den USA die meisten
beteiligten Gruppierungen nationalistische *frames* benutzten und „die Mexika-
ner" etwa als Billiglohnkonkurrenz darstellten.

> „Many U.S. and Canadian organizations chose a domestic strategy that alienated po-
> tential friends in Mexico, because this strategy was based on a nationalist discourse
> that portrayed NAFTA as posing a risk to the survival of these countries and of-
> ten ‚… failed to even consider how their harsh and categorical criticisms sounded to
> the people of Mexico' (French, Cowie and Littlehale 1994: 121). From the beginning
> of the NAFTA negotiations, civil society organizations from Canada, the United
> States and Mexico understood that they had to act simultaneously at the domestic and
> at the transnational level. However, in general terms, in the early 1990s organizations
> put an emphasis on domestic-level organization and mobilization, accompanied by
> nationalist discourses made fit for domestic audiences." (von Bülow 2006: 15)

In den USA stieß die transnational ausgerichtete Strategie des CAN und der neu
daraus hervorgegangenen Netzwerkorganisation *Common Frontiers* auf eher
gemischtes Echo. Trotz vermehrter Aufforderungen seitens der kanadischen
Gruppen, man möge auf nationalistische Parolen verzichten, hielten einige US-
amerikanische Gewerkschaften an ihrer traditionell nationalistisch-protektionis-
tischen Position fest. Es bildeten sich daher in den USA im Kampf gegen das
NAFTA allmählich zwei Strömungen mit je einer Dachorganisation beziehungsweise Koordinationsinstanz heraus: die eher protektionistische *Citizens' Trade
Campaign* (CTC) und die an transnational koordiniertem Widerstand interessierte *Alliance for Responsible Trade* (ART):

„The Canadian ‚transnational' approach had varying degrees of resonance with
the two U.S. coalitions organized to oppose or radically reform the NAFTA. The
Citizen's Trade Campaign (CTC) included the AFL leadership, some AFL-CIO
unions, seasoned lobbying organizations, and mainstream environmental groups.
This mass-based and politically connected coalition pushed to defeat the treaty in
Congress, and, at times adopted protectionist orientations. (...) The Alliance for
Responsible Trade (ART), less capable of mobilizing large groups of people or resources than the CTC, included unions that had been more active in cross-border
exchanges (...), labor and environment NGOs from the three countries, and progressive think tanks, such as the Institute for Policy Studies and Development Group
for Alternative Policies. Additionally, some unions, such as the IBT, participated in
both coalitions. ART focused much more on cross-border exchanges and developing
a fair trade alternative to NAFTA than on defeating the accord in Congress or the
courts (...)." (Stillerman 2003: 590 f.)

Unter den Mitgliedern von ART halfen Austauschprogramme zwischen den Belegschaften von Firmen in den USA und Mexiko mit, weiterhin bestehende Vorurteile und Missverständnisse allmählich abzubauen. Wie Stillerman (2003: 591)
berichtet, verdichteten sich die Kontakte mit der Zeit erheblich, und „U.S. rank-
and-file workers who visited Mexico's assembly plants became radicalized and
active spokespeople for transnational solidarity." Auch konnte sich ein neuer
collective action frame durchsetzen, der anstelle von nationalistisch geprägtem
Protektionismus nach „fair trade" und Nachhaltigkeit verlangte.

Vom Widerstand gegen das NAFTA zur panamerikanischen Koalition

Als 1992 das NAFTA-Abkommen unterzeichnet und ein Jahr später schließlich
von den Parlamenten aller drei beteiligten Länder ratifiziert wurde, bedeutete
dies für den zivilgesellschaftlichen Widerstand gegen den sich ausdehnenden
Neoliberalismus und den nordamerikanischen Freihandel zunächst eine empfindliche Niederlage. Der zapatistische Aufstand in Chiapas, dessen Beginn mit
dem Inkrafttreten des NAFTA-Abkommens am 1. Januar 2004 zusammenfiel,
lenkte jedoch bald schon die Aufmerksamkeit der Weltöffentlichkeit auf Mexikos
massive sozioökonomische Ungleichheiten und Demokratiedefizite. Nicht zuletzt
wurde deutlich, dass sich in Mexiko wichtige Teile der Bevölkerung vom neuen
Freihandelsabkommen benachteiligt fühlten und im Entscheidungsprozess unbeachtet geblieben waren. Kurze Zeit nach dem Beginn des chiapanekischen Auf-
standes formierte sich daher eine transnationale Solidaritätsbewegung, die dem
weltweiten Widerstand gegen den Neoliberalismus neuen Aufschwung verlieh

und aus der heraus auch das weitherum bekannte globalisierungskritische Netzwerk *People's Global Action* entstand.

Außerdem wurden bald nach dem Inkrafttreten des NAFTA bekannt, dass die US-Regierung unter Bill Clinton mit dem FTAA/ALCA den nordamerikanischen Freihandel auf die gesamte mittel- und südamerikanische Region und die Karibik auszudehnen beabsichtigte. Insbesondere die kanadische Organisation *Common Frontiers* begann deshalb rasch, Kontakte mit südamerikanischen Gruppen zu knüpfen, die bereits in den zivilgesellschaftlichen Widerstand gegen den Freihandel eingetreten waren oder zumindest Mobilisierungspotential aufwiesen. Als im Dezember 1994 US-Präsident Bill Clinton in Miami den ersten *Summit of the Americas* einberief und die Verhandlungen über das FTAA/ALCA offiziell lanciert wurden, hatten die „NAFTA-Veteranen" (Foster 2005) bereits vereinbart, dass gegen dieses Abkommen ebenfalls Widerstand zu leisten war (E. T. Smith 2004). Auch waren sie sich darüber einig geworden, dass dieser Widerstand von einer Koalition getragen werden musste, die möglichst viele Länder und zivilgesellschaftliche Sektoren umfasste. Indigene Gruppierungen aus der Andenregion sollte genauso daran teilhaben wie Kleinbauernfamilien aus Brasilien und Feministinnen aus Zentralamerika. Die Initiant/innen suchten darum im Rahmen verschiedener Treffen nach möglichen Netzwerkpartnern.

Die eigentlichen Verhandlungen zum FTAA/ALCA begannen erst im April 1998, am zweiten *Summit of the Americas* in Santiago de Chile, doch waren diesem Treffen zwischen 1995 und 1998 bereits fünf Handelsministertreffen in verschiedenen Städten vorangegangen (E. T. Smith 2004). Während dieser Vorbereitungen zum Gipfeltreffen in Santiago de Chile hatte *Common Frontiers* darum Kontakte zu zivilgesellschaftlichen Gruppen verschiedener Länder etabliert und mitgeholfen, an mehreren Orten lokale Bewegungskoalitionen gegen das geplante Abkommen zu bilden. In Chile etwa war es gelungen, verschiedene Gruppen von Freihandelsgegner/innen zu mobilisieren und eine chilenisch-kanadische Koalition für faire Handelsbeziehungen aufzubauen. Diese organisierte schließlich den ersten „Völkergipfel," die *I° Cumbre de los Pueblos de las Américas* – eine Gegenveranstaltung zum offiziellen Gipfeltreffen, die über 800 Gruppierungen aus allen Teilen Amerikas zusammenbrachte (McDonald und Schwartz 2002: 151).

Unterstützung fanden die kanadischen Aktivist/innen aber auch durch eine Reihe von brasilianischen Organisationen, die sich später zur Netzwerkorganisation REBRIP (*Rede Brasileira da Integração dos Povos*) zusammenschlossen. Diese organisierten im März 1997 in Belo Horizonte ein zivilgesellschaftliches Treffen, in dessen Rahmen die Teilnehmenden schließlich auch die informelle Gründung der ASC beschlossen (Ayres 2001: 62). Zur formellen Gründung der ASC und zur Unterzeichnung einer Gründungsakte kam es freilich erst 1999 an einem Treffen in Costa Rica. Bis dahin war die Gruppe der Initiant/innen bereits um zwei weitere Organisationen angewachsen. Hinzugekommen waren erstens

CLOC (*Coordinadora Latinoamericana de Organizaciones Campesinas*), die lateinamerikanische Regionalgruppe von *La Via Campesina*, der weltweiten Dachorganisation der Kleinbauern und Landlosen, und zweitens ORIT (*Organización Regional Interamericana de Trabajadores*), die interamerikanische Dachorganisation der Gewerkschaftsverbände.

Von Seattle 1999 nach Québec 2001 ...

Die WTO-Proteste in Seattle 1999 verliehen den Mitgliedern der neu gegründeten ASC einen wichtigen Motivationsschub. Denn die Proteste in Seattle waren zwar nicht von der ASC selbst organisiert, aber von einigen Mitgliedergruppen der US-amerikanischen Partnerorganisation ART mitgetragen worden. Sie zeigten auf, dass das Thema Freihandel nun auch in den Vereinigten Staaten bei einer rasch wachsenden Zahl von Personen für immer größere Unruhe sorgte und erstmals Gewerkschaften und Umweltschützer („hardhats" und „tree huggers") gemeinsam auf die Strasse brachte. Entsprechend erzeugten die Proteste weltweit beträchtliche Medienresonanz.

> „[S]teelworkers held a joint rally with Earth First environmentalists. Forty thousand union members joined in a march against WTO policies. Groups of people who never had been in a room with each other ‚except maybe to yell at one another,‘ as one activist noted, now worked together. Unions, which often had been seen as protectionist, now formed alliances with environmentalists, human rights groups, religious groups, and consumer advocates. A nascent common front seemingly had become a unified movement." (E. T. Smith 2004: 233 f.)

Von noch größerer Bedeutung für die ASC waren freilich die direkt gegen das FTAA/ALCA-Gipfeltreffen gerichteten Proteste in Québec im April 2001. War es bereits anlässlich eines vorbereitenden Ministertreffens in Buenos Aires zu Demonstrationen (und Ausschreitungen) gekommen, so sorgte der Protest hier erstmals für Sicherheitsbedenken unter den Organisatoren des offiziellen Gipfeltreffens und für Einschränkungen bei dessen Durchführung. Die Unzufriedenheit der Bevölkerung mit den Verhandlungen hinter verschlossenen Türen hatte sich so sehr zugespitzt, dass sie auch von den Verhandlungsführern und Staatsoberhäuptern nicht länger ignoriert werden konnte.

> „At Quebec the leaders confronted a large, open, and vocal opposition in the streets and found it necessary to take refuge behind a 10-foot security fence and 7,000 police officers and soldiers.[7] Thousands of demonstrators turned out to protest the development of the FTAA in particular and economic globalization in general. Between

1994 and 2001 a large, worldwide movement emerged in opposition to what it called corporate globalization. These groups held a less benign view of what might happen under agreements such as the FTAA." (E. T. Smith 2004: 223)

Die Antiterrormaßnahmen und insbesondere die Abschottung des Gipfeltreffens in einer umzäunten und stark bewachten Hochsicherheitszone brachten den Organisatoren des Gipfels allerdings viel Kritik, den Freihandelsgegner/innen hingegen beträchtliche Sympathien ein. Wie Beverly Keene von *Diálogo 2000* und *Jubileo Sur-Américas* berichtet, führte gerade der Sicherheitszaun bei vielen unbeteiligten Beobachter/innen weltweit zu Skepsis gegenüber der Freihandelsagenda:

„Nun gut, alle Kanadier bei uns sagen dasselbe: Wenn es das nicht gegeben hätte, gewissermaßen, wenn es nicht wegen dem Bau dieser Mauer und wegen der Sicherheitsmassnahmen gewesen wäre, hätten man eine Mobilisierung in dieser Art niemals zustande gebracht. (…) Im Endeffekt, so sagen die Kanadier, bewirkte die Wut über diese Schutzmauer mitten in der Stadt Québec, dass die Stadtbevölkerung sich nicht mehr zurückhalten konnte. Es war, als würden alle sagen: ‚Ich weiß zwar nicht, worum es hier geht, aber ich widersetze mich.' [Lacht.] – ‚Worum auch immer es geht, ich widersetze mich, ich bin dagegen. Alles, was hinter einer Schutzmauer verhandelt werden muss und was das Alltagsleben so sehr stört – da widersetze ich mich, bin ich dagegen. Sollen sie doch alle nachhause gehen.' [Lacht.]" (Interview: Beverly Keene, e. Ü.)

So zeigen denn auch Vergleiche zwischen kanadischen Umfragen im Dezember 2000 und im Mai 2001 – also vor und nach dem Gipfeltreffen –, dass in sämtlichen Provinzen und Städten Kanadas (insbesondere in Quebec und Montreal) die positiven Stimmen zur Globalisierung deutlich abgenommen hatten (Environics 2001). Ihre größte Abnahme erfuhr die positive Sicht auf Globalisierung unter den Jugendlichen zwischen 18 und 24 Jahren. Allerdings gewannen die skeptischen Stimmen an keinem Ort die Mehrheit.

Für die ASC selbst war Québec 2001 insofern ein wichtiger Moment, als sich an ihrem zweiten Völkergipfel, dem *IIe Sommet des Peuples de l'Amérique*, auch definitiv die „Radikalstrategie" der pauschalen Ablehnung des FTAA/ALCA gegenüber allfälligen Reformpositionen durchsetzte. Wie Graciela Rodriguez, eines der Gründungsmitglieder, berichtet, hatte es zuvor in der ASC noch vereinzelte Stimmen gegeben, die für Schutzklauseln, für ein „sozial verträgliches" Freihandelsabkommen optiert hatten, doch wurde das „No al ALCA! Stop the FTAA!" nun zur offiziellen Leitlinie der Koalition erkoren:

G. R.:

„Für uns ist dieser Gipfel sehr wichtig, denn es ist derjenige Gipfel gewesen, der die Konsolidierung der *Alianza* in einer Position der Stärke markierte, mit einer einheitlichen Haltung, Dort ist der politische Pakt, der dezidierte Kampf gegen das ALCA besiegelt worden."

M. H.:

„Heißt das, es gab vorher andere Stimmen, die sagten, dass ...?"

G. R.:

„Na ja, es gab solche, die Ja sagten, solche, die dagegen waren, solche, die für eine Reform ... – Von da aus war das Nein gegen das ALCA, für die Allianz..."

M. H. [unterbricht]:

„Welches waren denn konkret die Organisationen, für welche der Kampf gegen das ALCA noch keine klare Sache war?"

G. R.:

„Schau mal, ich würde nicht sagen, dass es ‚eine‘ Organisation war; es gab eine Debatte, das war keine [bestimmte] Organisation. Es gab einige Organisationen, die sagten: ‚Nun, man muss den Kampf von Innen her führen; vielleicht wenn wir ...‘ Danach diskutierten die Gewerkschaften eine Weile lang, ob sie eine Arbeitsklausel in den Vertrag einbringen sollten oder nicht. Eine Frauenorganisation sagte, es müsste eine Geschlechterklausel geben, andere wollten eine Umweltklausel – und am Schluss sagten wir: ‚So geht das nicht.‘"

Außerdem erhielt die ASC im Laufe des Gipfels in Québec einige Passagen des offiziellen und bislang geheimen Vertragsentwurfes zugespielt. Darin wurde deutlich, dass das geplante FTAA/ALCA die selben Investitionsfreiheiten und -rechte wie der berüchtigte Artikel 11 des NAFTA-Abkommens enthalten sollte.[5] Die ASC intensivierte daraufhin die „Liberate the Text"-Kampagne, die sie be-

---

[5] Artikel 11 des NAFTA basiert auf dem Prinzip der Inländerbehandlung von ausländischen Investoren. Die Tätigkeiten ausländischer Investoren dürfen nur dann mit Umwelt-, Sozial- oder sonstigen Auflagen eingeschränkt werden, wenn diese nachweisbar auch für einheimische Firmen gelten. Ansonsten haben die Investoren ein Recht auf Schadenersatz. Problematisch ist jedoch, dass Auslandkonzerne oft in Bereichen tätig sind, in denen es keine vergleichbaren einheimischen Unternehmen gibt. Daher kann *jede* Einschränkung ihrer Geschäftätigkeit als Akt der gesetzlichen Diskriminierung auf Schadenersatz eingeklagt werden. Als etwa der kanadische Staat dem US-Konzern Ethyl Corp. die Produktion eines hochgiftigen – und in den USA verbotenen – Stoffes verbot, klagte dieser erfolgreich auf Schadenersatz in der Höhe von mehreren Millionen Dollar (s. z. B. URL: http://www.citizen.org/publications/release.cfm?ID=7076).

reits vor dem Gipfel in Québec lanciert hatte, und erzielte nunmehr einen ersten politischen Erfolg: Am 3. Juli 2001, rund zwei Monate nach dem Gipfeltreffen, wurde der gesamte Entwurfstext des FTAA/ALCA öffentlich gemacht.

... und vom Paternalismus zur Partnerschaft

Schwierigkeiten zwischen Gewerkschaften und zivilgesellschaftlichen Basisorganisationen, wie sie bereits das *Pro-Canada Network* geplagt hatten, kamen nach der Gründung der ASC im Jahr 1999 auch in der neuen panamerikanischen Koalition vor. Nicht zuletzt gab es den bereits erwähnten Konflikt zwischen der mehrheitlich von Gewerkschaften vertretenen Reformposition und der Radikalposition der Nichtregierungsorganisationen und Basisbewegungen. Wie etwa Anner und Evans (2004: 41) berichten, optierte insbesondere der politisch einflussreiche und finanzstarke gesamtamerikanische Gewerkschaftsverbund ORIT für eine Reformstrategie, während NGOs und Bewegungen eher für eine radikale Abkehr vom Freihandel eintraten.

„ORIT at first preferred a ‚free trade with a labor rights clause' approach, while NGOs were quick to take the ‚anti-globalisation/No to the FTAA' stance (...). The shared position of opposing the FTAA while developing an alternative model of regional integration required lengthy discussions among unions and NGOs. Perhaps the most important factor motivating the formation of HSA was labour's realisation that it did not have the power to defeat the FTAA alone. Broad social alliances became a political necessity." (Anner und Evans 2004: 41)

Das radikale „Stop the FTAA/No al ALCA," das zu den Grundsätzen der ASC wurde, konnte sich erst nach langen und schwierigen Verhandlungen durchsetzen (vgl. auch das oben zitierte Interview mit Graciela Rodriguez).

Erschwerend kam hinzu, dass zwischen den Gewerkschaften und den NGOs weiterhin Spannungen bezüglich der jeweiligen Repräsentativität und basisdemokratischen Legitimation bestanden. Wie Ph. Cox et al. (2006: 36) berichten, zweifelten die großen Gewerkschaften die Repräsentativität der NGOs an und bezeichneten diese zuweilen spöttisch als „Nichtregierungsindividuen," während die NGOs auch hier den übermäßig hierarchischen und schwerfälligen Charakter der Gewerkschaften kritisierten. Außerdem sorgten die ungleiche Ausstattung mit Ressourcen und die politische Kultur der beteiligten Organisationen unter den NGOs und den Akteuren des Südens für eine gewisse Furcht vor paternalistischen Anmaßungen seitens der Gewerkschaften und der Partnergruppen aus den USA und Kanada.

„Speaking of their experiences of transnational networking, one RMALC member stated that ‚Solidarity is positive, but at the right moment'. It was commonly felt that American NGO advisors could hold ‚paternalistic and even authoritarian attitudes' based on their financial capacity (...). However, according to women leaders, in a context of scarce funds, these transnational contacts were vital. The ongoing problems with paternalism had prompted FAT to hold a meeting open only to Mexican workers, to define its identity and fight patterns of paternalism specificity." (Ph. Cox et al. 2006: 69)

Allerdings weist Huyer (2004: 55) auf die nicht zu unterschätzende Wirkung vorangehender Lern- und Angleichungsprozesse im Kampf gegen das CUSFTA und das NAFTA hin. Die *Canadian Auto Workers* und der Verband der Stahlarbeiter etwa waren durch die Zusammenarbeit mit NGOs und vor allem mit Frauenorganisationen im Rahmen des PCN sensibler für Fragen der koalitionsinternen Machtkonzentration und des Sexismus, aber auch offener für dezentrale und partizipative Entscheidfindungsprozesse geworden. Wie Anner und Evans (2004) festhalten, war es durch die vermehrte Zusammenarbeit von nordamerikanischen Gewerkschaften mit sozialen Bewegungen nicht nur zu einer Revitalisierung der Gewerkschaftsbewegung, sondern auch zu gewissen Veränderungen in deren politischer Kultur gekommen – nämlich weg vom bürokratischen Konservatismus hin zu einem neuen, kämpferischen „social movement unionism" (Waterman 1993, Moody 1997, Voss und Sherman 2000), der auch vor unkonventionellen politischen Aktionen nicht zurückschreckte.

Dieser Gesinnungswandel setzte sich im Laufe des transnational organisierten Widerstandes gegen das FTAA/ALCA weiter fort. Beim US-amerikanischen Gewerkschaftsverbund AFL-CIO etwa zeigte sich eine eigentliche Kehrtwende in den politischen Positionen und der Haltung gegenüber südlichen Gewerkschaften, als dieser im Umfeld des Handelsministertreffens von Miami Ende des Jahres 2003 zu einem Hauptträger der „Stopp FTAA/ALCA"-Kampagne wurde (Prevost 2005: 384). Mit dieser Kampagne forderten auch der AFL-CIO und die Mitorganisatoren nicht länger eine Reform des geplanten Abkommens, sondern einen unverzüglichen Verhandlungsabbruch.

„Operating under the theme ‚Stop the FTAA: Another World is Possible', a broad coalition of groups organized a series of events in Miami over a course of four days from 18–22 November: workshops, street theater, non-violent civil disobedience, and a large legal street demonstration headed by organized labor. The Stop FTAA campaign included the following groups: AFL-CIO, American Friends Service Committee, Communication Workers of America, Ecumenical Program on Central America and the Caribbean, International Brotherhood of Teamsters, NETWORK: A National Catholic Social Justice Lobby, Sierra Club, United Auto

Workers, United Mineworkers, United Students Against Sweatshops, and Witness for Peace. As expected, there was a large police presence and the almost inevitable violent confrontation with some demonstrators, but in spite of the large police presence thousands participated in the week's protests and their presence did not go unnoticed." (Prevost 2005: 384)

Durch die Expansion des Widerstandes gegen den Freihandel veränderten sich weiterhin auch die Nord-Süd-Beziehungen der Gewerkschaftsbewegung – und zwar von einem auf (paternalistischer) Solidarität ausgerichteten Ansatz zu einer eigentlichen Partnerschaft unter Gleichberechtigten:

„The *nature* of labour's international networking was also affected. When the Hemispheric Social Alliance (HSA) emerged in response to the FTAA negotiations in the mid–1990s, union members of Common Frontiers began to recognise a different kind of benefit to their members of this kind of international work, moving away from a paternalism based on a simplistic relationship of transferring funds to what was termed a new dynamic of mutual cooperation and respect around building positive social responses to the trade liberalisation process." (Huyer 2004: 56, Hervorhebung im Original)

Es gehört mithin zu den wichtigsten Verdiensten der ASC, unter den beteiligten Organisationen einen Richtungswechsel ausgelöst zu haben, der „from protectionism to mutual learning and cooperation" (Massicotte 2003: 112) führte und einen respektvollen gegenseitigen Umgang förderte. Wie Massicotte (2003: 113 f.) aufgrund von Interviews mit Aktivist/innen aus Kanada und Mexiko deutlich macht, kann dieser Wandel kaum unterschätzt werden:

„Beyond dialogue, another accomplishment of (...) the HSA [=ASC] is the change in priorities, strategies and political analyses of activists and their organizations. (...) Different priorities, concerns and principles existed. Unequal power relations were at play. But over time, and despite cultural and material differences, the potentially deep-reaching impact of neoliberal integration rallied people in rainbow coalitions (...) Collaboration between Southern and Northern organizations is not exempt from tensions (...). Some are better able to impose their priorities. However, as some activists mentioned in interviews, there is progress toward more respectful relationships than the old paternalistic practices of many North American unions. Participants aim at mutual help and learning from their respective experiences."

Die elektronische Listeserv-Kommunikation der ASC wird denn auch genauso in Spanisch (beziehungsweise Portugiesisch) geführt wie die Koordinationstreffen der Steuerungsgruppe. Damit soll eine mögliche Bevormundung durch nordamerikanische Gruppen vermieden werden (vgl. auch Ayres 2005: 50). Wie etwa Pierre-Yves Serinet aus Québec deutlich macht, beruht die Zusammenarbeit zwischen Gruppen aus dem Norden und dem Süden in der ASC auf einer Haltung des partnerschaftlichen Austausches und der prinzipiellen Gleichwertigkeit aller Beteiligten (Interview: Pierre-Yves Serinet). Mittlerweile habe sich die politische Dynamik in Lateinamerika, so Pierre-Yves Serinet, freilich so stark „versüdlicht", dass sich die nördlichen Mitglieder der ASC zuweilen marginalisiert fühlten. Sein Mandat als Vertreter der RQIC bestehe mithin darin, die Aufmerksamkeit der ASC wieder auf alternative regionale Integrationsprojekte zu lenken, die im Gegensatz zu „lateinamerikanistischen" politischen Projekten wie dem ALBA, dem Mercosur oder der UNASUR nicht nur Lateinamerika, sondern auch Nordamerika und insbesondere Kanada mit einschließen.

8.2   Gründungsziele und Organisationsstruktur

Der Widerstand gegen das FTAA/ALCA-Abkommen ist der eigentliche Gründungszweck der ASC. Allerdings weist bereits die Gründungsakte von 1999 (ASC 1999) auf weitere mögliche Aktionsfelder hin, von denen in der Zwischenzeit einige tatsächlich stark an Bedeutung gewonnen haben. So gehört heute der Kampf für eine Streichung der lateinamerikanischen Auslandschuld genauso zu den Hauptanliegen der ASC wie der Widerstand gegen den Bau US-amerikanischer Militärbasen und der Protest gegen die Freihandelspolitik der Welthandelsorganisation WTO. Die Kampagne gegen das FTAA/ALCA hat hingegen eine gewisse institutionelle Eigenständigkeit erlangt. Diese besteht darin, dass in die *Campaña* nun auch Gruppierungen eingebunden sind, die der ASC kritisch gegenüberstehen und nicht zu ihren Mitgliedern gehören (Interview: Luciana Ghiotto). Auf der symbolischen Ebene kommt ihre Eigenständigkeit darin zum Ausdruck, dass die Kampagne über eine eigene Website verfügt, die mit derjenigen der ASC beiderseits verlinkt ist, aber eine eigene Adresse hat (URL: http://www.movimientos.org/noalca).

Die Organisationsform der ASC ist die einer „Koalition von Koalitionen." Bei den „Mitgliedern" der ASC handelt es sich also um Verbundorganisationen, die ihrerseits mehrere organisierte Akteure einschließen. Beispielsweise umfasst die argentinische Vertretung der ASC, die *Autoconvocatoria No al ALCA*, mehrere Menschenrechtsorganisationen, verschiedene Gewerkschaften, Teile der Arbeitslosenbewegung und der *Piqueteros*, aber auch kirchliche Gruppierungen und Bildungsinstitute. Andere Mitgliedernetzwerke sind überregional organisiert und umfassen thematisch ähnlich ausgerichtete Gruppierungen aus verschiedenen Herkunftsländern (z. B. der lateinamerikanische Gewerkschaftsbund ORIT). Gewisse Organisationen sind sowohl über die nationalen Vertretungen als auch über die überregionalen Netzwerke in der ASC beteiligt (z. B. die brasilianische CUT als Mitglied der nationalen Organisation REBRIP und der überregionalen ORIT). Charakteristisch ist ferner, dass sich die ASC in ihren Publikationen (z. B. ASC 1999, 2002a, 2002b und 2005) nicht als „Organisation," sondern als „Forum", „Prozess" und „Plattform" bezeichnet. In dieser Wortwahl kommt die Absicht der Initiant/innen zum Ausdruck, strikte Hierarchien zu vermeiden und die organisatorischen Strukturen möglichst dezentralisiert zu gestalten. Die Teilnehmenden betonen denn auch, dass die ASC keine eigentliche Nichtregierungsorganisation sein will, die mit einem festem Stab von Mitarbeiter/innen Stellvertreterpolitik betreibt. Allerdings hat die ASC durchaus ein administrativ-operatives Sekretariat, das neben kleineren Alltagsaufgaben auch Treffen organisiert, die interne Kommunikation gewährleistet und die Website unterhält. Die politischen Leitlinien der ASC entwickelt der *Consejo Hemisférico*, während sich das Internationale Koordinationskomitee (*Grupo Coordinador*) um laufende Geschäfte kümmert und kurzfristige strategische Entscheidungen trifft. Der *Consejo Hemisférico* setzt sich aus dreißig Organisationen zusammen, die zweimal jährlich gemeinsam tagen, während das internationale Koordinationskomitee aus Vertreter/innen von nur acht Organisationen besteht. Letztere treffen sich mehrmals pro Jahr und unterhalten einen regen Informationsfluss über Internet, Telefon und Fax.

Die ASC weist demnach durchaus eine institutionalisierte Arbeitsteilung auf, doch wird die organisatorische Struktur den Zielsetzungen der Gründungsakte entsrpechend möglichst einfach und „flach" gehalten. Die Minimierung von Hierarchien und Zentralisierung wird in diesem Gründungsdokument sogar als Leitprinzip festgehalten. In der Akte heißt es, dass sich die ASC zwar „nicht als Organisation mit Strukturen und Hierarchien begreift", die Schaffung von Koordinationsinstanzen allerdings unvermeidlich sei. Nur solche spezialisierten Instanzen könnten gewährleisten, „dass die ASC nicht einfach ein Konzept bleibt, sondern zu einem Instrument der Aktion und der Auseinandersetzung werden kann." Das Koordinationsmoment sei jedoch „minimal und flexibel" zu gestalten (ASC 1999, e. Ü.).

8.3   Aktionsrepertoire

Gemäß der Gründungsakte (ASC 1999) verfolgt die ASC neben dem Kampf gegen den Freihandel auch das Ziel, die progressiven Kräfte der Zivilgesellschaft zu stärken und Einfluss auf die öffentliche Meinung und den politischen Diskurs zu nehmen. Die Aktionsformen der an der Koalition beteiligten Organisationen sind daher vielfältig. Sie reichen von der Organisation von Medienkonferenzen und politischem Lobbying über Protestaktionen und der Durchführung von zivilgesellschaftlichen Seminarien bis hin zu Projektarbeit und Maßnahmen zur politischen Bildung in den Armenvierteln. In den Jahren 2008 und 2009 etwa nahmen die Mitglieder der ASC unter anderem in einer gemeinsamen Erklärung Stellung gegen die staatliche Unterdrückung indigener Minderheit in Kolumbien, beteiligten sich mit Protestaktionen am globalen Aktionstag gegen den Finanzkrisengipfel der G-20 und erarbeiteten Informationsmaterial zu den Auswirkungen des gelanten Freihandelsvertrages ziwschen Kolumbien und der EU. Die zentralen Pfeiler ihrer Aktivitäten waren und sind indes die inzwischen weitgehend abgeschlossenen *consultas populares* (Volksplebiszite) gegen das FTAA/ALCA-Abkommen, die regelmässige Duchführung von sogenannten „Völkergipfeln" und die ständige Weiterarbeit an den „Alternativas para las Américas", einer Serie von Vorschlägen für ein entwicklungsförderndes panamerikanisches Integrationsprojekt jenseits der Prinzipien des neoliberalen Freihandels.

Die „consultas populares"

Die Kampagne gegen den Freihandel und insbesondere dem panamerikanischen FTAA/ALCA-Abkommen bestand zunächst aus einer Reihe von Maßnahmen, mit welchen die ASC nach dem Gipfeltreffen von Québec im April 2001 die Veröffentlichung des Entwurfstextes zum FTAA/ALCA erzwang (s. o., vgl. auch Ayres 2005: 52), dann aus der sporadischen Durchführung von Volksbefragungen, sogenannten *consultas populares*. Diese Volksbefragungen hatten das Ziel, in verschiedenen Ländern über das geplante panamerikanische Abkommen zu informieren, seine Konsequenzen zu erläutern und die Bevölkerung in unregelmäßigen Zeitabständen über ihre Meinung zu befragen. Die Form der Befragungen variierte dabei allerdings im Einzelfall je nach Ressourcen und politischem Umfeld. So hat in Chile zum Beispiel die *consulta* lediglich die Form einer (schriftlichen) Vernehmlassung unter zivilgesellschaftlichen Organisationen gehabt, während sie in Peru in die Gemeindeversammlungen integriert wurde (Berrón und Freire 2004). Der Normalfall bestand indes in der Durchführung eines (inoffiziellen) Plebiszits, wobei über einen Zeitraum von rund einer Woche in allen größeren und kleineren Städten Informationsstände und Urnen aufgestellt wurden. Die freiwilligen Kampagnenhelfer/innen, die diese Stände bedienten, forderten Passant/innen auf, in einem anonymen Votum darüber zu entscheiden, ob die Regierung weiterhin über ein panamerikanisches Freihandelsabkommen verhandeln sollte.

Eine erste Welle von *consultas* fand in den Jahren 2002 und 2003 statt. Der Erfolg dieser ersten Welle variierte indes von Land zu Land sehr stark, und nur in einzelnen Fällen (z. B. Argentinien) wurde eine zweite Welle geplant. In Paraguay zum Beispiel kamen nur rund 163.000 Unterschriften zusammen, während in Uruguay die Kampagne sogar abgebrochen werden musste. In anderen Fällen war der Erfolg allerdings beträchtlich. In Argentinien etwa kamen trotz politischer Unruhen und einer beträchtlichen Fragmentierung der Zivilgesellschaft insgesamt 2.250.000 Stimmen zusammen. In Brasilien sammelten die Kampagnenhelfer/innen sogar über 10 Millionen Voten, der weitaus grösste Teil davon mit ablehnender Haltung gegenüber dem FTAA/ALCA (Berrón und Freire 2004). Mit anderen Worten ist es der Kampagne gelungen, in den beiden bevölkerungsreichsten und wirtschaftsmächtigsten Ländern Südamerikas mehrere Millionen Menschen direkt und kritisch über das geplante Abkommen zu informieren.[6]

Wie eine Aktivistin von der *Autoconvocatoria No al ALCA* in Argentinien berichten, war die Organisation und Finanzierung der *consultas* dabei an den meisten Orten prekär (Interview: Luciana Ghiotto). So sollte sich etwa an einem Treffen der *Autoconvocatoria* im Frühjahr 2005 herausstellen, dass diese selbst nach mehreren Jahren ihrer Existenz und einer erfolgreichen Kampagne noch immer über kein Bankkonto und keinen formalrechtlichen Status als Verein oder Gesellschaft verfügte. Die *consulta* wurde in Argentinien und den meisten anderen Ländern „hemdsärmlig" mit einem bemerkenswerten Einsatz von Freiwilligenarbeit bewerkstelligt. Wo kein Geld für Photokopien vorhanden war, schrieben die beteiligten Aktivist/innen die Abstimmungsbögen einzeln von Hand ab.

„Für die *consulta* flossen meines Wissens keine Gelder von Außen ein. Ich weiß nicht, ob uns vielleicht jemand etwas geschickt hat, um die Informationsblätter oder sonstiges Material zu drucken, aber eigentlich hat sich jeder Aktionsstand auf irgendeine Art selbst unterhalten. Klar, einige der großen Organisationen und auch die Parteien haben Geld eingeschossen; es gab verschiedene Parteien, zum Beispiel die kommunistische und die sozialistische Partei und alle, die im ARI vereint waren, die Geld für Infobroschüren und Plakate beisteuerten. (...) Aber letztlich hat sich jeder Stand bei der Volksbefragung selbst finanziert. Jeder Stand stellte irgendwie seine Schachtel hin, seine Wahlurne, wo man die Stimmzettel hineintun konnte, und das war's dann auch schon. Das war alles sehr prekär, doch die Aktion funktionierte. (...) Eine Gruppe von Nonnen in einer Kirche, die kein Geld für Photokopien hatte, vervielfältigten die Fragen von Hand auf kleinen Papierschnipseln – handgemachte Unterschriftenbögen also." (Interview: Luciana Ghiotto, e. Ü.)

---

[6] Wird die Zahl der gesammelten Unterschriften ins Verhältnis zur Bevölkerungszahl gesetzt, liegen die Werte in Paraguay bei rund 2,5 % (Bevölkerung: 6,5 Mio.), in Brasilien bei rund 5.3 % (Bevölkerung: 188 Mio.) und in Argentinien bei 5.6 % (Bevölkerung: 40 Mio.). Obwohl die absoluten Zahlen durchaus eindrücklich sind, illustrieren die Prozentwerte einige Probleme, die im späteren Verlauf der Studie verhandelt werden sollen (Repräsentativität, Urbanitätsbias etc.).

Nach dem Mobilisierungshoch der ersten Welle von *consultas* erlebte die ASC allerdings eine ruhigere Phase, während der sich die Aktivitäten der meisten Mitgliedergruppen vorwiegend auf institutionalisierte Formen der Politikbeeinflussung wie Lobbying, Pressemitteilungen und andere Publikationen beschränkten. Die argentinische Autoconvocatoria erlebte indes eine eigentliche Renaissance im Laufe der Vorbereitungen zum Völkergipfel in Mar del Plata, der Gegenveranstaltung zum FTAA/ALCA-Gipfel im November 2005.

Die „Völkergipfel"

Während sich die Kampagne gegen das FTAA/ALCA mit ihren Volksbefragungen fast ausschließlich dem Thema Freihandel widmet, sind die *Cumbres de los Pueblos de las Américas* thematisch breiter angelegt. Diese „Völkergipfel" der ASC verstehen sich als Gegenveranstaltungen zu den offiziellen *Summits of the Americas* beziehungsweise seit 2008 auch als Parallelaktivitäten zu den Gipfeltreffen der südamerikanischen Union UNASUR. Die Organisationsform der Völkergipfel ist die eines teilstrukturierten Forums: Neben Plenumsveranstaltungen, welche die *Alianza Social Continental* vorgibt, bieten die Treffen ähnlich wie das Weltsozialforum Raum für eine Vielfalt von selbstorganisierten Aktivitäten anderer Gruppierungen. Die Völkergipfel stellen daher für die ASC nützliche Gelegenheiten dar, mit Repräsentant/innen weiterer Organisationen in Austausch zu treten und ihre zivilgesellschaftliche Verankerung zu stärken. Am Völkergipfel in Mar del Plata 2005 etwa reichte die Palette der Themen von Energiefragen bis zu Taktiken des gewaltfreien Widerstandes. Hauptziel der Veranstaltung im November 2005 war allerdings ganz klar die Diskussion von Vorschlägen zu alternativen Formen der regionalen Integration. Hatten die ersten beiden „Völkergipfel" noch der Dissemination von Informationen und der Festigung der zivilgesellschaftlichen Kontakte gedient, so schien nun die Zeit reif für die Diskussion eines regionalen Integrationsprojekts „von unten."

Die „Alternativas para las Américas"

Eine wichtige Grundlage für die Diskussion möglicher Integrationsalternativen liefern die *Alternativas para las Américas*, ein Strategiepapier der ASC, das sich als „lebendes Dokument" in permanenter Vernehmlassung befindet. Ursprünglich von Aktivist/innen aus Nordamerika und Mexiko verfasst, ist das Dokument in den letzten Jahren immer wieder neu überarbeitet worden. Verschiedene Arbeitsgruppen sind je für bestimmte thematische Kapitel verantwortlich und umfassen Vertreter/innen unterschiedlichster Organisationen, die primär über

Internet kommunizieren (Ayres 2005: 50 ff., Massicotte 2003). Darüber hinaus können aber auch Mitglieder und Partnerorganisationen der *Alianza* zu den jeweiligen Entwürfen Stellung nehmen. Sie können Vorschläge anbringen, die dann in der Regel in einem neuen Entwurf mitberücksichtigt werden. In diesem Sinne stellt das Dokument also das Gegenteil eines „*Top down*"-Entwurfs dar, in dem einige selbsternannte Repräsentanten die vermeintliche Meinung der Zivilgesellschaft zum Ausdruck bringen. Vielmehr handelt es sich um eine Konstruktion „von unten." Inzwischen liegt der vierte überarbeitete Entwurf des Dokuments vor.

Festzuhalten ist, dass die *Alianza Social Continental* keine „Antiglobalisierung" propagiert, sondern nach alternativen Formen der Integration sucht, die auch Formen des solidarischen Austausches enthält. Außerdem betont die ASC in den *Alternativas* die zentrale Rolle des Staates, dem die Aufgabe zukommt, die gesellschaftlich Schwächeren zu schützen und deren Interessen auch außenpolitisch zur Geltung zu bringen. Hervorgehoben wird aber auch die wichtige Rolle, die zivilgesellschaftlicher Druck spielt, wenn der Staat effektiv zu verantwortungsvollem Handeln gezwungen werden soll.

8.4 Zwischenbilanz – was wurde erreicht?

Will man die bisherigen Erfolge der ASC einschätzen, muss nicht zuletzt in Betracht gezogen werden, dass das bereits für das Jahr 2005 geplante FTAA/ALCA-Abkommen bislang nicht zustande gekommen oder gar in Kraft getreten ist. Ein zentrales Ziel der ASC und ihrer Kampagne gegen den Freihandel scheint damit bereits erreicht worden zu sein. Die Verhandlungen über das FTAA/ALCA erwiesen sich bereits 2005 als derart blockiert, dass sie vorderhand nicht mehr aktiv weiterverfolgt werden. Venezuelas Staatschef Hugo Chávez etwa weigert sich genauso wie die Präsidenten Evo Morales in Bolivien und Rafael Correa in Ecuador, die Verhandlungen fortzuführen. In Argentinien und Brasilien machten die Regierungen weitere Verhandlungen zumindest davon abhängig, dass die Vereinigten Staaten ihre einheimischen Agrarsubventionen aufgeben.[7]

---

[7] Die Haltung der Regierung Tabaré Vásquez in Uruguay ist ambivalent: Am Gipfeltreffen in Mar del Plata (November 2005) lehnte Uruguay das FTAA/ALCA zwar nicht ab, pochte aber nach Angaben des Präsidenten Tabaré Vázquez darauf, die Möglichkeiten des Abkommens „auf einer anderen Grundlage" zu diskutieren. Bei einem Deutschlandbesuch von Tabaré Vásquez und seinem Außenminister Reinaldo Gargano kurz vor dem Gipfeltreffen in Mar del Plata forderte Tabaré Vásquez ähnlich wie die Regierungen Argentiniens und Brasilien eine größere Handelsgerechtigkeit: „Von uns wird verlangt, Protektionismus, Importquoten und Subventionen abzubauen. Aber die gleichen Länder, die das von uns fordern, betreiben selbst protektionistische Politik und subventionieren ihre Landwirtschaft." (Neues Deutschland, 20. Oktober 2005, wiedergegeben in http://www.uni-kassel.

Für dieses bisherige Scheitern der FTAA/ALCA-Verhandlungen sind allerdings nicht nur die Bemühungen der ASC verantwortlich. Vielmehr spielen auch
geostrategische Partikularinteressen der Mercosur-Staaten eine wichtige Rolle.
Brasilien zum Beispiel würde durch einen gesamtamerikanischen Freihandelsvertrag in die Rolle des südamerikanischen „Juniorpartners" der USA gelangen,
wohingegen eine Stärkung des Mercosur dem Land eine weltwirtschaftlich und
-politisch bedeutsame regionale Vormachtstellung verleihen könnte. Der Beitrag
der ASC zur (vorläufigen) Verhinderung einer gesamtamerikanischen Freihandelszone darf freilich auch nicht unterschätzt werden. Denn nicht zuletzt ist es
der ASC gelungen, den Vertragstext deutlich früher als geplant an die Öffentlichkeit zu bringen und für größere Transparenz in den Verhandlungen zu sorgen.
Hatte die Strategie neoliberal ausgerichteter Regierungen ursprünglich darin bestanden, den betreffenden Parlamenten den Vertrag bereits als *fait accomplit* zur
Ratifikation vorzulegen und öffentliche Debatten zu vermeiden, so wurde dieses
Vorgehen durch die „Liberate the Text"-Kampagne und die nachfolgenden *consultas* der ASC und zugewandter Kreise zunichte gemacht. Zwischen dem recht
reibungslos verlaufenen FTAA/ALCA-Gipfeltreffen von Québec 2001 und dem
erfolglosen Gipfeltreffen von Mar del Plata 2005 war das geplante Abkommen
in verschiedenen Parlamenten und der massenmedial vermittelten Öffentlichkeit
zum Thema intensiver Debatten geworden.

Interessant ist in diesem Zusammenhang darum auch die Frage, inwieweit
die *Consulta*-Kampagne der ASC Spuren in der Bevölkerungsmeinung und entsprechenden Umfrageergebnissen hinterließ. Die Antwort darauf fällt tendenziell positiv, doch keineswegs sehr eindeutig aus. Vergleicht man etwa Befunde
der *Latinobarómetro*-Erhebungen aus den Jahren 2001 und 2003 miteinander
(Tab. 8.1), so wird deutlich, dass der Anteil der Befragten, die nie etwas vom
FTAA/ALCA-Projekt gehört hatten, zwar in fast allen Ländern auch 2003 noch
sehr hoch ausfiel, aber tatsächlich seit 2001 leicht abgenommen hatte. In Kolumbien etwa sank der Personenanteil, der noch nie etwas vom geplanten Abkommen
gehört hatte, zwischen 2001 und 2003 von ursprünglich 91 % auf „nur" 78 % ab,
in Venezuela von 80 % auf 62 % und in Bolivien von 81 % auf 55 %. Gleichzeitig sank in allen Ländern ausser Peru der Anteil der Personen, die dem FTAA/
ALCA-Abkommen positiv gegenüberstanden (Tab. 8.2.). In Kolumbien und Venezuela können der wachsende Bekanntheitsgrad und die zunehmende Ablehnung des FTAA/ALCA allerdings gerade *nicht* auf die Kampagnen der ASC
zurückgeführt werden, da die ASC zum damaligen Zeitpunkt kaum dort vertre-

---

de/fb5/frieden/regionen/Uruguay/spagat.html). Außenminister Gargano hingegen betonte zwar
die Vorbehalte gegenüber dem FTAA, grenzte sich aber von einer generell ablehnenden Haltung
ab: „Wir sind nicht gegen den ALCA. Der ALCA ist ein nachfolgender Schritt, denn wir gehen können, wenn die Ungleichheit zu den USA nicht so groß ist wie jetzt" (ibid.).

Tabelle 8.1   Kenntnis des FTAA/ALCA in den Jahren 2001 und 2003

„Betrachten Sie die Liste von Institutionen auf dieser Karte [Interviewer zeigt Karte] und nennen Sie alle, die Sie kennen" – ALCA (in %)

	2001		*2003*	
	ALCA bekannt	*unbekannt*	*bekannt*	*unbekannt*
Argentinien	33	67	50	50
Bolivien	19	81	45	55
Brasilien	24	76	58	42
Kolumbien	10	91	22	78
Costa Rica	16	84	36	64
Chile	28	72	49	51
Ecuador	26	74	51	49
San Salvador	15	86	38	62
Guatemala	16	84	46	54
Honduras	17	83	54	46
Mexiko	17	83	31	69
Nicaragua	15	85	23	77
Panama	15	85	41	59
Paraguay	21	79	26	74
Peru	11	89	22	78
Uruguay	33	67	55	45
Venezuela	20	80	38	62
Total	*20*	*80*	*41*	*59*

Quelle: Latinobarómetro 2001 und 2003, eigene Berechnungen (Rundungsfehler bewirken, dass die Summe der beiden Kolonnen pro Jahr in einigen Fällen nicht exakt 100 % ergibt.)

ten war und auch keine *consultas* durchgeführt hatte. In Kolumbien etwa fand die Unterschriftensammlung gegen das FTAA/ALCA erst Anfang 2004 und nur unter zivilgesellschaftlichen Organisationen statt (Recalca 2004: o. S.).

Hingegen waren in Ländern wie Argentinien und Brasilien, die eine starke Präsenz von Koalitionsmitgliedern der ASC aufwiesen, die Bekanntheitsgrade des FTAA/ALCA mit 33 % (Argentinien 2001) beziehungsweise 24 % (Brasilien 2001) klar höher als in den genannten Vergleichsländern. Auch lässt sich im Falle Brasiliens nicht ausschließen, dass die *consulta* durchaus Breitenwirkung entfaltete. Während nämlich beispielsweise in Paraguay, wo die *consulta* erst gegen Ende 2003 ihren Höhepunkte erreichte, der Bekanntheitsgrad des FTAA/ALCA zwischen 2001 und 2003 um nur gerade fünf Prozentpunkte zunahm (von 21 %

auf 26 %), waren es in Brasilien – mit einem sehr erfolgreichen Plebiszit bereits im Jahr 2002 – beachtliche 34 Prozentpunkte (von 24 % auf 58 %).[8] Es lässt sich also festhalten, dass in dem Jahr, in dem die ASC in Brasilien ihre *consulta* durchführte, vermutlich mehr als ein Drittel der Gesamtbevölkerung zum ersten Mal von der Existenz panamerikanischer Freihandelsverhandlungen erfuhr.

Bemerkenswert ist in diesem Zusammenhang auch der Fall Ecuador, wo der Bekanntheitsgrad des FTAA/ALCA von 2001 bis 2003 um ganze 25 Prozentpunkte zunahm (von 26 % auf 51 %, Tab. 8.1). Hier nämlich fand gegen Ende des Jahres 2001 ein FTAA/ALCA-Handelsministertreffen statt, das beträchtliche Aufregung hervorrief. Die ASC begegnete dem Ministertreffen mit einer Aktionswoche (*jornada de resistencia*) und insbesondere einem internationalen zivilgesellschaftlichen Treffen, dem *Encuentro Continental de Reflexión e Intercambio „Otra América es posible"*, welches für diverse Presseberichte sorgte Die Aktionen erhöhten außerdem nicht nur den Bekanntheitsgrad des FTAA/ALCA (dafür hätte möglicherweise auch ein Handelsministertreffen ohne Proteste gesorgt), sondern führten auch zu einer beträchtlichen Zunahme der Bevölkerungsanteile, die das Abkommen ablehnten (Tab. 8.2). Standen Mitte des Jahres 2001 immerhin 61 % aller Personen, die bereits einmal vom FTAA/ALCA gehört hatten, diesem Abkommen positiv gegenüber (Noten 6–10 auf einer Skala von 1–10), so waren es im Jahr 2003 nur noch 33 % (Noten 6–10 auf einer Skala von 0–10). Das geplante Abkommen war mithin nicht nur bekannter geworden, sondern auch zunehmend in Verruf geraten – ein wichtiger lokaler Erfolg der transnational vernetzten Freihandelsgegner/innen.

Allgemein dürften der Bekanntheitsgrad des FTAA/ALCA-Abkommens und die Einstellungen dazu allerdings nicht systematisch von den *consultas* und anderen ASC-Aktivitäten abhängen. In denjenigen Ländern, in denen die ASC 2003 eine starke Präsenz aufwies und erfolgreiche Plebiszite durchgeführt hatte (besonders Argentinien, Brasilien, Chile, Mexiko, Paraguay und einzelne Regionen Zentralamerikas) nahm die Zustimmung zum panamerikanischen Freihandel zwar tendenziell ab (mit der Ausnahme von Peru), aber kaum weniger als in anderen Ländern (besonders Guatemala, Nicaragua und Venezuela). Vergleicht man außerdem in Tabelle 8.2 die Angaben für das Jahr 2006 mit denen für 2003, so zeigt sich – ungeachtet der Unterschiede in der Frageformulierung und vermutlicher Abweichungen in der Datenerhebung – ausser in Argentinien und Kolumbien, dem aktuellen Bürositz der ASC, eine erneute Zunahme der Zustim-

---

[8] In Argentinien, wo die *consulta* erst *nach* der Vergleichsperiode 2001 bis (Mitte) 2003 stattfand, betrug die Zunahme immerhin 17 Prozentpunkte (von 33 % auf 50 %), doch liegt dies daran, dass im Laufe des Jahres 2001 in Buenos Aires ein FTAA-Handelsministertreffen stattfand, gegen das es – auch unter Mithilfe der ASC – zu beträchtlichen Protesten gekommen war (Quellen: Interviews mit Beverly Keene und Graciela Rodriguez).

Tabelle 8.2   Einstellungen zum FTAA/ALCA in den Jahren 2001 bis 2006

Prozentsatz der Befragten, die dem ALCA eine „gute Note" (6–10)* geben (Jahre 2001 und 2003) beziehungsweise das Abkommen als „vorteilhaft für ihr Land" erachten würden (2006); Angaben zu den Jahren 2001 und 2003 nur für Befragte, die das ALCA überhaupt kennen.

	2001	*2003*	*2006*
Argentinien	26	26	13
Bolivien	44	20	40
Brasilien	45	26	37
Kolumbien	64	47	45
Costa Rica	60	41	75
Chile	44	24	53
Ecuador	61	33	35
El Salvador	58	39	31
Guatemala	66	12	57
Honduras	53	25	40
Mexiko	62	47	49
Nicaragua	70	40	74
Panama	65	38	49
Paraguay	32	27	48
Peru	38	44	49
Uruguay	31	25	–
Venezuela	60	33	35
Total	*49*	*30*	–

* Die Vorgabe lautete, dem FTAA/ALCA und einer Reihe von weiteren Institutionen Noten zu verteilen, wobei die tiefste Note für „sehr schlecht", die höchste für „sehr gut" stand. Das Online-Codebuch des Latinobarómetro (www.latinobarometro.org) gibt fälschlicherweise an, die Antwortskala habe im Jahr 2001 Werte von 0 bis 10 umfasst. Tatsache ist, dass die Skala im Fragebogen von 1 bis 10 reichte. Dem entspricht auch die Codierung in dem bei Latinobarómetro erhältlichen SPSS-Datensatz. In den Jahren 2002 und 2003 hingegen reichte die Skala tatsächlich von 1 bis 10. In allen drei aufgeführten Umfragen bestand die Möglichkeit, „keine Antwort" beziehungsweise „weiss nicht" anzukreuzen.

Quellen: Latinobarómetro 2001 und 2003 (eigene Berechnungen) und CIMA 2006.

mungsraten zum FTAA/ALCA. In einigen Ländern Zentralamerikas liegt diese Zustimmungsrate sogar weit über 50 %, in anderen nur knapp darunter. Inwieweit die ASC also beanspruchen kann, in der Gesamtbevölkerung Lateinamerikas ein kritisches Bewusstsein gegenüber dem FTAA/ALCA und dem Freihandel allgemein erzeugt zu haben, ist fraglich.

Tatsächlich dürfte das größte Verdienst der ASC denn auch darin bestehen, eine Brücke zwischen progressiven zivilgesellschaftlichen Akteuren des Nordens und des Südens sowie zwischen Gewerkschaften und Bewegungen geschlagen zu haben. So zeigen die netzwerkanalytischen Untersuchungen bei von Bülow (2006), dass die ASC und ihre regionalen Koalitionsmitglieder eine zentrale Stellung in den Kontaktnetzwerken zahlreicher zivilgesellschaftlicher Organisationen einnehmen und für viele Gruppen aus dem globalen Norden und dem Süden, die über keine direkten Kontakte verfügen, als Bindeglieder dienen. Wie Anner und Evans (2004) betonen, ist es der ASC gelungen, durch den weltweit einmaligen Brückenschlag zwischen Nord und Süd sowie zwischen Gewerkschaften und Bewegungen einen „doppelten Graben“ („double divide“) zu überwinden:

> „Sarah Anderson (…) writes: ,There is no comparable network on globalization in any other region in the world.‘ ASC/HSA not only bridges the double divide but is exactly the kind of broad-based conglomeration of civil society groups that one would hope would be involved in any process of creating an economic constitution. While ASC/HSA cannot yet claim to be sufficiently representative to legitimise imposing its own version of an ,economic constitution‘ for the hemisphere, it has at least as good a claim as the opaque technocratic process that is currently underway. Its ,Alternative for the Americas‘ document not only parallels the official draft version of the FTAA but in fact provides a more detailed policy analysis to back up its positions than does the publicly available FTAA draft. Equally important, ASC/ HSA has been trying to involve ordinary citizens in the debate over its alternative vision through a process of ,hemispheric consultation,‘ which has involved public meetings and a series of referenda.“ (Anners und Evans 2004: 42)

Es ist es der ASC mithin gelungen, auf regionaler Ebene die Basis für eine „gegenhegemoniale Globalisierung“ der Zivilgesellschaft zu legen (Evans 2000, 2008) – wenngleich ihr in verschiedenen Ländern ausserhalb der großen Metropolen noch die Verankerung in der Bevölkerung und unter den Basisgruppen fehlt.

9 Erfolgsfaktoren der transnationalen Koalitionsbildung

Nimmt man als Startpunkt das informelle Gründungstreffen von 1997 in Belo Horizonte, dann ist die ASC trotz der ausgeprägten Vielfalt der beteiligten Gruppierungen inzwischen über zwölf Jahre alt. Sie kann damit als Erfolgsfall der transnationalen zivilgesellschaftlichen Koalitionsbildung gelten. Ihr langjähriges Bestehen widerlegt die Vorstellung, wonach Initiativen des transnationalen Aktivismus zwingend kurzlebige Zweckbündnisse darstellen. Wenn etwa Sidney Tarrow (o. J.) behauptet, transnationale Netzwerke und Allianzen seien in der langen Frist eigentlich nicht aufrecht zu erhalten, ergeben die Erfahrungen der ASC ein anderes Bild. Umso mehr aber drängt sich die Frage auf, wie dieser Erfolg möglich geworden ist.

Die nachfolgenden Analysen werden zeigen, dass es auf diese Frage keine einfache Antwort gibt. In der ASC entfalteten verschiedene interne und externe Faktoren je für sich bedeutende kohäsive Wirkung, doch dürfte der eigentliche Erfolgschlüssel für das dauerhaften Bestehen der Koalition darin liegen, dass sich diese Faktoren funktional ergänzt haben. Die stark dezentrale Organisationsstruktur etwa half den lokalen Mitgliedergruppen der ASC, grundlegende strategische Konflikte zu vermeiden und „ownership" über die Implementation gemeinsamer Kampagnen zu entwickeln, doch wäre die Koalition vermutlich längst in ihre Einzelteile zerfallen, wenn nicht zugleich eine stark integrierte Kerngruppe von eng befreundeten Koordinationsverantwortlichen existiert und ausgesprochen geschickte Identitäts-Frames entwickelt hätte. Partizipativ-deliberative Diskussionen an regelmäßig stattfindenden Basistreffen wiederum sorgen bis heute dafür, dass die Mitglieder dieser Kerngruppe nicht den Kontakt zur Basis verlieren.

In der Vielfalt von Ursachen, die zur Erklärung der Erfolgsgeschichte der ASC herangezogen werden müssen, liegt allerdings bereits ein wichtiger Befund. Damit bestätigt sich, dass monokausale Theorieansätze, wie sie in der Theoriegeschichte der *Social Movement*-Forschung lange Zeit vorgeherrscht haben, in der Untersuchung von transnationalen Koalitionen zu kurz greifen. Der streng rationalistisch angelegte Ressourcenmobilisierungsansatz etwa kann kaum erklären, warum verschiedene Aktivist/innen der ASC angeben, eine wichtige subjektive Motivation bei der Überwindung von koalitionsinternen Konflikten sei die Vorstellung von ihrer historischen Zusammengehörigkeit und gemeinsamen Verantwortung. Hingegen laufen die identitätszentrierten Ansätze der *New Social Movement*-Forschung und die konstruktivistischen Varianten des *Framing*-Ansatzes Gefahr, die Rolle von objektiven regionalen Besonderheiten zu unterschätzen. Im Falle der ASC hat etwa die numerische Übermacht lateinamerikanischer Gruppen die spanische Sprache zur Verkehrssprache werden lassen – und damit viele der sublimen Exklusionsmechanismen ausgeschlossen, die sich zuweilen mit der Verkehrssprache Englisch verbinden.

Schließlich validieren die Erfahrungen der ASC auch die methodische Vorgehensweise der Beiträge zum Sammelband von Bandy und J. Smith (2005a). Denn die in diesem Band vereinten Untersuchungen zur transnationalen Koalitionsbildung sind zunächst einmal explorativ angelegt und ziehen zur nachträglichen Interpretation der Befunde jeweils *mehrere* etablierte Theorieansätze hinzu. Was in den dortigen Beiträgen allerdings wenig diskutiert wird, ist die Rolle identitätsstiftender *frames*. Es entsteht mithin der Eindruck, als wären die *Framing*-Aktivitäten transnationaler Koalitionen für deren dauerhaften Zusammenhalt unerheblich. Fragt man hingegen die Aktivist/innen der ASC nach den möglichen Erfolgsfaktoren ihrer langjährigen Zusammenarbeit, kommen oft an erster Stelle Identitäts- und Motivationskonstruktionen zum Ausdruck, die Ausfluss genau solcher kollektiven Deutungsangebote sind. Den *collective action frames* wird hier darum höherer Stellenwert zukommen als in der bisherigen Literatur zu transnationalen Koalitionsbildungsprozessen.

9.1   Die gemeinsame historische Verpflichtung als kollektiver Aktionsframe

Das Stichwort „Einheit in der Vielfalt" ist in den Interviews mit den Aktivist/innen der ASC eines der regelmäßig wiederkehrenden Leitthemen. Viele der Befragten kommen mehrfach darauf zurück, auch ohne unmittelbar dazu aufgefordert worden zu sein, und immer wieder wird betont, wie die beträchtliche politische und kulturelle Diversität des amerikanischen Kontinents in die in die Entwicklung der ASC hineinspielt hat, einerseits als Herausforderung, andererseits als Chance. Rina Bertaccini etwa, eine Aktivistin aus Buenos Aires, charakterisiert die Koalition als „vielfältig und uneinheitlich." Danach präzisiert sie:

> „[Wir sind] vielfältig in politischer Hinsicht, in kultureller Hinsicht und auch in religiöser Hinsicht. Und ich nenne hier nur drei unter vielen anderen Aspekten. Und das alles hat natürlich auch mit den unterschiedlichen nationalen Identitäten und vielen anderen Dingen zu tun" (Interview: Rina Bertaccini, e. Ü.).

Den Begriff der Heterogenität lehnen allerdings die meisten Befragten ab, denn er hat einen allzu negativen, problematischen Beiklang. Die politische und kulturelle Vielfalt der an der ASC beteiligten Gruppierungen wird nicht bloß als mögliche Ursache von Konflikten gesehen, sondern auch als Quelle von Innovation und Lerneffekten. Sie ist das, was etwa für Lydia Pereira (Pseudonym; e. Ü.) in der argentinischen Provinz Santa Fe „den Reichtum dieses ganzen Unterfangens ausmacht." Eine von Lydias Kolleginnen, Claudia Baigorria, zieht denn auch den Begriff der Diversität vor, während Juan González und einige andere Befragte anstatt von Heterogenität schlicht von internen Unterschieden sprechen.

> „Heterogenität ist nicht das treffende Wort. Ich empfinde das nicht so. Und die Idee der Homogenität, das scheint mir ebenfalls deplaziert. Denn auch in der Diversität kann man verbindende Ziele und gemeinsame Konstruktionen haben. Es ist doch gut, dass wir alle verschieden sind, oder? [Lacht.] Das ist Teil des Lebens." (Interview: Claudia Baigorria, e. Ü.)

Wie aber kann Zusammenhalt entstehen, ohne die zahlreichen kulturellen und politischen Unterschiede „überwinden" zu müssen? Wie entsteht besagte Einheit in der Vielfalt? Fragt man die Aktivist/innen der ASC, wo sie selbst die Gründe für ihre dauerhafte Zusammenarbeit orten, verweisen sie in der Regel zunächst einmal auf einen historischen Faktor: die verbindende und identitätsstiftende Rolle gemeinsamer vergangener Unterdrückung. Juan González etwa, ein argentinischer Gewerkschafter, hält im Interview fest, eine panamerikanische Identität verbinde die Völker Amerikas bereits seit Jahrhunderten; schließlich hätten die Völker Amerikas in der Unterjochung durch externe Mächte eine prägende gemeinsame Erfahrung durchlebt. Die kollektive Identität des amerikanischen Kontinents manifestiere sich deshalb auch in einem immer wiederkehrenden gemeinsamen Streben nach Unabhängigkeit:

> „Amerika, vor allem Lateinamerika, ist das Produkt einer Invasion. Die Identität dieser Region ist darum der ununterbrochene Befreiungskampf. Das ist eine Identität, die sich quer durch den ganzen Kontinent hindurchzieht" (Interview: Juan González, e. Ü.)

Danach fährt Juan González fort, in wenigen Sätzen die gesamte Geschichte des amerikanischen Kontinents zu rekapitulieren – und zwar als eine Geschichte von Abhängigkeit und Widerstand, beginnend bei den erfolglosen indigenen Bestrebungen, zunächst ein friedliches Zusammenleben mit den weißen Invasoren zu finden, bis hin zum gegenwärtigen Kampf gegen das panamerikanische Freihandelsabkommen FTAA/ALCA. Es gelingt ihm damit, eine historische Brücke von der vorkolonialen Zeit über die grenzübergreifende Revolution Simon Bolívars bis hin zur ASC zu schlagen. Die Politik der ASC wird mithin historisiert und als bisher letzter Ausdruck einer über 500-jährigen Folge von ähnlichen Initiativen gedeutet.

Die selbe Idee findet sich in einem großen Teil aller Interviews wieder. Ausländische Unterdrückung, in unterschiedlichen Formen, habe in der kollektiven Erinnerung der amerikanischen Völker tiefe Spuren hinterlassen, und der passive und aktive Widerstand sei, lange Zeit vor der Gründung der ASC, zum Kerngehalt einer gemeinsamen amerikanischen Identität geworden. Für Rina Bertaccini (e. Ü.) etwa ist es ganz einfach „die historische Erfahrung," welche die Mitglieder der ASC am stärksten verbindet:

> „Diese historische Erfahrung, die ist durchtränkt mit Schmerz – und Schmerz hinterlässt Brandnarben –, durchtränkt mit Schmerz und mit Kampf; nicht mit passivem Schmerz also, sondern mit dem Kampf verschiedener Teile des Kontinents."

Und auch für Claudia Baigorria gilt, dass die Völker Lateinamerikas von einer gemeinsamen Geschichte des Grauens und des Widerstandes geprägt sind. Was die ASC zusammenhalte, seien möglicherweise nicht die gemeinsamen Ziele, sondern der gemeinsam erlebte Schrecken:

> „Mir ist klar, dass [transnationale Koalitionsbildung] ein komplexer Prozess ist. Auch wenn sich gezeigt hat, dass dieser Prozess durchaus aufrechterhalten werden kann, ist mir klar, dass es Schwierigkeiten gibt. Es gibt da eine sehr große Diversität. Aber ich glaube, das [dauerhafte Bestehen der ASC] hat nicht zuletzt damit zu tun, dass die Realität, die wir Völker Lateinamerikas gemeinsam haben, so greifbar ist; dass wir so sehr dieselben Schicksalsschläge erlitten haben und auf dieselbe Weise misshandelt worden sind; dass die Rückschritte, die wir in verschiedenen Epochen erlebt haben, so groß waren – und ich beziehe mich hier nicht auf die ökonomischen Entwicklungen, sondern auf die sozialen. Wir haben eine gemeinsame Geschichte, eine gemeinsame Wurzel, seit der Ära der *conquista*, seit der Kolonialzeit, seit der Ära der … Alles in unserer Geschichte war ähnlich; sogar die Militärdiktaturen, die uns aufgedrückt wurden, haben zur selben Zeit stattgefunden, mit etwas längerer oder kürzerer Dauer, sagen wir mal, und mit größeren oder weniger großen Folgen. (…) Darum, denke ich, haben wir jenseits der Diversität, der politischen Unterschiede, der ideologischen Unterschiede (…) eine sehr gemeinsame Wurzel, eine Identität. Das waren starke Einflüsse. Vielleicht ist es nicht die Liebe, die uns vereint, aber der Schrecken." (Interview: Claudia Baigorria, e. Ü.)

Letztlich begründen die beteiligten Aktivist/innen die bemerkenswerte Langlebigkeit der ASC also vor allem mit den Besonderheiten der Regionalgeschichte. Damit verweisen sie auf einen Erfolgsfaktor, der von außeramerikanischen Bewegungskoalitionen unmöglich repliziert werden kann. Einfacher übertragbare Erfolgsursachen, etwa die Qualitäten und Verdienste der internationalen Ko-

ordinationsbeauftragten, werden in den Interviews erst an späterer Stelle oder
überhaupt nicht erwähnt. Die historischen Narrativen, die in den Interviews vorgetragen werden, sind
allerdings bemerkenswert eigenwillig. Sie bringen Realitätskonstruktionen zum
Ausdruck, die außerhalb der ASC kaum als konsensual gelten können. Für die
Nachkommen der afrikanischen Sklaven in Brasilien zum Beispiel oder für die
indigene Urbevölkerung dürfte sich die vermeintlich „gemeinsame" amerikanische Geschichte deutlich anders darstellen als etwa für die Nachfahren der ita-
lienischen Immigranten in Buenos Aires. Schließlich stehen die überlebenden
indigenen Völker weiterhin unter weißer Fremdherrschaft, und ihre Sprachen
sind nur in Ausnahmefällen als nationale Amtssprachen anerkannt, während der
dunkelhäutige Bevölkerungsteil Brasiliens gesellschaftlich marginalisiert geblieben ist. Die Aussagen der Befragten müssen darum als Ergebnis eines idea-
lisierenden *Framing*-Prozesses begriffen werden, als historisch angereicherter
collective action frame mit starker Identitätskomponente (Gamson 1992b). Der
Hinweis auf die gemeinsame historische Erfahrung und kollektive Erinnerung
der Koalitionsmitglieder blendet zahlreiche historische Differenzen aus, über-
höht aber selektiv und auf hohem Abstraktionsniveau die Parallelen.

Die *Alianza Social Continental* vermag also, so ein erster Befund, nicht zuletzt deshalb einen starken Zusammenhalt unter den beteiligten Gruppierungen
zu erzeugen, weil sie in internen und externen Kommunikationen geschickt eine
vorgängige historische Erfahrung und regionale kollektive Identität konstruiert.
Diese Identitätskonstruktion wiederum, die über die unterschiedlichen Lebensumstände der Beteiligten eine gemeinsame heroische Vergangenheit legt, spiegelt sich bis in die Aussagen der befragten Personen wieder. Sie scheint für diese
keine bloße Leerformel zu sein, sondern maßgeblich zu ihrer Motivation und
wechselseitigen Solidarität beizutragen.

Das historische Erbe der Unabhängigkeitskriege: die Identitätskomponente

Tatsächlich treten Deutungsmuster, welche die ASC als legitime Nachfolgerin
einer Jahrhunderte alten panamerikanischen Widerstandsgeschichte darstellen,
in den Dokumenten der Koalition sehr zahlreich auf. Hinweise auf die Helden des
lateinamerikanischen Befreiungskampfes, deren Erbe aufrecht erhalten werden
soll, finden sich sogar in einer Mehrheit all ihrer öffentlichen Selbstdarstellungen,
Mobilisierungsaufrufen und politischen Deklarationen wieder. So hält beispielsweise die Schlussdeklaration des *III° Encuentro Hemisférico de Lucha contra el
ALCA* in La Habana im Jahr 2004 fest, man habe sich versammelt,

> „Männer und Frauen aller Rassen, reich in der Vielfalt unserer Ursprünge, Kulturen und Glaubensrichtungen (...), auf dem Boden Martís, erfüllt von der Erinnerung an die Heldentaten von Bolívar und San Martín, von Zapata und Sandino, von allen, die für die Souveränität und Würde unserer Völker kämpften." (Campaña contra el ALCA 2004: o. S.)

Auch werden die Aktivist/innen der *Campaña contra el ALCA* jeweils als „Brüder und Schwestern unseres amerikanischen Kontinents" angesprochen (z. B. Campaña contra el ALCA 2004: o. S.), und schließlich gibt sich die ASC in der Schlussdeklaration des ersten südamerikanischen Völkergipfels ausdrücklich die Aufgabe, „für die Einheit unserer Völker zu arbeiten, (...) und zwar in der Nachfolge der zweiten Unabhängigkeit, die wir von Artígas, Simon Bolívar und von Che übernommen haben" (ASC 2006a: o. S., e. Ü.).

Am deutlichsten wird die Historisierung der ASC und ihres Widerstandes freilich in der Einleitung zu den *Alternativas para las Américas*. Denn darin beruft sich die Koalition nicht nur auf die Geschichte Lateinamerikas in den Befreiungskriegen, sondern sogar auf ein nicht genauer bestimmtes „noch Früher":

> „Das Ansinnen, über den gesamten Kontinent hinweg eine gleichere und respektvolle Gesellschaft zu schaffen, durchdringt die nationalen Grenzen und hat in Amerika eine lange historische Tradition. Sie geht, *wenn nicht noch weiter*, mindestens auf die Befreiungs- und Unabhängigkeitskriege des amerikanischen Kontinents zurück." (ASC 2005: o. S., e. Ü. und eigene Hervorhebung; vgl. in leicht anderem Wortlaut auch die früheren Fassungen)

Die Adressat/innen dieser Dokumente, in denen die ASC ein historisch weit ausholendes *identity framing* (Gamson 1992b) betreibt, können sich mithin in einer sehr allgemeinen – und daher hochgradig anschlussfähigen – geschichtlichen Dichotomie von Ausbeutern und Ausgebeuteten, Ungerechten und Kämpfern für das Gerechte verorten. Sie sind es, welche die Heldentaten („gestas") der Führer der Unabhängigkeitskriege fortsetzen und für ein freies, besseres Leben einstehen.

Angriff auf die Menschenwürde: die Aufforderungskomponente

Die Brücke zwischen den historischen Unabhängigkeitskriegen und der Gegenwart schlagen die Dokumente der ASC, indem sie den globalen Neoliberalismus explizit als Ausdruck eines neuen imperialen Projekts deuten und das FTAA/ALCA-Abkommen als erneute Gefahr für die hart erkämpfte Selbstbestimmung. So erhält die Identitätskonstruktion der ASC, die deren Mitglieder als Nachfahren der Helden des Unabhängigkeitskrieges fasst, eine dringliche Aufforderungskomponente. Denn das freie Leben, wofür die Vorfahren gekämpft haben, ist einmal mehr zur Disposition gestellt. Es muss, so legen die Dokumente der ASC nahe, dringend verteidigt werden. Der *identity frame* wird hier also zugleich zum eigentlichen *collective action frame*: Haben es die multinationalen Konzerne, die US-amerikanischen Eliten und die lokalen Handlanger des Neoliberalismus darauf abgesehen, die Menschen der Region einmal mehr zu Objekten von Profit- und Machtstreben zu degradieren, so müssen diese nun ihre Geschichte wieder selbst in die Hand nehmen.[1]

Mit dem Konzept der Selbstbestimmung wird freilich nicht nur das identitätsstiftende historische Erbe der amerikanischen Völker verknüpft, sondern sogar deren Würde („dignidad") und eigentliche Menschlichkeit („humanidad"). So beschreibt sich die ASC in ihren *Alternativas para las Américas* beispielsweise als „Bewegung der amerikanischen Völker, die Respekt vor ihrer Menschlichkeit fordern" (ASC: o.J. [2. Fassung], e.Ü.) und „wie Menschen behandelt werden wollen" (ab der 3. Fassung, also ASC 2001, 2002a beziehungsweise 2002b, 2005, e.Ü.). Das Dokument betont, die ASC habe „ihre Grundlage im Anliegen der Völker unseres Kontinents, als erfüllte Menschen zu leben und sich entwickeln zu können" (sämtliche Fassungen, e.Ü.). Auch lehre die Geschichte, dass keine Form der Repression je den Kampf für die Wiederherstellung der Menschenwürde ausrotten könne:

> „Selbst wenn die Unterdrückung maßlos ist, lässt sich doch nicht verhindern, dass die Völker sich auf ihre Menschenwürde berufen und in deren Sinne handeln." (Alle Fassungen der *Alternativas para las Américas*: ASC o.J., 2001, 2002a, 2002b, 2005, e.Ü.).

Die ökonomische und politische Autonomie, die von einem ungleichen Freihandelsvertrag wie dem FTAA/ALCA weiter untergraben würde, wird von der ASC

---

[1] Zugleich fällt auf, dass sich die ASC große Mühe gibt, zwischen der offiziellen Politik der USA und der US-amerikanischen Bevölkerung zu unterscheiden. Denn wenn sie an verschiedenen Stellen den US-amerikanischen Großkonzernen und ihren politischen Interessenvertretern die Hauptverantwortung für den „imperialen Neoliberalismus" zuweist, will sie damit nicht zur Exklusion von US-amerikanischen Aktivist/innen beitragen und diese den „Gegnern" zuordnen. So weist etwa die bislang jüngste Fassung der *Alternativas para las Américas* explizit darauf hin, dass die Grenzen zwischen Nord und Süd in ihrer bisherigen Bedeutung aufgelöst worden sind: „Der Widerspruch liegt nicht zwischen Ländern; in dieser Phase des Kapitalismus finden wir auf der einen Seite des Widerspruches die großen transnationalen Konzerne, die Regierungen der G7, die internationalen Finanzinstitute und die WTO sowie die Regierungen und Gruppen in unseren Ländern, die diese unterstützen; auf der anderen Seite stehen jene, die in einer nach diesem Muster geformten Welt keine Chance auf ein würdiges Leben haben: Arbeiter, Bauern, Indigene, Frauen, Junge, Kämpfer für eine gesunde Umwelt und für integrale Menschenrechte sowie die Unternehmenssektoren, die im Modell des wilden Kapitalismus keine Überlebensmöglichkeit haben" (ASC 2005: 3, e.Ü.).

mit anderen Worten ganz im Sinne des weltkulturellen Werts der *agency* gedeutet. Schließlich ist das freie Handeln im kulturellen Kanon der gegenwärtigen Weltgesellschaft ein zentraler Bestandteil dessen, was den Menschen überhaupt erst ausmacht (Meyer und Jepperson 2000). Werden der Freihandel und andere Ausdrucksformen des Neoliberalismus als Versuche der wirtschaftlichen und politischen Entmündigung gefasst, erscheinen sie daher zwangsläufig auch als Angriffe auf die menschliche Würde – ein *frame*, der im weltkulturellen Wertekanon hochgradig resonant sein dürfte.

„Erfolg verpflichtet" – und zwar „jetzt oder nie!": die motivationale Komponente

Mit dem Kampf nicht nur gegen das panamerikanische Freihandelsabkommen FTAA/ALCA, sondern auch für eine gerechte und würdige internationale Ordnung hat sich die ASC hohe Ziele gesteckt. Der dazu notwendige Aufbau eines gegenhegemonialen historischen Blocks ist ein langfristiges Unterfangen, das in der Zwischenzeit zahlreiche Frustrationspotentiale birgt. Mit ihrer „Liberate the Text"-Kampagne und den *consultas* gegen das FTAA/ALCA hat die ASC aber auch durchaus konkrete Zwischenschritte verfolgt – und damit wohl ebenfalls zu ihrem Überleben beigetragen. Schließlich gehört es, so einer der Befunde bei Bandy und J. Smith (2005b), mit zu den Gemeinsamkeiten langlebiger transnationaler Bewegungskoalitionen, dass sich diese immer wieder kurzfristige und „realistische" Etappenziele setzen. Werden diese Ziele dann tatsächlich erreicht, erscheint die Koalition als ein erfolgversprechendes Unterfangen, das auch zukünftige emotionale und materielle Investitionen rechtfertigt. Koalitionsarbeit bedeutet für die Beteiligten einen großen Aufwand mit unsicherem Ergebnis, doch betonen Bandy und J. Smith (2005b: 256), dass einmal erreichte Vorgaben die Vertrauenswürdigkeit und Attraktivität von Koalitionen deutlich zu erhöhen vermögen:

> „With every success, however minor or fleeting, coalitions achieve greater legitimacy for participants. And when successes have been significant – from corporate reform to policy change – coalitions not only have achieved greater internal solidarity, but also have recruited new members and expanded their capacity. In fact, coalition successes have demonstration effects, since many movements and other coalitions may endeavor to join and replicate their achievements."

Die politischen und kulturellen Prozesse, an denen sich soziale Bewegungen beteiligen, sind allerdings oft ambivalent, und tatsächliche Veränderungen können in der Regel auch nicht ohne weiteres einer eindeutigen Ursache zugeordnet werden. Aus der konstruktivistischen Sicht, wie sie dem *Framing*-Ansatz zugrunde liegt, stellen politische und kulturelle Veränderungen darum erst dann eigentliche „Erfolge" dar, wenn sie von den mitwirkenden Aktivist/innen und den *movement leaders* aktiv als solche rekonstruiert und interpretiert werden (D. S. Meyer 2006). Die Beobachtungen von Bandy und J. Smith (2005b) müssen demnach präzisiert werden: Für den Zusammenhalt einer Koalition zählen nicht so sehr die tatsächlichen Errungenschaften, sondern die Art und Weise, wie bestimmte Ereignisse koalitionsintern gedeutet und kommuniziert werden. Gleichzeitig müssen mögliche Erfolge auch so dargestellt werden, dass die beteiligten Personen ihr Engagement weiterhin, trotz des bereits Erreichten, für unabdingbar halten.

Tatsächlich findet sich in den Dokumenten der ASC eine beträchtliche Zahl von Hinweisen, welche wichtige politische Geschehnisse als eigene Verdienste ausweisen. In ihrem *Manifiesto de Cochabamba* (ASC 2006b) etwa betont die ASC, man habe als „Protagonisten eines Kampfes gegen dieses [neoliberale] Modell" gewirkt, „entscheidend dazu beigetragen, das ALCA (...) aufzuhalten," „die Herausbildung von neuen, für die Forderungen der Bürgerinnen und Bürger empfänglichen Regierungen erwirkt" und damit schließlich sogar „eine neue politische und soziale Situation erschaffen." Die Einleitung zur 5. Fassung der *Alternativas para las Américas* hält fest, erst dank der Anstrengungen der in der ASC vereinten Bewegungen sei es zu einem tiefgreifenden Wandel in den regionalen Machtverhältnissen gekommen:

> „Seit dem Entschluss, mit der Konstruktion der Alianza Social Continental zu beginnen und alternative Politikvorschläge zu formulieren, sind insgesamt acht Jahre vergangen. Dieser lange andauernde Prozess hat nun bedeutende Früchte getragen. Was als ein Traum erschien, nämlich ein Ort des Zusammenkommens und der einheitlichen Aktion für alle Sektoren in allen Teilen Amerikas, ist heute eine Realität. (...) Und auch das politische Umfeld und die Kräfteverhältnisse haben sich substantiell gewandelt. (...) Was unaufhaltbar schien, das ALCA, ist heute ausgeleiert und auf Eis gelegt. (...) Diese partiellen Siege sind allesamt ein Zeichen der Stärke und des Wachstums der sozialen Bewegung." (ASC 2005: 4)

Insgesamt also versorgen die Deklarationen der ASC und die *Alternativas para las Américas* die Mitglieder nicht nur mit einer gemeinsamen Identität und einem Handlungsauftrag. Vielmehr nehmen sie in geradezu virtuoser Weise auch die Aufgabe wahr, die bisherige Zusammenarbeit als erfolgreich erscheinen zu lassen. Damit erfüllen die Deklarationen der Koalition letztlich alle Funktionen, die gemäß Gamson (1992b) ein erfolgreiches *Framing* ausmachen: Sie verweisen auf dringliche, aber vermeidbare Probleme („injustice framing"), benennen einen kollektiven Akteur, der wie selbstverständlich gegen diese Probleme ankämpfen muss („identity framing"), und statten diesen schließlich auch mit der Fähigkeit aus, tatsächlich zum Erfolg zu kommen („agency framing"). Es wird angedeutet, die überstürzte offizielle Veröffentlichung des FTAA/ALCA-Entwurfes nach dem Gipfeltreffen in Québec, die Wahlgewinne der politischen Linken in Lateinamerika und sogar das Scheitern des FTAA/ALCA hätten ohne die gemeinsamen Anstrengungen der ASC-Mitglieder so nicht zustande kommen können.

Bemerkenswert ist freilich auch, dass ausnahmslos alle Dokumente der ASC die Darstellung von bisherigen Erfolgen jeweils unmittelbar mit einem Verpflichtungsargument verbinden. Um zu weiteren und noch größeren Anstrengungen anzuhalten, werden in der Regel sogar zwei solche Verpflichtungsargumente vorgetragen: das eines möglichen „Rückschlages" und das des „Jetzt oder nie." So betont das eher defensive „Rückschlag"-Argument, die bisherigen Erfolge der ASC hätten den Gegner zwar maßgeblich geschwächt, ihn gleichzeitig aber auch zu unberechenbaren Reaktionen provoziert. Diese Gegenwehr gelte es nun ebenfalls abzuwenden, denn ansonsten wäre mit dem bisherigen sozialen Kampf die Gesamtsituation nur verschlechtert worden. Im offensiveren „Jetzt oder nie"-Argument hingegen wird die veränderte politische Situation als einmalige Chance gedeutet, nun auch wirklich eine tiefgreifende und nachhaltige gesellschaftliche Transformation zu erreichen. Ein Verzicht auf die Umsetzung dieser Chance wäre moralisch fast ebenso verwerflich wie ein Verzicht darauf, die ungewollten Nachfolgen der bisherigen Erfolge zu kontrollieren.

Beispiele für das „Rückschlag"-Argument gibt es in den Dokumenten der ASC viele. Das wohl anschaulichste Beispiel dürfte indes die bereits zitierte Einleitung zur 5. Fassung der *Alternativas* sein. Sie betont neben den bisherigen Erfolgen auch, dass „noch vieles fehlt" (ASC 2005: 4), und gesteht dem Gegner durchaus „einige kürzliche Fortschritte" (ASC 2005: 4) zu. In der letzten Passage schließlich bemüht der Text sogar ein eigentliches Kriegsvokabular („Kampf," „entscheidende Schlacht" usw.):

„Die Regierung der Vereinigten Staaten ist sich der Veränderungen zu ihren Ungunsten bewusst und reagiert darauf mit einer zunehmenden Militarisierung. Es erstaunt nicht, dass ‚Sicherheit' im Zentrum ihrer Besorgnisse steht. Diese neuen Besorgnisse treiben sie dazu, eine neue Generation von Abkommen ins Leben zu rufen, in denen sich zum Freihandel bestimmte Aspekte der Sicherheit gesellen. (…) Zusammenfassend können wir die aktuelle [politische] Konjunkturlage als eine Verschiebung der Machtverhältnisse zu unseren Gunsten charakterisieren. Der Freihandel überzeugt [die Massen] nicht länger, und der Washingtoner Konsensus ist vernichtet. Es gibt keinen solchen Konsens mehr. Dies bedeutet jedoch nicht, dass die Vereinigten Staaten und die großen Konzerne nicht über enorme Kapazitäten verfügten, um seine Maßnahmen weiterhin durchzusetzen. (…) Wir haben bedeutende Fortschritte erreicht. Es ist das [Jahr] 2005 gekommen, der geplante Termin für die Implementation des ALCA und den Abschluss der neuen Verhandlungsrunde der WTO, doch ist nichts dergleichen zustande gekommen. Aber der Kampf geht weiter. Wir stehen erst im Vorfeld der entscheidenden Schlachten." (ASC 2005: 5)

Ist der erste Teil der Einleitung zu den *Alternativas* also noch hoffnungsfroh und voll des Lobes für die bisherigen Anstrengungen, so liest sich diese Schlusspassage als eindringlicher Appell, genau jetzt nicht aufzugeben. Die Teilerfolge der ASC haben gemäß diesem Appell zu begrüßenswerten politischen Veränderungen geführt, aber auch zur verstärkten Militarisierung der US-amerikanischen Außenpolitik und zu einer eigentlichen Gegenoffensive.

Beispielhaft für das „Jetzt oder nie"-Argument ist hingegen das *Manifiesto de Cochabamba* (ASC 2006b: o. S.). Dieses hält fest, die aktuelle politische Situation verlange zwingend nach weiteren gemeinsamen Anstrengungen der sozialen Bewegungen; es bestehe schließlich „eine historische Gelegenheit", die „nicht zu verpassen" sei, um „weiter voranzuschreiten in Richtung einer echten und souveränen Integration der Völker."

Was die Resonanz der beiden Verpflichtungsargumente bei den Aktivist/innen der ASC angeht, so scheint diese stark zu variieren. Das „Rückschlag"-Argument kommt nur in wenigen Interviews vor (etwa bei Rina Bertaccini und Julio Gambina), das „Jetzt oder nie"-Argument hingegen in einer Mehrheit. Die Vorstellung, einen historisch einmaligen Moment nutzen zu müssen, macht für viele Befragte sogar die zentrale Motivation aus, einen schwierigen und aufwendigen zivilgesellschaftlichen Kampf immer wieder weiter zu führen. Claudia Baigorria etwa betont, dass sie es kaum mit ihrem sozialen Gewissen vereinbaren könnte, wenn sie eine vermutlich nie wiederkehrende Gelegenheit für einen umfassenden sozialen Wandel ungenutzt ließe:

„Das ganze Volk ist an verschiedenen Orten daran, für dieselben Ziele zu kämpfen, für den selben Prozess der Emanzipation, wenn man dem so sagen will, der Gerechtigkeit in der Reichtumsverteilung, der Souveränität. Da kann sich die *Alianza Social Continental* nicht in kleine, kleinliche Diskussionen verstricken und alles wegwerfen. Darum, denke ich, ist die Allianz ein Ort, auf den wir gut aufpassen. Wir versuchen ihn zu bewahren, denn allzu viele Optionen haben wir ja nicht. Ich denke, zurzeit ist eine gute Gelegenheit, und ich weiß nicht, ob es nicht vielleicht die letzte ist. Ich weiß nicht, innert wie vieler Jahre wir wieder so eine Gelegenheit haben werden, wenn wir die jetzige nicht nutzen. Ich selbst würde das sicherlich nicht mehr miterleben." (Interview: Claudia Baigorria, e. Ü.)

Die aktuelle politische Situation wird von Claudia und anderen Aktivist/innen der ASC allerdings keineswegs nur deshalb als einmalig und erfolgversprechend verstanden, weil in verschiedenen Ländern neue Linksregierungen herrschen.

Dieser „Linksrutsch" in der offiziellen Politik ist für einen Grossteil der Befragten vielmehr nur ein Symptom für die eigentlichen Veränderungen, nämlich für das Erwachen und die zunehmende Ermächtigung der Bevölkerung. Nur mit dieser Emanzipation des Volkes, insbesondere der indigenen und verarmten Bevölkerungsteil, geht für sie die moralische Verpflichtung zu einem weiteren persönlichen Engagement einher.

9.2 Organisatorische Grundprinzipien: Subsidiarität, Flexibilität und Dezentralisierung

Wenn transnationale Koalitionen von Nichtregierungsorganisationen und Bewegungen auseinanderfallen, liegt dies selbstverständlich nicht nur an einer ungeschickten Wahl von identitätsstiftenden *collectiv action frames*. Wie Bandy und Smith (2005b) mit Rückgriff auf den Ressourcenmobilisierungsansatz deutlich machen, sind Koalitionen vielmehr auch dann gefährdet, wenn es zu Auseinandersetzungen über geeignete Organisationsstrukturen kommt. Oftmals favorisiert ein Teil der Mitgliedergruppen das Prinzip der „horizontalen" und dezentralisierten Entscheidungsfindung, während sich ein anderer Teil genauso stark für zentralisierte Hierarchien einsetzt. Gleichzeitig sind Mechanismen der Entscheidfindung und Führungsstile Teil der jeweiligen Organisationskultur und lassen sich nicht beliebig zur Disposition stellen, ohne auch Fragen der kollektiven Identität zu berühren (Polletta und Jasper 2001). Auch wenn sie in der Regel rationalisiert werden, meist als Entscheidungen im Spannungsfeld von „Effizienz" und „Partizipation," haben Auseinandersetzungen über die organisatorische Struktur einer Koalition daher besonders großes Konfliktpotential.

Dass sowohl für dezentrale als auch für hierarchische Organisationsformen überzeugende rationale Argumente angeführt werden, zeigen die entsprechenden Debatten in der wissenschaftlichen Bewegungsforschung, insbesondere im Rahmen des Ressourcenmobilisierungsansatzes (vgl. Kap. 3.2). Zentralisierung kann beispielsweise die Reaktionszeit verkürzen, mit der eine Bewegungsorganisation auf Veränderungen in ihrer Umwelt antwortet. Ist die Entscheidfindung an eine Zentralinstanz delegiert, dürfte sie mithin effektiver und zuweilen auch weniger kostspielig sein als langwierige Aushandlungsprozesse an der Basis. Außerdem können Entscheidungsträger in spezialisierten Positionen über die Zeit hinweg entsprechende Außenkontakte etablieren, für Kontinuität sorgen und das notwendige Know-how aufbauen. Für dezentrale, „horizontale" Strukturen und partizipativ-deliberative Entscheidfindungsmechanismen hingegen spricht der Umstand, dass genau dieses Know-how auch auf die Basismitglieder übertragen wird. Wie Polletta (2002) betont, löst die aktive Teilnahme an entscheidrelevanten Diskussionen unter den Basisgruppen zahlreiche Lerneffekte aus, die letztlich auch in Prozesse des persönlichen und kollektiven Ermächtigung, des *empowerment*, münden. Außerdem erhöht die Mitbeteiligung in Entscheidungsprozessen das Gefühl der Teilhaberschaft, die *ownership*, für die gemeinsamen Beschlüsse. Damit steigt die Bereitschaft, die Beschlüsse rasch und angemessen zu implementieren.

Die vergleichenden Untersuchungen von Bandy and J. Smith (2005b) lassen erkennen, dass Bewegungskoalitionen um so eher langfristigen Bestand haben, als sie eine Organisationsform *zwischen* diesen beiden Prinzipien, ein Gleichgewicht zwischen der Zentralisierung und der „horizontalen" Partizipation, finden. Auch erfordert der langfristige Erhalt einer Koalition eine Kultur der Toleranz und Flexibilität, „a flexible organizational culture that accommodates members' autonomy and diversity, while nonetheless uniting them around common goals" (Bandy und J. Smith 2005b: 244). TSMCs, die einerseits effizient sein und andererseits ermächtigende und integrative Wirkung entfalten wollen, müssen mithin in der Lage sein, mit verbindlichen Entscheidungen auf dringende Probleme zu reagieren, zugleich aber auch Möglichkeiten zur basisdemokratischen Teilnahme schaffen, lokale Autonomie fördern und Teilhaberschaft gewährleisten.

Die Ergebnisse der vorliegenden Studie stützen diesen Befund, denn auch die ASC und ihre Kampagne gegen das FTAA/ALCA verfügen einerseits über zentrale Koordinationsinstanzen, während andererseits ihre Organisationskultur sehr ausgeprägt auf die Prinzipien der Subsidiarität und Flexibilität abstellt. So steht der ASC im Sinne einer gewissen Zentralisierung nicht zuletzt ein operatives Sekretariat zur Verfügung, das die interne Kommunikation aufrecht erhält und den Außenauftritt der Koalition vereinheitlicht. Außerdem sind die Delegierten im *Comité Coordinador* befugt, dringende politische Geschäfte vorzubereiten und in der Außenkommunikation sofort auf aktuelle Veränderungen zu reagieren, auch im Namen des ASC als Ganzes. Gleichzeitig werden aber die Positionen des Koordinationskomitees möglichst bald über die offene elektronische *newslist* einem breiten Konsultationsverfahren unterworfen, und weniger dringende politische Entscheidungen werden in der Regel auf der tiefstmöglichen Organisationsebene, unter den Lokalgruppen oder den nationalen Mitgliedernetzwerken, getroffen. Der *Consejo Hemisférico* wiederum, das eigentliche Leitungsgremium der Koalition, versteht sich zur Hauptsache als Diskussionsplattform. Seine Beschlüsse sind in der Regel so formuliert, dass sie von den beteiligten Gruppierungen weder uniform noch verbindlich umgesetzt werden müssen. Sie haben vielmehr die Form von Grundsätzen und Richtlinien, die im nationalen und lokalen Kontext flexibel gehandhabt und an die entsprechenden Verhältnisse angepasst werden können.

Die „Campaña" als Beispiel flexibler Organisationskultur

Bezeichnend für den Stellenwert, den die Prinzipien der Dezentralisierung und Flexibilität in der Organisationskultur der ASC genießen, ist die *Campaña Continental contra el ALCA* mit ihren informellen Plebisziten. Denn um dieser Kampagne gegen das FTAA/ALCA ein einheitliches Auftreten zu geben und die einzelnen *consultas* als Bestandteile einer kontinentalen Gesamtaktion erscheinen zu lassen, wurden zwar allerorten dieselben Logos und Slogans (z.B. „Ja zum Leben, Nein zum ALCA") benutzt und im Text des Plebiszits weitgehend die selben Frageformulierungen gebraucht, doch hat die Kampagne in den verschiedenen Austragungsorten je eigene Formen angenommen. Eine *„One size for all"*-Strategie wäre angesichts der unterschiedlichen nationalen und lokalen Realitäten in der transnationalen Kampagne nicht sinnvoll umzusetzen gewesen und hätte außerdem auch die Kreativität und das praktische Wissen der mit der Durchführung betrauten Lokalgruppen vernachlässigt. Stattdessen hat es die Strategie der dezentralen und flexiblen Ausgestaltung den beteiligten Lokalgruppen erlaubt, einerseits ein Gefühl der autonomen *ownership* für die Kampagne zu entwickeln und andererseits die Themenfelder Freihandel und Investitionsliberalisierung mit den tatsächlich relevanten Problemen der jeweiligen Lokalitäten zu verbinden.[2]

Wenn also die Uneinheitlichkeit der Kampagne gegen das FTAA/ALCA zuweilen als Schwäche und als möglicher Ausdruck von Problemen mit der internen Konsensfindung gedeutet wird (Massicotte 2004), dann greift diese Einschätzung zu kurz. Wie Interviews und informelle Gespräche zu dieser Studie deutlich gemacht haben, ist das Interesse an so abstrakten Themen wie dem Freihandel gerade in ländlichen Gebieten und Provinzstädten gering. Judith Vaschetto betont, dass die Aktivist/innen hier vielmehr aktiv den Kontakt zur Bevölkerung suchen und diese auf ihre aktuell wichtigen Probleme ansprechen müssen. Erst dann könne man die Verknüpfung zwischen diesen alltagsrelevanten Themen und dem Freihandel erläutern:

---

[2] In der Provinz Santa Fe etwa ist die *consulta* in einen Rahmen gestellt worden, der das ALCA mit den Problemen des konzerngesteuerten Sojaexportes verbindet. Santa Fe ist eines der Konzentrationsgebiete der Soja produzierenden Monokulturen und hat massiv unter den Folgen dieses globalisierten *Cash Crop*-Anbaus zu leiden, etwa unter einem drastischen Anstieg der Bodenpreise, kleinbäuerlicher Landflucht, Versandung und Erosion der landwirtschaftlich nutzbaren Böden, der Gefährdung der Nahrungsautonomie und einer erhöhten Vulnerabilität gegenüber steigenden Nahrungsmittelpreisen. Die lokalen Aktivist/innen in der Provinzhauptstadt Santa Fe und dem Wirtschaftszentrum Rosario haben darum den Fokus ihres Kampfes gegen den Freihandel auf die Liberalisierung und Deregulierung der Landwirtschaft gerichtet (Interview: Lydia Pereira [Pseudonym]). Außerdem werden in der Provinzhauptstadt Santa Fe die Implikationen des Freihandels für die Wasserversorgung betont – ein Thema, das seit der Privatisierung, Verteuerung und qualitativen Verschlechterung der Versorgung von mittelständischen Privathaushalten auf beträchtliche Resonanz stößt (Interview: Judith Vaschetto).

„Wir müssen kreative Wege finden, um die Bevölkerung zu erreichen, (...) zu den Treffpunkten der normalen Leute hinausgehen und nicht nur Versammlungen organisieren und dann warten, bis sie kommen. Das sind Themen, die man aufdröseln und zu den Treffen der Leute tragen muss. (...) [Es geht darum,] Anschlüsse zu schaffen, und ich denke, dass wir uns nicht immer so klar darüber sind, wie wir das lösen sollen. Letztlich sind wir eine Handvoll Hyperinformierte, und andere sind infrainformiert, und zwischendrin passieren all diese Dinge, auf die wir wohl besser vorbereitet sein sollten." (Interview: Judith Vaschetto, e. Ü.)

Die lokal unterschiedliche Durchführung der *consultas* und die flexible Handhabung der Kampagneninhalte ist daher in erster Linie als organisatorisch sinnvolle Anpassung an ein heterogenes Umfeld zu betrachten. Sie hat es jeder Organisation und jedem beteiligten Netzwerk ermöglicht, die Gefahren, die vom geplanten Freihandelsabkommen ausgehen, auf die lokalen Lebensumstände zu übersetzen (Massicotte 2004: §35).

Die „Campaña" als Anschlussmöglichkeit für Partnergruppen

Der *Campaña* kommt außerdem das Verdienst zu, verschiedene Gruppen ins Netzwerk der ASC einbezogen zu haben, denen die Koalition zunächst zu schwerfällig und gewerkschaftsdominiert schien. So berichtet etwa Beverly Keene von *Jubileo Sur*, wie ihr und anderen Mitgliedern ihrer Organisation die ASC zunächst „plump" und „brav" vorkam und erst die *Campaña* ein verstärktes Engagement attraktiv erscheinen ließ. Wurde die ASC von einigen Gruppen zunächst als zu akademisch empfunden, so lag der Fokus der *Campaña* nun auf konkreten Aktionen.

„Viele der Bewegungen und Organisationen, die wie wir die *consulta* vorantreiben wollten, [gingen davon aus, dass] die Kampagne nur dann in Schwung kommen konnte, wenn wir sie auf die Strasse hinaustrugen. Und dazu brauchten wir etwas viel Dynamischeres und viel Beweglicheres [als die ASC]. Wir brauchten eine gewisse Beständigkeit, klar, aber wenn man Mobilisierungen macht, kann die ganze Sache ... – Jedenfalls war es in diesem Zusammenhang, in dem die *Campaña* geboren wurde. (...) Wir riefen eine Versammlung ein, (...) in Porto Alegre [am Weltsozialforum] – vorher oder währenddessen, das weiß ich jetzt nicht mehr, denn es gab mehrere Versammlungen –, aber in gewissem Sinne, und die offizielle Geschichtsschreibung der *Alianza* möge mir verzeihen, fand die Versammlung außerhalb der *Alianza* statt. Im Konkubinat sozusagen, aber ein bisschen war es, als würden wir sagen: ‚So, Leute, los jetzt! Diese Sache muss sich bewegen! Und wenn die *Alianza*

nicht genügend Flexibilität oder Kapazität oder was auch immer hat, um voranzuschreiten: die Kampagne schreitet voran."' (Interview: Beverly Keene, e. Ü.)

Wirklich attraktiv wurde die ASC für viele heutige Mitgliedergruppen freilich
erst dann, als sie die Hauptverantwortung für die Organisation der Koordinationstreffen der *Campaña* an eine Gruppe von Aktivist/innen in Kuba, das heutige *Capítulo Cubano de la ASC*, übergab. Wie Rina Bertaccini betont, setzte
die ASC damit ein Zeichen zu Gunsten derjenigen Aktivist/innen, die nicht für
Reformen des Freihandels, sondern für die Suche nach Alternativen zum Kapitalismus einstanden. War die ASC zunächst die Schöpfung reformkapitalistischer
und wertkonservativer Gewerkschaftsorganisationen, wurde sie nun auch für solche Gruppen glaubhaft, die radikalere Positionen vertraten:

> „Ich war eine von denen, die gegenüber den ersten Teilnehmergruppen der *Alianza*
> beträchtliche Bedenken hatte – vor allem gegenüber ihrer Verflechtung mit den Ge-
> werkschaftszentralen der Vereinigten Staaten. Diese waren aus meiner Sicht nur
> wenig empfehlenswert für einen ernsthaften Kampf der Arbeiterklasse, wegen all
> der Schwierigkeiten der nordamerikanischen Gewerkschaftsbewegung, die ja eine
> sehr eigene und recht lange Geschichte hat. Viele von uns und fast alle Leute von
> *Diálogo* [= *Diálogo 2000*, die argentinische Partnerorganisation des *Jubilee South*-
> Netzwerkes], würde ich sagen, blickten mit sehr viel Misstrauen auf die *Alianza
> Social Continental*, auch wenn wir dieselben Zielen verfolgten und darin teilzu-
> nehmen begannen. (…) Die Situation klärte sich aber, vor allem mit dem ersten *En-
> cuentro Hemisférico de Lucha contra el ALCA* auf Kuba – im November 2001, wenn
> ich mich nicht täusche (…). Dieses erste Treffen in La Habana organisieren [näm-
> lich] die *Alianza Social Continental* und die zivilgesellschaftlichen Organisationen
> Kubas gemeinsam, und davon geht eine deutliche Nachricht aus. Für diejenigen,
> die mit kubanischen Revolution sympathisieren – und das sind viele (…) –, setzt
> die Tatsache der gemeinsamen Planung ein sehr starkes Zeichen. Wenn die zivilge-
> sellschaftlichen Organisationen Kubas mitorganisieren und klare Spielregeln herr-
> schen … – das gab uns Vertrauen in das, was die *Alianza* machte. (…) Wir hatten nie
> Bedenken, uns an der Kampagne gegen das ALCA zu beteiligen, aber die *Alianza*
> und die *Campaña* sind nicht genau das selbe." (Interview: Rina Bertaccini, e. Ü.)

Auch führte die Schaffung der Kampagne als symbolisch eigenständige Arti-
kulationsplattform mit eigener Website und jährlichen Koordinationstreffen in
La Habana zu einer eigentlichen Verdoppelung der Anschlussmöglichkeiten. Sie
eröffnete nicht zuletzt die Möglichkeit der Integration von Organisationen, die
in Konkurrenz zu bisherigen Mitgliedern der ASC standen. In Argentinien etwa
war die äußerst umstrittene und konservative Gewerkschaft CGT (*Confederación General del Trabajo*) über ihre Mitgliedschaft bei der panamerikanischen

Gewerkschaftsvereinigung ORIT gleichsam automatisch auch Mitglied der ASC geworden. Dies wiederum schloss für alternative Gewerkschaften wie die CTA einen Beitritt zur ASC zunächst aus. Die *Campaña* hingegen bot für die CTA eine Möglichkeit, sich aktiv für die ASC zu engagieren, ohne eine formale Mitgliedschaft beantragen zu müssen (Interview: Rina Bertaccini).[3]

9.3 Deliberative Demokratie

Die vorangehenden Abschnitte haben deutlich gemacht, dass flexible und auf Dezentralisierung angelegte transnationale Koalitionsstrukturen zahlreiche Vorteile aufweisen. Langwierige Auseinandersetzungen über allgemein akzeptable Aktionsformen werden dadurch genauso vermindert wie Streitigkeiten über universal sinnvolle Kampagneninhalte. Umgekehrt können die beteiligten Gruppen eine maximale *ownership* über ihre jeweiligen lokalen Aktionen entwickeln.[4] Das Defizit dezentraler Organisationsstrukturen besteht allerdings darin, dass sie keinerlei Kohäsion erzeugen. Im Gegenteil: In dem Masse, in dem sie politischen und kulturellen Unterschieden zwischen den beteiligen Gruppen entegegenkommen, tragen sie sogar zu deren Fortbestand bei. Es besteht die Gefahr, dass die als Koalition angelegte transnationale Zusammenarbeit allmählich in eine Vielzahl

---

[3] Heute hat die CTA eine zentrale Position in der argentinischen Partnerorganisation der ASC inne. Die konservative CGT hingegen ist weiterhin über den Regionalverbund der ORIT mit der ASC verknüpft, hat sich aber weitgehend aus deren Aktivitäten zurückgezogen.

[4] Im geringeren Zentralisierungsgrad der ASC dürfte auch eine ihrer wesentlichen Stärken gegenüber der konfliktiven und weniger dauerhaften *Jubilee 2000*-Koalition liegen. Wie Beverly Keene vom heutigen *Jubilee South*-Netzwerk festhält, herrschte in *Jubilee 2000* die Vorstellung, „um erfolgreich zu sein, müsste jedermann exakt dasselbe tun." Es wurde eine weitgehend von nördlichen Mitgliedern geprägte Einheitsstrategie verfolgt, mit der sich südliche Basisgruppen aber kaum identifizieren konnten: „Die Kampagne von *Jubilee 2000* lief darauf hinaus, dass wir alle eine Petition an die Regierungen der reichen Industrieländer richteten und sie darum baten, den ärmsten Ländern die Schulden zu erlassen. Aber diese Grundlogik war natürlich im Norden viel stärker akzeptiert als im Süden. In Argentinien zum Beispiel, inmitten der Schuldenkrise, machte dies keinen Sinn. Weshalb sollten wir eine Kampagne auf die Beine bringen, um vor den Vereinigten Staaten als Bittsteller aufzutreten? Wenn wir hier in Argentinien eine Kampagne machen, dann muss sie sich an die Regierung in Argentinien selbst richten: dass sie gefälligst die Auslandschuld als illegitim zurückweisen soll. (...) Wäre auch die Kampagne der ASC von der Vorstellung ausgegangen, jedermann müsse Washington anschreiben und einen Rückzug aus dem ALCA-Projekt verlangen, dann hätte sie eine ganz andere Bedeutung gehabt, als wenn, wie tatsächlich geschehen ist, in jedem Land, in jeder Lokalität die Leute sich an die eigene Regierung richten. Es wäre nicht diese Grundhaltung zustande gekommen, wonach jeder an seinem eigenen Ort Verantwortung übernimmt und sich diese Verantwortungen dann zusammenfinden. (...) Wenn wir Erfolg haben werden, wird dies daran liegen, dass in jedem Land Lateinamerikas eine ganz eigene Bewegung gegen das ALCA entstand." (Interview: Beverly Keene, e. Ü.)

von Parallelaktivitäten zerfällt und die Leitungsgremien nur noch als gelegentliche Informationsbörsen fungieren.

Ihre vergleichsweise dezentrale Organisationsstruktur dürfte die Langlebigkeit der ASC folglich vor allem dadurch unterstützt haben, dass sie zur Vermeidung von Konflikten beitrug. Für die grenzübergreifende Solidarität und Kohäsion in der ASC sind jedoch neben den bereits beschriebenen *frames* zwei andere Faktoren maßgeblich: die regelmäßige Durchführung überregionaler Basistreffen, an denen die teilnehmenden Personen persönliche Bekanntschaft schließen können, und die Tatsache, dass diese Treffen den Prinzipien der deliberativen Demokratie – Partizipation, Deliberation und Konsens (Polletta 2002) – folgen.

Was die Prinzipien der deliberativen Demokratie angeht, sind in den Leitungsgremien der ASC, den Völkergipfeln und den Koordinationstreffen der *Campaña* jeweils alle Beteiligten dazu aufgefordert, in kleineren Arbeitsgruppen sowie abschließenden Plenarberatungen ihre Meinung kundzutun (*Partizipation*), und mögliche Handlungsvorschläge werden immer nur dann weiterverfolgt, wenn sich alle Teilnehmenden damit einverstanden erklären (*Konsens*). Kommt kein solcher Einheitsentscheid zustande, wird die Debatte auf die nächste Sitzung vertagt oder das Thema aufgegeben. Der Grundton der Diskussionen ist nach eigenen Beobachtungen meist sachbezogen, respektvoll und kommt in der Regel ohne Stellungnahmen *ad personam* aus. Wie Claudia Baigorria (vgl. aber auch die Interviews mit María Bassa und Rina Bertaccini) deutlich macht, wird überdies vorausgesetzt, dass die teilnehmenden Personen bereit sind, ihre ursprünglichen Interessen und Perspektiven im Laufe der Debatte einander anzugleichen (*Deliberation*):

> „Wenn wir abweichende Meinungen haben, ist es notwendig, dass Du mich überzeugst; dass Du mich überzeugst und mir rational gültige Argumente gibst, damit ich meine Einschätzung oder meine Sichtweise ändern und sagen kann: ‚Aha, gut, das stimmt, Du hast recht.' Oder eventuell können wir beide sagen: ‚Nun denn, Du hast weiterhin eine andere Meinung als ich,' aber nichtsdestotrotz wird jeder versuchen, die Punkte zu finden, die über den Divergenzen stehen. – Das ist das, was wir meinen, wenn wir sagen: ‚die Gemeinsamkeiten und nicht die Unterschiede bearbeiten.' Wie kommt man vorwärts? Indem man auf der Grundlage der Übereinstimmungen zusammenarbeitet und das, worüber keine Einigkeit besteht, für eine Weile zur Seite legt. Das kann dann reifen, und bestenfalls kommt auf dem weiteren Weg der Moment, wo Du eine Übereinkunft findest – ohne die Notwendigkeit einer politischen Einheit oder Homogenität in den Kriterien des Denkens." (Interview: Claudia Baigorria, e. Ü.)

Zu einer stärkeren internen Kohäsion unter den ASC-Mitgliedern hat dieses deliberativ-demokratische Vorgehen, an dem sich immer stärker auch andere Gruppen orientieren (Polletta 2002 und Della Porta 2005b), gleich in mehrerer Hinsicht beigetragen. So weist etwa Maria Bassa darauf hin, dass deliberative Konsensverfahren im Gegensatz zu Mehrheitsabstimmungen die Entstehung von enttäuschten, marginalisierten Minderheiten vermeidet. Keine der beteiligten Gruppen oder Personen kann wiederholt überstimmt werden und sich allmählich frustriert aus der gemeinsamen Arbeit zurückziehen. Vielmehr müssen Divergenzen offen gelegt und aktiv überwunden werden, ohne dass sie im Verborgenen weiterwirken können. Kommen konsensuale Entscheidungen einmal zustande, werden sie, dies betont auch Claudia Baigorria, von allen Beteiligten mitgetragen und als ihre eigenen empfunden. Jede beteiligte Person und Gruppe ist in der deliberativen Demokratie für das Ergebnis mitverantwortlich und kann sich daher auch besser als in einem Mehrheitsverfahren mit dem Entscheidungsgremium identifizieren.

Überdies trägt das Verfahren zu einem regen Informationsaustausch und wachsendem Respekt bei. Wenn die Gesprächsteilnehmer/innen ihre unterschiedlichen Positionen begründen, nehmen sie oftmals Bezug auf die politische Lage in ihrem Herkunftskontext und die aktuelle Situation der dortigen Zivilgesellschaft. So erleben die beteiligten Gruppen in diesem Austausch von Voten einen Lernprozess, der interkulturelles Verständnis erzeugt. Unorthodox scheinende Meinungen hingegen lassen sich nicht einfach überstimmen, sondern müssen ernst genommen und in die Entscheidung integriert werden. Um Vorschläge machen zu können, die sich letztendlich für alle Beteiligten als gangbar erweisen, kommen die Beteiligten nicht umhin, sich bis zu einem gewissen Grad auch für die Sichtweise der Andersdenken zu öffnen und deren Argumente in die eigenen Überlegungen mit einzubeziehen.

Claudia Baigorria beschreibt darum die deliberativ-demokratischen Debatten mit einem Wortspiel, das auf den Zusammenhang zwischen „überzeugen" („convencer") und „zusammen gewinnen" („vencer con") verweist. Nur wenn man sich gegenseitig zu überzeugen, nicht zu überreden oder überstimmen versuche, könne man in einer deliberativen Debatte überhaupt vorankommen:

> „Schlussendlich heißt ‚überzeugen' auch ‚zusammen gewinnen.' Das heißt, wenn wir gemeinsam gewinnen wollen, müssen wir einander überzeugen. Das ist nicht nur ein Wortspiel, sondern hat damit zu tun, was jemand tatsächlich erreichen will. Denn wenn ich dich nur überzeugen will, damit mir eine Mehrheit recht geben kann, fertig, Schluss – dann nicht. Es muss die gemeinsame Überzeugung vorhanden sein, dass man miteinander gewinnen kann, aber auf der Grundlage von vernünftigen Argumenten und indem man die Sache gut ma… – Miteinander reden! Debattieren: fundamental! Klar, man kann nicht ständig debattieren, debattieren, debattieren; man muss auch etwas machen, nicht wahr? Aber gut ist, wenn das, was man macht, das Produkt einer Debatte ist. Wir sind immer offen dafür, dass wir uns irren, aber so ist das Leben." (Interview: Claudia Baigorria, e. Ü.)

Hat also das Organisationsprinzip der subsidiären Dezentralisierung die zentripetalen Kräfte in der ASC ungehindert weiterwirken lassen („jede Gruppe macht halt, was sie kann und will"), so fördert das Verfahren der konsensorientierten Deliberation das gegenseitige Verständnis, die Suche nach gemeinsamen Positionen und den inneren Zusammenhalt. Wie bereits die Untersuchungen von Polletta (2002) und Della Porta (2005b) aufgezeigt haben, setzen gut funktionierende deliberative Entscheidverfahren zwar gegenseitigen Respekt und Offenheit bereits voraus, verstärken diese aber auch. Sie haben die Fähigkeit, „to transform initial identities, developing the feeling of *belonging to a community*" (Della Porta 2005b: 88, eigene Hervorhebung).

Den häufigen Vorwurf, deliberativ-demokratische Verfahren seien langwierig und ineffizient (vgl. Polletta 2002), weisen die Mitglieder der ASC hingegen klar zurück. Sie betonen vielmehr, dass konsensuale Entscheidungen zwar in vergleichsweise zeitaufwendigen Diskussionen ausgehandelt werden müssen, dafür aber ohne Widerstände und um so effektiver implementiert werden können. María Bassa etwa betont, dass Mehrheitsentscheidungen in der Regel Verlierer/innen hinterlassen, die dann die getroffenen Entscheidungen gar nicht, nur zögerlich oder nur partiell umsetzen. Konsensentscheidungen würden hingegen in der Implementationsphase weiterhin von allen Beteiligten mitgetragen und darum nicht nur rascher, sondern auch vollständiger umgesetzt.

Außerdem stützen einige Befragte auch Pollettas These, wonach das Konsensprinzip strategische Vorteile hat (Polletta 2002: bes. 2). Denn während in mehrheitsdemokratischen Verfahren oftmals nur zwei Alternativvorschläge diskutiert werden und zur Abstimmung kommen, bringt das Konsensverfahren zuweilen in der dritten oder vierten Diskussionsrunde Vorschläge hervor, die nicht nur konsensual sind, sondern problemadäquater als die vorangehenden (u. a.: Interview mit Claudia Baigorria).

Ein tatsächliches Problem des Konsensverfahrens besteht allerdings darin, dass es nur in solchen Gruppen funktionieren kann, in denen bereits grundlegende Übereinstimmung über die allgemeinen Zielsetzungen herrscht. Ist diese Voraussetzungen verletzt, können Vetostimmen den gesamten Entscheidungsprozess blockieren und unüberwindbare Konflikte erzeugen:

„Das Problem des Konsensverfahrens ist, dass ein Konsens nur dann zustande kommt, wenn dafür die nötige politische Bereitschaft besteht und niemand den anderen hereinzulegen versucht. Außerdem muss derjenige, dessen Position an Boden verliert, dies auch anerkennen. (…) Das ist der Unterschied [zwischen der Konsensmethode und einem Verfahren mit Vetostimmen]: Damit es zum Konsens kommt, muss die Absicht bestehen, eine gemeinsame Position zu finden." (Interview: Rina Bertaccini, e. Ü.)

Wie sowohl Rina Bertaccini als auch María Bassa festhalten, bedingt das Verfahren der konsensorientierten Deliberation eine gewisse Flexibilität in den jeweiligen politischen Positionen und vor allem auch die notwendigen Charaktereigenschaften, nämlich Großmut und Kompromissbereitschaft. Diese unterscheiden ein „Gespräch" zwischen Interessenvertretern vom „Dialog" unter Lernwilligen und Weitsichtigen:

> „Nein, notwendig ist, dass alle immer wieder einen Schritt zur Seite machen können. Man muss sich im Herzen und im Geist anstrengen – nicht im Geist und im Herzen, sondern im Herzen und im Geist. Erst wenn Du aufhörst zu fühlen, dass Du aufgrund Deiner eigenen Erfahrungen immer recht hast, kann ... – Denn wenn wir uns zusammensetzen und miteinander beraten, dann ist das, weil wir uns in gegenseitiger Anerkennung – wenigstens einem gewissen Maß an Anerkennung – begegnen wollen. Andernfalls setzen wir uns zusammen, um Konversation zu betreiben, aber nicht für einen Dialog. Man muss aufeinander zugehen können, und das ist nur dann wirklich möglich, wenn die Absicht herrscht, das, was einem trennt, auf die Seite zu legen, die Interessen niederzulegen. (...) Eine bessere Welt schaffen, geht nicht im Mehrheitsverfahren; Du musst Dir mit Überzeugungsarbeit Raum schaffen, mit Respekt, als Suchende." (Interview: María Bassa, e. Ü.)

Insgesamt also bringt das Verfahren der konsensorientierten Deliberation verschiedene Vorteile mit sich. Es kann den Austausch, die kollektive Kreativität und die Kohäsion unter den Beteiligten fördern. Doch kommen diese Effekte nur dann zum Tragen, wenn vorgängig ein ausgeprägter Wille zur erfolgreichen Zusammenarbeit besteht und die Beteiligten ihre kurzfristigen Partikularinteressen dem langfristigen Koalitionserfolg unterordnen. Wo diese Voraussetzungen nicht bereits erfüllt sind, kann sie das Verfahren der konsensorientierten Deliberation nicht nachträglich erzeugen. Im Gegenteil: Wo ein Klima des gegenseitigen Misstrauens herrscht und der Wunsch fehlt, Unstimmigkeiten effektiv zu überwinden, verwandelt sich das Konsensverfahren in ein Vetorecht für unbeugsame Minderheiten. Diesen wird die Möglichkeit gegeben, jegliche Entscheidungen zu blockieren und damit die Koalition lahmzulegen.

9.4 Basiskonsens

Setzen erfolgreiche Konsensentscheidungen gemeinsame Ziele und gegenseitiges Vertrauen voraus, so darf vermutet werden, dass diese Bedingungen im Fall der *Alianza Social Continental* eher gegeben waren als in manchen anderen neu gegründeten Koalitionen. So entstand die ASC, indem eine Kerngruppe von bereits eng miteinander vertrauten Veteranen des NAFTA-Widerstandes sich aufmachte, gleichgesinnte Organisationen im Süden des Kontinents zu mobilisieren. Wie Graciela Rodríguez betont, griff sie dabei in den meisten Fällen auf Organisationen zurück, mit denen bereits frühere Kontakte bestanden oder die ihr von Partnerorganisationen aus vorgängigen Kampagnen als geeignet empfohlen worden waren. Vertrauensbeziehungen mussten also nicht zuerst schrittweise aufgebaut werden, sondern bestanden zwischen vielen der beteiligten Gruppierungen bereits vor der Gründung der ASC.

> „1997 fand in Belo Horizonte in Brasilien eine Ministerkonferenz zur Vorbereitung des ALCA statt, und mit Blick auf diese Konferenz riefen die Leute aus dem Norden einige Organisationen, mit denen sie bereits Kontakte gehabt hatten – vor allem gewerkschaftliche Organisationen also –, dazu auf, irgend etwas gegen dieses Abkommen zu unternehmen. (...) Das heißt, die Einladung ging von ihnen [=den Gruppen aus Nordamerika] aus, und es war wie gesagt die CUT eine der Organisationen hier, die am aktivsten in diesem Prozess teilnahmen und in Belo Horizonte einen kraftvollen Event organisierten." (Interview: Graciela Rodriguez)

Überdies hatte die progressive Linke in Südamerika bis in die zweite Hälfte der 1990er Jahre noch keinerlei Expertise in Fragen des Freihandels entwickelt. Die Gründungsmitglieder der ASC konnten vielmehr als „resource persons" unter den neu hinzu kommenden Organisationen zur Diffusion ihrer eigenen Situationsanalyse und Problemdefinition beitragen, ohne dass diese in Widerspruch zu bereits etablierten Vorstellungen unter den Partnerorganisationen standen. Beverly Keene etwa, die aktuelle Lateinamerika-Koordinatorin des *Jubilee South*-Netzwerkes, erinnert sich, wie sie in der Formationsphase der ASC nur eine sehr vage Vorstellung vom geplanten FTAA/ALCA-Abkommen und möglichen Gegenstrategien hatte:

> „Als wir damals (...) ankamen, hatten wir kaum eine Ahnung [lacht]. Vor allem nicht von den Freihandelsverhandlungen. (...) [Das war] ein Thema, das in diesem Moment ganz offensichtlich noch niemand kannte, das nicht existierte und nicht in den Medien war. Es wurde nirgends darüber diskutiert, und der Verhandlungsprozess war geheim. (...) Ich denke nicht einmal, dass das Thema in diesem Moment schon auf der Agenda der Landarbeiterorganisationen stand, obwohl diese jetzt (...) zu denjenigen zivilgesellschaftlichen Sektoren oder Bewegungen gehören, die am stärksten auf die Probleme mit dem Freihandel antworten." (Interview: Beverly Keene)

Wie Graciela Rodriguez, eine der Gründerinnen der ASC, erzählt, hielten brasilianische und chilenische Netzwerkpartner die nord- und zentralamerikanischen Initiant/innen der Koalition denn auch gerne dazu an, über ihre Erfahrungen mit dem Widerstand gegen das NAFTA zu berichten und die möglichen Konsequenzen des FTAA/ALCA zu beleuchten. Später dann trugen die von den nördlichen Netzwerken mit den notwendigen Informationen und Situationsanalysen ausgestatteten lokalen Aktivist/innen diese Grundlagen weitgehend unverändert in die Nachbarländer weiter. In Argentinien etwa war es Graciela Rodriguez selbst, die zur Gründung der *Autoconvocatoria No al ALCA* beitrug und deren erste Diskussionen prägte:

G. R.:
„[Nach Québec gab es] einen Protest hier in Argentinien; das war ebenfalls ein sehr starkes Mobilisierungsmoment. Für diese Mobilisierung in Argentinien bat mich die REPBRIP darum, hierher [nach Argentinien] zu kommen. Also kam ich und organisierte die *Autoconvocatoria*. (...)"

M. H.:
„Das war also ein exogener Impuls hier. Ihr musstet hierher kommen, um den Keim zu setzen?"

G. R.:
„Ja, und mein Kontakt hier war Beverly [Keene] ..."
[Graciela wird für eine Minute von einer Kollegin unterbrochen.]

M. H.:
„Also, Ihr seid gekommen und habt den Keim gelegt ..."

G. B.:
„Ja, und ich übernachtete sogar bei Beverly zuhause; das heißt, es war alles sehr prekär, wie wir das organisierten." (Interview: Graciela Rodriguez, e. Ü.)

Wenn also die partizipative Demokratie nach dem Konsensprinzip einen gewissen Grundkonsens voraussetzt, so hatte die ASC den Vorteil, dass sie sich entlang bereits bestehender Vertrauenskanäle entwickelte. Aktivist/innen des Nordens begannen kurz nach dem Beginn der Verhandlungen zum FTAA/ALCA, ihnen bekannte Organisationen des Südens über die bevorstehende Gefahr zu informieren und trugen zugleich zur Verbreitung von entsprechenden Deutungsmustern und Aktionsrepertoires bei. Die Organisationen, die sie mobilisierten, existierten zwar bereits, hatten aber noch kaum eine eigene Geschichte und Kultur des Widerstandes gegen den Freihandel entwickelt. Größere Konflikte – insbesondere die bereits erwähnten Spannungen zwischen eher reformorientierten und eher radikalen Kräften – brachen daher erst dann aus, als sich der Mitgliederkreis der ASC immer weiter zu verbreitern begann (Quelle: informelles Gespräch mit Maité

Llanos). Allerdings hatten sich bis zu diesem Zeitpunkt auch schon Leitungsgremien etabliert, deren Delegierte diese Konflikte einzudämmen vermochten.

9.5 Vertrauen, Verhandlungsgeschick und interkulturelle Kompetenz in der Steuerungsgruppe

Tatsächlich hat die ASC im Laufe ihrer Geschichte fast alle Konfliktsituationen erlebt, die gemäß Bandy und J. Smith (2005b: 238) für transnationale Bewegungskoalitionen typisch sind, so etwa auch Auseinandersetzungen über die Koordination und die Aktionsformen der Anti-FTAA/ALCA-Kampagne sowie über die Frage der Zusammenarbeit mit Regierungsvertretern. Dass strategische Differenzen nie zu einem Bruch der Koalition führten, dürfte darum auch ein Verdienst der Koordinator/innen sein, die in den internationalen Steuerungsgremien als nationale und regionale Delegierte auftreten. Nicht zuletzt gibt es im *Consejo Hemisférico* und dem Internationalen Koordinationskomitee der ASC eine so geringe personelle Fluktuation, dass die Koordinator/innen untereinander langjährige freundschaftliche Beziehungen aufgebaut haben.[5] Zudem können genau diese Koordinator/innen – dies zeigen eigene Beobachtungen an Basistreffen und die Interviews, die dieser Studie zugrunde liegen – als begabte Vermittler/innen beschrieben werden, die mit Geduld und Toleranz Kompromisse aushandeln.

Kompromissfähigkeit und andere „Leadership"-Qualitäten wissenschaftlich zu erfassen, ist selbstverständlich schwierig, doch fällt in den Interviews mit Mitgliedern der internationalen Koordinationsgremien der ASC auf, dass diese eine bemerkenswerte Art haben, über koalitionsinterne Auseinandersetzungen zu sprechen. So machen sie einerseits dezidiert ihre eigenen Positionen in diesen Meinungsverschiedenheiten deutlich, referieren andererseits aber auch die jeweiligen Gegenpositionen ausführlich, differenziert und mit deutlichem Respekt. Außerdem werden die Personen oder Organisationen, die für die Gegenposition stehen, kaum je beim Namen genannt. Dies, so scheint es, würde als denunziatorisches Verhalten empfunden. In Gesprächen mit Basisaktivist/innen werden hingegen nicht nur Namen preisgegeben, sondern auch eindeutige Bewertungen gemacht. Von María Bassa zum Beispiel, einer argentinischen Basisaktivistin, ist zu vernehmen, die Organisation *Barrios de Pié* sei von der argentinischen

---

[5] Wie Massicotte (2003: 110) betont, sind es immer wieder die selben Personen, die Einsitz in die internationalen Steuerungsgremien haben, weil diese als Angestellte bei Nichtregierungsorganisationen oder Akademiker/innen über die dazu notwendigen zeitlichen und finanziellen Ressourcen verfügen. Einige der Gründungsmitglieder der ASC – darunter Graciela Rodriguez, Rick Arnold und Héctor de la Cueva – sind denn auch zwölf Jahre nach dem informellen Start der Koalition weiterhin im Internationalen Koordinationskomitee vertreten und inzwischen eng miteinander verbunden.

Regierung Kirchner „kooptiert" und zu einem eigentlichen „Sack voller Lügen" geworden. Juan González dagegen – der Vertreter der *Autoconvocatoria* sowohl in der *Campaña* als auch dem internationalen Koordinationskomitee der ASC – führt höchst diplomatisch aus, es gebe „schwierige Diskussionen" darüber, „ob man sich mit der Regierung zusammentun und die offizielle Politik steuern oder besser Opposition betreiben" wolle. Wenn also verschiedene Varianten denkbar sind, einen Konflikt wahrzunehmen und darzustellen, dann wählen die befragten Basisaktivist/innen zuweilen auch die konfrontative Darstellung, Vertreter/innen der Steuerungsgremien hingegen meist diejenige, die von Respekt zeugt und die Möglichkeit des Kompromisses beinhaltet.

Überdies ist es gerade in den Interviews mit den internationalen Koordinationsbeauftragten der ASC für den Befrager kaum je zu Missverständnissen und Unklarheiten gekommen. Die Erläuterungen der internationalen Delegierten waren klar strukturiert, zeugten von einem hohen Reflexionsgrad und holten genügend weit aus, um ohne „Insiderwissen" verständlich zu bleiben. Hingegen waren die Interviews mit den Basisaktivist/innen in Argentinien zuweilen weniger selbsterklärend und sorgten in der Retrospektive für größere Interpretationsunsicherheiten. In diesem wesentlichen Unterschied wird deutlich, dass die internationalen Koordinationsbeauftragte über ein vergleichsweise hohes Maß an interkultureller Kompetenz verfügen und sich offensichtlich problemlos in die Situation einer kulturfremden Person – hier des ausländischen Forschers – hineinversetzen können.

Was die Gründe angeht, weshalb gerade die Mitglieder der internationalen Koordinationsgremien bemerkenswerte Fertigkeiten in der interkulturellen Kommunikation aufweisen, kann freilich nur spekuliert werden. Eine mögliche Ursache dürfte in den entsprechenden Biographien liegen, haben doch fast alle Befragten längere Auslandaufenthalte erlebt oder sind migriert. Beverly Keene etwa, die in Argentinien lebt, stammt ursprünglich aus Nordamerika, während sowohl Maité Llanos als auch Gonzalo Berrón vom früheren operativen Sekretariat der ASC in São Paolo ursprünglich aus Argentinien stammen. Pierre-Yves Serinet wiederum, der Delegierte des frankokanadischen RQUIC, hat nicht nur als Québecois im englischsprachigen Kanada einen multikulturellen Hintergrund, sondern lebte über längere Zeit in Mittelamerika und ist mit einer Mittelamerikanerin verheiratet. All diese Personen – und einige mehr (z. B. Graciela Rodriguez) – haben mithin persönliche Erfahrungen mit den Besonderheiten unterschiedlicher Kulturkreise gemacht und dabei offensichtlich ein überdurchschnittlich ausgeprägtes Verständnis für die Tücken und Chancen kulturübergreifender Kommunikation entwickelt.

9.6   Schlussfolgerungen

Koalitionen zwischen Nichtregierungsorganisationen und sozialen Bewegungen unterschiedlicher Herkunftskontexte haben den Vorteil der strategischen Vielfalt. Wie Khagram (2002: 228 f.) am Beispiel des Widerstandes gegen das indische Narmada-Staudammprojekt zeigt, erreichen transnationale zivilgesellschaftliche Koalitionen ihre Ziele häufig mit einer innovativen Kombination verschiedener Aktionsformen – „*combining and coordinating the full range of strategies, from grassroots protest to elite lobbying, in the widest possible range of institutional contexts, from the local to the international level.*" Zudem schafft der Zusammenschluss von Akteuren zu größeren Verbundorganisationen symbolisches Gewicht. So macht etwa die hier untersuchte *Alianza Social Continental* von sich geltend, ein gemeinsames Projekt sämtlicher Völker des amerikanischen Kontinents zu sein. Transnationale zivilgesellschaftliche Koalitionen sind in diesem Sinne also mehr als die Summe ihrer Einzelteile. Für unbeteiligte Beobachter dürfte die transnationale Organisationsform von Koalitionen wie der ASC deutlich machen, dass gegen ein ernst zu nehmendes, universales Problem gekämpft wird. Denn wie könnte ein nur unbedeutendes Problem in so vielen verschiedenen Ländern solche Empörung hervorrufen?

Dass die ASC trotz der kulturellen, organisatorischen und ideologischen Vielfalt der Koalitionspartner dauerhaften Zusammenhalt gewährleisten konnte, liegt dabei nicht zuletzt an den Besonderheiten ihrer Organisationskultur. So funktioniert die ASC *erstens* nach den Prinzipien der Subsidiarität und der größtmöglichen lokalen Autonomie. Sie bietet den beteiligten Gruppierungen die Möglichkeit des Informationsaustauschs, der Koordination von Aktivitäten und des gemeinsamen Außenauftritts, doch werden die Durchführung gemeinsamer Kampagnen und die Implementation anderer Maßnahmen weitgehend autonom gehandhabt. Die beteiligten Lokalgruppen haben damit sowohl das Recht als auch die Pflicht, parallel durchgeführte Aktivitäten den jeweiligen Begebenheiten des nationalen oder lokalen Umfelds anzupassen. Hinzu kommt, *zweitens*, das Merkmal der Flexibilität, das sich nicht zuletzt in der arbeitsteiligen Ausdifferenzierung der *Campaña* ausdrückt. Diese hat in gewissem Sinne ein organisatorisches Eigenleben entwickelt, denn an der Kampagne können auch Gruppen teilnehmen, denen bereits die ASC zu hierarchisch organisiert ist oder die mit langjährigen Mitgliedern der ASC in einem Konkurrenzverhältnis stehen.

Dezentrale Autonomie und Flexibilität sind jedoch Eigenschaften mit ambivalenter Wirkung. Sie kommen einerseits der Realität lokaler politischer Unterschiede entgegen und tragen zur Konfliktvermeidung bei, indem sie Reibungsfläche minimieren. Andererseits vermögen sie aber den zentripetalen Kräften, die in einer transnationalen Koalition sowieso bestehen, kaum etwas entgegenzusetzen (Wood 2005). Indem sie bestehende Fliehkräfte reproduzieren, können dezentrale und flexible Organisationsformen die Kohäsion einer Koalition vielmehr *über*strapazieren. Der Zusammenhalt der ASC verdankt sich deshalb *drittens* auch den langen und teils engen persönlichen Beziehungen zwischen den Koordinator/innen in den Steuerungsgremien. Diese schaffen ein Moment der Kontinuität. Zumal die Fluktuation unter den Mitgliedern der Steuerungsgruppen, des Koordinationskomitees und des *Consejo Hemisférico,* gering ist, bestehen zwar gewisse Tendenzen zur Herausbildung einer Bewegungselite, doch halten diese Gruppen als eine Art organisatorisches und personelles Rückgrat auch die verschiedenen Einzelteile zusammen. Wie etwa Graciela Rodriguez (in einem informellen Gespräch) berichtet, war es in konfliktträchtigen Situationen oftmals nur das Gefühl in den Steuerungsgruppen, „irgendwie doch zusammenzugehören," das ein Zerbrechen der Koalition verhindern konnte.

Viertens ist die Langlebigkeit der ASC aber auch der Tatsache geschuldet, dass die Delegierten, die in den internationalen Steuerungsgremien als Koordinator/innen walten, über beträchtliches diplomatisches Geschick und interkulturelle Kommunikationskompetenz verfügen. So weisen die persönlichen Biographien dieser Delegierten in mehreren Fällen multikulturelle Elemente wie Migrationserfahrung und Mehrsprachigkeit auf, während ihre Aussagen in den Interviews ein hohes Maß an Konflikttoleranz sowie großen Respekt gegenüber abweichenden Meinungen erkennen lassen. *Fünftens* führt die ASC regelmäßige internationale Basistreffen durch, die einerseits einen kontinuierlichen Kontakt der Steuerungsgruppen mit Basisaktivist/innen gewährleisten und andererseits den Aufbau von freundschaftlichen Beziehungen und Solidarität jenseits der Steuerungsgremien ermöglichen.

Insgesamt stützen die Erfahrungen der ASC damit die Befunde aus Untersuchungen zu anderen dauerhaften Bewegungskoalitionen (Bandy und J. Smith 2005a, Fox und Brown 1998, Khagram et al. 2002a). Die bestehende Forschungsliteratur zeigt nämlich, dass auch dort in der Regel eine flexible, auf subsidiäre Dezentralität angelegte Organisationskultur herrscht (Bandy und J. Smith 2005b; Moghadam 2000), die Koordinator/innen über ein hohes Maß an Führungsqualität und Verhandlungsgeschick verfügen (Bandy und J. Smith 2005b, Brown und Fox 1998) und regelmäßig stattfindende internationale Basistreffen die Herausbildung kollektiver Solidarität und grenzübergreifender persönlicher Beziehungen fördern (Bandy und J. Smith 2005b, bes. Wood 2005, Kohler 2006, Taylor und Rupp 2002). Umgekehrt kommt in den Ausführungen bei Bandy und J. Smith (2005b) kein einziger Erfolgsfaktor der transnationalen Koalitionsbildung vor, der in den Erfahrungen der ASC *nicht* relevant gewesen wäre. Aufgrund der bisherigen Evidenz scheint es sich bei den genannten Eigenschaften mithin um notwendige Bedingungen für dauerhafte transnationale Koalitionsarbeit zu handeln.

In Ergänzung zu diesen bereits etablierten Befunden weisen die Erfahrungen der ASC allerdings auf zwei weitere Erfolgsfaktoren hin, nämlich die Rolle von deliberativ-demokratischen Debatten an den Basistreffen sowie die *collective action frames*, die zur Entstehung einer kollektiven Identität beitragen. Wie die Interviews zu dieser Studie zeigen, dürfte es sich im Falle der ASC beim erfolgreichen *framing* sogar um einen eminent wichtigen Erfolgsfaktor für das Überleben der handeln, wird doch die „gemeinsame Geschichte" und „kollektive Identität" der amerikanischen Völker von einigen Befragten als einziger und von anderen Befragten zumindest als erster Grund für das Überleben der ASC erwähnt. Fast alle befragten Aktivist/innen erklären die Langlebigkeit der ASC mit dem Hinweis darauf, dass die amerikanischen Völker in ihrem Widerstand gegen ausländische Unterdrückung eine gemeinsame historische Erfahrung haben. Der Jahrhunderte andauernde Kampf gegen ausländische Kolonialherren und Imperialmächte, so das Argument, habe die amerikanischen Völker jenseits aller kulturellen Differenzen zu einen vermocht – und es damit der ASC vergleichsweise leicht gemacht, für Zusammenhalt unter ihren Mitgliedern zu sorgen.

10 Die ASC und das Problem der Basisbeteiligung – eine Analyse am Beispiel der argentinischen „Autoconvocatoria No al ALCA"

Die Ziele der ASC sind vielfältig. Die Koalition bekämpft längst nicht mehr nur das FTAA/ALCA, sondern nicht zuletzt auch die wachsende Zahl bilateraler Freihandelsabkommen und die fortschreitende Liberalisierung der Handels- und Investitionsflüsse im Rahmen der WTO-Verhandlungen. Außerdem setzt sie sich für eine Schuldenstreichung der Entwicklungsländer ein. Einen gemeinsamen Nenner haben diese Anstrengungen allerdings: den Versuch, den Ländern Lateinamerikas und der Karibik den notwendigen weltpolitischen Handlungsspielraum zu verschaffen, um eine den Bedürfnissen der ärmsten Bevölkerungsteile angemessene Entwicklungsstrategie zu verfolgen. So fordert die ASC denn auch die Staaten Lateinamerikas und der Karibik immer wieder dazu auf, neue Formen der regionalen wirtschaftlichen und politischen Integration zu entwickeln und sich gemeinsam als Machtblock gegen den globalen Neoliberalismus zu positionieren.

Gleichzeitig sind sich die Mitglieder der ASC aber auch bewusst, dass die geforderten politischen Spielräume für die lateinamerikanischen Staaten nicht zwingend das Ende entwicklungshemmender neoliberaler Politik bedeuten. Sie teilen mithin die Sicht, wonach die einheimischen politischen Eliten des amerikanischen Kontinents mit den neoliberalen Reformen der Vergangenheit auch Eigeninteressen verfolgten. Daher will die Koalition, so ein weiteres Ziel, ausdrücklich gegen das ankämpfen, was etwa die argentinische ASC-Aktivistin Claudia Baigorria als die „Krise des Souveräns" bezeichnet, also gegen das Unvermögen der Bevölkerungsmehrheiten, den Partikularinteressen der einheimischen Eliten Paroli zu bieten. Die transnationale Koalitionsarbeit soll durch die aktive Integration lokaler zivilgesellschaftlicher Basisprojekte zu deren Ermächtigung beitragen und immer weitere Teile der Gesamtbevölkerung in die Lage versetzen, den jeweiligen Staat auf eine sozial verantwortungsvolle Politik zu verpflichten.

Was konkrete Maßnahmen zur Stärkung lokaler politischer Initiativen und der aktiven Integration von Basisprojekten angeht, bleibt die Politik der ASC allerdings auffällig unverbindlich. Ganz im Einklang mit dem Prinzip der Subsidiarität und größtmöglichen Autonomie der verschiedenen Koalitionspartner delegiert die Koalition die Verantwortung für diese Aufgaben an die jeweiligen nationalen Mitgliedernetzwerke. So wird zwar in den strategischen Dokumenten der ASC die Notwendigkeit betont, der Krise des Souveräns in jedem Land ein von zivilgesellschaftlichen Kräften erarbeitetes „nationales Projekt" entgegenzustellen, doch enthält sich die Koalition entsprechender praktischer Anweisungen. Ihre diesbezüglichen Ausführungen etwa in den *Alternativas para las Américas* wirken vielmehr formelhaft und etwas hilflos:

> „Wie schon erwähnt ist die Ausarbeitung von Alternativen ein komplexer Prozess, und zwar nicht nur deshalb, weil er die gleichzeitige Konstruktion von Vorschlägen und den Aufbau des sozialen Subjekts bedingt, das diese Vorschläge in die Realität umsetzt, sondern auch, weil er nach integralen Vorschlägen verlangt, welche die verschiedenen Handlungsebenen miteinander verknüpfen. (...) [Nicht zuletzt] impliziert dieser Prozess die Ausarbeitung eines konsensualen nationalen Projekts. Diese Dimension wird im vorliegenden Dokument allerdings nicht behandelt, denn es handelt sich dabei um eine Aufgabe der nationalen Bewegungen. Die *Alternativas para las Américas* postulieren, dass das Ausmaß und die Modalitäten der Integration jeder Volkswirtschaft in die weltwirtschaftliche Dynamik Gegenstände darstellen, die auf der Grundlage eines nationalen Projektes definiert werden müssen, aber die Rahmenbedingungen dieses nationalen Projektes sind in jedem einzelnen Land für sich zu schaffen." (ASC 2005: 2, e.Ü.)

Es überrascht daher kaum, dass Studien zu den Aktivitäten der ASC in Mexiko (Massicotte 2003, 2004) und Brasilien (von Bülow 2006) der Koalition ein lokales Partizipationsdefizit attestieren. So hat die ASC zwar eine intensive transnationale Zusammenarbeit zwischen Nichtregierungsorganisationen und Gewerkschaften aus Metropolen wie Mexiko City, São Paolo und Rio de Janeiro erreicht, doch erweist sich die aktive Beteiligung von nicht-professionalisierten Basisgruppen und von zivilgesellschaftlichen Organisationen in ländlichen Regionen als vergleichsweise schwach. Auch wenn etwa in Mexiko viele solche Gruppierungen Mitglieder des nationalen ASC-Partnernetzwerkes RMALC sind, fühlen sie sich nach den Beobachtungen Massicottes von den transnationalen Aktivitäten der ASC weitgehend ausgeschlossen:

> „Many grassroots activists (...) are disappointed about not being able to participate. They often see coalition politics as the preserve of a few social leaders who can travel to meetings and participate in conference calls to deepen their analysis and plan joint activities. Many are therefore skeptical about the idea that coalition-building strengthens their struggles for deeper democracy and justice. The HSA [=ASC] promotes the latter goals, but there are continual dilemmas and debates about how to ensure representativity and democratic participation, especially at ‚transnational' levels." (Massicotte 2003: 121)

Auch scheinen die nationalen Mitgliedernetzwerke der ASC in Mexiko und Brasilien keine Ausnahmen zu sein. Die nachfolgenden Untersuchungen zur nationalen Koalitionspartnerin der ASC in Argentinien, der *Autoconvocatoria No al ALCA*, zeigen ein sehr ähnliches Bild. In der Tat sind auch in Argentinien die Partizipationsmöglichkeiten für lokale Basisorganisationen gering und die Aktivitäten der an der ASC beteiligten Gruppen stark auf die Hauptstadt Buenos Aires konzentriert. In den ländlichen und suburbanen Gebieten, die den Löwenanteil der Landesfläche und der Bevölkerung ausmachen, herrscht unter den Aktivist/innen der *Autoconvocatoria No al ALCA* hingegen der Eindruck, von den Kolleg/innen in der Hauptstadt nicht genügend wahrgenommen und unterstützt zu werden. Wurde also die ASC bisher als Erfolgsfall transnationaler Koalitionsbildung dargestellt, so tritt hier eine deutliche Schwäche zutage: Die Aktivist/innen außerhalb der großen Metropolen nehmen zuweilen nur wenig davon wahr, dass sie Teil einer nationalen oder gar übernationalen Gesamtbewegung sind. Es fehlt ihnen darum zuweilen auch die Motivation, ihr Engagement fortzusetzen.

10.1 Die Ausgangslage – Argentinien und die Krise des Souveräns

Argentinien ist ein anschauliches Beispiel für ein Land, in dem „Krise des Souveräns" – die wahrgenommene und tatsächliche Machtlosigkeit der Bevölkerung gegenüber den Partikularinteressen der politischen Eliten – sehr ausgeprägt erscheint. So zeigen etwa Umfragen im Rahmen des *Latinobarómetro*, dass sich nur gerade 14 % der Bevölkerung vom Parlament und 9 % von den politischen Parteien angemessen vertreten fühlen und diesen ihr Vertrauen schenken. Der Regierung selbst wird in Argentinien zwar deutlich häufiger vertraut, doch misstrauen jeweils überwältigende Mehrheiten der Judikative, dem Militär und *notabene* auch den Gewerkschaften (Tab. 10.1).[1] Wie die Nichtregierungsorganisation *Civilitas* betont, hat sich in den Augen der meisten Argentinier/innen die Politik

---

[1] Ein möglicher Folgeaspekt der wahrgenommenen Distanz zwischen der Bevölkerung und dem Staat ist eine vergleichsweise hohe Bereitschaft, staatliche Leistungen zu erschleichen. Die Daten der 4. Welle des *World Value Survey* etwa zeigen, dass in Argentinien rund 15 % der Befragten das Erschwindeln von Regierungsgeldern für zumindest teilweise gerechtfertigt halten (Antwortkategorien 6–10), während sich in Spanien die entsprechenden Werte auf nur 9 % und in Deutschland auf 6 % belaufen (WVS-Umfrage 1999–2004, eigene Berechnungen, gerundete Zahlen). Allerdings scheint sich die Distanz zwischen der Politik als der Verwalterin der „res publica" und der Bevölkerung nicht in einen generellen amoralischen Egoismus übersetzt zu haben, denn die Akzeptanz von Steuerhinterziehung ist in Argentinien mit einer Zustimmungsquote von 7 % *tiefer* als in Spanien (8 %) und Deutschland (9 %; WVS-Umfrage 1999–2004, eigene Berechnungen, gerundete Zahlen). Die Vorstellung, wonach der Zerfall der politischen Institutionen mit einem Zerfall der gesellschaftlichen Normen korrespondiert (und diese beiden Größen sich vielleicht sogar wechselseitig verstärken), erweist sich damit als unhaltbar.

denn auch von ihnen entfernt und sich „die *res publica* in den Händen der Politiker gegen die Leute gewandt":

> „Wir fühlen uns wehrlos. Das ist der grässlichste und zerstörerischste Eindruck in unserem Land. Hier beginnt das Misstrauen gegenüber den Entscheidungsträgern und gegenüber den Institutionen, die angeblich ‚zu unseren Diensten' stehen sollen. Sie tun es nicht. Ganz im Gegenteil. Genau diese Institutionen fallen täglich über uns her und lassen es uns an Respekt fehlen." (www.civilitas.com.ar/diagnostico. htm, e. Ü., letzter Zugriff am 9. 10. 2007).

Freilich zeigen sich in der argentinischen Bevölkerung auch kaum dauerhafte politische Initiativen, die auf eine Vertiefung demokratischer Teilhabe abzielen und institutionellen Reformdruck schaffen. Wie sowohl die Aktivist/innen der *Autoconvocatoria No al ALCA* als auch argentinische Soziolog/innen (z. B. Svampa 2007) betonen, äußert sich die Unzufriedenheit der Bevölkerung mit den jeweiligen politischen Regimes in kurzfristigen Protesten und Gewaltausbrüchen, doch scheinen diese kaum das Potential zu haben, neue Parteien oder beständige zivilgesellschaftliche Organisationen mit einem langfristigen gesellschaftspolitischen Projekt zu erzeugen. Selbst aus den politischen Protesten, die im Jahr 2001 zum Rücktritt von zahlreichen Präsidenten in Folge führten, gingen nur vereinzelte soziale Bewegungen und politische Parteien hervor, wohingegen die nachbarschaftlichen Protest- und Selbsthilfegemeinschaften, die *asambleas barriales*, an denen sich auch die untere und obere Mittelschicht beteiligte, insbesondere in den Städten nahezu verschwunden sind (Svampa 2007: 41; Interviews: Lydia Pereira und Carlos Villareal).

Insgesamt ergibt sich das Bild einer Gesellschaft, die ihre *res publica* als den privaten Spielplatz einer korrupten Elite wahrnimmt und sich gleichsam fremd geworden ist. Die Argentinier/innen bezeichnen das eigene Land denn auch regelmäßig als *dieses* Land („este país"), nicht als *ihr* Land („mi país") – gerade so, als wären sie darin nur zu Gast (Interview: Lydia Pereira). Versuche einer Wiederaneignung der Politik blieben hingegen selten und haben sich bisher als wenig tragfähig erwiesen.

Die Ursachen der „Krise des Souveräns" ...

Die Gründe für das Unvermögen der argentinischen Bevölkerung, souveräne Kontrolle über die staatlichen Institutionen und politischen Führer auszuüben, sind zahlreich. Die Aktivist/innen der *Autoconvocatoria* verweisen in diesem Zusammenhang nicht zuletzt auf die langfristigen Auswirkungen der Militärdiktatur der 1970er und 1980er Jahre, welche nicht nur den Beginn der Durchsetzung

Tabelle 10.1 Vertrauen der argentinischen Bevölkerung in politische
                Institutionen

Vertrauen („viel" und „etwas") in Institutionen (in % der Befragten)

	ARG†	Lateinamerika†	EU15††
Nationales Parlament	14	17	35
Politische Parteien	9	11	15
Regierung	45	24	31
Judikative	16	20	47
Militär	27	31	84
Gewerkschaften	10	24	35

Quellen:

† Latinobarómetro 2003, eigene Berechnungen; 17 Länder: Argentinien, Bolivien, Brasilien, Kolumbien, Costa Rica, Chile, Ecuador, El Salvador, Guatemala, Honduras, Mexiko, Nicaragua, Panama, Paraguay, Peru, Uruguay, Venezuela

†† Eurobarometer 60 (Herbst 2003) Full Report, Graphiken 3.1a-3.1c (S.13-15), URL: http://ec.europa.eu/public_opinion/archives/eb/eb60/eb60_en.htm; 15 Länder: Belgien, Dänemark, Deutschland, Finnland, Frankreich, Griechenland, Großbritannien, Irland, Italien, Luxemburg, Niederlande, Österreich, Portugal, Schweden, Spanien.

des neoliberalen Wirtschafts- und Gesellschaftsmodells ermöglichte (Interviews: Julio Gambina und Juan González; vgl. auch Svampa 2006), sondern auch den größten Teil einer ganzen Generation von linksprogressiven Intellektuellen und politischen Aktivist/innen ausmerzte (Interviews: Claudia Baigorria und Lydia Pereira). Wie etwa Lydia Pereira hervorhebt, mangelt es gegenwärtig unter den argentinischen Linksprogressiven nicht nur an Personen mit einschlägiger politischer Erfahrung, sondern auch an Rollenvorbildern für die nachfolgende Generation. Argentinische Jugendliche fühlen sich Lydia Pereira zufolge in der Politik verloren und stehen selbst den sozialen Bewegungen, die alternative Formen der politischen Betätigung bieten könnten, mit Apathie und Misstrauen entgegen:

> „Sie haben keine Referenzen, denen sie glauben können – die Leute, die die Politik vertreten: schlecht; (...) die Dozenten, außer wenn sie eine kritische Überzeugung haben: schlecht und zudem unterbezahlt. (...) Es herrscht immer noch Apathie und Misstrauen. Nachdem eine ganze Generation ausgerottet wurde, gibt es eine da eine ganze Menge Arbeit von vorne anzufangen."

Das unter den Militärregierungen eingeführte neoliberale Wirtschaftsmodell hat außerdem die vormals politisch einflussreiche Arbeiterschaft in verschiedene Teilgruppen mit je eigenen Interessen und unterschiedlichem Organisationsgrad zersprengt. Denn durch den Verkauf von Staatsbetrieben an private ausländische Großkonzerne ist ein neues Establishment von vergleichsweise gut situierten TNC-Angestellten entstanden, während zugleich ein großer Teil der bisherigen Gewerkschaftsmitglieder ein Auskommen nur noch in prekären Teilzeitstellen und dem politisch wenig organisierten informellen Sektor findet. So betont zwar Svampa (2007), die Zersplitterung der Arbeiterschaft habe die traditionellen Gewerkschaften zu wachsender Offenheit gegenüber anderen zivilgesellschaftlichen Organisationen gezwungen, doch ist die argentinische Zivilgesellschaft insgesamt stark fragmentiert und von Konkurrenzdenken geprägt (Interviews: Claudia Baigorria, Lydia Pereira und Judith Vaschetto). Wie Lydia Pereira berichtet, stehen sich in Argentinien zurzeit zahlreiche neue und alte zivilgesellschaftliche Organisationen aus verschiedenen Sektoren gegenüber, die sich kaum gemeinsam zu bewegen vermögen:

> „Es gibt da viele Animositäten, zwischen verschiedenen Gruppen und verschiedenen Bewegungen. Es kostet viel Aufwand, diese Kräfte zu akkumulieren und zusammenzubringen. Wenn alle Bewegungen und NGOs zusammenzuarbeiten versuchen, bereitet das immer die größte Mühe. Meistens sind wir drei oder vier verrückte Einzelgänger, denn wir schaffen es nicht, alle Organisationen auf dieselben Ziele zu verpflichten."

Der wichtigste Grund für die sich verschärfende „Krise des Souveräns" dürfte freilich in der wachsenden Zahl von Menschen liegen, die in Armut oder zumindest in sehr prekären wirtschaftlichen Verhältnissen leben. Diese Personen haben oft zuwenig Zeit oder physische Kraft, um politische Versammlungen durchzuführen, und keine genügenden finanziellen oder technischen Ressourcen, um sich in der offiziellen Politik – die ja im zentralistischen Argentinien vorwiegend von Buenos Aires ausgeht – das nötige Gehör zu verschaffen (vgl. auch Svampa 2007). Oftmals fehlen sogar die Mittel, um den Kindern und Jugendlichen eine Ausbildung zu gewährleisten, die grundlegende politische Kenntnisse und Fertigkeiten vermitteln könnte. Wie Claudia Baigorria emphatisch festhält, lebt die Masse der armen Bevölkerung in einer „Argentina oculta" (informelles Gespräch mit Claudia Baigorria), einem versteckten Teil Argentiniens, der sich kaum politisch zu artikulieren vermag:

> „Das ist, als wären es zwei völlig unterschiedliche Argentinien, das Argentinien, das sie im Fernsehen zeigen (...), und dasjenige des Überlebenskampfes, der Familien, die ihren *plan de jefes und jefas de hogar* [=ein Sozialprogramm der Regierung Kirchner] erhalten und davon einen Monat lang ihren Kindern zu essen geben und sie in die Schule schicken müssen." (Interview: Claudia Baigorria, e. Ü.)

In den Armenvierteln nimmt denn der Zerfall der politischen Institutionen auch seine wohl zynischste Form an: diejenige des Stimmenkaufs. So ist es in Argentinien gang und gäbe geworden, dass die großen politischen Parteien vor lokalen und nationalen Wahlen den Bewohner/innen dieser *villas miserias* Haushaltgeräte, Geld und einen einzelnen Turnschuh schenken – mit dem Versprechen, den zweiten Schuh bei gewonnener Wahl nachzuliefern (Svampa 2007, auch: www.civilitas.com.ar/diagnostico.htm, letzter Zugriff am 9. 10. 2007, vgl. auch Naomi Kleins Dokumentarfilm „The Take").

Die Kluft zwischen der argentinischen Bevölkerung und den politischen Institutionen hat ihren Ursprung also, wenn nicht schon früher, in der Militärdiktatur der 1970er und 1980er Jahre und sich mit der Fortsetzung des damals eingeführten neoliberalen wirtschafts- und gesellschaftspolitischen Modells zusätzlich vertieft. Soziale Bewegungen und andere linksprogressive Kräfte stehen nunmehr vor der schwierigen Aufgabe, interorganisationelle Konkurrenzkämpfe zu überwinden und gemeinsam zur politischen Ermächtigung der Unterschichten und der verarmten Mittelschichten beizutragen. Denn ohne die Unterstützung dieser Schichten, die von den politischen Eliten in der Regel nur dann zur Kenntnis genommen werden, wenn Wahlen bevorstehen, können auch breit angelegte zivilgesellschaftliche Netzwerke wie die *Autoconvocatoria No al ALCA* kaum zur Durchsetzung einer sozial nachhaltigen Entwicklungspolitik beitragen.

... und zivilgesellschaftliche Gegenstrategien

Die konkreten Maßnahmen, mit denen die in der *Autoconvocatoria* beteiligten Gruppen den politischen Einfluss der Marginalisierten zu stärken versuchen, sind so vielfältig wie die wahrgenommene Ursachen für deren bisherige Machtlosigkeit. Summarisch lassen sie sich jedoch einer zweiteiligen Strategie zuordnen. Diese setzt einerseits auf advokatorisches Lobbying gegenüber dem Staat, andererseits auf die langfristige Selbstermächtigung der gesellschaftlich benachteiligten Gruppen und deren Einbezug in nationale und regionale zivilgesellschaftliche Netzwerke. Die CTA etwa, die gewerkschaftliche Organisation, der auch Arbeitslose und Landarbeiter/innen angehören, setzt sich in erster Linie für umfassende Arbeiterrechte, eine flächendeckende Sozialversicherung sowie für ein staatliches Grundeinkommen ein, unterstützt aber auch kollektiv verwaltete Fabriken und fördert alternative Bildungsanstrengungen in den Armenvierteln. Andere Gruppen wiederum widmen sich zunächst einmal der Basisarbeit – etwa dem gemeinschaftlichen Hausbau, dem Aufbau von Gemeinschaftsküchen und der Einrichtung von selbstverwalteten Krankenstationen –, machen sich aber in zweiter Linie ebenfalls für Änderungen in der staatlichen Politik stark.

Kritisiert werden indes die privaten und staatlichen Entwicklungsprogrammen, die auf Armutsbekämpfung ohne „empowerment" durch die unmittelbare Partizipation der Betroffenen und durch politische Bildung abstellen. Solche Programme sind aus der Sicht vieler Mitglieder der *Autoconvocatoria* „absolut funktional für das System" (Interview: Claudia Baigorria, e. Ü.), weil sie zwar Krisensymptome lindern, aber zusätzliche Abhängigkeiten schaffen und nichts an den tieferen Ursachen der Armut ändern (Interviews: bes. Claudia Baigorria, Lydia Pereira und Carlos Villareal). Wie Claudia Baigorria betont, gibt es in den marginalisierten Gesellschaftsschichten Argentiniens zahlreiche Ansätze zur Selbstorganisation, die auch ohne fremde Hilfe gut auskommen. Was diesen Projekten „von unten" jedoch fehlt, ist der explizit politische Charakter und das Selbstbewusstsein, das durch eine größere nationale Vernetzung gefördert werden könnte. Bislang seien die Basisorganisationen der gesellschaftlich Marginalisierten weitgehend isoliert geblieben und hätten vorwiegend defensiven Charakter gehabt.

> „Da ist noch kein kollektives Bewusstsein, aber (…) wenn Du in irgendein ärmeres Viertel in Santa Fe oder Rosario gehst, findest Du einen Haufen Dinge, die keinem politischen Führer je in den Sinn gekommen wären. Es ist faszinierend zu sehen, was die *compañeras* und *compañeros* in den Armenvierteln machen, um zu überleben. (…) Schade nur, dass es dabei bloß ums Überleben geht, denn eigentlich haben wir es alle verdient, zu *leben*. (…) So einfach ist das. (…) Darum: ein größeres kollektives Subjekt schaffen, das eine Identität, aber auch eine bewusste politische Ausrichtung hat." (Interview: Claudia Baigorria, e. Ü.)

Was die Politisierung und Ermächtigung der marginalisierten Bevölkerungsteile betrifft, stimmen also viele der Mitgliedergruppen der *Autoconvocatoria* darin überein, dass diese nur erfolgreich sein können, wenn eine nationale und übernationale Vernetzung gelingt. Denn Isolation und Unterordnung unter eine Politik, die aus Buenos Aires stammt, sind wichtige Ursachen des Gefühls der Machtlosigkeit. Entsprechend hat die *Autoconvocatoria* als Ganzes sich zum Ziel gesetzt, einerseits lokale Initiativen zu stärken und andererseits über die eigene Beteiligung in der ASC als deren Bindeglied zu Netzwerken anderer Länder zu fungieren. Wie die nachfolgenden Abschnitte nach einer Übersicht über die Entstehung und Entwicklung der *Autoconvocatoria* deutlich machen werden, klaffen jedoch Anspruch und Wirklichkeit auseinander. In der Praxis sind die Mitglieder der *Autoconvocatoria* in Buenos Aires stärker mit ausländischen Partnergruppen verbunden als mit Basisorganisationen im eigenen Hinterland.

10.2   Die „Autoconvocatoria No al ALCA"

Als im Jahr 1998 in Santiago de Chile die *I° Cumbre de los Pueblos* stattfand und sich die ASC zu formieren begann, war das FTAA/ALCA in der argentinischen Zivilgesellschaft noch kaum ein Thema. Die Situation änderte sich jedoch rasch, als bekannt wurde, dass Buenos Aires im April 2001 zum Austragungsort eines Handelsministertreffens und weiterer FTAA/ALCA-Verhandlungen werden sollte. Um eine Protestveranstaltung gegen dieses Treffen zu organisieren, führten im Jahr 2000 die beiden Organisationen FOCO und *Diálogo 2000* eine Reihe von öffentlichen Seminarien in der sozialwissenschaftlichen Fakultät der Universität von Buenos Aires durch, an denen insbesondere auch Repräsentant/ innen des chilenischen und des brasilianischen Widerstandes gegen das FTAA/ ALCA teilnahmen. FOCO und Diálogo 2000 hatten mit diesen an der *I° Cumbre de los Pueblos* in Santiago de Chile persönliche Kontakte geknüpft (Interview: Beverly Keene).

Allerdings misslang es den verschiedenen Gruppen, in die sich die argentinische Zivilgesellschaft bereits gespalten hatte, gegen das Handelsministertreffen im April 2001 eine gemeinsame und einheitliche Aktion durchzuführen. Es entstanden insgesamt drei Massendemonstrationen unter der Leitung einer je anderen Gewerkschaft: Eine der Demonstrationen wurde organisiert von der offiziellen, den Peronisten nahestehenden CGT, eine andere von der internen Splittergruppe „CGT disidente" und eine dritte von der (noch) nicht offiziell anerkannten Arbeiterzentrale CTA. Parallel dazu kam es zu Sachbeschädigungen durch anarchistische Gruppierungen und zu Auseinandersetzung mit der Polizei.

Im Nachfeld dieser verschiedenen Aktionen formierten sich schließlich zwei parallele Instanzen des zivilgesellschaftlichen Widerstandes gegen das FTAA/ ALCA, nämlich einerseits das *Foro Multisectorial sobre el ALCA*, in dem sich vorwiegende NGOs wie FOCO und SERPAJ (*Servicio Paz y Justicia*) sowie APyME (*Asamblea de Pequeños y Medianos Empresarios de la República Argentina*) artikulierten, und andererseits das *Comité Argentino No al ALCA*, das hauptsächlich Gewerkschaften wie die CTA und Mitglieder der *Coordinadora de Centrales Sindicales del Cono Sur* (CCSCS) vereinte (Echaide 2005). Letztere waren auf der internationalen Ebene bereits seit dem Jahr 2000 im Widerstand gegen das FTAA/ALCA engagiert, doch gelang es auch ihnen vorerst nicht, der Mobilisierung in Argentinien die nötige Kontinuität zu geben. Von der medialen Öffentlichkeit wurde das Thema FTAA/ALCA weitgehend ignoriert, und auch in der argentinischen Zivilgesellschaft rückte es erst wieder mit den Vorbereitungen zum *Foro Social Mundial Temático de Argentina* in den Vordergrund.

Die *Autoconvocatoria* formierte sich im Zusammenhang mit der Organisation dieses *Foro Social Mundial Temático de Argentina* und auf Initiative des *Comité de Movilización* des Weltsozialforums in Buenos Aires hin (Echaide

2005: 9, auf der Grundlage eines Interviews mit Beverly Keene). So machten sich im Rahmen der Vorbereitungen für das argentinische Sozialforum im August 2002 immer wieder Stimmen bemerkbar, welche die von der ASC initiierte transnationale Kampagne gegen das FTAA/ALCA nach Argentinien bringen wollten. Diese war im Rahmen des Weltsozialforums in Porto Alegre mit großem Aufwand lanciert worden, doch hatte sich für die geplante *consulta*, das inoffizielle Volksplebiszit über das FTAA/ALCA, in Argentinien noch keine Trägerschaft gefunden. Denn während das in Buenos Aires tätige lokale Mobilisierungskomitee des Weltsozialforums einen geeigneten organisatorischen Rahmen für eine solche Trägerschaft geboten hätte, wäre damit das eigentliche Mandat dieser Instanz weit überschritten worden. Zudem erlauben die Statuten des Weltsozialforums keine Beteiligung von politischen Parteien an Aktionen, die im Namen oder durch Instanzen des Forums organisiert werden. Verschiedene Mitglieder des Komitees beschlossen deshalb, dem Kampf gegen das FTAA/ALCA und der Durchführung der transnationalen Kampagne in der Form der *Autoconvocatoria No al ALCA* ein eigenes organisatorisches Gefäß zu geben. Darin sollten auch kleinere politische Parteien wie der *Partido Comunista* integriert sein (Quellen: Echaide 2005 und Interview mit Julio Gambina).

Die Idee, die *Autoconvocatoria* – ein Begriff, der sich behelfsweise als „Gremium von Selbsteinberufenen" übersetzen lässt – als offenes Forum ohne vorgegebene Trägerschaft zu gestalten, erwies sich dabei als recht erfolgreich. Wie Julio Gambina und Juan Roque ausführen, wäre es zur Gründungszeit der *Autoconvocatoria* kaum sinnvoll gewesen, mögliche Opponenten des FTAA/ALCA von einer bestimmten Organisation aus mobilisieren zu wollen und dies auch gleich *im Namen* dieser Organisation zu tun. Dafür waren die verschiedenen zivilgesellschaftlichen Gruppierungen und insbesondere die Gewerkschaftsbewegung zu zerstritten. Vom Kampf gegen das FTAA/ALCA, ein vom „Erzfeind USA" lanciertes neoliberales Projekt, erhoffen sich die Initiant/innen der *Autoconvocatoria* jedoch zu Recht einen einigenden Effekt.

> „Der Name selbst – *Autoconvocatoria No al ALCA* – (…) [sollte deutlich machen], dass der Vorschlag nicht darauf abzielte, sich die Bewegung einzuverleiben. Es sollte eine so offene Bewegung geschaffen werden, dass jeder, der wollte, sich zur Teilnahme aufgerufen fühlte und niemand dachte, die Bewegung des Nein zum ALCA stehe unter der Schirmherrschaft dieser oder jener Organisation oder dieser oder jener Koordinationsinstanz." (Julio Gambina, hier im Interview mit Echaide 2005: 22, e. Ü.).

Im Endeffekt gelang es den Initiator/innen der *Autoconvocatoria*, zu denen neben *Diálogo 2000* und *Attac Argentina* diverse andere NGOs und Bewegungen gehörten, bald einmal weitere Gruppen zu mobilisieren – so etwa die Piquetero-Gruppen *Movimiento Barrios de Pie*, MTL (*Movimiento Territorial Liberación*) und *Agrupación Martín Fierro*. Die erste öffentliche Veranstaltung der *Autoconvocatoria* war ihre *1° Asamblea Nacional* am 24. August 2002, die zur bestbesuchten Teilveranstaltung des *Foro Social Mundial Temático* in Buenos Aires wurde. Es gelang den Initiant/innen dieses Treffens, immerhin rund 1.000 Personen in die Aula Magna der Medizinischen Fakultät der Universität von Buenos Aires zu bringen, und das Treffen erstreckte sich unerwartet über den gesamten Tag (Interview: Beverly Keene).

Die weiteren Treffen der *Autoconvocatoria* fanden dann zunächst jeden zweiten Donnerstag in den Räumlichkeiten des *Instituto Movilizador de Fondos Cooperativos* – einer alternativen Bank und Koordinationszentrale für linksprogressive Projekte – im Zentrum von Buenos Aires statt. Später erhielt die *Autoconvocatoria* schließlich ein kleines Büro in den Räumlichkeiten der CTA, in dem auch heute noch die wöchentlichen Koordinationsversammlungen stattfinden.

Die „Primeras Jornadas de Consulta Popular" im November 2003

An der von der *Autoconvocatoria* koordinierten *Consulta Popular contra el ALCA* nahmen letztlich auch diverse Berufsvereinigungen, zahlreiche Menschrechtsorganisationen, verschiedene universitäre Gruppen, einige kirchliche Vereinigungen und auch mehrere sozialistische und kommunistische Lokalparteien teil. Die Partizipation der nationalen politischen Parteien erwies sich hingegen als schwach, da die Vorbereitungen zur *consulta* auf ein Wahljahr fielen und die meisten Parteien ihre Ressourcen mehrheitlich auf den Wahlkampf fokussierten. Doch auch in der CTA war die Unterstützung für die *consulta* überraschend gering, hielt doch die Führungsspitze der Gewerkschaftsorganisation den Zeitpunkt für sehr ungeschickt gewählt. Sie wollte sich im Wahljahr ebenfalls eher um den Einsatz für oder gegen gewisse politische Parteien kümmern. Insbesondere bestand die Befürchtung, die Aktion könnte Néstor Kirchner als den von der CTA unterstützten Präsidentschaftskandidaten schwächen. In den Provinzen des argentinischen Mittellandes beteiligten sich die Lokalgruppen der CTA jedoch sehr rege an der Aktion (Interviews: Claudia Baigorria und Judith Vaschetto) und auf Beschluss an einer Generalversammlung im Dezember 2003 wurde die Arbeiterzentrale zumindest offiziell zu einer Trägergruppe.

Tatsächlich gerieten die *Primeras Jornadas de Consulta Popular* vom 20.–26. November 2003 trotz geringem Presseecho zu einem unerwartet großen Erfolg (Echaide 2005: 2). So gelang es der *Autoconvocatoria*, an rund 5.500 Wahlurnen und Informationsständen insgesamt 2'252'358 Stimmen zu sammeln, davon 96 % gegen und 3 % für das FTAA/ALCA (Echaide 2005: 28). Außerdem gab die Mitarbeit von rund 20.000 Aktivist/innen in verschiedenen Lan desteilen der Kampagne eine je eigene lokale Prägung. So berichtet Echaide (2005: 28; e. Ü.), wie die *Consulta* je nach Ortschaft ein unterschiedliches Gesicht erhielt und überall in je anderen Formen die Bevölkerung über die möglichen Folgen des FTAA/ALCA aufklärte:

> „Die Aktivitäten zur Verbreitung der *consulta* wiesen sich durch eine große Vielfalt aus und reflektierten die unterschiedlichen Stimmungen jedes Ortes und jedes Dorfes. Mehrheitlich wurden Diskussionsveranstaltungen durchgeführt, aber das schloss Aktivitäten wie Wandgemälde, Gestaltungswettbewerbe, Faltblätter, Kunstausstellungen, Filmvorführungen und öffentliche Lehrveranstaltungen nicht aus."

Spätere Aktivitäten der *Autoconvocatoria* umfassten schließlich die Mitorganisation der bereits erwähnten *III° Cumbre de los Pueblos* in Mar del Plata 2005 und eines weiteren Völkergipfels in Córdoba im Jahr 2006. Im Jahr 2006, als das FTAA/ALCA-Projekt zu einem vorläufigen Stillstand kam, änderte die Organisation ihren Namen zu *Movimiento Argentino Sí por la Integración de los Pueblos* (MovSIP), doch soll sie hier in Übereinstimmung mit den Interviewzitaten aus der Vorgängerzeit weiterhin als *Autoconvocatoria* bezeichnet werden.

Organisationsstruktur

Bemerkenswert ist, dass es sich außer im Fall von *Attac Argentina* bei den meisten Gründerorganisationen der *Autoconvocatoria* um „klassische" NGOs handelte, die mit einem kleinen professionellen Mitarbeiterstab und Sponsorengeldern operierten, sowie um gewerkschaftliche Organisationen mit einer nationalen Basis, aber einer klaren repräsentativ-hierarchischen Führungsstruktur. Den Initiant/innen der *Autoconvocatoria* war jedoch spätestens seit den Massenunruhen in den Jahren 2001 und 2002 klar, dass die Kampagne gegen das FTAA/ALCA nur dann funktionieren konnte, wenn sie sich eine offene und partizipative Organisationsform gab. Die Gründer übernahmen daher bald einmal organisationelle Elemente der Nachbarschaftsvereinigungen und *Piquetero*-Bewegungen, wie sie sich seit dem Dezember 2001 zu formieren begonnen hatten, sowie der verschiedenen globalisierungskritischen Bewegungen, die sich am WSF trafen. Wie Echaide (2005: 26, e. Ü., Hervorhebung im Original) lakonisch bemerkt, tauchten im Diskurs der argentinischen NGOs und Gewerkschaften denn auch plötzlich Konzepte auf, die bisher eher mit europäischen Bewegungen assoziiert worden waren:

> „So begann man denn auch Begriffe zu verwenden, die zuvor ausschließlich zum Vokabular der globalisierungskritischen Bewegungen Europas zu gehören schienen:

Horizontalität, Autonomie, partizipative Demokratie. (...) Die Idee, sich als Selbstberufener [„autoconvocado"] zu fühlen, verband sich mit dem Konzept, an einer kollektiven Organisation teilzuhaben, die in ihrem Inneren demokratisch gelenkt wird. Es gibt keine Privilegien, sondern Verantwortungen."

Was die heutigen Entscheidungsmechanismen angeht, orientiert sich die *Autoconvocatoria* in der Tat sehr ausgeprägt an den Prinzipien der deliberativen Demokratie. Sie ist, zumindest der Anlage nach, vollkommen paritätisch organisiert, denn jede Person, die an den wöchentlichen Koordinationstreffen anwesend ist, kann sich in die Diskussion einbringen und den Konsens beeinflussen. Formale Mitgliedschaftskriterien gibt es keine, doch wird von neuen Beteiligten erwartet, dass sie sich für die politischen Grundanliegen der *Autoconvocatoria* einsetzen. Diese haben unter der Bezeichnung „die vier Achsen" einen quasi-formalen Status erlangt und treten auch regelmäßig in den Positionspapieren des Netzwerkes auf – nämlich das „Nein zum ALCA und den bilateralen Freihandelsabkommen," das „Nein zur Verschuldung – wir sind Gläubiger, nicht Schuldner," das „Nein zur Militarisierung" und das „Nein zur Armut" (Interviews: Rina Bertaccini und María Bassa; eigene Beobachtungen an den Koordinationstreffen).

Entsprechend stellen sich neue Diskussionsteilnehmer/innen an den Versammlungen der *Autoconvocatoria* jeweils kurz vor und nennen gegebenenfalls auch die Organisation oder Gruppierung, der sie angehören. Ist diese Gruppierung nicht allen Teilnehmer/innen bereits bekannt, folgt in der Regel eine kurze Skizze der Aktivitäten und Zielsetzungen. Die hypothetische Situation, dass sich neue Teilnehmer/innen nicht mit den Grundprinzipien der *Autoconvocatoria* einverstanden erklären und gar als „Querschläger" den Konsensprozess absichtlich zu sabotieren versuchen, ist nach Angaben von Juan Roque bislang nicht eingetreten. Vermutlich würde aber in einem solchen Fall das restliche Plenum im Konsensverfahren darüber beraten, wie man damit umgehen sollte – und würde kein Konsens erreicht, käme es möglicherweise zu einer Entscheidung nach dem Mehrheitsprinzip (Interview: Juan Roque).

10.3 Anspruch und Wirklichkeit der lokalen Partizipation

Ein Blick auf die Entscheidfindungsprozesse der *Autoconvocatoria* lässt diese gleichsam als Musterbeispiel deliberativer Demokratie erscheinen. Der Anspruch der *Autoconvocatoria*, sich nach den Prinzipien der Partizipation, Deliberation und Konsensfindung zu organisieren, scheint optimal eingelöst. Allerdings weisen die Aktivist/innen kleinerer Organisationen im Hinterland darauf hin, dass in der Praxis zahlreiche Probleme bestehen und insbesondere lokale Basisgruppen, die außerhalb der Hauptstadt Buenos Aires agieren, im Prozess der partizipativ-deliberativen Entscheidfindung marginalisiert werden. Entsprechend wird der *Autoconvocatoria* von ihren Teilnehmer/innen gerne einmal vorgeworfen, dass sie „genau die Logik des Systems reproduziert, gegen das wir kämpfen" (Interview: Judith Vaschetto, e. Ü.). In einer Mail an die Newslist der *Autoconvocatoria* erinnert eine Aktivistin aus der Provinz Córdoba die Kolleg/innen in Buenos Aires denn auch mit beträchtlichem Sarkasmus daran, dass es ein Argentinien „jenseits der Avenida General Paz," jenseits der Umfahrungsstrasse um die Hauptstadt, gebe:

> „Hallo Compañeros: (...) mich interessiert, wie wir die Partizipation des Hinterlandes verbreitern können. (...) Dazu ist zu sagen, dass für das Hinterland, einige Aktivisten ausgenommen, diese Plattform [=die Autoconvocatoria] nicht existiert. Entschuldigt bitte, dass ich so hart bin, aber das ist die Wahrheit und deshalb eine politische Realität, der wir uns stellen müssen. (...) Ich denke, wir müssen Räume für die Debatte und politische Ermächtigung [„capacitación"] herstellen. Aber nicht nur für Buenos Aires. Erinnert Euch daran, dass es jenseits der General Paz ein ganzes Land gibt." (Mail von Patricia Trigueros, wiedergegeben in einer Mitteilung des *Autoconvocatoria*-Sekretariats vom 27. 3. 2007 an die Newslist der Mitglieder, e. Ü.)

In der Tat besteht eines der gegenwärtigen Hauptprobleme der *Autoconvocatoria* darin, dass sie zwar nach den Richtlinien partizipativ-deliberativer Demokratie und auf der Grundlage des Konsensprinzips arbeitet, die wöchentlichen Koordinationstreffen jedoch nicht nur ausschließlich in der Hauptstadt Buenos Aires stattfinden, sondern auch jeweils am frühen Donnerstagabend. Dies bedeutet, dass Personen aus dem argentinischen Kernland hauptsächlich dann an den wöchentlichen oder den außerordentlichen Treffen der Koalition teilnehmen können, wenn sie für eine NGO oder Gewerkschaft arbeiten, die sie an diesem Tag frei stellt oder sogar die Reise finanziert. Personen in anderen Berufen hingegen verfügen kaum über genügend Zeit und Energie, um an einem normalen Wochentag in die Hauptstadt zu reisen. Arbeitslose sowie Angehörige der Unterschichten und unteren Mittelschichten können sich die Reise wiederum nicht leisten und werden von der *Autoconvocatoria* auch nicht finanziell unterstützt. Für Carlos Villareal, einen basisorientierten Aktivisten aus dem bonaerensischen Vorstadtgürtel, ist diese Praxis daher „eindeutig diskriminierend."

Hingegen finden die Völkergipfel und argentinischen Sozialforen, an denen sich die *Autoconvocatoria* ebenfalls aktiv beteiligt, regelmäßig in unterschiedlichen Regionen des Landes statt – das *Foro de la Triple Frontera* etwa im Nordosten, die *Cumbre de los Pueblos Sudamericanos* von Córdoba im Westen und die *Cumbre de los Pueblos de América Latina* von Mar del Plata an der Ostküste. Lokale Gruppen haben an diesen Veranstaltungen die Möglichkeit, eigene Workshops zu veranstalten und Themen zu bearbeiten, die ihnen besonders dringlich erscheinen. Über solche eigenen Workshops können sie denn auch Themen prägen, die später in die Debatten des Gesamtverbundes einfließen. Nur finden in der Regel viele solche Workshops parallel – und zuweilen sogar zeitgleich mit Plenarien – statt und sind darum zuweilen eher dürftig besucht. Was die gut besuchten Plenarveranstaltungen dieser Treffen angeht, werden die Vorbereitungen dazu an den Donnerstagssitzungen in Buenos Aires getroffen. Wenn also an solchen Plenarveranstaltungen wichtige Zukunftsentscheidungen gefällt und Aktionspläne verabschiedet werden, haben Bewegungen aus dem Hinterland Argentiniens zwar ein Mitspracherecht vor Ort, aber kaum Einfluss auf die Agenda.[2]

Verschiedene Teilnehmer/innen der *Autoconvocatoria*, die aus den Provinzen des Hinterlandes stammen und darum nur sporadisch an den wöchentlichen Versammlungen teilnehmen, machen außerdem geltend, dass das Netzwerk in Buenos Aires eine intern hochintegrierte Kerngruppe überdurchschnittlich großem diskursiven Einfluss hervorgebracht hat. Wenig verwunderlich gehören zu diesem „inner circle" vornehmlich Personen aus der Hauptstadt, die dort als professionelle Stabsmitglieder für Nichtregierungsorganisationen, Forschungsinstitute, die Alternativgewerkschaft CTA und kleine politische Parteien wie den *Partido Socialista* arbeiten. Diese Personen haben beruflich auch jenseits der Aktivitäten der *Autoconvocatoria* miteinander zu tun und sind zuweilen eng befreundet. Wie Carlos Villareal betont, ergeben sich für diese Personen daher zahlreiche Gelegenheiten, ihre Anliegen aufeinander abzustimmen und gemeinsame Strategien auszuarbeiten, denen sich die Teilnehmer/innen der wöchentlichen Donnerstagstreffen kaum mehr entziehen können:

C. V.:

„Ich hatte zuvor eine ganze Weile nicht an der *Autoconvocatoria* teilgenommen. Aus taktischen Gründen hatte unsere Gruppe beschlossen, sich bis zu den Vorberei-

---

[2] Die zivilgesellschaftlichen Völkergipfel, welche die *Autoconvocatoria* im Verbund mit der ASC organisiert hat, haben auch kaum einen zusätzlichen Beitrag zur Mobilisierung der lokalen Gruppen außerhalb des jeweiligen Austragungsortes hinterlassen. Dazu waren sie jeweils zu sehr auf einen einzigen Ort fokussiert. An der *III° Cumbre de los Pueblos* in Mar del Plata 2005 etwa konnte das in Buenos Aires und Mar del Plata tätige Organisationskomitee zwar keine sinnvolle Lösung präsentieren, um kostengünstige Massentransporte aus den Provinzen nach Mar del Plata zu gewährleisten, doch wollte man nichtsdestotrotz eine möglichst große und geographisch auf einen einzigen Ort konzentrierte Veranstaltung haben. Nur ein solcher Mega-Event, so wurde argumentiert, könne die nötige internationale Presseresonanz erzeugen und bei den Regierungen überhaupt auf gewisse Aufmerksamkeit stoßen. Für Aktivist/innen aus dem Hinterland war jedoch klar, dass sie von einem solchen Grossanlass nur wenig profitieren konnten. Für sie wäre es sinnvoller gewesen, an verschiedenen Orten kleinere Foren und zivilgesellschaftliche *cumbrecitas* durchzuführen, aus denen neue organisatorische Kontakte und neue Motivation entstehen könnten – und zwar mit finanzieller und logistischer Unterstützung seitens der ASC und der *Autoconvocatoria*. Die lokalen Aktionen, die tatsächlich zustande kamen, wurden von der ASC im Schlussbericht zur *cumbre* zwar dokumentiert, hatten aber mit organisatorischen und nicht zuletzt auch mit finanziellen Problemen zu kämpfen.

tungen der *cumbre* etwas zurückziehen. Denn wir hatten den Eindruck gewonnen, es sei unmöglich geworden, gewisse interne Logiken zu durchbrechen."

M. H.:
„Welche denn zum Beispiel?"

C. V.:
„Na ja, das Problem der Reproduktion [der Kluft] zwischen Metropole und Peripherie, wo die Entscheidungen zwischen einem halben Dutzend von Kollegen ausgehandelt werden. Es können auch tausend oder hundert sein, aber die Entscheidungen fallen jedenfalls in dieser Gruppe von Kollegen, die in permanentem Kontakt sind, und die restlichen Personen kommen bloß als Gäste hinzu. Du hast die Möglichkeit, irgendeinen Einwurf anzubringen, aber ein Grossteil ist bereits fertig ausgekocht und das Thema erledigt."

Vertreter/innen lokaler Gruppen in den Vororten von Gran Buenos Aires, dem *conurbano*, und den Provinzen sind in diesem „inner circle" fast gar nicht vertreten. Sie haben überdies den Eindruck gewonnen, dass sich die Kerngruppe kaum dazu bewegen lässt, ab und zu an Versammlungen ausserhalb von Buenos Aires zu Besuch zu kommen. Claudia Baigorria etwa betont, solche Gastbesuche würden sowohl den lokalen Gruppen als auch den Besuchern aus der Hauptstadt Inspiration und Motivation geben, doch seien ihre diesbezüglichen Vorschläge wiederholt ohne Erfolg geblieben. Wie Carlos Villareal berichtet, lehnen die Hauptstädter zuweilen sogar Einladungen zu Veranstaltungen ab, die in einer der unmittelbar an Buenos Aires angrenzenden Vorstädte stattfinden:

„Pass auf, was uns einmal passiert ist: Vor einigen Monaten organisierten wir in San Martín eine erste Diskussionsveranstaltung zur Populärkultur und dem sozioökonomischen Pakt durch und luden dazu mehrere *compañeros* aus der Hauptstadt ein. 48 Stunden vorher sagten sie ihre Teilnahme ab. Weißt Du warum? Weil sie nicht in die Provinz reisen wollen. Weißt Du, wie lange die Reise aus der Hauptstadt ins Zentrum von San Martín dauert? Eine Stunde! Das ist das Problem, (...) darum reproduziert sich das System immer wieder neu. (...) Es ist schwierig, von der Provinz in die Hauptstadt zu reisen, aber aus der Hauptstadt in die Provinz hinauszufahren, scheint unmöglich zu sein."

Es scheint also auch ein gewisses Desinteresse der Kerngruppe in Buenos Aires an den Aktivitäten lokaler Gruppen vor Ort zu bestehen – wobei die lokalen Aktivist/innen in den Interviews hin- und herschwanken, ob sie dies als Ausdruck von Arroganz oder schierer Zeitnot aufgrund des transnationalen Koordinationsaufwandes deuten sollen (Interview: Lydia Pereira). Klar ist, dass insgesamt die lokalen Basisgruppen in den Treffen und organisatorischen Überlegungen der *Autoconvocatoria* und damit auch in der ASC als Ganzes zu kurz kommen.

10.4 Gegentendenzen und Auswirkungen – ist die „Autoconvocatoria" undemokratisch?

Aus den Aussagen der *Autoconvocatoria*-Teilnehmer/innen, die nicht in der Hauptstadt Buenos Aires leben, geht hervor, dass in Argentinien ähnliche Probleme mit dem lokalen Koalitionspartner der ASC bestehen wie mit dem mexikanischen Gründungsmitglied RMALC (Massicotte 2003 und 2004). Die *Autoconvocatoria* wird als ein allzu sehr zentralisierter Akteur wahrgenommen, der kaum lokale Partizipation ermöglicht. Ferner klingen Klagen an, die stark an die Beobachtungen in Jo Freemans wegweisendem Aufsatz „The Tyranny of Structurelessness" (Freeman o.J.) erinnern, denn in der *Autoconvocatoria* scheint ähnlich wie in den von Freeman beschriebenen Frauenbewegungen ein *inner circle* von miteinander befreundeten NGO-Vertreter/innen zu bestehen, die wichtige Entscheidungen außerhalb der eigentlichen Koordinationstreffen untereinander diskutieren und vorbereiten. Formale Mechanismen, wie sie etwa die partizipativ-konsensorientierte Organisation *Direct Action Network* in den USA entwickelt hat (Polletta 2002), um diskursive Ungleichgewichte und *Insider*-Entscheidungen zu neutralisieren, fehlen in der *Autoconvocatoria* hingegen.

Der Vorwurf, die *Autoconvocatoria* sei undemokratisch und vor allem unfähig, auch die Interessen des Hinterlandes zu berücksichtigen, muss allerdings differenziert werden. So weist etwa Juan Gonzalez darauf hin, dass die Aktivist/innen der *Autoconvocatoria*, die in Buenos Aires leben und regelmäßig an den Treffen teilnehmen, oftmals selbst aus dem Hinterland zugewandert sind. Weiter haben mehrere der Organisationen, die in der *Autoconvocatoria* vertreten sind, landesweit lokale Sektionen, die ihre Vertreter/innen in den nationalen Koordinationsgremien nach den Prinzipien der repräsentativen Demokratie bestellen. In dem Masse also, in dem die Abgeordneten dieser Organisationen mit einem vorgefassten Mandat an den Beratungen der *Autoconvocatoria* teilnehmen, sind dort indirekt auch Stimmen aus dem Hinterland vertreten.

Zudem entsteht in der qualitativen Beobachtung der Koordinationstreffen der Eindruck, dass Personen, die entweder solche landesweiten Organisationen oder besonders radikale *Piquetero*-Bewegungen und Basisgruppen aus den Provinzen des Hinterlands vertreten, in den Diskussionen besonders große Aufmerksamkeit gezollt wird. Informell scheint das Prinzip der partizipativ-deliberativen Demokratie also mit Elementen der repräsentativen Demokratie durchsetzt: Zwar nimmt eigentlich jede Person nur mit ihrer individuellen Stimme an den Beratungen teil, doch in der Praxis scheinen einige Vertreter/innen großer Organisationen sowie benachteiligter Regionen mehr Gewicht zu haben als manche Personen aus Buenos Aires. Die Mandate dieser Personen, die in Vertretung größerer Gruppen agieren, müssen freilich zuweilen sehr stark strapaziert werden, um vor Ort einen Konsens zu erlauben.

So fällt denn auch auf, dass die Kritik auswärtiger Gruppen an der auf Buenos Aires konzentrierten *Autoconvocatoria* in fast keinem der Interviews in Begriffen der demokratischen Legitimität gefasst wird und dass die in Buenos Aires getroffenen Entscheidungen auch nicht vorwiegend inhaltlich kritisiert werden. Fragt man Aktivist/innen aus dem Hinterland, ob denn eine stärkere Integration der Provinzen die Entscheidungen der *Autoconvocatoria* in Buenos Aires und damit indirekt auch die Entscheidungen der ASC maßgeblich verändern würden, so wird dies in der Regel verneint. Die „Output-Legitimität" der *Autoconvocatoria* und der ASC ist also durchaus gegeben.

> M.H.:
>
> „Was denkst Du, haben die Leute in Buenos Aires, die gerade in den Vorbereitungen zur *Cumbre* stecken, eine andere Vision, eine andere Perspektive, wie die Dinge gemacht werden sollen und wo man hingelangen will, wenn man das mit dem vergleicht, was die Provinzen wünschen. Oder sind das dieselben Vorstellungen, und es wäre einfach sonst gut, wenn die Provinzen mehr zu sagen hätten? Gibt es da Unterschiede?"

> C.B.:
>
> „Nun ja, ich kenne nicht alle Personen, die da in Buenos Aires arbeiten, aber ich kenne viele von ihnen, und sicherlich, ich denke, die Absichten sind für eine riesige Mehrheit die ... – Also wenn Du jetzt eine Umfrage durchführen würdest, würdest Du herausfinden, dass es keinen Unterschied gibt zwischen dem, was die *compañeros* in Buenos Aires anstreben, und dem, was die Provinzen vorschlagen würden, wenn sie integriert wären. (...) Aber doch, die Logik, wie's gemacht wird, wie man dahin gelangt, unterscheidet sich. Es macht einen Unterschied, wenn man gemeinsam und mit einer gemeinsamen Überzeugung anlangt, wenn alle bereit sind, etwas zu riskieren." (Interview: Claudia Baigorria, e.Ü.)

Wie sowohl Claudia Baigorria als auch Lydia Pereira im Laufe der Interviews deutlich machen, geht es ihnen in ihrer Kritik an der *Autoconvocatoria* nicht um die Frage der Interessenvertretung. Die Gruppe verfolge Ziele und Strategien, mit denen sie sich durchaus identifizierten. Was sich die *Autoconvocatoria* mit der relativen Vernachlässigung der aktiven Partizipation von Basisgruppen jedoch vergibt, ist einerseits die Möglichkeit, im Rahmen von deliberativen Prozessen den Aufbau einer kollektiven Identität und Lerneffekte unter den Mitgliedern von Basisgruppen zu fördern, andererseits die Chance, eine möglichst breite Unterstützung für das regionale Integrationsprojekt der ASC als Ganze zu finden. Claudia Baigorria zufolge sind linksprogressive Kräfte in den argentinischen Provinzen kaum mehr gewillt, sich mit einem transnationalen Projekt zu identifizieren, welches auf der nationalen Ebene vom Moloch Buenos Aires aus kontrolliert wird.

Eine Folge der relativen Marginalisierung von Lokalgruppen in den Entscheidungsprozessen der *Autoconvocatoria* ist denn auch ein weit verbreitetes Gefühl der Isolation und ein gewisses Motivationsdefizit. Die soziale Distanz zu Buenos Aires ist beträchtlich, und weil die auf Buenos Aires konzentrierte *Autoconvocatoria* das Bindeglied zur ASC darstellt, fühlen sich die lokalen Gruppen auch vom transnationalen Widerstand isoliert. Wenn die Teilnehmer/innen der wöchentlichen Koordinationstreffen aus ihren Beratungen neue Ideen, aber auch ein gestärktes Gruppengefühl und immer neuer Motivation beziehen, kommt dies im Wesentlichen nur den Aktivist/innen aus Buenos Aires selbst und den wenigen Repräsentanten der Provinzen zugute. Die Basisaktivist/innen ländlicher und suburbaner Gebiete hingegen bleiben von den positiven psychosozialen Wirkungen solcher Treffen ausgeschlossen. Insgesamt verpasst die *Autoconvocatoria* also die Chance, zur Motivation lokaler Gruppierungen im Rest des Landes beizutragen und für die Entstehung einer landesweiten Bewegungsdynamik zu sorgen.

10.5 Bewältigungsstrategien

Das bisherige Bild von der ASC und der Situation in ihrer argentinischen Partnerorganisation, der *Autoconvocatoria*, unterscheidet sich insgesamt nur wenig von den Resultaten, welche die Analysen anderer Bewegungsorganisationen ergeben haben. So zeigt sich auch hier das Problem, dass Ressourcen wie Zeit, Geld und persönliche Motivation knapp sind und der Einsatz für die transnationale Zusammenarbeit zu einem beträchtlichen Grad auf Kosten der Vernetzung und Ermächtigung lokaler Basisgruppen geht. Bittet man die Aktivist/innen des argentinischen Hinterlandes, ihre Beziehung zu den Kolleg/innen und insbesondere zur Kerngruppe in Buenos Aires zu beschreiben, fällt aber zunächst einmal auf, dass sie diesen trotz aller Probleme häufig Respekt und Wohlwollen entgegen bringen. Den Kolleg/innen in der Hauptstadt wird, von ganz wenigen Ausnahmen abgesehen, kaum Machtbesessenheit oder gar Böswilligkeit, sondern eher eine gewisse Überforderung attestiert. So betont etwa Judith Vaschetto ihren Respekt vor den unermüdlichen Anstrengungen der Kerngruppe, die sich ihrer Ansicht nach durch großes Engagement auszeichnet. Kritik an der Kerngruppe sei ungerecht, wenn sie nicht auch deren mehrheitlich positiven Einsatz berücksichtigte.

Auch betonen die Betroffenen, dass die landesweite Partizipation von Lokalgruppen tatsächlich eine große Herausforderung darstellt und bis zu einem gewissen Grad mit den Anforderungen an eine transnational vernetzte Bewegung kollidiert. So werden die gegensätzlichen Erfordernisse unterschiedlicher Strategien und politischer Herausforderungen zwar nicht als auswegloses Dilemma konzipiert, doch wird in den entsprechenden Interviewpassagen immer wieder die Schwierigkeit hervorgehoben, ein angemessenes Gleichgewicht zu finden. Claudia Baigorria etwa betont, dass ein gewisser Grad an Zentralisierung und hierarchischer Organisation unabdingbar sei, um Entscheidungen auch tatsächlich in die Praxis umzusetzen und am Puls der Geschehnisse zu bleiben. Wie sich flexible und rasche Reaktionsfähigkeit mit umfassender Partizipation vereinbaren lassen könnte, sei für sie eine weiterhin ungeklärte Frage, denn weder könne man „untätig bleiben – also sich in permanente Debatten und Versammlungen verstricken," noch sollte „Zentralisierung über die Köpfe der Beteiligten hinweg gehen."

Außerdem wird das Unvermögen der Kerngruppe in Buenos Aires, sich mit den besonderen Anliegen der Provinzen zu identifizieren, auch als kulturell und historisch bedingt wahrgenommen – und damit bis zu einem gewissen Grad auch als Teil der argentinischen „Normalität" gerechtfertigt. Denn in der Tat ist die argentinische Politik und Wirtschaft in einem hohen Grad auf die Hauptstadt konzentriert und dieser ausgeprägte Zentralismus bereits fester Bestandteil der argentinischen Kultur geworden. Das Denken „über die Avenida General Paz hinaus" hat gemäß den betroffenen Aktivist/innen im Hinterland kaum Tradition, und es wäre in den Augen der marginalisierten Basisgruppen geradezu verwunderlich, würden sich Kolleg/innen in der Hauptstadt diesbezüglich vom Rest der Gesellschaft unterscheiden. So hebt denn auch Lydia Pereira hervor, man sei sich eine gewisse Vernachlässigung durch Buenos Aires ja durchaus gewohnt, während Carlos Villareal anführt, die Kultur der Zentralisierung sei „halt tief in den Köpfen verwurzelt" und von dort auch kaum wegzubekommen.

Interessant ist freilich auch die Haltung, mit der die Aktivist/innen ihre Lage als bis zu einem gewissen Grad selbstverschuldet einschätzen. So wird immer wieder betont, die Partizipation der Provinzen sei letztlich „ein Kampf, den es noch zu führen" gelte und bisher – per Implikation – noch nicht genügend geführt worden sei. Für Claudia Baigorria etwa ist klar, dass nur ständige und immer wieder neue Anstrengungen seitens der Aktivist/innen aus den Provinzen dazu führen können, das Problem der Zentralisierung zu lindern und in Buenos Aires ein größeres Bewusstsein für die besonderen Bedürfnisse der Lokalgruppen zu schaffen. Mit anderen Worten spiegelt sich in den Aussagen der Befragten ein eigentliches Aktivist/innen-Ethos wieder, das nicht nur äußere Herausforderungen, sondern auch innere Schwachpunkte der Bewegung als noch zu lösende Aufgaben begreift. Wenn die geringen Partizipationsmöglichkeiten der Provinz nicht zu massiven Konflikten geführt haben, liegt dies nicht zuletzt auch an dieser selbstkritischen Sicht der Basisaktivist/innen.

10.6 Schlussfolgerungen

In ihren *Alternativas para las Américas* und später vor allem in ihren Konklusionen zur *Cumbre Social por la Integración de los Pueblos* (ASC 2006a) schlägt die ASC den Staaten Lateinamerikas und der Karibik ein elaboriertes regionales Integrationsprojekt vor, dessen Inhalte von einem gemeinsamen Regelwerk zum Schutz der Wasservorkommen über Vorschläge für die Planung von regionalen Infrastrukturvorhaben bis zur Schaffung einer alternativen Entwicklungsbank reichen. Gleichzeitig betont die ASC jedoch, dass diese Vorschläge weiter diskutiert und modifiziert werden müssen – und zwar unter zunehmender Beteiligung immer größerer Teile der Zivilgesellschaft. Wie die *Alternativas para las Américas* in ihrer bislang jüngsten Fassung festhalten, ist die (latein)amerikanische Bevölkerung der ungenügend demokratisch legitimierten Formen der repräsentativen staatlichen Politik genauso überdrüssig wie der Bevormundung durch paternalistische Nichtregierungsorganisationen und elitäre Gewerkschaftsführer. Soll das geplante regionale Integrationsprojekt tragfähig sein, muss es daher das Resultat eines partizipativen Prozesses sein, an dem möglichst weite Teile der Bevölkerung aktiv partizipieren.

> „Die Ausarbeitung von Alternativen ist ein komplexer Prozess. Damit etwas ‚Alternative' sein kann, genügt eine brillante Idee längst nicht mehr, nicht einmal, wenn sie überdies stimmig und durchführbar ist. Das beste Projekt für den gesellschaftlichen Wandel ist Alternative in dem Masse, in dem es die Kraft aufweist, in die Praxis umgesetzt zu werden. Der Prozess der Konstruktion von Alternativen verläuft parallel zur Herausbildung eines sozialen Subjekts, das in der Lage ist, die Alternativen Realität werden zu lassen. (…) Niemand kämpft für ein Projekt, das ihn nicht überzeugt. Es geht nicht um ein Elaborat von Intellektuellen, die danach dazu aufrufen, ihren Vorschlägen Folge zu leisten; es geht darum, gemeinsam einen Vorschlag auszuarbeiten, für den wir auch kämpfen." (ASC 2005: 1, e. Ü.)

Um eine möglichst umfassende Trägerschaft für ihre Ziele zu schaffen, verlangt die ASC von den beteiligten Gruppierungen denn auch, dass sie nach den Prinzipien der deliberativen Demokratie arbeiten und eine breite Basis mobilisieren. Die beteiligten Gruppierungen sollen ähnlich wie die ASC als Ganzes als Koalitionen von Akteuren unterschiedlicher zivilgesellschaftlicher Sektoren organisiert sein und eine möglichst landesweite Partizipation gewährleisten. Nur so lassen sich nach Ansicht der ASC-Mitglieder gemeinschaftliche Lernprozesse, Mechanismen der wechselseitigen Ermächtigung und die Herausbildung eines historischen Blocks mit einer kollektiven Identität fördern.

Tatsächlich bestehen aber bei der Umsetzung dieser Prinzipien beträchtliche Defizite – und zwar nicht nur in den bereits früher untersuchten Fällen Mexiko (Massicotte 2003 und 2004) und Brasilien (von Bülow 2006), sondern auch in der argentinischen *Autoconvocatoria No al ALCA*. Im Falle dieser argentinischen Partnerorganisation finden wöchentliche deliberativ-partizipative Versammlungen jeweils an einem Donnerstag in der Hauptstadt Buenos Aires statt, und auswärtige Personen können aus zeitlichen und finanziellen Gründen nur unregelmäßig oder gar nicht daran teilnehmen. Statt dessen hat sich unter den regelmäßigen Teilnehmer/innen aus Buenos Aires eine Kerngruppe von professionellen NGO-Mitarbeiter/innen und Gewerkschaftsvertreter/innen gebildet, die auch außerhalb der wöchentlichen Versammlungen über anstehende Probleme diskutieren. Nach Angaben auswärtiger Aktivist/innen sind die Meinungen dieser Kerngruppe diskursprägend, und es fehlt manchen Angehörigen dieser Kerngruppe auch der Sinn für die Bedürfnisse des Hinterlandes.

Verschärft wird die Situation außerdem durch strukturelle Zwänge. Zumal die *Autoconvocatoria* nicht nur die Ermächtigung der lokalen Basisgruppen anstrebt, sondern sich auch dem politischen Lobbying widmet und den Kontakt zur transnationalen ASC hält, ist sie mit unterschiedlichen Anforderungen und je eigenen Zeitverläufen konfrontiert. Gerade das Lobbying und die Öffentlichkeitspolitik verlangen nach raschen Reaktionen auf aktuelle Ereignisse sowie nach einer starken Präsenz in der Hauptstadt, und auch der Kontakt zur ASC ist ressourcenintensiv. Der langwierige Prozess der Integration und Stärkung von lokalen Basisgruppen außerhalb von Buenos Aires droht daher angesichts der Tagesaktualitäten ins Hintertreffen zu geraten. So nehmen die ASC und die darin beteiligten NGOs zwar regelmäßig Stellung zu politischen Ereignissen im lateinamerikanischen Ausland, doch verschwindet die Situation in den Randgebieten des eigenen Landes aus dem Fokus.

Bemerkenswert und theoretisch bedeutsam ist jedoch, dass die marginalisierten Lokalgruppen in der *Autoconvocatoria* diesen Zustand selbst nicht als Mangel an demokratischer Interessenvertretung wahrnehmen. Zwar kennt die *Autoconvocatoria* keine formalen repräsentativen Strukturen und ist auch nur ungenügend in der Lage, eine umfassende direkte Partizipation zu gewährleisten, doch grenzen sich die befragten Personen explizit von der Vorstellung ab, die politischen Forderungen der *Autoconvocatoria* und der ASC insgesamt zielten an ihren eigenen Forderungen vorbei. Die politischen Positionen der *Autoconvocatoria* und der ASC würden nach Angaben der Aktivist/innen aus dem argentinischen Hinterland kaum anders aussehen, wenn lokale Basisgruppen direkter und stärker an den Entscheidungsprozessen beteiligt wären. Die lokalen Aktivist/innen sind vielmehr dezidiert der Ansicht, dass die Teilnehmer/innen der *Autoconvocatoria* in Buenos Aires und die Vertreter/innen in den transnationalen Koordinationsgremien im Wesentlichen dieselben politischen und strategischen Entscheidungen treffen, wie sie es tun würden.

11 Lateinamerikas „Linksruck" – eine neue Herausforderung für die sozialen Bewegungen

Für den Erfolg sozialer Bewegungen und ihrer Koalitionen spielen nicht nur interne Kohäsionsfaktoren eine Rolle, sondern auch externe Faktoren wie die Zusammensetzung und politische Ausrichtung der jeweiligen Regierungen. Wie das *Political Process*-Modell gezeigt hat, können günstige politische Gelegenheitsstrukturen bewirken, dass Bewegungsaktivitäten an Dynamik gewinnen und Koalitionsmitglieder angesichts möglicher bevorstehender Erfolge über bisherige Divergenzen hinwegsehen. Gegenstand dieses Kapitels wird darum der „Linksruck" in der lateinamerikanischen Politik sein: das vermehrte Auftreten von Regierungen, die gegenüber der Öffentlichkeit ähnliche Anliegen vertreten wie die linksprogressiven Bewegungen und Nichtregierungsorganisationen. Die Leitfrage lautet, ob dieser Linksruck für die Koalitionsmitglieder der ASC und für andere Bewegungen tatsächlich neue Einflussmöglichkeiten mit sich gebracht hat.

Der Hauptbefund überrascht: Der Linksruck der offiziellen lateinamerikanischen Politik hat den sozialen Bewegungen nicht etwa einen politischen Höhenflug beschert, sondern im Gegenteil heftige interne Auseinandersetzungen und entsprechende Lähmungserscheinungen. Der Grund dafür ist, dass die neuen lateinamerikanischen Regierungen zwar einen dezidiert linken Diskurs vertreten, in ihrer Realpolitik jedoch deutlich hinter der Rhetorik zurückbleiben. Prominent angekündigte wirtschafts- und sozialpolitische Reformen sind nach dem Amtsantritt der linken Staatschefs mehrfach verzögert oder mit Verweis auf externe Handlungszwänge sogar vollständig von der Agenda gestrichen worden. Für die sozialen Bewegungen ergeben sich im Umgang mit den neuen Links- und Mitte-Links-Regierungen darum konfliktträchtige Interpretationsprobleme. Sie müssen entscheiden, ob diesen Regierungen für weitergehende Reformen tatsächlich bloss der politische Handlungsspielraum fehlt oder ob es ihnen nicht auch am notwendigen Interesse mangelt – ob man also mit ihnen kooperieren oder in die Opposition gehen soll.

Auseinandersetzung über diese Frage haben unter den Mitgliedern der ASC und anderen sozialen Bewegungen Lateinamerikas (Sader 2005a, 2005b, Zibechi 2006, 2008) zu beträchtlichen Konflikten geführt. Dank verschiedener interner Kohäsionsmechanismen sind die ASC und ihre nationalen Mitgliedergruppen zwar nicht auseinander gebrochen, aber es zeigen sich beträchtliche Probleme bei der politischen Neupositionierung. Zurzeit fliesst ebenso viel politische Energie in die Aufarbeitung interner Probleme als in den Kampf für eine gerechtere Gesellschafts- und Wirtschaftsordnung.

11.1 Der Linksruck und die Realpolitik

Vom Amtsantritt des venezolanischen Staatschefs Hugo Chávez im Jahr 1999 bis zum Ende des Jahres 2006 – einem sogenannten „Superwahljahr" mit Präsidentschaftswahlen in insgesamt zehn Ländern – sind in weiten Teilen Lateinamerikas Staatsoberhäupter an die Macht gelangt, die sich als sozialistisch, linksprogressiv oder zumindest sozialdemokratisch verstehen (Pickert 2006). Im Jahr 2007 schließlich standen fast alle Länder Südamerikas, mehrere Länder Zentralamerikas und damit eine große Mehrheit der lateinamerikanischen Gesamtbevölkerung unter der Führung von Linksregierungen oder Mitte-Links-Koalitionen. In Paraguay kam im Jahr 2008 die Regierung Fernando Lugo Méndez und in El Salvador im Jahr 2009 die Regierung Mauricio Funes hinzu. Heuer finden sich nur noch in Kolumbien sowie in Mexiko und einigen Ländern Mittelamerikas Regierungen, die ausdrücklich ein wirtschaftsliberales und sozialkonservatives Programm vertreten (Lanzaro 2007; Niederberger 2009: 7).

Unter neomarxistischen Beobachter/innen verbinden sich mit der aktuellen Linksdrift Lateinamerikas denn auch große Hoffnungen auf eine tiefgreifende politische Wende. Schließlich vertreten die linken Staatschefs in ihren öffentlichen Auftritten und politischen Programmen eine Reihe von Anliegen, die über lange Zeit von der politischen Agenda verdrängt worden waren, etwa die Verstaatlichung von privaten Wirtschaftsunternehmen in entwicklungsstrategischen Schlüsselbereichen, Landreformen und staatliche Subventionen an Kooperativen (Klein 2007: o. S.). Für William I. Robinson (2006) und verschiedene anderen Autoren (z. B. Klein 2007) ist Lateinamerika damit der erste Kontinent, auf dem die Hegemonie des neoliberalen Wirtschafts- und Gesellschaftsmodells flächendeckend gebrochen worden ist (kritisch: Boris et al. 2005, Gabbert et al. 2005). Der Linksruck der lateinamerikanischen Politik zeugt Robinson zufolge von der wachsenden Bereitschaft der Staatsklassen, sich grenzübergreifend und im Verbund mit zivilgesellschaftlichen Akteuren für eine grundlegend neue politische und soziale Ordnung einzusetzen.

> „[N]eoliberalism [is] moribund. Its hegemony [has] cracked. This is the case worldwide but it is particularly so in Latin America. It is also in Latin America that possible alternatives are emerging in the struggles against neoliberalism. (...) The question of what will replace the neoliberal model is what's at stake in Latin America right now." (Robinson 2006: 60)

Hoffnungen auf die rasche Entstehung eines regionalen gegenhegemonialen Blocks dürften allerdings verfrüht sein. Denn was die neuen linken Regierungen Lateinamerikas verbindet, ist ihre populistische und USA-kritische Rhetorik. Darüber hinaus bestehen beträchtliche politische Unterschiede und zwischenstaatliche Konkurrenzkämpfe.[1] Nicht zuletzt vertreten die Mitte-Links-Regierungen, wie sie etwa in Argentinien, Brasilien und Uruguay herrschen, das Ziel, einen „Kapitalimus mit menschlichem Antlitz" zu schaffen, während Chávez in Venezuela, Morales in Bolivien und Correa in Ecuador explizit einen wie auch immer gearteten „Sozialismus des 21. Jahrhunderts" anstreben. Ein tragfähiges und verbindendes regionales Integrationsprojekt hingegen fehlt. Vielmehr stehen sich mit der *Alternativa Bolivariana para las Américas* (ALBA) und dem Mercosur zwei wenig kompatible Integrationsvorhaben gegenüber. Damit erheben im ersten Fall Venezuela und im zweiten Fall Brasilien Anspruch auf die regionale Vormachtstellung (Neuber 2007a).

Gleichzeitig ist aber auch fraglich, inwieweit die herrschenden Links- und Mitte-Links-Regierungen tatsächlich ein neues politisches Programm oder gar eine gegenhegemoniale politische Absicht verfolgen. Wie Atilio Borón (2004: 42) bemerkt, zeigen sich nämlich „die größten Veränderungen auf dem weichen Boden des Diskurses und der Rhetorik, nicht auf dem härteren und rauen Boden der Wirtschaftspolitik." Boris et al. (2005) halten fest, dass der deutlich anti-neoliberale und streckenweise sogar antikapitalistische Diskurs dieser Regierungen kaum Niederschlag in entsprechenden politischen Maßnahmen findet.

„Die Diskontinuität bezieht sich vor allem auf die Diskurs- und Stilebene, auf Elemente an der Oberfläche und weniger auf die durch den Neoliberalismus geschaffenen wirtschaftspolitischen Institutionen und Verhältnisse. So ist z.B. bislang nirgendwo die Öffnung der Ökonomien, die Unabhängigkeit der Zentralbanken, die hervorgehobene Bedeutung der Geld- und Fiskalpolitik in Zweifel gezogen worden. Von einer Umkehr in Bezug auf die privatisierten Staatsunternehmen und der Liberalisierung der Arbeitsmärkte ist bislang ebenfalls wenig zu hören." (Boris et al. 2005: o. S.).

---

[1] Der diplomatische Friede zwischen den Nationen Südamerikas wird immer wieder durch heftige Krisen auf die Probe gestellt. So sind Brasilien unter Lula da Silva und Venezuela unter Hugo Chávez in einen Streit um Brasiliens Kooperation mit den USA bei der Herstellung von Bioethanol („Biodiesel") verwickelt (Streck 2007a, Neuber 2007a), und mit Bolivien war Brasilien über lange Zeit in einen Konflikt um die Enteignung der bolivianischen Tochtergesellschaft von *Petrobras* verstrickt (Streck 2007b). Zwischen Argentinien und Uruguay bestehen weiter massive Auseinandersetzungen um den umweltschädlichen Betrieb von uruguayischen Zellstoff-Fabriken am Grenzfluss Río Uruguay (Thimmel 2008).

Für Boris und seine Mitautor/innen wäre es demnach „verfehlt, von einer vorrevolutionären oder gar revolutionären Situation zu sprechen und einschneidende historische Wendepunkte von dieser Periode der relativen Öffnung politischer Möglichkeiten zu erwarten" (ibid.) Die als linksprogressiv auftretenden Regierungen bekräftigen zwar immer wieder ihren Reformwillen, betonen aber genauso häufig, den angestrebten Reformen seien durch innenpolitische und weltwirtschaftliche Zwänge enge Grenzen gesetzt. Damit sie ihre radikale Ausrichtung beibehalten, müssen die neuen lateinamerikanischen Regierungen daher von zivilgesellschaftlicher Seite aus unterstützt, gleichzeitig aber auch immer wieder herausgefordert werden (Borón 2004, Robinson 2008). Die linksprogressive Zivilgesellschaft ist jedoch in Auseinandersetzungen über eine geeignete gemeinsame Strategie verstrickt. Sie steht vor dem Problem, dass sie in diesen Regierungen weder eindeutige Verbündete, noch klare Gegner hat.

11.2 Das Fallbeispiel Argentinien

Wenn viele der aktuellen Links- und Mitte-Links-Regierungen Lateinamerikas eine nur sehr diffus linke Realpolitik betreiben, dann ist Argentiniens Regierung unter Néstor Kirchner und seit Ende 2007 unter Cristina Fernández de Kirchner hievon keine Ausnahme. Ähnlich wie in Brasilien (Bartelt 2005, Sader 2005b) und Uruguay (Thimmel 2005) zeichnet sich auch in Argentinien die Regierung durch einen ausgesprochen deutlichen linksprogressiven Diskurs aus,[2] doch bleiben in verschiedenen zentralen politischen Belangen die tatsächlichen Veränderungen weit hinter der Rhetorik zurück (Svampa 2007; vgl. auch Novaro 2007, Petras 2004). Der aktuelle Regierungskurs markiert demnach keine radikale Abkehr von der „alten" Politik, lässt sich aber auch nicht nur als Fortsetzung des bisherigen neoliberalen Modells mit etwas anderen Mitteln begreifen. Für Svampa (2007: 61) sind es denn auch die „Ambiguitäten, Spannungen und widersprüchliche Aussagen [*dobles discursos*]", die letztlich den roten Faden in der aktuellen argentinischen Politik ausmachen.

Unbestritten ist, dass die neue argentinische Regierung beträchtliche Anstrengungen unternommen hat, um das Justizsystem zu reformieren. Auf den obersten Gerichtshof etwa, der in seiner Mehrheit noch von der Regierung Menem berufen worden war, übte bereits Nestor Kirchner so lange politischen Druck aus, bis umstrittene Richter zurücktraten (Berger 2004: o. S.). Auf die vakanten Stellen wurden politisch unabhängige Personen gesetzt. Damit wiederum hat sich die Regierung die Möglichkeit verschafft, die Amnestiegesetze gegenüber den Men-

---

[2] Ein bemerkenswertes Beispiel ist etwa Kirchners Antrittsrede vom 25. Mai 2003: http://www.presidencia.gov.ar/Discurso.aspx?cdArticulo=904 [letzter Zugriff am 16. 12. 2007]).

schenrechtsverbrechern der Militärdiktatur aufzuheben (Svampa 2007: 42, vgl. auch Malcher 2005). Insbesondere die Menschenrechtsorganisationen begrüssten diesen Schritt sehr (Berger 2004: o.S.). Ferner tauschte Nestor Kirchner einen Grossteil der Militärspitze, die Führungsetage der Rentenkasse und weite Teile der als korrupt bekannten Polizeiführung aus (Berger 2004, Svampa 2007).

Klar ist außerdem, dass Néstor Kirchner die argentinische Wirtschaft aus der Schuldenkrise manövrierte und dem Land und seiner Nachfolgerin, Christina Fernández de Kirchner, damit wieder Spielräume für eine potentiell eigenständige Wirtschafts- und Sozialpolitik verschaffte. Kirchners erste Regierungshandlungen wurden deshalb von vielen Beobachter/innen als eine „Wiederaneignung der Politik" durch den Staat gewertet (Svampa 2007: 58). Es gelang Kirchner, bei den ausländischen Privatgläubigern eine Streichung von drei Viertel der gesamten Schuldenforderungen zu erreichen und das Land bereits kurz nach seinem Amtsantritt von den Verpflichtungen gegenüber dem Internationalen Währungsfonds zu befreien.

Problematisch ist jedoch, dass diese als „Befreiungsschlag" angepriesene Schuldenrückzahlung zunächst einmal massive soziale Opportunitätskosten verursachte. Nestor Kirchners Wahlversprechen, die Auslandschuld gegenüber dem IWF werde nicht mit dem Hunger der Bevölkerung beglichen (http://www. presidencia.gov.ar/Discurso.aspx?cdArticulo=904), blieb denn auch unerfüllt. Just in dem Moment, als Argentinien seine Schuld abzahlte, wurden in den nördlichen Provinzen des Landes mehrere Todesfälle durch Mangelernährung bekannt. Medienberichte und Untersuchungen durch zivilgesellschaftlichen Organisationen ergaben, dass verschiedene Regionen im Norden des Landes weiterhin unter krasser Unterentwicklung litten (siehe etwa www.boletinargentino.com/index. php?p=1349). Die öffentlich angekündigten staatlichen Hilfsprogramme waren im Zuge der Schuldenrückzahlung spärlicher ausgefallen als versprochen. Insbesondere die indianischen Bevölkerungsteile waren von den angekündigten Staatshilfen ausgeschlossen geblieben.

Auch ist es der argentinischen Regierung nur bedingt gelungen, den neu gewonnenen politischen Handlungsspielraum für eine Umkehr der bisherigen Wirtschaftspolitik zu nutzen. Was etwa die Handels- und FDI-Politik angeht, ist diese zwar von rhetorischen Attacken gegen das sozial unverantwortliche Handeln der Auslandkonzerne geprägt, in der Praxis aber deutlich weniger radikal. Die Privatisierungen der neoliberalen Ära unter Menem wurden weder von Néstor Kirchner noch von Christina Fernández de Kirchner umfassend rückgängig gemacht, und die argentinische Investitionsgesetzgebung für Auslandkonzerne zeichnet sich weiterhin durch vergleichsweise tiefe Steuersätze und einen hohen Grad an wirtschaftlichen Freiheiten aus. Berger (2004) und verschiedene andere Beobachter/innen (u.a. Petras 2004, Solanas 2007, Svampa 2007) halten fest, dass im Bereich der Erdöl- und Gasindustrie die Steuersätze bei nur gerade 12 % liegen – im Unterschied etwa zu 82 % in Venezuela (Solanas 2007: o. S.) – und dass Umweltschutzauflagen weiterhin fast vollständig fehlen (Svampa 2007).[3]

In der Folge hat sich zwar die Situation auf den argentinischen Arbeitsmärkten leicht verbessern können, aber die soziale Ungleichheit deutlich zugenommen. So steht der wirtschaftlichen Erholung und der drastischen Verringerung der Erwerbslosenquote im Zeitraum Mai 2001-Mai 2006 von 21,5 % (Online-Angaben des argentinischen Statistikamtes: www.indec.gov.ar) auf 11,4 % (Taller de Estudios Laborales, zit. in Svampa 2007: 43) der Umstand entgegen, dass sich die Schere zwischen Arm und Reich deutlich geöffnet hat:[4]

> „Lag im Jahr 1998 das Einkommen der oberen zehn Prozent noch 22,8 mal über dem Verdienst der unteren zehn Prozent, beträgt dieser Faktor [im Jahr 2006] 28,5. Auch der Durchschnittslohn ist um 15 Prozent gegenüber 2001 gesunken. Argentinische Wirtschaftsexperten vermuten hinter dem Aufschwung zudem ein konjunkturelles Hoch, das auf den Anstieg der Exportpreise für Treibstoffe und Getreide auf dem Weltmarkt zurückzuführen sei." (Berger 2006: o. S.)

Letztlich ist die Politik der argentinischen Regierung unter Néstor Kirchner und Christina Fernández de Kirchner also nicht nur mässig erfolgreich geblieben, sondern auch von zahlreichen Widersprüchen gezeichnet. Der umfassenden Reform des Justizsystems steht etwa die Absenz einer universalen Sozialversicherung gegenüber, der Abnahme der Arbeitslosigkeit die Zunahme der sozialen Ungleichheit und dem von der Regierung offiziell unterstützten Boykott von Shell die Fortsetzung der liberalen Investitionsgesetzgebung für Auslandkonzerne. Wie Novaro (2007: 59) betont, pendelt die Regierung ganz bewusst hin und her zwischen dem neoliberalen Modell der Vorgänger und Elementen eines linksprogressiven Modells. Ihre Politik ist geprägt vom Bemühen, „sich auf keines der Modelle festlegen zu lassen, die Vorteile von beiden zu genießen und die entsprechenden Kosten zu vermeiden."

Die Regierung selbst wird allerdings nicht müde, auf den Widerstand der internationalen Organisationen und transnationalen Konzerne gegen ihre eigent-

---

[3] In den restlichen Ländern Lateinamerikas liegen die Abgabensätze für die private Erdölförderung ausnahmslos bei über 50 %, und häufig sind die Gewinntransfers ins Ausland gesetzlich reguliert (Solanas 2007).
[4] Der statistische Rückgang der Arbeitslosigkeit hängt überdies stark mit der Einführung zusätzlicher staatlicher Sozialhilfeprogramme zusammen. Denn wer in Argentinien staatliche Sozialhilfe erhält, wird als Beschäftigte/r gezählt. Wären die Empfänger/innen von Sozialhilfe ebenfalls zu den Erwerbslosen gerechnet worden, hätte die Erwerbslosenquote im Jahr 2006 weiterhin bei einem bemerkenswert hohen Wert von 14,1 % gelegen (Svampa 2007: Fußnote 1).

lichen linksprogressiven und emanzipatorischen Anliegen zu verweisen.[5] Ihre Strategie scheint darin zu bestehen, „die nationalen Interessen gegen diejenigen des Imperiums auszuspielen und die Mächtigen der Welt (den IWF, die Großkonzerne usw.) für die argentinischen Probleme verantwortlich zu machen" (Novaro 2007: 86). Sie betreibt also das, was Randeria (2003, 2007) als das für *cunning states* typische Spiel des Schwarzen Peters beschreibt.

11.3 Das Hauptproblem: die „Freund oder Feind"-Frage

So widersprüchlich wie die Politik der aktuellen lateinamerikanischen Linksregierungen sind auch deren Auswirkungen auf die sozialen Bewegungen. Paradoxerweise haben die Wahlerfolge der Linken, die von den sozialen Bewegungen mitgetragen wurden, die Bewegungen aus dem Zentrum der politischen Auseinandersetzung verdrängt. Die zentrale Konfliktachse verläuft seither nicht länger zwischen rechtskonservativen Regierungen und den linksprogressiven sozialen Bewegungen, sondern zwischen linken Regierungen und der mit den USA und dem transnationalen Kapital verbündeten politischen Rechten (Zibechi 2006, 2008). Die sozialen Bewegungen hingegen sehen sich gezwungen, sich an die Seite von Staatsoberhäuptern zu stellen, deren Realpolitik sie bestenfalls nur bedingt zustimmen. Sie teilen mit den neuen Regierungen zwar die Gegnerschaft gegen die neoliberalen Anliegen der Rechten, vermissen aber Massnahmen und Visionen, die über leichte Korrekturen des bisherigen Modells hinaus gehen würden.

Für zivilgesellschaftliche Akteure ist die Widersprüchlichkeit der offiziellen Politik vor allem deshalb problematisch, weil sie nach einer differenzierten politischen Haltung verlangt. Die Bewegungsorganisationen müssen entweder arbeitsteilig oder je für sich Kritik an ausbleibenden Reformen mit Unterstützung im Kampf gegen die politische Rechte verbinden und ein Gleichgewicht zwischen Autonomie und Kooperation finden. Gleichzeitig gilt es zu vermeiden, dass sie in der Öffentlichkeit als genauso ambivalent wahrgenommen werden wie die Regierungen. Unter den Mitgliedern der argentinischen *Autoconvocatoria* und in zahlreichen anderen Mitgliedergruppen der ASC haben sich die Widersprüche der offiziellen Politik denn auch in interne Streitigkeiten übersetzt (zur Situation außerhalb Argentiniens: v. a. Sader 2005a, 2005b, Zibechi 2006, 2008; vgl. auch Larrea 2006 und Wolff 2007 zur Situation in Ecuador sowie Bartelt 2005 zu Brasilien). Es sind zwei Fraktionen entstanden, die die Haltung der Regierung je grundlegend unterschiedlich einschätzen und die entsprechend divergente politi-

---

[5] Beispiele sind etwa. Néstor Kirchners Antrittsrede vor dem Kongress (s. o.) und besonders seine Ausführungen vom 10. März 2005 in Misiones zum Shell-Boykott (http://www.presidencia.gov.ar/Discurso.aspx?cdArticulo=1254 [letzter Zugriff am 16. 12. 2007]).

sche Strategien verfolgen: die Fraktion der regierungsnahen *oficialistas* und die
der Regierungskritiker. Die *oficialistas* stehen für eine Strategie der Kooperation
mit den neuen Regierungen ein, die Regierungskritiker für eine oppositionelle
Strategie der Distanz. Bemerkenswert ist jedoch, dass die Trennlinie zwischen diesen beiden
Fraktionen nicht etwa entlang anderer Merkmalsgrenzen verläuft – also beispielsweise zwischen professionalisierten NGOs und Basisbewegungen oder
zwischen Organisationen aus metropolitanen Regionen und solchen aus dem
Hinterland. Die Teilung erscheint vielmehr willkürlich, und in einigen Fällen
treffen Vertreter/innen der beiden Fraktionen sogar in den selben Organisationen aufeinander (z. B. in der argentinischen CTA und der brasilianischen CUT).
In den Ländern des Cono Sur – Argentinien, Brasilien, Chile und Uruguay –
stellen die regierungskritischen Fraktionen in den Mitgliedergruppen der ASC
zwar die Mehrheit, doch verfügt die regierungsfreundliche Minorität dort über
die besseren Beziehungen zu Evo Morales und Hugo Chávez – zwei Regierungs-
chefs, die auch von der kritischen Fraktion mehrheitlich als Gleichgesinnte wahrgenommen werden.

Die regierungsfreundliche Sicht der „oficialistas"

Charakteristisch für die Position der *oficialistas* ist, dass sie die neuen linken Regierungen als Verbündete wahrnehmen, die ein genuines Interesse an
grundlegenden Reformen haben. Silvia Ferreira zum Beispiel, eine Aktivistin
und Koordinatorin der Organisation *Barrios de Pie*, hält fest, es sei „ein neues Kräfteverhältnis" entstanden und die aktuellen Regierungen versuchten, sich
nach Möglichkeit von den USA und dem neoliberalen Projekt zu emanzipie-
ren. Die Strategie der progressiven Regierungen sei es, die Hegemonie der Vereinigten Staaten zu unterbinden – „und das ist nicht wenig" (Interview: Silvia
Ferreira, e. Ü.) Den sozialen Bewegungen stelle sich daher auch die Aufgabe, ihre
bisherige regierungskritische Position neu zu überdenken und ganz andere politische Strategien als bisher zu verfolgen.

> „Wir debattieren immerzu, [aber] jetzt ergibt sich aus den neuen politischen Rah-
> menbedingungen (...) die Möglichkeit, dass wir diese Debatten in die Praxis
> übersetzen. Dass sie sich neu analysieren lassen, [und zwar] ausgehend von den
> konkreten Erfahrungen, die sich zurzeit am zeigen sind. Es geht nicht mehr um eine
> theoretische Auseinandersetzung, das ist eine Debatte, die anfangen muss, die kon-
> kreten Situationen zu untersuchen, denen sich die sozialen Bewegungen und ihre
> Alternativprojekte jeweils ausgesetzt sehen. Das wird ihr eine reale Form geben –
> oder auch nicht." (Interview: Silvia Ferreira, e. Ü.)

Ein Zeichen für das ehrliche Interesse der Regierung, mit dem neoliberalen Modell zu brechen, sieht Silvia dabei in den zahlreichen Reformen, die bereits stattgefunden haben. Siliva berichtet, *Barrios de Pie* habe bei der Wahl Kirchners zwar zum Boykott aufgerufen, doch habe man sich mit der Zeit von der Integrität der neuen Regierung überzeugen können:

> „Was Kirchner da gerade macht, ist die Politik zu verändern (…), das ist es, was er macht, auch innerhalb des PJ [=Partido Justicialista, Kirchners Partei]. Wir riefen [damals] zum Wahlboykott auf, wir haben ihn nicht gewählt. Wir gingen davon aus, dass doch alles auf das Gleiche herausläuft. Aber schon in dem Moment, in dem seine Regierung sich in Bewegung setzte, merkte man, dass er eine andere Politik betreibt. (…) Kaum hatte er sein Amt angetreten, nahm er sich der (…) vielen Forderungen an, über die im Dezember 2001 [während der großen Massenproteste] verhandelt worden war: das mit dem Obersten Gerichtshof, das mit den Menschenrechten, das mit dem Internationalen Währungsfonds. Sein Diskurs übernahm von der Gesellschaft die kritischsten Elemente und machte sie sich zu eigen, zugunsten der Gesellschaft." (Interview: Silvia Ferreira, e. Ü.)

Dass weiterführende Schritte (noch) nicht stattgefunden haben, liegt den *oficialistas* zufolge auch nicht an der Regierung selbst, sondern vor allem an den begrenzten innen- und außenpolitischen Handlungsspielräumen und insbesondere auch am direkten und indirekten politischen Einfluss der transnationalen Konzerne. Außerdem heben die regierungsfreundlichen *oficialistas* hervor, dass die neuen lateinamerikanischen Staatschefs nach so vielen Jahren der Militärdiktatur und des Neoliberalismus Probleme haben, linkes Regierungs- und Verwaltungspersonal mit der nötigen politischen Erfahrung zu rekrutieren. Wenn also im Kabinett und den Verwaltungsspitzen weiterhin Personen vertreten sind, die einen neoliberalen Kurs vertreten, ist dies nicht nur Ausdruck eines politischen Kompromisses mit der Rechten, sondern das Ergebnis eines personellen Engpasses:

> „Heute erkennen wir [Kirchner] an. Denn wir sehen Maßnahmen von ihm, die mit der alten Politik brechen (…) – auch wenn er im Innern [der Regierung] weiterhin mit einem ganzen Haufen der Protagonisten aus der vorangehenden Dekade zusammenarbeitet. Es ist schon so, dass die Erneuerung der politischen Szene nicht gerade 360 Grad betrug. Aber auch wir von den zivilgesellschaftlichen Organisationen verfügen nur bedingt über eine Spitze von Führungspersonen, die in der Lage wären, diese Positionen zu besetzen. (…) Das ist ein echtes, sehr konkretes Problem, wenn es um mögliche politische Alternativen geht. Denn sonst bleibt alles auf der Ebene von Diskussionen. Nun, wenn Du morgen die Regierung übernimmst, wen berufst Du [in die politischen Ämter]? (…) Wenn heute in Argentinien der Präsident zwei oder drei [Vertreter der bisherigen politischen Elite] aus dem Amt entlassen wollte,

müsste er zuerst zur Ermächtigung anderer gesellschaftlicher Sektoren beitragen, die nie Teil dieses Zirkels waren." (Interview: Silvia Ferreira, e. Ü.)

Angesichts dieses Engpasses ist für regierungsfreundliche zivilgesellschaftliche Gruppierungen denn auch klar, dass die linksprogressiven Bewegungen nach Kräften mit der Regierung zusammenarbeiten und ihre Expertise in den institutionellen politischen Prozess einbringen müssen. Dass tatsächlich einige Vertreter von *Barrios de Pie* in Regierungsämter und auf Verwaltungsposten berufen worden sind, ist in der Sicht der *oficialistas* eine Chance, Anliegen der linksprogressiven Bewegungen in die Praxis umzusetzen. Umgekehrt sollen daraus auch Lerneffekte für die Bewegungen entstehen, die einen direkten Einblick in das realpolitische Geschehen erhalten.

Insgesamt vertrauen die *oficialistas* also darauf, dass die sozialistischen und sozialdemokratischen Regierungen Lateinamerikas ein genuines Interesse daran haben, linksprogressive Anliegen in die realpolitische Praxis umzusetzen. Was das offensichtliche Unvermögen der moderaten Mitte-Links-Regierungen betrifft, sich auch in ihrem wirtschafts- und sozialpolitischen Kurs vollständig von der neoliberalen Vorgängerpolitik abzuwenden, übernehmen die *oficialistas* den offiziellen Regierungsdiskurs, der die Schuld dafür auf die Macht des transnationalen Kapitals abwälzt. Für Silvia und andere Vertreter/innen der regierungsfreundlichen Position ist klar, dass es die aktuellen Links- und Mitte-Links-Regierungen zu stärken gilt. Eine Zusammenarbeit zwischen den Bewegungen und dem Staat ist in dieser Sicht nicht nur möglich, sondern auch erstrebenswert – weil es der Regierung nur im Verbund mit der Zivilgesellschaft gelingen kann, den transnationalen Konzernen und ihren Interessenvertretern Paroli zu bieten.

Die skeptische Sicht der Regierungskritiker

Ganz anders als die *oficialistas* schätzen die Regierungskritiker die gegenwärtige Situation ein. Sie begrüssen zwar, dass gewisse Reformen durchaus stattgefunden haben, bestehen aber darauf, dass es die meisten der neuen lateinamerikanischen Regierungen bislang bei eher „kosmetischen" und populistischen Schritten belassen haben. Luciana Ghiotto zum Beispiel, eine Koordinatorin bei *ATTAC Argentina*, hält fest, dass sie der argentinischen Regierung erst dann ihr Vertrauen schenken wird, wenn diese ganz konkrete Reformen auch im Bereich der Wirtschafts- und Sozialpolitik vornimmt:

„Ich habe mich von [Néstor Kirchner] von Anfang an nicht auf den Leim führen lassen. In einem bestimmten Moment sagte ich mir: ‚Mal sehen, ob er irgend etwas anders macht als die bisherigen' – und einige Dinge hat er tatsächlich anders gemacht, zum Beispiel in der Menschenrechtspolitik. Aber das waren Maßnahmen, die ihm gar gekocht und fertig serviert auf den Teller fielen. Dass die ESMA, die *Escuela Mecánica de la Armada*, die während der Diktatur ein Ort der Folter war, nun zum Museum umgewandelt wurde (…), das ist gut, aber seit dem Putsch sind nun immerhin dreißig Jahre vergangen … (…) Dann aber, was die Wirtschaftspolitik angeht, die Politik gegenüber den Transnationalen, gegenüber dem ALCA, gegenüber den Radiogesellschaften und den Fernsehsendern (…) Alles geht an die großen, hochkonzentrierten Unternehmensgruppen (…) Gegenüber all dem fragt man sich doch, was wir hier eigentlich machen. Wohin gehen wir eigentlich? … Auf jeden Fall zu nichts Neuem." (Interview: Luciana Ghiotto, e. Ü.)

Während also die *oficialistas* den linksprogressiven, anti-neoliberalen Diskurs ihrer Regierungen als Indiz für einen tatsächlichen Veränderungswillen werten, unterstellen die Vertreter/innen der kritischen Position ihren Regierungen populistischen Opportunismus. Der regierungskritischen Fraktion fehlen eindeutige Belege dafür, dass es die aktuellen Regierungen mit ihrem diffusen progressiven Diskurs ernst meinen.

Für Juan Roque laufen die Bevölkerungen, welche die linken Regierungen gewählt haben, Gefahr, einmal mehr betrogen zu werden:

„Es gibt tatsächlich Regierungen, die [zum neoliberalen Modell] auf Distanz gehen. Kuba ist eine, und die andere ist Chávez. Aber vom ganzen Rest gibt es noch nicht viele Zeichen der Distanzierung. Wenn wir die Zahlen untersuchen, die Volkswirtschaft, das sozioökonomische Modell, das System der Verteilung, das herrschende politische System, das Präsidentialsystem, dann ist das Modell das gleiche geblieben. Folglich gibt es keine Praxis der Distanz. Es gibt einen Diskurs der Distanz, aber keine Praxis der Distanz. Darum weisen wir auch die öffentliche Meinung darauf hin, dass es den Diskurs mit Vorsicht zu nehmen gilt. Was der Diskurs letztlich hervorbringt, ist eine riesige Täuschung, und das große Problem, das unsere Völker haben, sind die *Ent*-täuschungen (…). Wir raten daher an, dass man [den linkspopulistischen Regierungen] die Diskurse, die uns täuschen sollen und in der Realität von nichts gestützt werden, nicht abkaufen soll. – Sicher werden wir in der einen oder anderen Form auch anerkennen können, dass es zumindest auf der Ebene des Diskurses Differenzen mit den USA und Unterschiede zu den 1990er Jahren gibt, aber auf der Ebene der Tatsachen bleiben die bisherigen Modelle in Kraft. Lula hat nicht eine einzige Variable verändert, Kirchner auch nicht, Tabaré Vazquez auch nicht und Lagos noch viel weniger. Die strukturellen Größen, die ökonomische und gesellschaftliche Überstruktur, haben sich nicht verändert. Das bleibt alles so, wie es ist, die Einkommensverteilung ist die selbe." (Interview: Juan Roque, e. Ü.)

Eine Zusammenarbeit mit den aktuellen Links- und Mitte-Links-Regierungen scheint den regierungskritischen Aktivist/innen darum strategisch ungeschickt. Regierungen, die ihre Versprechen nicht einhalten, dürften von den selben zivilgesellschaftlichen Akteuren, deren Erwartungen enttäuscht worden sind, keine zusätzliche Legitimation erhalten. Vielmehr müssten die linksprogressiven Bewegungen, so die Regierungskritiker, den pseudo-emanzipatorischen Kurs der Regierungsvertreter zum Ausgangspunkt von Protesten machen und immer wieder die Umsetzung der Wahlversprechen einfordern.

Dass sie durch solche Protestaktionen die Regierung schwächen und damit der Rechten in die Hände spielen könnten, halten die Vertreter/innen dieser Position hingegen für wenig plausibel. Wie Claudia aus dem argentinischen Santa Fe betont, kann eine Strategie des fortwährenden Protestes der Regierung in Verhandlungen mit ausländischen Gläubigern oder investitionswilligen Auslandkonzernen sogar politisch den Rücken stärken.

Außerdem halten Juan González von der Arbeiter- und Arbeitslosengewerkschaft CTA und Juan Roque vom FREPASO fest, dass sich die Kritik der regierungskritischen Fraktion – sowohl in Argentinien als auch in den anderen betroffenen Ländern – nicht gegen die Regierungen und ihr Personal selbst richten, sondern alleine gegen das Ausbleiben bestimmter Reformen, also gegen die Politikmassnahmen.

> „In Tat und Wahrheit ist die *Autoconvocatoria* nie ein Pol des Widerstandes gegen die Regierung gewesen, weder früher noch heute. Wir arbeiten [auf der Grundlage von] politischen Positionen. Das heißt, sobald die Regierung aufhört, die Auslandsschulden abzuzahlen, geht die *Autoconvocatoria* hin und gratuliert ihr zu dieser politischen Maßnahme. (...) Jeder, der gegen das ALCA ist, gegen die Verschuldung und gegen die Armut, steht auf unserer Seite, die Regierung eingeschlossen." (Interview: Juan Roque, e. Ü.)

Für die *oficialistas* hingegen ist klar, dass eine solche differenzierte Position, in der massenmedial vermittelten Öffentlichkeit dennoch als Kritik an der Regierung wahrgenommen wird. Silvia etwa beharrt darauf, dass die *Autoconvocatoria No al ALCA* mit ihrer mehrheitlich kritischen Sicht einerseits die Regierung schwächt und andererseits in der Bevölkerung als undankbar und unverantwortlich erscheint:

> „Was soll ich (...) meinem Nachbar antworten, wenn er sagt: ,Du kritisierst Deine Regierung und beteiligst Dich nicht. Ihr seid eingeladen, Vorschläge zu präsentieren, und Du gehst nicht hin. Was willst Du mit dem ganz konkret sagen? Dass Dich diese Verantwortung nicht interessiert?' – Doch, uns interessiert sie. Und ich glaube nicht, dass wir der Kritik [an der Regierungspolitik] ihre Bedeutung wegnehmen;

das wichtige ist, von wo aus und in welcher Form [die Kritik] geäußert wird – das sind zwei wichtige Punkte." (Interview: Silvia Ferreira, e. Ü.)

Letztlich stehen sich mit den *oficialistas* und den Regierungskritikern also zwei Fraktionen gegenüber, die von einer grundlegend unterschiedlichen Situationseinschätzung ausgehen. Für die *oficialistas* haben die linken Regierungen ein genuines Interesse an Reformen, aber einen eingeschränkten politischen Handlungsspielraum, für die Regierungskritiker/innen hingegen sind die aktuellen Regierungen lediglich von Opportunismus und Machtstreben getrieben. Konkrete Streitpunkte zwischen den beiden Fraktionen entstehen unter anderem bei der Formulierung von Positionspapieren und über die Frage, ob und welche Regierungsvertreter/innen an zivilgesellschaftliche Anlässen miteingeladen werden sollen. Umstritten ist außerdem, inwieweit sich die Bewegungen in offizielle zivilgesellschaftliche Dialogforen einspannen lassen dürfen.

11.4 Die „Teile und Herrsche"-Strategie

Abweichende Situationseinschätzungen und Unterschiede in den strategischen Präferenzen müssen unter den Mitgliedern von Bewegungskoalitionen nicht zwingend zu Friktionen und Lähmungserscheinungen führen. Im Fall der aktuellen Auseinandersetzungen zwischen *oficialistas* und Regierungskritikern ist die Situation allerdings von den Regierungen bewusst verschärft worden. Denn viele der neuen lateinamerikanischen Links- und Mitte-Links-Regierungen haben gegenüber den Bewegungen und NGOs eine Strategie des „Teile und Herrsche" (Berger 2004: o. S.) verfolgt und damit zusätzliche Zwietracht geschaffen. Die regierungsfreundliche Position von *Barrios de Pié* in Argentinien zum Beispiel ist damit belohnt worden, dass der nationale Koordinator der Organisation einen führenden Posten im Sozialministerium erhielt und das Sekretariat regelmässig eingeladen ist, sich an der Ausarbeitung und Implementation von Infrastrukturprojekten in den Armenvierteln zu beteiligen. Regierungskritische Gruppierungen hingegen werden in Argentinien und anderswo zunehmend unter staatliche Beobachtung gestellt und berichten in einigen Fällen auch über staatliche Repressionsversuche (Berger 2004: o. S., Svampa 2007).

Regierungsfreundliche Bewegungsorganisationen werden von verschiedenen Regierungen Lateinamerikas überdies gezielt als Verteilerzentralen für internationale Hilfsgelder und staatliche Armutsprogramme eingesetzt (Quellen: eigene Interviews, Goldt 2005, Petras 2004, Svampa 2007, Zibechi 2006, 2008). Sie erhalten vom Staat Hilfsgelder, meist aus der Kasse der Weltbank (Zibechi 2008), die sie dann in den Armenvierteln nach Gutdünken an die Bedürftigen weiterleiten – und zwar meist an solche, die sich mit der Organisation solidarisch erklären, regelmäßig zur Arbeit an Gemeinschaftsprojekten erscheinen und an Kundgebungen teilnehmen (Goldt 2005: 14, Petras 2004).[6] Damit können sie auf Kosten regierungskritischer Gruppierungen ihre Mitgliederbasis ausweiten, werden aber in klientelistische Abhängigkeitsbeziehungen verstrickt. Um immer neue staatliche Transferzahlungen zu erhalten, sind sie gezwungen, ihre regierungsfreundliche Position selbst dann aufrecht zu erhalten, wenn sich die Regierung wie in Brasilien in Korruptionsskandale verstrickt oder Wahlversprechen bricht (Goldt 2005).

Wie Zibechi (2006, 2008) betont, untergraben die staatlichen Hilfspläne die Anstrengungen der sozialen Bewegungen damit gleich in zweierlei Hinsicht: Einerseits dienen sie als günstiger, aber ungenügender Ersatz für die von Bewegungen ursprünglich geforderten universalen Sozialversicherungen, andererseits ermöglichen sie die selektive Kooptation der Nichtregierungsorganisationen und Basisbewegungen.

> „Die staatlichen Programme zur Armutsbekämpfung sind eine (…) zentrale Herausforderung für soziale Bewegungen. Insbesondere die *Bolsa Familia* in Brasilien, *Jefes y Jefas de Hogar* in Argentinien und der *Plan de emergencia* in Uruguay weisen ein Reihe von Problemen auf. Sie beinhalten keine Erweiterung der Rechte der Armen, sondern eine Ausdehnung der auf Kompensation ausgerichteten Programme der internationalen Finanzinstitutionen wie der Weltbank. (…) (…) Ein verdeckter Klientelismus, der auf vertikalen Beziehungen zwischen der armen und versprengten Bevölkerung und dem Staat aufbaut, trägt zur Erosion der Unabhängigkeit der Bewegungen bei. Auf jeden Fall haben die Programme dazu geführt, die Ausweitung der Arbeitslosen-, Landlosen-, Obdachlosen- bzw. Tagelöhnerbewegung (*Piqueteros* in Argentinien) zu beenden." (Zibechi 2008: o. S.)

Petras (2004: o. S.) hat ausgerechnet, dass in Argentinien die staatlichen Hilfszahlungen pro bedürftige Familie nur gerade ein Drittel der durchschnittlichen Lebenskosten deckt und nur 40 % aller notleidenden Familien überhaupt mit diesem Hilfsprogramm erreicht werden. Ihr Umfang ist demnach zu klein, um effektive Armutsbekämpfung zu gewährleisten. Er ist aber groß genug, um Forderungen

---

[6] Der argentinische Staat führte staatliche Hilfsleistungen für Arbeitslose und Bedürftige bereits unter Néstor Kirchners Vorgänger Eduardo Duhalde ein. Der Empfängerkreis hat sich aber zwischen 2002 und 2003 von circa einer halben Million auf zwei Millionen ausgedehnt (Petras 2004: o. S.) und ist seither in diesem Umfang weitergeführt worden (Svampa 2007). Der sogenannten *Plan Jefes y Jefas de Hogar* ersetzt im Wesentlichen eine staatliche Sozialversicherung mit universaler Geltung (Svampa 2007: 45), bleiben aber weit hinter deren Möglichkeiten zurück. Verteilt werden die Hilfsgelder oder sogenannten „Sozialpläne" über die als *punteros* bezeichneten lokalen Vertreter der Regierungspartei in den Armenvierteln (Auyero 2003 [2000]) sowie seit Néstor Kirchners Amtszeit über die Anführer lokaler regierungsfreundlicher *Piquetero*-Gruppen (Petras 2004: o. S.).

nach einer universalen staatlichen Sozialversicherung zu schwächen und um die Konkurrenz zwischen den sozialen Bewegungen zu fördern, die rund ein Viertel dieser Gelder verwalten dürfen.

11.5 Konflikt und Zusammenhalt in der „Autoconvocatoria No al ALCA"

Die staatliche „Teile und Herrsche"-Strategie hat bewirkt, dass zwischen den als kooptiert geltenden *oficialistas* und den regierungskritischen Bewegungen tatsächlich ein beträchtliches Misstrauen entstanden ist. Die Erfahrungen der *Autoconvocatoria No al ALCA* zum Beispiel zeigen, dass die Konsensfindung selbst in langjährigen Koalitionen ausgesprochen schwierig geworden ist. Wie Silvia Ferreira von *Barrios de Pié* berichtet, sind die *oficialistas* bei der Gegenseite in den Generalverdacht geraten, nicht länger die Interessen der *Autoconvocatoria No al ALCA* als Ganzes zu verfolgen, sondern vornehmlich die Anliegen der Regierung und organisationelle Partikularinteressen zu vertreten. Unabhängig vom Thema, das debattiert werde, stiessen die Positionen der *oficialistas* auf generelle Skepsis und Ablehnung Eine produktive Auseinandersetzung über dringende Themen ist in Silvias Einschätzung daher inzwischen nahezu unmöglich geworden.

> „[An einem Treffen neulich] begann es mit einer Genossin, die uns beschuldigte, von der Regierung kooptiert zu sein, um die (...) *Autoconvocatoria* zu zerstören. Da gibt es überhaupt keinen Rahmen, keine Form, um noch irgend etwas mit dem nötigen Vertrauen zu diskutieren. Das ist, wie wenn die [Umgangs-] Regeln zusammenbrechen. Ich kann doch nicht einfach sagen: ‚Lass uns das so machen, aber wenn du auch hier bist, dann wird es eh nicht funktionieren.' Da spreche ich dir doch das Recht auf Teilnahme ab, da entziehe ich deinen politischen Ansichten die Legitimität. Das heißt... – und das die ganze Zeit! (...) Jede Gelegenheit, die dazu dienen könnte, die politische Diskussion zu erweitern, wird genutzt, um uns, die wir für die Regierung einstehen, zu verunglimpfen." (Interview: Silvia Ferreira, e. Ü.)

Rina Bertaccini, eine Angehörige der regierungskritischen Fraktion, bestätigt Silvias Eindruck. In einer Interviewpassage zu den Vor- und Nachteilen des partizipativen Konsensverfahrens hält sie unmissverständlich fest, die Mitglieder von *Barrios de Pié* hätten dieses Verfahren in der jüngeren Vergangenheit bewusst als Veto-System missbraucht, um damit – vermutlich im Auftrag der Regierung – das Vorankommen der Koalition zu blockieren. Auf die Integrität von *Barrios de Pie* und anderen *oficialistas* sei angesichts der „Dreckgeschäfte", die diese Organisationen verfolgt hätten, kein Verlass mehr.

„Man kann diesen Dreck auch nicht wieder unter den Teppich kehren, man muss deutlich machen, dass es ihn gibt. Ich denke, dass politische Interessen die Leute von Barrios de Pie davon abhalten, sich aus der Autoconvocatoria zurückzuziehen. Die haben einen Pakt mit der Regierung. Aber es gibt fortwährend Friktionen, und (...) sie haben unsere politischen Leitfiguren verunglimpft. (...) Wir hatten sogar Mühe, eine gemeinsame Deklaration zu verfassen, als der Kanzler offen seine Zustimmung zum ALCA zugab. Die anderen verstiegen sich in einer Plenarversammlung zur Behauptung, dies sei bloß die Meinung des Kanzlers und nicht diejenige der Regierung. Da werden wir doch einfach nur noch für dumm verkauft!" (Interview: Rina Bertaccini, e. Ü.)

Bemerkenswerterweise ist es jedoch den führenden Persönlichkeiten der *Autoconvocatoria No al ALCA* – den Mitgliedern der im letzten Kapitel beschriebenen bonaerensischen Kerngruppe – wiederholt gelungen, eine Eskalation des Konflikts zu vermeiden. Spannungen zwischen den beiden Fraktionen konnten immerhin soweit abgebaut werden, dass eine weitere Zusammenarbeit knapp möglich geblieben ist. Als es beispielsweise an einem Vorbereitungstreffen zum Völkergipfel von Mar del Plata 2005 zu besonders vehementen Diskussionen und sogar zu Handgreiflichkeiten kam, trafen sich Vertreter/innen des nationalen Koordinationsbüros von *Barrios de Pié* und einige Regierungskritiker aus Buenos Aires danach zu einem gemeinsamen Mittagessen und einem klandestinen Versöhnungsakt. Wie Juan Roque berichtet, verbrachten die Beteiligten anschliessend mehrere Tage damit, unter anderen Mitgliedern der Koalition internes Lobbying zu betreiben und die Wogen zu glätten.[7] Die Koordinationssitzung der darauffolgenden Woche verlief schliesslich weitgehend konfliktfrei und produktiv.

J.R.:
„Die Sitzung von gestern war gut. Konstruktiv, mit Gemeinschaftssinn. Wir haben alle zusammengearbeitet. (...) Die Auseinandersetzung der letzten Woche scheint bewirkt zu haben, dass sich die Sturmwellen bis zu einem gewissen Grad wieder

---

[7] Dass solche Partikulartreffen den Prinzipien der partizipativen Demokratie widersprechen könnten, weist Juan Roque weit von sich. Die Existenz einer Kerngruppe, die ihre Anliegen außerhalb der regulären Plenarsitzungen zu koordinieren versucht, wird zwar nicht verneint, doch ist für Juan Roque klar, dass sich diese Anliegen im Zweifelsfall nicht gegen die tatsächlichen Interessen der restlichen Gruppen durchsetzen können: „Klar, es gibt viele Leute, die (...) uns als Referenzpunkte nehmen. Wenn sie sehen, dass wir an einen bestimmten Ort gehen, gehen sie auch dorthin, und wenn sie uns anhalten sehen, halten sie auch an. Das heißt, wir treffen uns, nehmen eine politische Position ein und tragen sie vor. Nur, wenn das nicht haften bleibt, nicht aufgeht, dann geht's nicht. Dann geht's einfach nicht. (...) Schau mal, wir treffen uns zwar, aber so wichtig sind wir nicht. (...) Die Tatsache, dass wir uns treffen, will nicht heißen, dass nachher alles so läuft, wie wir das beschlossen haben." (Interview: Juan Roque, e. Ü.)

haben legen können. (...) Jetzt nach dieser Auseinandersetzung sind wir uns Alle im Klaren darüber, was eigentlich jeder will und wer wir sind, und in diesem Wissen können wir nun einen neuen Umgang miteinander finden. Jetzt werden eine, zwei oder drei Wochen kommen, während derer es eine gute Zusammenarbeit gibt und die Gruppe gut vorankommt. Was gestern abend möglich war, wäre noch eine Woche zuvor undenkbar gewesen, das wäre nie gut herausgekommen."

M. H.:
„Ja, mich erstaunte [die gestrige Sitzung] sehr. Ich war ja [letzte Woche] in Mar del Plata dabei gewesen, und die Plenardiskussion war mir sehr heftig, sehr angespannt vorgekommen. (...) Einige wären ja fast handgreiflich geworden, und es gab auch keinen Versöhnungsakt. (...) Das blieb so stehen, als ob..."

J. R.:
„Klar, das ist das, was man sehen kann. Aber was ist mit dem, was man nicht sieht? Es fanden ein paar Dinge statt, die man nicht sehen konnte. Beispielsweise gab es in der Mittagspause (...) nach dieser intensiven Auseinandersetzung des Vormittags ein sehr vertrauliches Treffen zwischen einigen von uns und einigen von ihnen in einer Bar. Weil die Gefahr bestand, dass der Streit weiter eskalieren und das Ganze zusammenbrechen könnte, kam man dort überein, den Ton etwas zurückzunehmen. Aber logisch, das konnte man so nicht [öffentlich] sagen, dass es ein Treffen unter vier oder fünf Personen gegeben hatte, an dem man zum Wohl aller Beteiligten einige Dinge miteinander ausgehandelt hatte. Wir beschlossen, [nichts] zu sagen (...). Denn weder sie noch wir wollen, dass alles zusammenbricht. (...) Am Montag gab es ein paar compañeros aus Lanús, die uns anriefen und fragten, was passiert sei. Warum sich die Situation beruhigt habe, wer da eine Vereinbarung getroffen habe. Sie waren sauer und wollten die Streiterei fortsetzen. Danach verbrachten wir den Montag, den Dienstag damit, jedem Einzelnen zu erklären, wie dringend notwendig wir diesen Ort bewahren müssen." (Interview: Juan Roque, e. Ü.)

Das Interesse an einer weiteren Zusammenarbeit zwischen *oficialistas* und Regierungskritikern ist freilich zu einem großen Teil instrumentell bedingt. So verweisen spätere Interviewpassagen mit Juan Roque, Silvia Ferreira und Juan González, einem weiteren regierungskritischen Mitglied der bonaerensischen Kerngruppe, darauf, dass keine der beiden Fraktionen der jeweils anderen „das Feld überlassen" will (Interview: Silvia Ferreira; eigene Übersetzung) und dass bei einer Trennung der *Autoconvocatoria* unklar wäre, welche der beiden Splittergruppen die argentinische Partnerorganisation der ASC bleiben würde (Interview: Juan Roque). Gleichzeitig betonen Silvia Ferreira und Juan González aber auch, akut würden die Probleme zwischen den *oficialistas* und den Regierungskritikern vor allem an den nationalen Koordinationstreffen. Hingegen biete die *Alianza Social*

Continental mit ihren panamerikanischen Treffen ein Forum zur Diskussion von Problemen und Anliegen, die sich auf der nationalen Ebene nicht länger produktiv behandeln ließen. Zumal man sich vor den ausländischen Kolleg/innen nicht lächerlich machen wolle, sei der Tonfall hier gemäßigter und versöhnlicher. Die gemeinsame Mitgliedschaft in der ASC wirkt sich demnach in zweierlei Hinsicht konfliktmindernd aus. Einerseits stellt sie für beide Fraktionen eine wichtige strategische Ressource dar, auf die sie nicht verzichten wollen, andererseits bietet sie die notwendigen Foren, um Konflikte in wechselnder personeller Zusammensetzung jeweils neu anzugehen. Von den ausländischen Kolleg/innen der ASC geht dabei eine gewisse soziale Kontrolle aus: Man will vor ihnen nicht das Gesicht verlieren und diskutiert darum in einem konzilianteren Ton als auf der nationalen Ebene.

Jenseits der Wirkung instrumentalistisch-rationeller Überlegungen verdankt sich der Fortbestand der *Autoconvocatoria No al ALCA* allerdings auch emotionalen Faktoren. So berichtet Juan Roque, wie unter den *oficialistas* und den regierungskritischen Kreisen mehrfach Strategiesitzungen stattfanden, an denen man auch die Option einer Trennung diskutierte und mögliche Konsequenzen einzuschätzen versuchte. Den eigentlichen Ausschlag dafür, dass sich die Kontrahenten wieder zusammenfanden, habe jedoch jeweils ein „Bauchgefühl" gegeben, das die Betroffenen kaum rational zu begründen vermochten. Ein Interviewauszug, in welchem Juan Roque über eine Person spricht, die zur Kerngruppe der *Autoconvocatoria No al ALCA* gehört, verdeutlicht dies. Der Name der Person soll auf Wunsch von Juan Roque unerwähnt bleiben und wird durch das Pseudonym „Mariana" ersetzt.

M. H.
„Und was sind denn die Argumente derjenigen, die sich für ein weiteres Zusammenbleiben aussprechen?"

J. R.:
„Das Argument, um weiter zusammen zu bleiben... Ehrlich gesagt ist Mariana eines dieser Argumente. Mariana will, dass wir gemeinsam weitermachen, auch wenn sie eigentlich nicht viele Gründe findet, um dies zu rechtfertigen. (...) Wirklich erklären kann sie das nicht. (...)"

M. H.:
„Also ein sehr persönliches Argument, sehr psychologisch.

J. R.:
„Sehr persönlich. Achtung, das ist meine eigene Interpretation, aber es sind keine Argumente gekommen. Mehr noch – und das soll bitte vertraulich bleiben –, sie

hat mir gesagt: ‚Ich habe zwei Positionen. Ich will, dass [die oficialistas] das Feld räumen, und ich will, dass sie bleiben. Aber ich tendiere eher dazu, dass sie bleiben sollen, auch wenn ich das nicht erklären kann.' Und wir mussten alle lachen. Wir waren nur ein paar wenige Leute, denn ... Und wie begründet sie es? ‚Ich weiß nicht, aber lasst uns zusammen weitermachen.'"

Die jüngsten Erfahrungen der *Autoconvocatoria No al ALCA* stehen demnach im Widerspruch zu den koalitionstheoretischen Annahmen, die Staggenborg (1986) aus dem *Political Process*-Modell ableitet. Geht Staggenborg davon aus, dass sich stabile Bewegungskoalitionen in der Regel dann bilden, wenn ein möglicher politischer Durchbruch bevorsteht, ergibt sich im Falle der *Autoconvocatoria* ein etwas anderes Bild: Hier entstand die Koalition auf die exogene Initiative der ASC hin, aber nicht zur Durchsetzung eines absehbaren Erfolges, sondern zur Verhinderung eines als Gefahr wahrgenommenen multilateralen Freihandelsabkommens. Erste Teilerfolge der Koalition – die Wahl Néstor Kirchners, der mit einer linksprogressiven Rhetorik in den Wahlkampf gegangen war, und die vorläufige Unterbrechung der panamerikanischen Freihandelsverhandlungen – haben in der Koalition hingegen Spannungen ausgelöst. Was die Koalition zusammenhält, ist einerseits der Konkurrenzdruck unter den gegnerischen Fraktionen, nicht den Anschluss an die transnationale *Alianza Social Continental* zu verlieren. Eine wichtige Rolle spielen überdies emotionale Faktoren, die im *Political Process*-Ansatz genauso ausgeblendet bleiben wie in der rationalistischen Ressourcenmobilisierungstheorie.

11.6 Exkurs: Der „Sonderfall" Hugo Chávez

Insgesamt hat der politische Linksruck Lateinamerikas den linksprogressiven Bewegungen innerhalb und außerhalb der ASC bislang mehr Anpassungsschwierigkeiten als echte politische Einflussnahme beschert. Das vermehrte Auftreten von Linksregierungen ist für die Bewegungen insofern problematisch, als die widersprüchliche Realpolitik dieser Regierungen sehr unterschiedliche Deutungen zulässt. Uneinigkeit über die Frage, wie diese Regierungen politisch einzuschätzen sind und wie man mit ihnen umgehen soll, hat in den linksorientierten zivilgesellschaftlichen Sektoren verschiedener Länder zu internen Konflikten und einem Vertrauensschwund in bestehenden Koalitionen geführt.

Anders sieht die Situation jedoch dort aus, wo es um das Verhältnis zwischen den linksprogressiven Bewegungen und der explizit sozialistischen Regierung von Hugo Chávez geht. Dass Chávez sich auf der „richtigen" politischen Seite befindet, steht im Fall der ASC für die meisten Aktivist/innen außer Frage. Auch grenzen sich die meisten Befragten vom Vorwurf ab, Chávez' regionales

Integrationsprojekt, die *Alternativa Bolivariana para las Américas* (ALBA), verschliesse sich als politisches Programm „von oben" der zivilgesellschaftlichen Teilhabe. Wie Graciela Rodríguez, ein Gründungsmitglied der ASC geltend macht, ist das ALBA im Gegenteil sogar sehr stark von den *Alternativas para las Américas* der ASC mitgeprägt. Die Regierung Chávez liess sich über *Alternativas* unterrichten und nutzte diese in der Anfangsphase als Vorlage für das eigene Integrationsprogramm.

> „Das ALBA wurde aus dem Dokument *Alternativas para las Américas* übernommen. Als sich Chávez in die Diskussionen [um das ALCA und alternative regionale Integrationsprojekte] einschaltete – und das geschah aufgrund interner Konflikte [in Venezuela] ziemlich spät –, da rief er uns an, und wir führten ein Treffen in Caracas durch. Dort übergaben wir ihm das Dokument mit den Alternativas und erklärten ihm alles, woran wir gerade arbeiteten. Er nahm es entgegen, fasste es zusammen, und dann benutzten seine Berater unser Dokument – nicht das ganze, aber die Grundideen –, um einen regionalen Integrationsvorschlag für den Conosur zu verfassen. Die Idee des ALBA, als Gegenpunkt zum ALCA, entwickelte sich ausgehend von diesem ersten Dokument." (Interview: Graciela Rodriguez, e. Ü.)

Graciela Rodríguez' Ausführungen zeigen mithin auf, dass soziale Bewegungen durchaus politischen Einfluss entfalten können, ohne eigene Vertreter/innen in die Regierung des betreffenden Landes zu entsenden. Problematisch ist jedoch, dass die venezolanische Regierung unter Chávez die wichtige Bedeutung der *Alternativas para las Américas* für das ALBA-Projekt nicht öffentlich anerkennt. Vielmehr beansprucht die Regierung Venezuelas dafür die alleinige Urheberschaft. Wie ein Mitglied des Internationalen Koordinationskomitees der ASC – in diesem Zusammenhang mit dem Pseudonym „Estela" bezeichnet – festhält, hat dies bei der ASC denn auch einige Verärgerung ausgelöst.

> „Estela":
> „Das ärgerte mich sehr. Und das wurde auch zum Anlass für Auseinandersetzungen in Kuba [am Encuentro Hemisférico de Lucha contra el ALCA]. Es ging dabei um die Sache, dass Chávez (...) nie öffentlich zugegeben hatte, dass [das ALBA] aus den Alternativas para las Américas und von den sozialen Bewegungen übernommen worden war. Dies anzuerkennen wäre für ihn problematisch, (...) [aber eigentlich] müsste es für ihn politisch interessant sein, öffentlich zuzugeben, dass sie einen Vorschlag von den sozialen Bewegungen aufgenommen haben und in die Praxis umsetzen."

Gonzalo Berrón betont, Chávez hätte der ASC mit einem öffentlichen Hinweis auf die zivilgesellschaftlichen Wurzeln des ALBA-Projekts viele interne Diskussionen erspart. Denn tatsächlich stellt das ALBA die sozialen Bewegungen vor die Herausforderung, sich gegenüber einem offiziellen staatlichen Projekt positionieren zu müssen, das man unterstützen will, ohne den Anschein des Autonomieverlustes zu erwecken. Die ASC entstand in Opposition zu Staaten, die ausnahmslos die neoliberale Globalisierung unterstützten, und hat aus der Abgrenzung von der offiziellen Politik einen wichtigen Teil ihrer kollektiven Identität bezogen. Die Frage, wie sich die ASC gegenüber Chávez und seinem ALBA-Projekt verhalten soll, hat Gonzalo zufolge darum für einige Aufregung gesorgt:

G.B.:
„(...) Die Herausforderung hat darin bestanden, dass wir uns in irgendeinem Moment für eine bestimmte Haltung in der Frage des ALBA entscheiden mussten, konkret im Falle von Venezuela, und diese Entscheidung ist nicht einfach gewesen. Denn das ALBA ist die Initiative einer Regierung, und wir hatten immer an unserer Autonomie festgehalten – und daran, dass wir als soziale Bewegung mithin keine institutionelle Unterstützung an Regierungsprojekte aussprechen. Das Problem ist, dass dieses Kriterium in einer historischen Konjunktur der Allianz entstand, als der größte Teil der Regierungen, wenn nicht gar alle, von neoliberalem Zuschnitt waren. (...) In diesem Sinne war das ALBA also eine Sache, die jene alte Wahrnehmung und Praxis im Umgang mit den Regierungen herausforderte. Und am Anfang hat das viele Widersprüche erzeugt, denn einige [von uns] fühlten sich nicht wohl dabei, (...) Unterstützung gegenüber dem ALBA auszudrücken. (...) Zuvor hatten wir nie Regierungen unterstützt, auch keine einzige ihrer Maßnahmen, das war kein Thema für uns." (Interview: Gonzalo Berrón, e. Ü.)[8]

Problematisch ist für die ASC überdies auch die Zusammenarbeit mit Chávez, wenn es um die Planung und Durchführung von gemeinsamen öffentlichen Anlässen geht. Wie ein Mitglied des Internationalen Koordinationskomitees – hier unter dem Pseudonym „Claudio" – berichtet, war etwa Chávez' zweistündiger,

---

[8] In der jüngsten Ausgabe der *Alternativas* (ASC 2005) und späteren Positionspapieren (etwa in ASC 2006 und 2007) kommt eine politische „Formel" zum Ausdruck, die auf der einen Seite die Position der *oficialistas* berücksichtigt und auch die mögliche Unterstützung der ASC für progressive Regierungsprogramme wie das ALBA beinhaltet, auf der anderen Seite aber auch das Prinzip der Autonomie wahrt. So begrüßt die ASC ausdrücklich die zunehmende Verbreitung von Regierungen, die „sich als empfänglich für zivilgesellschaftliche Forderungen erweisen, sich von der Agenda der US-amerikanischen Regierung und der Konzerne distanzieren und einen eigenständigen Weg suchen" (ASC 2006a: o. S.). Konkrete Personen (Chávez, Morales, Correa usw.) oder Integrationsprojekte wie das ALBA bleiben jedoch in den genannten Dokumenten (ASC 2005, 2006, 2007) unerwähnt. Vielmehr betont die ASC, dass ihre Loyalität nicht bestimmten Regierungen gilt, sondern einzelnen politischen Vorschlägen, die diese vertreten: „Die ASC ist von jeder Regierung unabhängig und unterschreibt keinerlei Blanko-Checks, doch dies soll nicht heißen, dass sie das, was sie für nützlich hält, nicht unterstützen kann" (ASC 2005: o. S.).

fulminanter Auftritt an der Schlussveranstaltung der *III° Cumbre de los Pueblos de las Américas* im November 2005 von der ASC ursprünglich weder vorgesehen, noch gutgeheißen worden. Die Veranstalter des Anlasses erfuhren nach eigenen Angaben vielmehr erst dann von Chávez' Plänen, als diese bereits an die Presse durchgesickert waren. Danach mussten die Veranstalter harte Verhandlungen führen, damit eine Vertreterin der ASC am Rande von Chávez zweistündiger Rede wenigstens die Möglichkeit erhielt, die zivilgesellschaftliche Schlussdeklaration zu verlesen. Auch dies führte in der ASC zu beträchtlichen Verstimmungen.

„Claudio":
„[Was] die Banalitäten oder die ganz weltlichen Fragen des praktischen Vorgehens [angeht], gab es anlässlich dieses dritten Völkergipfels [mit Chávez] einige Probleme. (...) Wir unterstützen Chávez, weil er das ALBA-Projekt verteidigt, aber unter der Oberfläche dieses großen Entschlusses (...) gibt es Dinge, die operative Fragen betreffen. Zum Beispiel, wie er sich gegenüber den sozialen Bewegungen verhält, oder [besser gesagt] wie er und seine Regierung sich gegenüber den sozialen Bewegungen verhalten. Das ist manchmal harzig, wenn man dem so sagen will. Der Fall dieses Völkergipfels war insofern harzig, als der Auftritt von Chávez nicht von uns beschlossen worden war."

M.H.:
„Den hat er Euch aufgedrängt?"

„Claudio":
„Klar. (...) Und das Problem ist, dass die Umsetzung des ganzen Vorhabens einen Weg nahm, der uns außen vor ließ, das war das große Problem."

(„Claudio" empfängt ein Telefongespräch.)

„Claudio":
„Die Szenerie, die sich an diesem Völkergipfel zeigte, war problematisch, denn die Regierungen [Venezuelas und Kubas] setzten sich über uns hinweg. Ohne Rücksicht auf die gesamtkontinentalen Akkumulationsprozesse und die langjährige Artikulation zu nehmen, an denen sie ja teilhaben. Weder Venezuela noch Kuba, welche die Hauptorganisatoren des heutigen Geschehens waren, nahmen Rücksicht auf ihre eigenen sozialen Bewegungen."

M.H.:
„Und wie offen sind sie denn für Kritik? [Was passiert,] wenn ihr ihnen sagt: ‚Hallo, wir machen diese Arbeit schon seit über zehn Jahren.'"

„Claudio":

„Klar. Klar, gut. Aus diesem Grund haben wir – in diesem, sagen wir einmal, feindlichen Szenario – durchsetzen können, dass Blanca Chancoso die Schlussdeklaration des Völkergipfels neben Chávez vortragen durfte. Das war damit im Zusammenhang, dass wir ihnen sagten – jetzt werde ich Fluchwörter benutzen –, ‚ihr kackt uns gerade in einen gesamtkontinentalen Aufbauprozess hinein, der schon lange andauert und dem ihr ebenfalls angehört.' Klar, aber das ist eine Debatte, die noch offen ist; das ist kein abgeschlossenes Thema. Ich könnte Dir dazu eine persönliche Meinung geben, aber keine institutionelle Position, sozusagen, also nicht als [Vertreter der] Alianza. Diese Sache werden wir sicher morgen [in der Koordinationssitzung der ASC] besprechen wollen."

M.H.:

„Und Deine persönliche Meinung, wie lautet die? Ich werde sie später nicht als institutionelle Position darstellen."

„Claudio":

[Pause] Mir hat das [Verhalten von Chávez] nicht gefallen. Was soll ich denn anderes sagen? Ich glaube, die Basis für eine gute Beziehung zwischen Bewegungen und Regierungen ist die Basis des Respekts, des gegenseitigen Respekts. Des Respekts vor den [unterschiedlichen] Zeitverläufen, den [je eigenen] Dynamiken. Und das hat hier nicht stattgefunden. Ich will jetzt nicht sagen, dass ich hier einen Präzedenzfall wittere, aber ich sage, dass hier ein Warnlicht angeht. (…) Das soll eine harmonische Beziehung sein, nicht eine Beziehung, in der wir über den Haufen gefahren werden."

Claudios Ausführungen verweisen denn auch auf ein grundlegendes Problem in der Zusammenarbeit zwischen sozialen Bewegungen und Regierungen. Zivilgesellschaftliche Aufbauarbeit ist ein störungsanfälliger Prozess, hat einen eigenen Zeithorizont und geht mit Bedürfnissen einher, die den Interessen der Staatspolitik zuweilen diametral widersprechen. Eine Zusammenarbeit von Regierungen und sozialen Bewegungen kann nur dann erfolgreich funktionieren, wenn es der Regierung gelingt, einen Sinn für die Logik zivilgesellschaftlichen Handelns zu entwickeln und diesem angemessenen Respekt zu zollen. Bei der venezolanischen Regierung unter Chávez scheint dieser Sinn jedoch nur schwach ausgeprägt zu sein. Wie Graciela Rodríguez betont, kennt Venezuela genauso wenig eine Tradition der starken und autonomen sozialen Bewegungen wie Kuba (vgl. auch Twickel 2006).

11.7 Zusammenfassung: Neue Gelegenheitsstrukturen als konfliktträchtige Herausforderung

Aus der Sicht neo-marxistischer Autor/innen nehmen globale Transformationsprozesse ihren Anfang meist in der semiperipheren Zone des Weltsystems. R. W. Cox (1983) zum Beispiel betont, dass sich in semiperipheren Regionen die Hegemonie einer bestehenden Weltordnung jeweils nur partiell durchsetzt. Die Situation in den semiperipheren Gesellschaften lässt sich nach Cox darum mit Gramscis Konzept der passiven Revolution fassen: Während sich die politischen und wirtschaftlichen Eliten mit der herrschenden Weltordnung und ihren Grundideen zu identifizieren vermögen, werden die dominanten gesellschaftlichen Strukturen in der Bevölkerung lediglich erduldet. Auf einen aktiven und breit abgestützten Konsens kann die bestehende Ordnung in der Semiperipherie gerade nicht zählen. Weltsystemtheoretiker Chase-Dunn wiederum weist darauf hin, dass semiperiphere Regionen wie Lateinamerika zwar im Vergleich zu den Zentrumsländern eine global benachteiligte Stellung einnehmen, im Gegensatz zu den Ländern der Peripherie jedoch über ausreichende finanzielle und organisatorische Mittel verfügen, um gegen die herrschende Weltordnung Widerstand zu leisten (Chase-Dunn und P. Grimes 1995, Chase-Dunn 2005). In der Semiperipherie trifft demnach eine latente Unzufriedenheit mit der herrschenden einzelgesellschaftlichen und globalen Ordnung auf die für den Widerstand nötige Ressourcenausstattung.

So überrascht denn auch nicht, dass gerade in Lateinamerika in jüngster Zeit mehrheitlich Regierungen gewählt worden sind, die den Neoliberalismus und die Strukturen der aktuellen Weltordnung kritisch hinterfragen. Wie Boris et al. (2005) festhalten, war in Lateinamerika die Hegemonie des neoliberalen Modell von Beginn weg unvollständig und fragil. Der Neoliberalismus konnte hier zwar auf die Unterstützung weiter Teile der politischen und wirtschaftlichen Eliten zählen (Robinson 2008), nicht aber auf den aktiven Konsens der unteren Mittelklassen, der (indigenen) Landarbeiter und der restlichen Marginalisierten (Boris et al. 2005). Unter den subalternen Gesellschaftsgruppen erreichte das neoliberale Modell höchstens deshalb eine gewisse Legitimität, weil es mit dem Versprechen einher ging, die korrupte und auf ihren eigenen Vorteil bedachte traditionelle politische Elite durch junge Technokraten zu ersetzen. Man hoffte auf die positiven Effekte einer vermeintlich neutralen und rationalen Politik, die sich als „eigentlich[e] Antipolitik (pragmatisch und nicht-ideologisch)" (Boris et al. 2005: o. S.) anpries. Seit klar geworden ist, dass das neoliberale Modell nicht die versprochenen Erfolge zeigt, ist ihm jedoch das selbstmotivierte Engagement der Zivilgesellschaft verwehrt geblieben. Die Wahl von Regierungen, die sich als anti-neoliberal gebärden, ist dafür ein deutliches Zeichen.

Dem *Political Process*-Modell zufolge dürften den Aktivist/innen der linksprogressiven sozialen Bewegungen mit diesem Linkruck der lateinamerikanischen Politik erfolgreiche Zeiten bevorstehen. Schließlich finden sich in Lateinamerika sämtliche Faktoren erfüllt, die in diesem Modell als günstige politische Gelegenheitsstrukturen gelten (vgl. Goodwin und Jasper 1999: 32): Es herrschen demokratische Verhältnisse, die politischen und wirtschaftlichen Eliten sind in konkurrierende Fraktionen gespalten, und die sozialen Bewegungen haben politische Verbündete an höchster Stelle im Staatsapparat. Der bolivianische Präsident Evo Morales zum Beispiel gilt als ein langjähriger und überzeugter Verbündeter im Kampf gegen den Freihandel und war mit seinem *Movimiento al Socialismo* auch aktiv in der von der ASC initierten *Campaña Hemisférica de Lucha contra el ALCA* mitbeteiligt. Auch werden mitunter Vertreter/innen der Zivilgesellschaft in politische Ämter berufen, um von dort aus gewisse Anliegen der Bewegung in die Praxis umzusetzen.

Die empirische Forschungsliteratur hat jedoch gezeigt, dass das ursprüngliche *Political Process*-Modell und das Konzept der politischen Gelegenheitsstrukturen, wie es etwa McAdam (1996: bes. 27) vertrat, erweitert und modifiziert werden müssen. Ist das politische System sehr offen und werden die Anliegen der sozialen Bewegungen tatsächlich darin aufgenommen, wird damit den Bewegungen der Mobilisierungsanlass entzogen – auch wenn die Integration der Bewegungsanliegen in der Regel nur in stark abgeschwächter Form stattfindet. Wie Kriesi (1996) bemerkt, haben die Unterstützung durch einflussreiche politische Verbündete und der Zugang zu Regierungskreisen ambivalente Auswirkungen auf die sozialen Bewegungen und ihre Trägerorganisationen:

„Support from a powerful ally is ambivalent from the point of view of the development of an SMO [= social movement organization]: On the one hand, such an ally may provide important resources; on the other hand, it may also reduce the autonomy of the SMO and threaten its stability in the long run. Similarly, the establishment of a working relationship with the authorities also has ambivalent implications for the development of the SMO: On the one hand, public recognition, access to decision-making procedures and public subsidies may provide crucial resources and represent important successes for the SMO; on the other hand, the integration into established systems of interest intermediation may impose limits on the mobilization capacity of the SMO and alienate important parts of its constituency, with the consequence of weakening it in the long run." (Kriesi 1996: 155 f.)

Überdies haben Kritiker/innen des *Political Process*-Modells darauf aufmerksam gemacht, dass politische Gelegenheitsstrukturen nur in dem Masse Wirkung entfalten, in dem sie von den sozialen Bewegungen erkannt, interpretiert und problemadäquat genutzt werden. Politische Verhältnisse und die Einstellungen der Regierung sind jedoch komplex und uneindeutig, und ihre Interpretation, die Bestandteil des *Framing*-Prozesses ist, kann unter den Aktivist/innen zu harten internen Auseinandersetzungen führen. Ob eine Bewegung entsteht und prosperiert hängt darum in der konstruktivistischen Sicht von Goodwin und Jasper (1999) und verschiedenen anderen Autor/innen nicht nur von möglichen strukturellen und situativen Gelegenheiten ab, sondern zu einem beträchtlichen Teil auch von den strategischen Handlungskapazitäten, dem Kommunikationsgeschick und der Kohäsion der Bewegungsakteure selbst.

12 Chancen und Probleme Transnationaler Koalitionsbildung – eine Zusammenfassung in acht Thesen

Der zivilgesellschaftliche Widerstand gegen das neoliberale Globalisierungsprojekt hat seit den 1990er Jahren bemerkenswerte Dimensionen angenommen. Linksprogressiven sozialen Bewegungen ist es gelungen, innert weniger Jahre ein nahezu weltumspannendes Kontaktnetzwerk zu bilden und eine transnationale subalterne Gegenöffentlichkeit zu schaffen. Darin werden neben den Folgewirkungen neoliberaler Globalisierungspolitik auch bereits konkrete Gegenforderungen und mögliche Alternativvorschläge diskutiert. Setzte sich Anfang der 1990er Jahre der zivilgesellschaftliche Kampf gegen den Neoliberalismus in den Industrienationen noch aus weitgehend isolierten Protesten gegen konkrete politische Vorhaben wie das MAI, das gescheiterte *Multilateral Investment Agreement* der OECD (Johnston und Laxer 2003), und in den Entwicklungsländern aus reaktiven „Hungerrevolten" gegen die Strukturanpassungsprogramme der *Bretton Woods*-Institute zusammen (Walton und Ragin 1990, Walton und Seddon 1994), so sieht die Lage mittlerweile deutlich anders aus. Heute bestehen mit dem Weltsozialforum und zahlreichen anderen zivilgesellschaftlichen Treffen diverse Foren, innerhalb derer sich linksprogressive Gruppierungen unterschiedlichster Regionen und Länder untereinander austauschen und strategisch aufeinander abstimmen können. Mit dem *global justice movement* ist inzwischen eine „Bewegung von Bewegungen" entstanden, die den auch Widerstand gegen die weltweite Welle neoliberaler Reformen globalisiert hat.

Vor allem aber fällt auf, dass sich in diesem zunächst einmal recht lose gestrickten globalisierungskritischen Bewegungsnetzwerk immer häufiger semi-institutionalisierte Verdichtungen in Form langfristig angelegter transnationaler Koalitionen finden. Daran beteiligt sind neben Bewegungsorganisationen im engeren Sinne auch Gewerkschaften, Stiftungen, Bauernkooperativen, die Belegschaften selbstverwalteter Unternehmen und sogar politische Parteien. Immer mehr soziale Bewegungen und andere zivilgesellschaftliche Akteure scheinen bestrebt, ihre grenzübergreifende Zusammenarbeit auf eine dauerhafte Basis zu stellen und damit über die Organisation locker koordinierter Protestaktionen und vereinzelter Kampagnen hinauszugehen. Die TSMCs (*transnational social movement coalitions*), die aus diesen Bestrebungen heraus entstanden sind, zeichnen sich dadurch aus, dass die beteiligten Gruppen im Vergleich zu den Filialen hochinstitutionalisierter Nichtregierungsorganisationen eine relativ große strategische Autonomie genießen, während die Basismitglieder sich im Unterschied zu den Aktivist/innen eigentlicher transnationaler Bewegungen primär, aber nicht ausschließlich mit der jeweiligen lokalen oder nationalen Teilgruppe identifizieren. Gleichzeitig sind TSMCs aber stärker institutionalisiert als Solidaritätsnetzwerke und als *Ad hoc*-Allianzen, die nur der Durchführung eines einmaligen Anlasses dienen.

In der vorliegenden Studie wurde mit der *Alianza Social Continental* eine Koalition von nord-, mittel- und südamerikanischen Bewegungen untersucht, die trotz der kulturellen Diversität und Größenunterschiede der beteiligten Akteure nicht nur seit mehr als zwölf Jahren Bestand hat, sondern in dieser Zeit sogar stark angewachsen ist. Inzwischen gehören so prominente Gruppen wie *Jubileo Sur/Américas, Attac Argentina* und (via REBRIP) die brasilianische Landlosenbewegung MST mit zur Koalition. Hauptanliegen der Studie war es, anhand dieses Fallbeispiels Spannungspotentiale in der transnationalen Koalitionsarbeit zu eruieren, mögliche Lösungsmechanismen zu bestimmen und die Befunde mit den Ergebnissen der noch jungen einschlägigen Forschungsliteratur zu vergleichen. Ferner wurde diskutiert, inwieweit das globale soziale Umfeld linksprogressiver TSMCs einerseits Einflussmöglichkeiten für emanzipatorische Anliegen beinhaltet, andererseits aber auch koalitionsinterne Ungleichgewichte und Konflikte verursacht. Was folgt, ist eine Zusammenfassung der zentralen und teils überraschenden Befunde in Form von acht Hauptthesen.

Wider das neoliberale Globalisierungscredo: Deregulierung erhöht die Ungleichheit

> „Let the market do its job and the poor will catch up to the rich (…). The cleavages separating global North and South – developed and less developed countries, respectively – will disintegrate and the world will be a better and Pareto-optimal, happier place."
>
> *Reuveny und Thompson (2007: 17)*

So polemisch diese Paraphrase auch formuliert sein mag, das Globalisierungscredo neoliberaler Wirtschaftsvertreter wird damit anschaulich auf den Punkt gebracht. Zumindest in der kruden Interpretation wirtschaftlicher Interessenvertreter könnte das neoliberale Rezept für eine gerechtere Welt kaum einfacher sein: Man befreie die Weltwirtschaft von inkompetenten staatlichen Markteingriffen, und endlich können auch die Entwicklungsländer ihre Wachstumspotentiale realisieren (kritisch, aber differenzierter: Harvey 2007, Milanovic 2003). Internationaler Freihandel, so die Advokaten neoliberaler Globalisierungspolitik, verstärkt in den weniger fortgeschrittenen Ländern die unternehmerische Innovationsneigung, und der deregulierte Zufluss ausländischer Direktinvestitionen besorgt den Rest: Er beschert den Empfängerländern nicht nur frisches Kapital, sondern auch zusätzliche Beschäftigungsmöglichkeiten, neue Technologien und eine moderne Unternehmens- und Arbeitskultur (kritisch: Herkenrath 2003). Wäre es im letzten Vierteljahrhundert nach den Verheißungen dieser neoliberalen Sicht gegangen, hätte die wirtschaftliche Globalisierung den Entwicklungsländern also unerhörte Wohlstandsgewinne bescheren sollen.

Die Modellwelt neoliberaler Stimmungsmacher weist allerdings einen fatalen Konstruktionsfehler auf. Denn internationaler Freihandel erhöht nicht nur den unternehmerischen Innovationsdruck, sondern auch die Verletzlichkeit der betreffenden Volkswirtschaften gegenüber den Folgewirkungen von weltmarktbedingten Preisschocks. Wie Harvard-Ökonom Dani Rodrik bereits in den 1990er Jahren nachweisen konnte, lösen solche sporadisch auftretenden Preisschocks oftmals wachstumshemmende politische Verteilungskämpfe aus, und wenn in handelsoffenen Entwicklungsländern die staatlichen Sicherungsnetze fehlen, übersetzen sich weltmarktbedingte Preisschwankungen in langfristige und tiefgreifende soziale Krisen. Die Nahrungsmittelkrise seit dem Jahr 2008 mit „Hungerrevolten" in Ländern wie Ägypten und Haiti und die seit Ende 2008 anhaltende globale Finanz- und Wirtschaftskrise sind anschauliche Beispiele dafür, wie externe Preisschocks in handelsabhängigen Entwicklungsländern vergleichsweise rasch die bereits bestehenden sozialen Konflikte verschärfen. Die wirtschaftlichen Folgekosten solcher Krisen wiederum fallen oft genauso hoch aus wie die Wachstumsgewinne vorangehender Erfolgsperioden (Rodrik 1998a, 1999). Handelsoffenheit erzeugt somit, wenn überhaupt, nur geringe Wohlstandsgewinne (Rodríguez und Rodrik 2000), erhöht aber die soziale Ungleichheit. Untersuchungen des Weltbank-Ökonomen Branko Milanovic belegen dies deutlich. Sie zeigen, dass über die letzten zweieinhalb Jahrzehnte in den Industrienationen auch Teile der Unterschichten von der Handelsöffnung profitierten, in den Entwicklungsländern hingegen fast ausschließlich die Oberschichten (Milanovic 2005).

In den ökonomisch hoch entwickelten OECD-Ländern konnten die Gefahren externer Preisschocks insofern gemindert werden, als die Deregulierung der Außenhandelsbeziehungen vergleichsweise vorsichtig durchgeführt wurde. Sie erfolgte hier weder in allen Wirtschaftssektoren zugleich, noch war sie von der vom Neoliberalismus ebenfalls geforderten Senkung der allgemeinen Staatsausgaben begleitet. Die partielle Liberalisierung des Außenhandels ging im OECD-Raum vielmehr sogar mit einem Ausbau des öffentlichen Sektors einher (Bornschier 2008a: 188 ff., Fligstein 1998, Rodrik 1998b). In den Entwicklungsländern hingegen blieben staatliche Sicherungsnetze chronisch schwach und wurden im Zuge neoliberaler Reformen sogar noch weiter abgebaut. Heterodoxe staatliche Markteingriffe, wie sie den ostasiatischen „Tigerstaaten" zum Erfolg verholfen haben, sind in den Kreditkonditionalitäten der *Bretton Woods*-Institute genauso wenig vorgesehen wie im NAFTA, dem Entwurf zum FTAA/ALCA oder in anderen Freihandelsabkommen. Das heißt: In den Industrienationen geht der realexistierende Neoliberalismus weiterhin mit Zollprotektionismus, Exportrisikogarantien und Agrarsubventionen einher, wohingegen die Entwicklungsländer über immer weniger Handlungsspielraum für eine sinnvolle eigenständige Entwicklungspolitik verfügen.

Die Bilanz aus einem Vierteljahrhundert neoliberaler Globalisierungspolitik sieht denn auch deutlich anders aus als die anfänglichen Versprechungen. Statt zu den angeblichen allgemeinen Wohlstandsgewinnen ist es zu einer Zunahme der inter- und intranationalen Einkommensungleichheiten (Bornschier 2008b, Milanovic 2001), zu Notständen in der Nahrungsmittelversorgung und schließlich zu einer globalen Finanz- und Wirtschaftskrise gekommen – und all dies mit drastischen sozialen Auswirkungen vor allem für den ärmsten Teil der Weltbevölkerung. Wie aus den kürzlich revidierten Armutsindikatoren der Weltbank ersichtlich wird, ging zwar der Bevölkerungsanteil der Entwicklungsländer, welcher in extremer Armut lebt, zwischen 1981 und 2005 von 52 % auf 25 % zurück, doch verdankt sich diese Reduktion vornehmlich dem überdurchschnittlich hohen Wirtschaftswachstum Chinas. Wird der Bevölkerungsriese China von der Berechnung ausgeschlossen, hat sich der Rückgang der relativen Armutsziffern in der selben Zeit auf nur gerade 12 Prozentpunkte (von 40 % auf 28 %) belaufen. Die absolute Zahl der Armutsbetroffenen ist mit 1,4 Milliarden weiterhin enorm hoch und der bisherige Rückgang deutlich hinter den Millenniumszielen der Vereinten Nationen zurückgeblieben (Chen und Ravallion 2008: 19). Die aktuelle Finanz- und Wirtschaftskrise droht nach Angaben der UNO-Expertenkommission unter Joseph Stiglitz in den kommenden Jahren bis zu 200 Millionen Menschen zusätzlich unter Armutsgrenze zu treiben (UN Commission of Experts 2009: 2).

Zivilgesellschaftliche Gegenmacht: die Notwendigkeit einer Mehrebenen-Strategie

Dass soziale Bewegungen in ihrem Widerstand gegen den Neoliberalismus eine übernationale Zusammenarbeit anstreben, mag zunächst einmal selbstverständlich erscheinen. Wie Evans (2008) und zahlreiche andere Autoren (z.B. Gill und Law 1988, Robinson 2005) zurecht deutlich gemacht haben, reagieren die einzelnen Nationalstaaten mit der Umsetzung neoliberaler Reformen nicht zuletzt auf die Erfordernisse der weltwirtschaftlichen Standortkonkurrenz und auf politische Imperative, wie sie von den Kreditkonditionalitäten der Weltbank und des IWF ausgehen. Versuche, einzelne Staaten zu einer isolierten Gegenpolitik zu bewegen, machen daher nur wenig Sinn. Schließlich sind die Nationalstaaten in ein Netz globaler Strukturzwänge verstrickt, das ihre entwicklungspolitischen Freiräume empfindlich einschränkt. Gefragt ist vielmehr ein simultaner Politikwandel in mindestens einer oder zwei Großregionen (Cox 1993, 1999). Eine differenzierte Interpretation der weltweiten neoliberalen Reformwelle muss jedoch mitberücksichtigen, dass die wirtschaftlichen und politischen Eliten einzelner Nationalstaaten sich nicht nur aufgrund externer Zwänge für solche Reformen einsetzen. Vielmehr sind mit der Deregulierung und Liberalisierung des Marktes auch Eigeninteressen verschiedener Elitefraktionen verbunden. Wie die in Kapitel 6 diskutierte Forschungsliteratur aufgezeigt hat, sind in zahlreichen Entwicklungsländern die neoliberalen Reformen einerseits über die Kreditkonditionalitäten der *Bretton Woods*-Institute hinausgegangen, haben andererseits aber kaum Vorteile in der globalen Standortkonkurrenz erzeugt. Nimmt man den Zufluss ausländischer Direktinvestitionen als Indikator für weltwirtschaftliche Standortvorteile, sind es in der globalen Standortkonkurrenz vor allem Faktoren wie eine hohe Kaufkraft, geeignete Infrastruktur und soziale Kohäsion, die Pluspunkte erzeugen. Billiglöhne, lasche Investitionsgesetze und der Abbau sozialstaatlicher Leistungen hingegen scheinen keine robusten Einflüsse auf das ausländische Investitionsvolumen zu haben.

Die wohlbekannte These des nationalstaatlichen Autonomieverlustes muss daher erweitert werden. So sind zwar die nationalstaatlichen Handlungsspielräume für eine autonome Entwicklungspolitik über die letzten Jahrzehnte tatsächlich kleiner geworden, doch werden sie sogar in ihrer geschrumpften Form oftmals nur ungenügend ausgeschöpft (Randeria 2003, 2007). In den Entwicklungsländern paart sich die Beschränkung staatlicher Souveränität, soweit eine solche je gegeben war, mit dem Unvermögen der benachteiligten Bevölkerungsmehrheiten, von ihren Regierungen eine verantwortungsvolle Wirtschafts- und Sozialpolitik einzufordern – mit dem also, was in Kapitel 10 als „Krise des Souveräns" beschrieben worden ist. Die Bevölkerungsmehrheit als der eigentliche politische Souverän hat zuwenig Kontrolle über die Staatsklassen, um diese zu einem effektiven Einsatz gegen Ungleichheit und Armut zwingen zu können.

Das zivilgesellschaftliche Streben nach einer gerechteren inter- und intranationalen Einkommensverteilung kann denn auch nur dann erfolgreich sein, wenn es auf mehreren Handlungsebenen zugleich ansetzt. Es muss sich einerseits auf die internationalen Organisationen und politisch mächtige *global players* wie die USA und die EU richten, um eine Erweiterung der nationalstaatlichen Handlungsspielräume, des *policy space*, für eine heterodoxe Entwicklungsanstrengungen zu erreichen. Dies bedingt in der Tat transnationale Koordination und die Herausbildung von weltweiter Gegenmacht. Andererseits setzt erfolgreiche linksprogressive Bewegungspolitik aber auch Foren für die zivilgesellschaftliche Selbstermächtigung sowie eine vermehrte politische Partizipation auf der lokalen und nationalen Ebene voraus. Wie bereits Elsenhans (1981) betont hat, stehen in den Entwicklungsländern starke entwicklungshemmende Staatsklassen einer schwachen und desillusionierten Unterschicht gegenüber, die von den herrschenden Eliten letztlich als politische Manipulationsmasse wahrgenommen wird. Erst selbstverwaltete Basisprojekte und partizipative Entscheidfindungsprozesse im Rahmen alternativer Bewegungs-aktivitäten können dazu beitragen, dass sich die subalternen Bevölkerungsmehrheiten vermehrt als politische Subjekte begreifen und ihre entsprechenden Rechte einfordern. Zivilgesellschaftliche Organisationen, die den Staat über kurz oder lang auf eine verantwortungsvolle Entwicklungspolitik verpflichten wollen, brauchen dazu die Unterstützung einer politisch informierten und mobilisierten Bevölkerung.

Transnationale Koalitionsbildung: Vorteile überwiegen die Kosten

Die Herausbildung transnationaler Bewegungskoalitionen kommt den Erfordernissen der hier vorgeschlagenen Mehrebenen-Strategie insofern entgegen, als sie die Notwendigkeit übernationaler Zusammenarbeit mit den Stärken lokaler Autonomie verbindet. Die in TSMCs beteiligten Gruppierungen haben einen starken gemeinsamen Außenauftritt, verfügen aber im Prinzip auch über genügend Freiräume, um im Rahmen selbstorganisierter Basisaktivitäten die lokale Teilhaberschaft („ownership") und die Lernprozesse zu gewährleisten, die eine politische Ermächtigung der subalternen Bevölkerungskreise ermöglichen (Flores 2002, Polletta 2002). Transnationale Zusammenarbeit in Koalitionsform stellt mithin ein optimales Mittel dar, den strategischen Spagat zwischen gemeinsamer zivilgesellschaftlicher Einflussnahme auf der globalen Ebene und Flexibilität auf der lokalen Ebene zu gewährleisten.

Allerdings ist die Entstehung transnationaler Bewegungskoalitionen insofern kein trivialer Prozess, als sich für die beteiligten Gruppen damit neben beträchtlichen Aufwendungen auch verschiedene neue Konfliktpotentiale und einige strategische Einschränkungen verbinden. Die Mitgliedsgruppen werden nicht zuletzt mit ausländischen Organisationen in Verbindung gebracht, die in den Augen der lokalen Bevölkerung möglicherweise nur über eine geringe politische Legitimation verfügen (Maney 2000), und müssen sich an gemeinsamen Grundstrategien orientieren, die von ihrer Mitgliederbasis manchmal nur halbherzig mitgetragen werden (J. Smith und Bandy 2005). Darüber hinaus kann die Wahl von Repräsentant/innen für die transnationalen Steuerungsgremien und Koordinationstreffen unter „horizontal" ausgerichteten Basisbewegungen zu einer unerwünschten Hierarchisierung führen, während transnationale Zusammenarbeit auch die Gefahr von interkulturellen Konflikten und internen Machtungleichgewichten beinhaltet. In dem Masse also, in dem ein erfolgreicher Widerstand gegen die neoliberale Weltordnung auch nach lokaler zivilgesellschaftlicher Selbstermächtigung und nach politischen Kämpfen auf der nationalen Ebene verlangt, kann transnationale Koalitionsarbeit einen Verlust wertvoller Ressourcen für diese wichtigen anderen Aufgaben bedeuten (Halperin und Laxer 2003).

Gleichzeitig erzeugt transnationale Koalitionsarbeit aber auch zahlreiche Vorteile. Sie bringt zwar auf der Negativseite unter anderem hohe finanzielle, personelle und zeitliche Transaktionskosten mit sich, doch entstehen auf der Positivseite *erstens* auch ökonomische und politische Skaleneffekte. So erhalten die beteiligten Gruppen alleine schon aufgrund der Größe der Gesamtkoalition einen besseren Zugang zu externen Finanzmitteln und zu den Massenmedien sowie ein höheres symbolisches Gewicht im Umgang mit den politischen Institutionen des Staates. Außerdem können sie von einem gemeinsamen Ressourcenpool profitieren und über die Zeit eine koalitionsinterne Arbeitsteilung und Spezialisierung entwickeln (Staggenborg 1986). Dass in Nord-Süd-Koalitionen die Ressourcenflüsse meist einseitig vom globalen Norden in den Süden verlaufen, dürfte hingegen ins Reich der Mythen gehören (Evans 2008). So wird lokalen Basisgruppen im globalen Süden zwar häufig eine Abhängigkeit von infrastrukturellen Mitteln und finanziellen Zuschüssen attestiert, wie sie insbesondere die Gewerkschaften und professionalisierten Nichtregierungsorganisationen des Nordens anbieten, doch zeigt die vorliegende Untersuchung der *Alianza Social Continental* ein etwas anderes Bild. Hier sind mit der brasilianischen CUT und anderen Partnerorganisationen (inklusive den staatlich unterstützten Koalitionspartnern in Kuba und Venezuela) südliche Organisationen mitbeteiligt, die ebenfalls über beträchtliche finanzielle und infrastrukturelle Ressourcen verfügen. Hingegen erlangen die nördlichen Partner der ASC durch die Zusammenarbeit mit authentischen Interessenvertretern des Südens nicht nur Zugriff auf deren Mobilisierungsbasis und auf Direktinformationen über die lokalen Lebensumstände, sondern auch eine höhere politische Legitimität (Sikkink 2002). Eine einseitige Abhängigkeit südlicher Bewegungen von ihren nördlichen Partnergruppen muss deshalb selbst dann nicht vorliegen, wenn tatsächliche materielle Ungleichgewichte bestehen. Südliche Gruppierungen verfügen über politische Ressourcen, um die unter nördlichen Organisationen beträchtliche Konkurrenz besteht (Quellen: Interview mit David Edeli und informelles Gespräch mit einer anonymen Vertreterin einer politischen Stiftung in Westeuropa).

Zweitens ergeben sich aus der transnationalen Koalitionsarbeit neben instrumentellen Vorteilen auch bedeutende motivationale Effekte. So gibt der intensive Austausch mit ausländischen Mitstreiter/innen den Koalitionsmitgliedern nicht nur die Gelegenheit, die soziale und politische Situation im eigenen Land aus einem umfassenderen Gesamtzusammenhang heraus zu analysieren, sondern auch Mut und Trost. Wie in den Interviews mit Aktivist/innen der ASC mehrfach deutlich geworden ist, schätzen diese an der transnationalen Kooperation neben der Vielfalt der strategischen Inputs vor allem auch die regelmäßig bestärkte Gewissheit, Teil eines größeren Ganzen zu sein. An mehreren Stellen berichten die Befragten, dass der politische Alltag zwar häufig Anlass zu Frustrationen gibt, die Zugehörigkeit zu einem regionalen Widerstandsblock sie jedoch immer wieder zuversichtlich stimmt. Die elektronische Newslist der ASC dient denn auch nicht nur dem Austausch von Informationen oder der Planung von gemeinsamen Aktivitäten, sondern zu einem Grossteil auch der Übermittlung von Solidaritätsbezeugungen, wenn eine beteiligte Gruppe unter politischer Repression leidet, und von Glückwünschen, wenn einzelne Gruppen politische Erfolge verbuchen.

Drittens darf nicht vergessen werden, dass das für TSMCs typische Aufeinandertreffen unterschiedlicher Erfahrungshorizonte nicht nur die Gefahr von interkulturellen Missverständnissen birgt, sondern im Erfolgsfall auch beträchtliches kreatives Potential freisetzt. Die ausgeprägte Diversität der beteiligten Gruppen kann zwar die Ursache von grundlegenden Auseinandersetzungen sein, erlaubt aber zugleich auch differenzierte vergleichende Situationsanalysen, organisatorische Innovationen und eine größere Vielfalt der strategischen Inputs. Wie Clark (2003) und verschiedene andere Beobachter (vgl. Guidry et al. 2000, Keck und Sikkink 1998, 1999, Khagram 2002) festhalten, ist kulturelle Heterogenität in TSMCs konfliktträchtig, aber auch eine Quelle der strategischen Bereicherung:

> „When [coalitions] diversify geographically, culture clashes can also arise. However, if a core concern unites the network, different global perspectives can strengthen it – though they may be difficult to reconcile, at first." (Clark 2003: 167)

Erfolgreiche interkulturelle Kommunikation ist allerdings voraussetzungsreich. Sie verlangt nicht nur nach den entsprechenden Kontaktmöglichkeiten, sondern auch nach einem ausgeprägten Bewusstsein für kulturelle Differenz und nach entsprechend aktiver Vermittlungsarbeit. Wie Lichterman (1995) in Anlehnung an Bourdieus Praxis-Konzept betont, sind Konflikte in Bewegungskoalitionen insbesondere deshalb häufig, weil die beteiligten Akteure jeweils andere, aber implizite und als selbstverständlich wahrgenommene kulturelle Vorstellungen davon haben, worin beispielsweise „Solidarität" zum Ausdruck kommt, wie „Politik" funktioniert oder woran sich „Erfolg" bemisst.

In transnationalen Koalitionen dürften die Beteiligten indes eher als in nationalen Koalitionen darauf vorbereitet sein, dass zwischen ihnen grundlegende kulturelle Unterschiede bestehen und diese auch diskutiert werden müssen. Zudem weist della Porta (2005b) darauf hin, dass gerade in den globalisierungskritischen Bewegungen Diversität und Subjektivität nicht nur als gegeben, sondern auch als willkommen gelten. Wurde in früheren Bewegungen Homogenität angestrebt, basieren die aktuellen globalisierungskritischen Bewegungen auf einem Wertesystem „that stresses diversity rather than homogeneity, subjectivity rather than organizational obedience, transparency – even at the cost of effectiveness, open confrontations oriented to consensus building over decisions; and ideological ‚contamination' rather than ideological puritanism" (della Porta 2005b: 90). Die Wertschätzung von Unterschieden geht freilich auch hier nicht so weit, dass diese mit Absicht reproduziert werden sollen; die Akzeptanz von Differenzen soll vielmehr die Basis für einen respektvollen Austausch und die Entwicklung hybrider Organisationsformen und gemeinsam ausgehandelter Zukunftsvorstellungen bilden.

Viertens schließlich kann die Zugehörigkeit zu einem transnationalen Solidarverbund sogar helfen, Konflikte innerhalb der einzelnen Mitgliedergruppen zu bewältigen. Die Auseinandersetzung zwischen argentinischen *oficialistas* (der „Pro-Kirchner-Fraktion") und Regierungskritiker/innen (der „Anti-Kirchner-Fraktion"), welche die *Autoconvocatoria No al ALCA* im Jahr 2005 nahezu lahmlegte, ist dafür ein anschauliches Beispiel. Wie die Ausführung dazu in Kapitel 11 aufgezeigt haben, haben hier einerseits die transnationalen Koordinationstreffen der ASC den beiden Fraktionen ein Forum geboten, den festgefahrenen Konflikt öffentlich und in veränderter personeller Zusammensetzung neu anzugehen. Andererseits ist von der gemeinsamen Mitgliedschaft in der ASC ein beträchtlicher sozialer Druck ausgegangen, den Konflikt möglichst bald beizulegen. In den konfliktträchtigen nationalen Koordinationstreffen der *Autoconvocatoria No al ALCA* wurde denn auch immer wieder betont, man wolle sich mit diesem internen Streit nicht vor den ausländischen Kollegen lächerlich machen oder gar die Erfolge der grenzübergreifenden Zusammenarbeit gefährden. Die transnationalen Koordinationsgremien und die ausländischen Partnerorganisationen wurden mithin als Publikum wahrgenommen, dessen Präsenz eine mäßigende Wirkung auf die Konfliktparteien ausübte.

Insgesamt also sind die Vorteile transnationaler Koalitionsbildung nicht nur zahlreich, sondern auch vielschichtiger, als was gemeinhin angenommen wird.[1] Wenn die politikwissenschaftliche Koalitionstheorie (z.B. Gamson 1961, Sened 1996) sowie Vertreter/innen des Ressourcenmobilisierungsansatzes und des *Political Process*-Modells die Bildung von Koalitionen primär als instrumentelles Vorhaben begreifen und ihre Vorteile vornehmlich im Bereich der politischen und ökonomischen Skaleneffekte suchen (Meyer und Corrigal-Brown 2005, Murphy 2005, Staggenborg 1986, 1988, Stewart 2004, Yanacopulos 2005), greift dies zu kurz. Mit der Herausbildung transnationaler Bewegungskoalitio-

---

[1] Weitere Vorteile, die allerdings auch die bei Keck und Sikkink (1998, 1999) beschriebenen internationalen Solidaritätsnetzwerke betreffen, bestehen in der Möglichkeit von TSMCs, transnationale „boomerang politics" (Keck und Sikkink 1998, 1999) zu betreiben, und in der von Schulz (1998) betonten Schutzfunktion gegenüber nationalstaatlicher Repression: Wenn Bewegungen in ihrem Heimatland ungenügenden politischen Einfluss haben oder gar unterdrückt werden, können ausländische Partnerorganisationen stellvertretend entsprechende internationale Öffentlichkeit und bestenfalls externen diplomatischen Druck erzeugen.

nen verbinden sich vielmehr auch beträchtliche psychosoziale Wirkungen. Am Beispiel der ASC wird deutlich, dass transnationale Bewegungskoalitionen mehr als nur materielle und informationelle Ressourcenpools sind; sie müssen auch als Solidargemeinschaften gesehen werden, welche die einzelnen Mitgliedern immer wieder mit Mut und Zuversicht erfüllen – und zwar auch solche, die primär auf der lokalen oder der nationalen Ebene operieren. Außerdem übt die Zugehörigkeit zu einer transnationalen Koalition eine konfliktmoderierende Funktion auf die beteiligten Bewegungen aus, wie sie in ähnlicher Form bereits Simmels „Der Streit" (Simmel 1908) postuliert: Die erhöhte Aufmerksamkeit ausländischer Koalitionspartner bewirkt, dass sich aus einem Zweikampf zwischen Bewegungen desselben Herkunftslandes eine Konkurrenz um die Gunst der Gesamtkoalition entwickelt und sich die Positionen der Streitparteien einander annähern müssen – nämlich in Richtung der (vermeintlichen oder expliziten) Wünsche der am Konflikt Unbeteiligten.[2]

Erfolgsfaktoren transnationaler Koalitionsarbeit: vielfältig und voraussetzungsreich

Dass zahlreiche Sozialwissenschaftler/innen mit der Entstehung transnationaler globalisierungskritischer Bewegungskoalitionen hohe Erwartungen verbinden, überrascht angesichts der beschriebenen Vorteile nur wenig. Die Mitglieder dieser Koalitionen kanalisieren eine weit verbreitete Unzufriedenheit über die Folgewirkungen des neoliberalen Globalisierungsprojekts in das, was für einen erfolgreichen Widerstand unabdingbar ist: die Grundbausteine eines gegenhegemonialen historischen Blocks (Evans 2000, 2008, Katz 2007). Wie das Beispiel der ASC zeigt, üben die Gegner/innen des neoliberalen Modells nicht nur Kritik, sondern widmen sich auch der kollektiven Suche nach politischen Alternativen, dem lokalen *empowerment* und der Transformation der politökonomischen Rahmenbedingungen. Die Suche nach Alternativen ist außerdem breit abgestützt und

---

[2] „Indem der Zielpunkt, um den … die Konkurrenz von Parteien stattfindet, doch wohl durchgängig die Gunst einer oder vieler dritter Personen ist – drängt sie jede der beiden Parteien, zwischen denen sie stattfindet, mit außerordentlicher Enge an jene Dritten heran. Man pflegt von der Konkurrenz ihre vergiftenden, zersprengenden, zerstörenden Wirkungen hervorzuheben und im übrigen nur jene inhaltlichen Werte als ihre Produkte zuzugeben. Daneben aber steht doch diese ungeheure vergesellschaftende Wirkung; sie zwingt den Bewerber, der einen Mitbewerber neben sich hat und häufig erst hierdurch eigentlicher Bewerber wird, dem Umworbenen entgegen- und nahezukommen, sich ihm zu verbinden, seine Schwächen und Stärken zu erkunden und sich ihnen anzupassen, alle Brücken aufzusuchen oder zu schlagen, die das eigene Sein und Leisten mit jenem verbinden könnten" (Simmel 1992 [1908]: 217).

umfasst neben professionalisierten Nichtregierungsorganisationen auch die Basisbewegungen der politisch und wirtschaftlich Marginalisierten.

Die Erfahrungen der ASC und anderer in der bisherigen Forschungsliteratur untersuchter Erfolgsfälle transnationaler Koalitionsbildung zeigen allerdings auch, dass dauerhafte transnationale Kooperation ein komplexer und voraussetzungsreicher Prozess ist. Denn für den langjährigen Bestand der ASC können weder nur ihre spezifische Organisationsstruktur, noch ausschließlich das besondere regionale Umfeld verantwortlich gemacht werden. Vielmehr setzt sich das „Erfolgsmodell" der ASC aus einem ganzen Bündel von Faktoren zusammen, die komplementäre Funktionen entfalten. Forschungsstrategisch gewendet sprechen die Erfahrungen der ASC damit auch gegen einen monotheoretischen Untersuchungsansatz, der nur einen dieser Faktoren betont. Um der Komplexität von TSMCs gerecht zu werden, müssen verschiedene etablierte Theorieraster (von der Ressourcenmobilisierungsperspektive bis zu den *New Social Movements*-Ansätzen) miteinander kombiniert werden. In der vorliegenden Untersuchung sind die bestehenden Ansätze der *Social Movement*-Forschung beigezogen worden, um verschiedene Probleme der Koalitionsbildung je im Detail zu beleuchten, doch zeigt sich, dass erfolgreiche Koalitionsbildung Lösungsstrategien für eine ganze Reihe von sehr unterschiedlichen Herausforderungen bedingt.

Was ihre Organisationsstrukturen angeht, zeichnet sich die ASC durch die selben Grundmerkmale aus wie die Erfolgsfälle transnationaler Koalitionsbildung bei Bandy und J. Smith (2005a), nämlich durch ein hohes Maß an Dezentralisierung und Flexibilität (zu den Vorteilen einer dezentralen Organisationsstruktur, s. Gerlach und Hine 1976 [1970]; vgl. auch Kap. 3.2). Denn wenngleich Koalitionen ihren Teilgruppen bereits per Definition eine gewisse Eigenständigkeit gewähren, ist diese Autonomie im Falle der ASC besonders stark ausgeprägt. Die meisten Beschlüsse werden hier nach dem Subsidiaritätsprinzip auf der jeweils tiefstmöglichen Organisationsebene gefasst, und zumal die transnationalen Steuerungsgremien nach dem Konsensprinzip funktionieren, können sie außerdem nur solche Entscheidungen treffen, die von sämtlichen Mitgliedergruppen mitgetragen werden. Auch beinhalten die Entscheidungen der transnationalen Gremien vergleichsweise große Spielräume für eine flexible lokale Implementation. Die Modalitäten der *consulta popular* zum Beispiel, des länderübergreifenden (informellen) Referendums gegen das panamerikanische Freihandelsabkommen FTAA/ALCA, konnten von den nationalen Mitgliedergruppen flexibel an die jeweiligen örtlichen Voraussetzungen angepasst werden. Auf diese Weise konnte die Aktion einerseits eine hohe Übereinstimmung mit den jeweiligen politischen Gelegenheitsstrukturen und andererseits auch eine möglichst hohe lokale Partizipation und Selbstbestimmung gewährleisten.

Weiter fällt auf, dass die ASC im Laufe der Zeit eine arbeitsteilige Spezialisierung und eigentliche Dualisierung ihrer Organisationsstrukturen erlebte.

Die von ihr initiierte Kampagne gegen den Freihandel nämlich, die *Campaña Continental de Lucha contra el ALCA*, umfasste bald einmal eine Reihe von Organisationen, die sich selbst als Nicht-Mitglieder begriffen und (noch) stärker als die ASC auf unkonventionelle Aktionsformen setzten. Die Koordination der Kampagne fand denn auch nicht lange in den Steuerungsgremien der ASC selbst statt, sondern wurde weitgehend dem als „radikal" geltenden ASC-Komitee auf Kuba, dem *Capítulo Cubano de la Alianza Social Continental*, übergeben. Die *Campaña* kann damit als das „enfant terrible" der ASC gelten, doch hat sie der Koalition einen engen Kontakt mit zahlreichen externen Gruppen ermöglicht und ist den radikaleren Mitgliedern entgegen gekommen, denen die ASC zumindest in der Anfangsphase noch zu moderat und schwerfällig erschien. Letztlich scheint es der ASC durch die partielle Auslagerung der *Campaña* gelungen zu sein, die bei Gerlach und Hine (1976 [1970]) sowie bei Piven und Cloward 1977) beschriebenen Stärken unkonventioneller Aktionen zu nutzen und radikale Akteure an sich zu binden, ohne damit die vom Ressourcenmobilisierungsansatz und insbesondere von Gamson (1975) betonten Vorteile institutionalisierter Bewegungsorganisationen – namentlich das Vertrauen externer Sponsoren und den Respekt staatlicher Institutionen – zu opfern. Die Erfahrung der ASC zeigt, dass die für wenig integrierte Bewegungssektoren typische Arbeitsteilung zwischen Akteuren, die unterschiedliche Strategien und Organisationsformen aufweisen (Mc Carthy und Zald 1977, Jenkins 1983, Jenkins und Eckert 1986), auch von vergleichsweise höher integrierten und dauerhaften Koalitionen gewährleistet werden kann.

Für einen starken personellen Zusammenhalt sind in der ASC wiederum die regelmäßig stattfindenden panamerikanischen und subregionalen „Völkergipfel," die regelmäßig stattfindenden *Cumbres de los Pueblos*, zuständig. Diese können als integrationsfördernde Gegengewichte zur dezentralen Gesamtstruktur gelten, denn während an den transnationalen Koordinationstreffen der ASC pro Land oder Region immer nur zwei Delegierte teilnehmen, stehen die Völkergipfel auch den Basismitgliedern (und Nicht-Mitgliedern) offen. Zudem beinhalten diese Treffen eine ganze Reihe von Festivitäten und kulturellen Anlässen (Konzerte, Ausstellungen, Filmvorführungen usw.), die ganz im Sinne des von Taylor und Rupp entwickelten Konzepts der kollektiven Gefühlsarbeit (Taylor und Rupp 2002) vornehmlich der Gemeinschaftsbildung und dem Aufbau einer kollektiven Identität dienen. Besucher/innen aus den verschiedensten Ländern erhalten mit diesen sozialen und kulturellen Aktivitäten die Möglichkeit, ihre Zugehörigkeit zur transnationalen Koalition mit positiven emotionalen Erfahrungen zu verbinden und jenseits oberflächlicher Arbeitsbeziehungen enge persönliche Kontakte mit Gleichgesinnten zu knüpfen. Das Fallbeispiel der ASC erhärtet somit die Befunde früherer Studien, wonach die regelmäßige Durchführung von transnationalen Basistreffen die zentripetalen Kräfte, die gerade in sonst stark dezentralen

Koalitionen bestehen, zu kompensieren helfen (Bandy und J. Smith 2005a, 2005b, Taylor und Rupp 2002).

Weiter stützt die vorliegende Analyse der ASC aber auch die Vermutung, wonach erfolgreiche transnationale Koalitionsarbeit in beträchtlichem Masse von den Persönlichkeitsmerkmalen und Fähigkeiten der Koordinationsbeauftragten abhängt. Wie in den bei Bandy und J. Smith (2005a, vgl. auch Brown und Fox 1998) untersuchten Fällen haben sich auch in der ASC die „coalition brokers" – in diesem Fall die Delegierten des *Consejo Hemisférico* und des *Grupo Coordinador* – als kompromissbereite und geduldige Vermittler/innen mit einer eindrücklichen interkulturellen Kommunikationskompetenz erwiesen. In der hier dokumentierten Studie kamen diese Eigenschaften bereits im Rahmen des Interviewaktes zum Tragen, denn den Befragten gelang es, dem weitgehend kulturfremden Forscher komplexe Sachverhalte einfach nachvollziehbar nahe zu bringen. Überdies wurde in den Interviews mit den Koordinationsbeauftragten der ASC sehr offen und unverblümt, aber auch ausgesprochen differenziert über die unterschiedlichen Positionen in internen Auseinandersetzungen berichtet. Die eigenen Positionen zu strittigen Fragen kamen in den Gesprächen genauso direkt zum Ausdruck, wie die Darstellungen der verschiedenen Gegenpositionen von Respekt und hoher Verständnisbereitschaft zeugten. In den Interviews mit Basisaktivist/innen hingegen fielen solche Berichte vergleichsweise harsch aus, und die jeweiligen Gegenpositionen wurden gerne auch einmal als „irrig" oder schlichtweg als „Lügengespinste" dargestellt.

Ein letzter wichtiger Kohäsionsfaktor in der ASC dürfte schließlich die bei J. Smith und Bandy (2005b) nur wenig untersuchte Wirkung von identitätsstiftenden *collective action frames* sein (Gamson 1992b, Hunt et al. 1994). Der ASC ist es gelungen, ihre kollektiven Aktivitäten geschickt in die Regionalgeschichte einzubetten und als die Fortsetzung eines Jahrhunderte andauernden gemeinsamen Widerstandes der amerikanischen Völker gegen externe und interne Unterdrückung darzustellen. Zudem hat sie es vermocht, die aktuelle regional- und weltpolitische Situation als historisch einmalige Gewinnchance zu deuten. In den Interviewaussagen der Basisaktivist/innen wird denn auch immer wieder betont, transnationale Zusammenarbeit sei auf dem amerikanischen Kontinent eigentlich der „Normalfall," doch könne dieser Jahrhunderte lange kulturübergreifenden Kampf nun endlich zu seinem erfolgreichen Ende geführt werden – und zwar „jetzt oder nie." Insbesondere in Lateinamerika sei die Bevölkerung noch selten so offen für einen politischen und ökonomischen Neuanfang gewesen wie heute. Zwischen den *frames*, welche die ASC in ihren Positionspapieren und *convocatorias* anbietet, und den Interviewaussagen der Basisaktivist/innen herrscht also eine bemerkenswert hohe Korrespondenz. Die vornehmlich von den Koordinator/innen der ASC entwickelten Deutungsmuster scheinen an der Basis auf eine hohe Resonanz gestoßen zu sein.

Dass objektive historische und kulturelle Gemeinsamkeiten unter den Beteiligten ebenfalls zum dauerhaften Zusammenhalt der ASC beigetragen haben, muss hingegen bezweifelt werden. Lateinamerika gilt zwar in sprachlicher und religiöser Hinsicht als vergleichsweise homogen, doch umfassen die Mitgliederorganisationen der ASC neben hispanischen Gruppierungen auch karibisch-kreolische Organisationen, Gewerkschaften aus den USA und zahlreiche indigene Bewegungen. Die Delegierten einiger dieser Gruppen sprechen zuweilen nur dürftig Spanisch. Wenn die ASC den beteiligten Gruppen in ihren *collective action frames* eine kollektive Geschichte und einen gemeinsamen Erfahrungshorizont attestiert, schafft sie damit also zunächst einmal ein recht eigenwilliges soziales Konstrukt. Es spricht im Prinzip nur wenig dagegen, die Erfahrungen der ASC als Modell für transnationale Bewegungskoalitionen in anderen geographischen Regionen zu betrachten, denn identitätsstiftende *collective action frames* sind zwar keineswegs beliebig, doch lässt sich eine abstrakte, hochgradig anschlussfähige Dichotomie zwischen „Ausbeutern" und „Ausgebeuteten" auch in der Geschichte anderer Regionen verankern, und auch die restlichen Kohäsionsfaktoren in der ASC – von der dezentralen Organisationsform bis zu den Führungsqualitäten und interkulturellen Vermittlungskompetenzen der Koordinationsbeauftragten – scheinen durchaus generalisierbar zu sein.

Eine historische Besonderheit der ASC besteht allerdings darin, dass sie vornehmlich über einen Mechanismus entstand, den Tarrow (2005a) als „diffusion" beschreibt – nämlich über die Mobilisierung von Kontakten, die bereits im Vorfeld bestanden. In der Anfangsphase der ASC konnten nordamerikanische und mexikanische Gruppierungen, die gemeinsam gegen das NAFTA gekämpft hatten, auf vorgängige Verbindungen mit Bewegungsorganisationen und Gewerkschaften in Brasilien und Chile zurückgreifen, die wiederum über frühere Kontakte mit Gruppierungen in anderen lateinamerikanischen Ländern verfügten. Es herrschte mit anderen Worten bereits ein gewisses Maß an wechselseitigem Vertrauen und ein Grundkonsens zwischen den beteiligten Organisationen, *bevor* sich die ASC etablierte. Selbstverständlich wurden nur solche potentiellen Koalitionspartner rekrutiert, denen die Initiant/innen der ASC ähnliche Zielsetzungen und Strategien attestierten. Zudem hatten die südamerikanischen Gruppierungen noch kaum Erfahrungen im Kampf gegen Freihandelsabkommen gesammelt und keine entsprechenden Aktionsrepertoires und *frames* entwickelt. Sie waren daher zunächst einmal offen dafür, die Empfehlungen der „NAFTA-Veteranen" zu übernehmen. Andere Koalitionen hingegen – inklusive die ursprüngliche trinationale Allianz gegen das NAFTA – ergeben sich über einen Prozess, den Tarrow (2005a) „brokerage" nennt: die Vernetzung von Gruppierungen, zwischen denen bislang weder Verbindungen noch ein Grundvertrauen bestehen, die aber bereits über etablierte Aktionsrepertoires verfügen. Hier muss ein Basiskonsens zwischen den Beteiligten erst einmal ausgehandelt werden, und

häufig stellt sich die schwierige Aufgabe, Widersprüche zwischen bereits bestehenden Aktionsformen und Deutungsmustern zu überwinden, die Bestandteile
der jeweiligen kollektiven Identitäten bilden (Polletta und Jasper 2001).

Koalitionsinterne Ungleichgewichte, ja – aber: kein zwingendes Demokratiedefizit

Die externen Faktoren, die in jüngster Zeit eine vermehrte Herausbildung von
transnationalen Bewegungskoalitionen begünstigt haben, sind vielfältig. Sie
umfassen insbesondere das Internet, die vom *World Polity*-Ansatz beschriebene
Verbreitung von weltkulturellen institutionellen Praktiken (z. B. die Angleichung
der Bildungssysteme; Meyer 2000) sowie die immer häufigere Durchführung
von UNO-Konferenzen, internationalen Gipfeltreffen und den entsprechenden
zivilgesellschaftlichen Parallelveranstaltungen – letztere als Gelegenheiten zur
transnationalen Kontaktnahme und Vertrauensbildung (Ayres 2001). Gemeinsam
haben diese verschiedenen Phänomene dazu geführt, dass interkulturelle Kommunikation und transnationale Bewegungskooperation über die letzten Jahre be-
deutend einfacher geworden ist.

Nichtsdestotrotz ist die aktive und regelmäßige Teilnahme in TSMCs weiterhin mit beträchtlichen strukturellen Ungleichheiten verbunden. Die ungleichen
(welt)gesellschaftlichen Verhältnisse, welche die linksprogressive Bewegungen
zu ändern versuchen, übersetzen sich letztlich auch in deren Organisationsformen hinein. Gerade Aktivist/innen aus den ländlichen Regionen der Entwicklungsländer verfügen kaum über die Zeit und die technischen Möglichkeiten,
um sich konstant an elektronischen Vernehmlassungen zu beteiligen, und können sich auch die Teilnahme an transnationalen Koordinationstreffen nur dann
leisten, wenn diese sporadisch im eigenen Land stattfinden. Ansonsten ist ihre
Beteiligung in Bewegungskoalitionen wie der ASC eine indirekte, über basis-
demokratisch gewählte Repräsentant/innen vermittelte. Doch die mögliche
Auswahl solcher Repräsentant/innen ist aufgrund familiärer und beruflicher
Verpflichtungen meist stark eingeschränkt. Es überrascht daher auch nicht, dass
sich im Falle der ASC unter den regelmäßigen Teilnehmer/innen der Völkergipfel und unter den internationalen Koordinationsbeauftragten vornehmlich solche
Personen finden, die hauptberuflich für größere Nichtregierungsorganisationen
oder Gewerkschaften arbeiten und aus den jeweiligen Landeshauptstädten stammen. Sie bilden eine Art interne Elite, wie sie auch Freeman (o. J. [1972–73])
beschreibt: einen Zirkel von vergleichsweise privilegierten Aktivist/innen, die
im Laufe fortgesetzter Interaktion – entsprechend den Erwartungen der Theorie
sozialer Kohäsion in Kleingruppen (Lawler und Yoon 1998, Lawler et al. 2000,

s. auch Thye et al. 2002) – einen starken Zusammenhalt und sogar enge freund-schaftliche Beziehungen entwickeln.[3]

Aus dem Vorhandensein einer solchen Elite ein eigentliches Demokratie-defizit abzuleiten, wäre allerdings im Falle der ASC irreführend. Wie Interviews mit argentinischen Aktivist/innen mehrfach deutlich gemacht haben, genießen die transnationalen Koordinationsbeauftragten an der Basis ein großes Vertrauen und hohe Legitimität. Vorwürfe, wonach sich die zum Teil mehrjährigen An-gehörigen der internationalen Koordinationsgremien allzu sehr von den Anlie-gen der Basis entfremdet hätten, sind keine zu hören, und die Stichfrage, ob die Beschlüsse der ASC durch eine stärkere Partizipation der Basisorganisationen maßgeblich verändert würden, wird interessanterweise immer wieder verneint – obwohl die Delegierten oft nur sehr vage Verhandlungsmandate haben und in den konsensorientierten Deliberationen der transnationalen Steuerungsgremien manchmal zu unerwarteten Themen Entscheidungen getroffen werden müssen. Eine der befragten Personen gibt allerdings zu bedenken, dass die Debatten der Steuerungsgruppen („möglicherweise") etwas reichhaltiger sein könnten. Ge-wisse Anliegen der ländlichen Basisbewegungen kämen in den transnationalen Gremien tatsächlich zu kurz.

Die in Fachkreisen und unter Politiker/innen beliebte Aussage, transnatio-nale Bewegungskooperationen litten zwangsläufig unter einem internen Demo-kratiemangel, muss daher relativiert werden. Im Falle der ASC können sich die Basisaktivist/innen durchaus mit den Beschlüssen der Steuerungsgremien iden-tifizieren (*hohe Output-Legitimität*), doch machen einige unter ihnen Schwierig-keiten beim Agenda-Setting geltend (*mangelhafte Input-Legitimität*).

Nord-Süd-Gegensätze: nicht immer und überall

Ein weiterer zentraler Befund, der sich aus dem Studium der ASC ergibt, be-trifft die bemerkenswert geringe Bedeutung von systematischen Nord-Süd-Gegensätzen. So wird in der einschlägigen Forschungsliteratur häufig unterstellt, die Debatten und Entscheidungsprozesse in Nord-Süd-Kooperationen seien ge-wöhnlich von einer deutlichen Dominanz nördlicher Interessen geprägt, doch

---

[3] Die sozialpsychologische Forschung zur sozialen Kohäsion in Kleingruppen hat in experimentellen Untersuchungen festgestellt, dass Gruppenkohäsion nicht zuletzt eine Funktion der Häufigkeit von erfolgreichen produktiven Interaktionen ist: Je häufiger Gruppenmitglieder miteinander interagieren und dabei bestimmte Aufgaben bewältigen, desto mehr empfinden sie sich als der Gruppe zugehörig und desto eher nehmen sie die Zugehörigkeit als positiv wahr (Lawler und Yoon 1998). Außerdem zeigt sich, dass nicht Erwartungssicherheit, sondern positive Gefühle das kausale Bindeglied zwi-schen wiederholter Interaktion und Gruppenkohäsion darstellen. Freude und Stolz über die erfolgrei-che Interaktion werden auf die Gruppe als Ganzes übertragen (Lawler et al. 2000).

erweist sich diese Annahme als nur bedingt zulässig. Tatsächlich sind nördliche Aktivist/innen in zivilgesellschaftlichen Treffen wie dem Weltsozialforum und den Völkergipfeln der ASC personell übervertreten (Chase-Dunn et al. 2008); die Konstruktion typisch „nördlicher" und „südlicher" Interessen scheint jedoch empirisch unhaltbar. Wie bereits die quantitative Umfrage unter Teilnehmer/innen der Weltsozialforen 2005 (Porto Alegre) und 2007 (Nairobi) aufgezeigt hat (Kapitel 7), gibt es mit Blick auf Fragen, die im *global justice movement* als strittig gelten, nur wenig robust signifikante Nord-Süd-Unterschiede in den Antwortmustern (s. auch Chase-Dunn et al. 2008). Systematische Divergenzen zeigen sich hingegen im Vergleich von NGO-Vertreter/innen mit anderen Gruppen (Basisgruppen und Gewerkschaften) sowie von Befragten aus Afrika mit solchen aus Lateinamerika. Diese Unterschiede zwischen Personen aus der Semiperipherie und der Peripherie des Weltsystems scheinen insgesamt deutlich größer zu sein als diejenigen zwischen „Nord" und „Süd."

Die qualitative Untersuchung zur ASC stützt diesen Befund, denn auch hier sind Nord-Süd-Differenzen kein dominantes Thema, weder an den beobachteten Treffen noch in den Interviewaussagen ihrer Teilnehmer/innen. Der Umgang der ASC mit möglichen Nord-Süd-Problemen hätte ursprünglich in der vorliegenden Studie einen Hauptfokus bilden sollen, doch machten bereits informelle Vorgespräche und erste Interviews deutlich, dass dieses Anliegen unter den Befragten auf sehr geringe Resonanz stieß. Die entsprechenden Fragen wurden recht einsilbig beantwortet, und als in einem Interview Ungleichgewichte zwischen Nord- und Süd-Gruppen doch etwas detaillierter ausgeführt wurden, zeigte die Darstellung in eine ganz unerwartete Richtung: Ein kanadisches Mitglied der transnationalen Koordinationsgruppe monierte, in der immer stärker auf Lateinamerika fokussierten Koalition würden allmählich die *nördlichen* Koalitionspartner, die ursprünglichen Gründer der ASC, marginalisiert. Die Debatten der ASC über politische Alternativen und mögliche regionale Integrationsvorhaben seien allmählich nur noch auf den globalen Süden konzentriert. Als hingegen eine Vertreterin von *Jubileo Sur* über Ungleichgewichte und Konflikte zwischen Organisationen aus dem Norden und dem Süden berichtete, sprach sie in der Vergangenheitsform und über die Situation im früheren *Jubilee 2000*-Netzwerk; die ASC nahm sie explizit von ihrer Kritik aus.

Der Grund für diese eigentümliche Absenz von Nord-Süd-Konflikten dürfte freilich darin liegen, dass einige spätere Mitglieder der ASC bereits im trinationalen Kampf gegen das NAFTA wichtige Lernprozesse erfahren hatten. Wie Kapitel 8 deutlich gemacht hat, war hier die Zusammenarbeit zwischen mexikanischen und nordamerikanischen Gruppierungen zunächst ausgesprochen schwierig, doch konnten grenzübergreifende Austauschprogramme zwischen den beteiligten Gruppen (Stillerman 2003: 591) und intensive Debatten an bi- und trinationalen Koordinationstreffen (von Bülow 2006, Huyer 2004) für eine allmähliche Annäherung sorgen, sowohl in den Diskussionsformen (Massicotte 2003, Huyer 2004) als auch in den politischen Positionen (Anner und Evans 2004, Prevost 2005). Als verschiedene Gruppierungen, die der trinationalen Allianz gegen das NAFTA angehört hatten, mit dem Aufbau der späteren ASC begannen, hatten sich einige Konfliktursachen deshalb bereits stark abgeschwächt und waren insbesondere die nordamerikanischen Gewerkschaften bereit, südliche Gruppierungen als ebenbürtige Partner wahrzunehmen.

Heute sind in den Steuerungsgremien der ASC tatsächlich südliche Gruppen personell deutlich stärker vertreten als solche aus den USA und Kanada (im Verhältnis von circa 10 zu 1). Die Verkehrssprache ist Spanisch. Es überrascht daher auch nicht, dass die meisten Delegierten aus Nordamerika einen hispanischen Migrationshintergrund haben oder auf langjährige Auslandaufenthalte in Lateinamerika zurückblicken (oder mit lateinamerikanischen Partnern verheiratet sind). Der Umgang mit den Besonderheiten lateinamerikanischer Bewegungskultur kann ihnen keine unüberwindbaren Schwierigkeiten bereiten.

Überdies sind einige der Streitpunkte, die im *global justice movement* immer wieder für Auseinandersetzungen sorgen, in der ASC inzwischen weitgehend geklärt worden. So besteht beispielsweise Konsens darüber, dass sich die ASC nicht in Dialogforen mit internationalen Organisationen einbinden lässt und dass Freihandelsverträge zwischen Industrienationen und Entwicklungsländern nicht punktuell reformiert, sondern gänzlich verhindert werden sollen. Dies soll allerdings nicht heißen, dass die Zusammenarbeit unter den Koalitionspartnern der ASC reibungsfrei verläuft. Für Spannungen sorgen insbesondere die Frage nach dem besten Umgang mit den staatlichen Institutionen und den verschiedenen regionalen Linksregierungen sowie der ursprünglich reformkapitalistische Ansatz der *Alternativas para las Américas*. Letzterer sollte in den Augen vieler Beteiligter überwunden und durch eine radikal antikapitalistische Ausrichtung abgelöst werden. Bemerkenswert ist jedoch, dass die entsprechenden Konfliktlinien quer zur Nord-Süd-Achse und anderen strukturellen Trennlinien (etwa zwischen hauptstädtischen Metropolen und ländlichen Peripherien oder zwischen NGOs und Basisbewegungen) verlaufen. Es können mithin keine eigentlichen „Lager" von Koalitionspartnern ausgemacht werden, welche ähnliche Strukturmerkmale aufweisen und gleichzeitig zu einzelnen Streitpunkten ähnliche inhaltliche Positionen einnehmen. Inhaltliche Konfliktlinien verlaufen im Gegenteil sogar durch die einzelnen Partnergruppen hindurch.

Das Hauptproblem: mangelhafte Partizipationsmöglichkeiten auf der nationalen Ebene

Ein tatsächliches Problem der ASC besteht hingegen darin, dass verschiedene südliche Basisaktivist/innen unter einem Mangel an Partizipationsmöglichkeiten in den *nationalen* Mitgliedergruppen leiden. Die eigenen Interviews mit argentinischen Koalitionsmitgliedern haben in diesem Zusammenhang Ähnliches zutage gefördert wie die Untersuchungen anderer Autor/innen in Mexiko (Massicotte 2003) und Brasilien (von Bülow 2006): dass die nationalen Koordinationstreffen der ASC-Mitglieder zwar an den Prinzipien der partizipativ-deliberativen Demokratie ausgerichtet sind, aber meist in den Hauptstädten oder in großen Wirtschaftszentren stattfinden und nur den Großstadtbewohner/innen eine regelmäßige Teilnahme ermöglichen. So finden denn auch in der argentinischen *Autoconvocatoria No al ALCA* die wöchentlichen Koordinationstreffen ausnahmslos in Buenos Aires und in der Regel an einem Arbeitstag statt. Graswurzelaktivist/innen aus den ländlichen Provinzen und Vorstadtgebieten sind daher auch hier weitgehend unterrepräsentiert.

Der informelle Umgang mit diesem Hauptstadt-Bias besteht im Falle der *Autoconvocatoria No al ALCA* darin, dass sich die Aktivist/innen aus dem Hinterland explizit als die „Stimme von mehreren Hundert *compañeros* und *compañeras*" in die Debatten einbringen und ihren Voten dadurch implizit größeres symbolisches Gewicht zu geben versuchen. Die „Partizipationslogik" deliberativ-konsensorientierter Demokratie und die „Delegiertenlogik" repräsentativer Demokratie vermischen sich hier also, doch vergibt sich die stark zentralisierte *Autoconvocatoria* die Möglichkeit, im Rahmen von deliberativen Prozessen Lerneffekte und Fortschritte in der Selbstermächtigung lokaler Basisgruppen zu erzeugen. Wenn die Teilnehmer/innen der wöchentlichen Koordinationstreffen aus ihren Beratungen neue Ideen, aber auch ein gestärktes Gruppengefühl beziehen, kommt dies daher primär den Aktivist/innen aus Buenos Aires selbst und den wenigen regelmäßigen Vertreter/innen der Provinzen zugute.

Allerdings hat die starke Fokussierung der *Autoconvocatoria* auf das Zentrum Buenos Aires nicht zuletzt auch ideelle Gründe, denn in der Perspektive der Hauptstädter müssen die nach dem Konsensprinzip organisierten Treffen nicht primär dem *empowerment* der einzelnen Mitglieder dienen. Es ist nicht das vornehmliche Ziel der bonaerensischen Aktivist/innen, dass sich die Teilnehmer/innen dieser deliberativen Treffen über die aktive Teilnahme an der Diskussion als politisch relevante Subjekte wahrnehmen. Vielmehr sollen die Unstimmigkeiten vermieden werden, die zustande kämen, wenn sich eine Gruppe übervorteilt fühlte. Die dominante Absicht, welche die Aktivist/innen aus Buenos Aires mit den deliberativ-konsensorientierten Treffen verbinden, scheint die des Interessenausgleichs und der Repräsentation zu sein, denn in den entsprechenden Interviews wird immer wieder betont, ländliche und vorstädtische Gruppen seien über „Delegierte" durchaus in den Koordinationstreffen „vertreten" (v. a. Interviews mit Rina Bertaccini, Juan González und Juan Roque). Für die Aktivist/innen der ländlichen Bewegungen und der Graswurzelprojekte in den vorstädtischen Armenvierteln ist die zentrale Absicht deliberativer und konsensorientierter Treffen hingegen die der Selbstentfaltung und des politischen Lernens (v. a. Interviews mit Claudia Baigorria, Lydia Pereira [Pseudonym] und Carlos Villareal [Pseudonym]). Es geht ihnen in ihrer Kritik am hohen Zentralisierungsgrad der *Autoconvocatoria* daher auch weniger um Probleme der angemessenen Interessenvertretung, sondern vorwiegend um das Ausbleiben der psychosozialen Effekte, welche sich nur mit der direkten Partizipation verbinden.

Die marginalisierten ländlichen und vorstädtischen Befragten anerkennen freilich, dass der Graben zwischen der Hauptstadt und der Peripherie auch strukturelle Gründe hat, wie sie sich aus den besonderen Erfordernissen transnationaler Koalitionsarbeit ergeben. Diese verlangt zuweilen rasche Stellungnahmen zu aktuellen regionalpolitischen Ereignissen und zu Anfragen der Koalitionspartner. Wie etwa Claudia Baigorria betont, wäre eine „asamblea permanente" – eine landesweite Generalversammlung aller Mitglieder der *Autoconvocatoria* aus der Optik ländlicher und vorstädtischer Bewegungen daher zwar wünschenswert, aber für die transnationale Koalitionsarbeit unzweckmäßig. Was sie fordert, ist denn auch nur die *sporadische* Durchführung von Koordinationstreffen an wechselnden Orten im argentinischen Hinterland.

Die Prognosen für eine emanzipatorische Weltpolitik: heiter bis durchzogen

Globalisierungskritische Bewegungen wie diejenigen, die sich in der ASC zusammengeschlossen haben, wollen letztlich nichts weniger als die Welt verändern. Es geht ihnen in der Mehrzahl nicht bloß um punktuelle Reformen in der *Global Governance*-Architektur, sondern um grundlegende Veränderungen der globalen Machtverhältnisse. Befragt man strukturalistisch-materialistisch angelegte Globaltheorien nach den Möglichkeiten emanzipatorischer Weltpolitik, fällt die Antwort jedoch zunächst einmal ernüchternd aus. In Wallersteins Version des Weltsystemansatzes etwa sind die Grundstrukturen der politischen Weltökonomie derart „zähflüssig" konzipiert, dass sie sich trotz zyklisch wiederkehrender Abweichungen immer wieder auf einen systemischen Normalzustand zurückbewegen. Antisystemische soziale Bewegungen werden in diesem Ansatz von den wirtschaftlich und politisch Mächtigen regelmäßig wieder ins System integriert, sei es durch Zwang, sei es durch Kooptation (Arrighi et al. 1989). Wallerstein muss in seinen jüngeren Arbeiten daher einen eigentlichen Systemkollaps konstruieren, um dem *global justice movement* doch noch emanzipatorische Wirkung zuschreiben zu können. Die kapitalistische Weltwirtschaft, so argumentiert Wallerstein etwa in „Utopistics" (Wallerstein 1998), steht aufgrund wachsender Systemwidersprüche kurz vor ihrem Zusammenbruch; was in ein paar Jahrzehnten folgen wird, ist eine Ära der unstrukturierten neuen Möglichkeiten – auch für antisystemische soziale Bewegungen.

Materialistische Ansätze wie Wallersteins Weltsystemperspektive vernachlässigen jedoch, dass die politische Ökonomie des Weltsystems auch eine ideelle Dimension aufweist. Aus der neogramscianischen Sicht, die hier vertreten worden ist, ist das Weltsystem auch ein Welt*kultur*system (R. Cox 1981, Gill und Law 1988, vgl. auch Meyer et al. 1997) und eine bestehende politökonomische Weltordnung nur in dem Masse dauerhaft, in dem sie als selbstverständlich oder wenigstens als legitim gilt. Soziale Ordnungen, die im kulturellen Bereich keine Hegemonie mehr haben und mehrheitlich durch Kontrolle und Gewalt zusammengehalten werden müssen, sind hingegen inhärent instabil (vgl. auch Bornschier 2008a). Die emanzipatorische Politik sozialer Bewegungen beginnt daher im Neogramscianismus bereits dort, wo diese subalterne Gegenöffentlichkeiten (Fraser 1990) bilden und kulturelle Selbstverständlichkeiten hinterfragen. Damit untergraben sie das ideelle Fundament, auf dem die dominante Herrschaftsordnung aufgebaut ist (Alvarez et al. 1998).

Folgt man der neogramscianischen Logik weiter, befindet sich die herrschende Weltordnung außerdem schon jetzt in einer Phase schwacher und instabiler Hegemonie. Tatsächlich scheint es globalisierungskritischen Stimmen gelungen zu sein, auf Widersprüche in den Verheißungen des Neoliberalismus hinzuweisen und damit Sand ins kulturelle Getriebe der Globalisierungsmaschinerie zu streuen. So haben verschiedene internationale Umfragen – u. a. im Auftrag des *World Economic Forum* – schon vor der aktuellen globalen Finanzkrise aufzuzeigen vermocht, dass einerseits die multinationalen Unternehmen und ihre Führungsspitzen unter einem massiven Vertrauensdefizit leiden und andererseits die Versprechungen des neoliberalen Globalisierungsprojektes in der Weltbevölkerung auf immer weiter verbreitete Skepsis stoßen (Kapitel 5.4). Auch wird weltwirtschaftliche Globalisierung nicht (mehr) als „natürliche" Entwicklung begriffen, sondern als das Produkt politischer Anstrengungen. In einer internationalen Erhebung des Forschungsinstitutes GlobeScan (2003) stimmen deutliche Mehrheiten in über drei Viertel aller untersuchten Länder der Aussage zu, globale Großkonzerne seien die Motoren der Globalisierung („globalisation is driven by global companies"), und nur ein kleiner Teil ist mit der Aussage einverstanden, Globalisierung sei das Resultat einer natürlichen ökonomischen Entwicklung („globalisation is a natural economic evolution"). TNCs und ihre politischen Interessenvertreter werden mit anderen Worten nicht länger als passive Vollstrecker eines Prozesses gesehen, über den sie keine Kontrolle haben, sondern als seine aktiven und daher legitimationspflichtigen Verursacher. Wirtschaftliche Globalisierung erscheint mithin als ein *sozialer* Prozess, der je nach Ergebnis auch rückgängig gemacht oder modifiziert werden kann.

Inwieweit es linksprogressiven zivilgesellschaftlichen Kräften gelingen wird, aus dieser vielversprechenden Ausgangssituation den erwünschten Nutzen zu ziehen, ist indes offen. Ihre transnationalen Koalitionen können zwar als Vorstufen eines gegenhegemonialen historischen Blocks gesehen werden (Evans 2000, 2008), doch fehlt bislang ein konsensuales Zukunftsprojekt (Rucht 2005, Rucht und Roth 2006). Das globalisierungskritische „movement of movements" besteht vorderhand aus einem gemeinsamen „Nein," aber vielen, nur vage miteinander verbundenen „Ja." Wenn in TSMCs wie der *Alianza Social Continental* über verschiedene Fragen weitgehend Einigkeit besteht, liegt dies nicht zuletzt an einem Prozess der Selbstselektion: Neue Partner treten nur dann der Koalition bei, wenn sie mit den bisherigen Mitgliedern bezüglich dieser Fragen übereinstimmen. In der linksprogressiven Globalisierungskritik als Ganzes sind die internen Widersprüche und Auseinandersetzungen hingegen deutlich ausgeprägter. Was heute die verschiedenen globalisierungskritischen Bewegungen eint, ist einerseits die Ablehnung der dominanten neoliberalen Globalisierungspolitik, andererseits die Übereinkunft, die Suche nach Alternativen möglichst breit abgestützt und im Sinne partizipativ-deliberativer Kommunikationsprinzipien zu gestalten (Andretta et al. 2003, della Porta 2005a, 2005b, della Porta et al. 2006). So betont auch die ASC, alternative Politik könne nur in dem Masse Alternative sein, in dem sie von einer breiten Bevölkerungsbasis aktiv mitgestaltet und mitgetragen werde. Bei der Mobilisierung von Bevölkerungsgruppen außerhalb der großen Metropolen weist jedoch selbst die ASC noch deutliche Mängel auf. Auch ihre *Alternativas para las Américas* (ASC 2005) können (noch) kaum für sich beanspruchen, von einem „sozialen Subjekt" erarbeitet worden zu sein, das auch die ländlichen Gebiete und die Vorstädte umfasst.

Überdies ist noch ungeklärt, wie geschlossen die globalisierungskritischen Bewegungskoalitionen reagieren werden, wenn sich erste politische Teilerfolge einstellen. Bedenken sind hier insofern berechtigt, als in Lateinamerika bereits das vermehrte Aufkommen von moderaten Links- und Links-Mitte-Regierungen heftige strategische Auseinandersetzungen bis hin zu Spaltungstendenzen unter den sozialen Bewegungen ausgelöst hat. Wie in Kapitel 11 aufgezeigt worden ist, setzen viele der Regierungen, die sich als Vertreter der politischen Linken geben, gerade in so zentralen Bereichen wie der Wirtschaftspolitik faktisch den Kurs ihrer neoliberalen Vorgänger fort (Boris et al. 2005, Borón 2004, Sader 2005a, 2005b), machen dafür aber die strukturellen Zwänge des Weltmarktes und die politische Macht der *Bretton Woods*-Institutionen verantwortlich (Evans 2008). Unter den sozialen Bewegungen ist darum umstritten, wie sie sich gegenüber der Politik dieser Regierungen verhalten sollen (vgl. auch Randeria 2007). In der argentinischen *Autoconvocatoria No al ALCA* und dem brasilianischen REBRIP, zwei ansonsten recht erfolgreichen und beständigen Mitgliederorganisationen der ASC, konnte eine Spaltung zwischen Vertreter/innen dieser beiden konträren Positionen nur knapp verhindert werden. Soziale Bewegungen und ihre transnationalen Koalitionen können mithin maßgebliche politische Veränderungen bewirken, sind aber auch gefordert, sich den veränderten politischen Gelegenheitsstrukturen anzupassen und potentiell destabilisierende Konflikte über eine mögliche Neuausrichtung zu überwinden.

Anhang: Methodisches Vorgehen

A.1 Die Umfrage an den Weltsozialforen

Die Untersuchungen im siebten Kapitel beruhen auf einer Umfrage unter 639 Teilnehmer/innen des Weltsozialforums im Jahr 2005 in Porto Alegre und unter 535 Teilnehmer/innen des WSF im Jahr 2007 in Nairobi. Der rund fünfseitige Fragebogen wurde für die Umfrage in Porto Alegre in drei Sprachen (Portugiesisch, Spanisch und Englisch) und für diejenige in Nairobi in fünf Sprachen (Französisch, Englisch, Spanisch, Portugiesisch und Swahili) verfasst. Die Erhebung des Jahres 2005 erfolgte unter der Leitung von Ellen Reese und diejenige des Jahres 2007 unter der Leitung von Christopher Chase-Dunn (beide von der *University of California-Riverside*, UCR), je in Zusammenarbeit mit den studentischen Mitarbeiter/innen der von ihnen geleiteten *IROWS Research Working Group on Transnational Social Movements*. Aus Gründen der sprachlichen Effizienz wird die Erhebung hier als „IROWS-Survey" bezeichnet.

Einige Frageformulierungen und Antwortkategorien des schriftlichen Fragebogens orientieren sich an den Umfragen einer Forschungsgruppe von Donatella della Porta am Europäischen Sozialforum 2002 (Andretta et al. 2003, della Porta et al. 2006) und den Umfragen des Forschungsinstitutes IBASE an verschiedenen Weltsozialforen (IBASE 2003, 2005). Dadurch sind Quervergleiche möglich. Mit verschiedenen anderen Fragen geht der IROWS-Survey hingegen über die genannten Vorlagen hinaus. Auch haben die Erfahrungen mit der Umfrage in Porto Alegre 2005 sowie Pretests mit schweizerischen Aktivist/innen dabei geholfen, das Erhebungsinstrument für die Umfrage in Nairobi 2007 zu optimieren. Die beiden Versionen des Fragebogens weisen daher eine Reihe von gemeinsamen Kernfragen auf, doch bestehen auch einige Abweichungen. Auf abweichende Frageformulierungen wird in den Auswertungen in Kapitel 7 jeweils hingewiesen.

Stichprobe

Die Auswahl der befragten Personen im IROWS-Survey ist nicht im streng wissenschaftlichen Sinn nach dem Zufallsprinzip erfolgt. Wie bereits die Forschungsgruppe um Donatella della Porta im Zusammenhang mit ihren Untersuchungen am Europäischen Sozialforum festhalten (Andretta et al. 2003: 38 f., bes. 38, della Porta et al. 2006), handelt es sich bei Sozialforen um Massenveranstaltungen ohne eine umfassende Liste der teilnehmenden Personen. Auch bilden die Beteiligten keine Demonstrationszüge, aus denen sich jede n-te Person auswählen liesse. Die Methode der zufälligen oder der stratifizierten zufälligen Stichprobe ist daher nicht anwendbar (vgl. dazu auch Beyeler et al. 2003, Norris et al. 2005, Van Aelst und Walgrave 2001). Inwieweit die beiden Stichproben des IROWS-Surveys repräsentativ für die Grundgesamtheit aller Teilnehmer/innen der beiden Foren sind, kann nicht genau bestimmt werden. Vergleiche zum Zweck der Validierung der Stichproben sind lediglich mit den offiziellen Angaben des WSF über die Herkunftsstruktur der registrierten Delegierten (URL: www.forumsocialmundial.org.br) und mit den parallelen Erhebungen durch das Forschungsinstitut IBASE (2005, 2007) möglich.

Bei der Durchführung des IROWS-Surveys wurde jedoch darauf geachtet, eine möglichst breit abgestützte Stichprobe zu erheben. Aus diesem Grund wurde die Erhebung an einer Vielzahl von Orten durchgeführt: etwa in den Warteschlangen vor den Anmeldungsschaltern und den Grossanlässen, an der Eröffnungsdemonstration, an zahlreichen Workshops und Konzerten, in den Solidaritätszelten und im Jugend-Camp. Außerdem waren die Befrager/innen angewiesen worden, den Fragebogen nach Möglichkeit nicht an mehrere nebeneinander stehende oder sitzende Personen zu verteilen, wenn diese dem Augenschein nach zur selben Kleingruppe von befreundeten Personen oder Arbeitskolleg/innen gehörten.

Die befragten Personen wurden gebeten, die Fragen vor Ort schriftlich zu beantworten und den ausgefüllten Erhebungsbogen danach an die Befragerin oder den Befrager zurückzugeben. Von der Alternative, den ausgefüllten Fragebogen per Post einzusenden, machten nur ein paar Dutzend Personen Gebrauch. Die Verweigerungsquote wurde von der Forschungsgruppe nicht im Detail erfasst, fiel jedoch nach persönlichen Angaben der Befrager/innen eher tief (ca. 10%–25%) aus; außerdem machen die Befrager/innen geltend, dass bezüglich der Teilnahmebereitschaft keine systematischen Unterschiede zwischen den verschiedenen Erhebungsorten (z.B. dem Jugend-Camp und anderen Orten) oder zwischen Angehörigen verschiedener ethnischer Gruppen herrschten. Aktivist/innen mit den symbolischen Attributen anarchistischer Gruppierungen waren nach Angaben der Befrager/innen genauso teilnahmewillig wie andere (Quelle: eigene Gespräche mit den Befrager/innen).

Abhängige Variablen

Der IROWS-Survey erfasst neben den soziodemographischen und sozialstrukturellen Merkmalen der Befragten auch deren Grad an politischem Aktivismus (z.B. die Teilnahme an Demonstrationen und früheren Foren) sowie die Zugehörigkeit zu bestimmten Organisationstypen (NGOs, Basisgruppen, Gewerkschaften, Parteien usw.). Außerdem wird die Identifikation mit bestimmten Bewegungen erhoben. Im Zentrum der Umfrage steht allerdings die Haltung der Teilnehmenden zu Fragen, die in der globalisierungskritischen Bewegung als strittig gelten – also etwa die Haltung gegenüber dem kapitalistischen Weltsystem und den Institutionen der *global governance* oder gegenüber der Organisationsform des WSF. Die Fragebogen finden sich auf der Website der Forschungsgruppe (URL: www.irows.ucr.edu/research/tsmstudy.htm).

Antikapitalismus vs. Reformkapitalismus: Die Einstellungen der befragten Personen zum globalen Kapitalismus wurden über zwei Frage-Items erhoben. So wurden die Teilnehmer/innen erstens gefragt, ob sie das kapitalistische System „reformieren" oder „abschaffen und durch ein besseres System ersetzen" möchten.[1] Zweitens wurden die befragten Personen gebeten, sich zum IWF und der WTO zu äußern. Die Frage lautete dabei wie folgt: „Was denken Sie, sollte man langfristig mit internationalen Finanz- und Handelsorganisationen wie dem Internationalen Währungsfonds IWF und der Welthandelsorganisation WTO tun?" Die möglichen Antwortkategorien waren „abschaffen," „abschaffen und durch neue, demokratischer organisierte Institutionen ersetzen" und „mit ihnen verhandeln."[2] In der Erhebung des Jahres 2007 wurden die teilnehmenden Personen zudem gebeten, mittels einer Likert-Skala ihre Einstellung zu folgender Aussage auszudrücken: „Die meisten Formen der sozialen Ungleichheit und Hierarchie werden mit der Abschaffung des Kapitalismus vermutlich ebenfalls verschwinden." Die Befragten konnten ankreuzen, ob sie mit dieser Aussage „sehr einverstanden," „einverstanden," „neutral," „nicht einverstanden" oder „gar nicht einverstanden" waren.[3]

Globalismus vs. Lokalismus/Regionalismus: Um ihre Zustimmung zu globalistischen Positionen zu bestimmen, wurden die Teilnehmer/innen der Erhebung gefragt, ob sie eine demokratisch gewählte Weltregierung für eine „gute Idee," „eine gute Idee, aber nicht machbar" oder eine „schlechte Idee" hielten.

---

[1] In der Erhebung des Jahres 2005 lauteten die Antwortkategorien wie folgt: „abschaffen und durch ein besseres System ersetzen" oder „reformieren." Im Jahr 2007 konnten die Befragten zwischen folgenden Optionen wählen: „abschaffen," „reformieren" oder „weder noch."

[2] Für die Erhebung des Jahres 2007 wurde die Frage so umformuliert, dass die Teilnehmenden zwischen folgenden Optionen wählen konnten: „abschaffen," „abschaffen und ersetzen," „reformieren" und „unverändert lassen." Zudem bezog sich die Frage im Jahr 2007 nur noch auf den IWF. Die Haltung der Befragten gegenüber der WTO wurde mit einer separaten Frage erfasst.

[3] Zu den Vertreter/innen eines radikalen Antikapitalismus werden in dieser Studie jene Befragten gezählt werden, die den Kapitalismus beziehungsweise den IWF und die WTO „abschaffen" oder „abschaffen und ersetzen" wollen und/oder sich mit der obigen Aussage zur postkapitalistischen Zukunft „sehr einverstanden" und „einverstanden" erklären.

Repräsentation vs. Partizipation beziehungsweise *Zentralismus vs. Horizon-talismus:* Zur Frage der Organisationsform des WSF und der Zukunft der globalisierungskritischen Bewegung wurden die teilnehmenden Personen aufgefordert, sich auf einer Likert-Skala zu folgendem Item zu äußern: „Das Weltsozialforum sollte eine offene Plattform für Debatten bleiben und in der Öffentlichkeit keine Positionen zu politischen Themen einnehmen." Die Antwortmöglichkeiten lauteten „sehr einverstanden," „einverstanden," „eher einverstanden," „eher nicht einverstanden," „nicht einverstanden" und „gar nicht einverstanden."[4] In der Erhebung des Jahres 2007 kam ferner das folgende Item hinzu: „Es sollte eine einzige globale Organisation geschaffen werden, welche die Aktionen progressiver internationaler sozialer Bewegungen koordiniert." Außerdem wurden die Einschätzungen zu folgenden beiden Aussagen erhoben: „Die Diskussionen am WSF werden zu sehr von Intellektuellen dominiert;" und: „In den meisten politischen Situationen ist die repräsentative Demokratie, in der Führer gewählt oder bestimmt werden, um eine soziale Gruppe zu vertreten, in den Bankrott geraten. Wir müssen politische Hierarchien mit partizipativen (oder direkten) Formen der Demokratie ersetzen." Die Antwortvorgaben lauteten: „sehr einverstanden," „einverstanden," „neutral," „nicht einverstanden" und „gar nicht einverstanden."

Universalismus vs. Wertekonservatismus: Grundlegende Werthaltungen wurden in der IROWS-Umfrage von 2007 exemplarisch mittels der Einstellungen der Teilnehmer/innen zum Thema Abtreibung erhoben – und zwar über folgende Frage: „Unterstützen Sie das Recht der Frau auf Abtreibung?" Die Befragten konnten unter folgenden Optionen wählen: „ja, unter allen Umständen," „manchmal (es kommt auf die Situation an)," „nein/niemals" und „unentschieden."

Prädiktoren

Position im Nord-Süd-Gefüge beziehungsweise im Schichtungsgefüge des Weltsystems: Um die Position der Umfrageteilnehmer/innen im globalen sozialen Schichtungsgefüge zu erfassen, wurden diese nach dem Land ihres Wohnsitzes gefragt und anhand zweier Klassifikationsschemata auf Länder des Nordens und des Südens beziehungsweise des weltsystemischen Zentrums, der Peripherie und der Semiperipherie aufgeteilt. Als „nördliche" Länder galten dabei die von der Weltbank (World Bank 2006) auf der Grundlage des Bruttoinlandproduktes pro Kopf als „high-income countries" klassifizierten. Die Einteilung in die drei Zonen „Zentrum," „Semiperipherie" und „Peripherie" erfolgte auf der Grundlage von Kentors weltsystemischen Statusindikator (Kentor 2002: Tab. 4). Dieser be-

---

[4] In der Erhebung des Jahres 2007 wurden die Antwortmöglichkeiten „eher einverstanden" und „eher nicht einverstanden" durch die Option „neutral" ersetzt.

Tabelle A1   Untersuchte Länder nach weltsystemischen Statuszonen

---

Zentrum

Australien,[a] Belgien,[a] Dänemark,[a] Deutschland,[a] Finnland,[a] Frankreich,[a] Irland,[a] Italien,[a] Japan,[a] Kanada,[a] Niederlande,[a] Norwegen,[a] Österreich,[a] Schweden,[a] Schweiz,[a] Spanien,[a] Vereinigte Staaten von Amerika,[a] Vereinigtes Königreich[a];

Semiperipherie

Argentinien, Brasilien, Chile, Costa Rica, Cuba, Griechenland,[a] Hongkong (China),[a] Indien, Israel,[a] Kolumbien, Korea (Rep.),[a] Malaysia, Mexiko, Neuseeland,[a] Panama, Portugal,[a] Russland, Südafrika, Taiwan (nicht in den Quellen),[a] Uruguay, Venezuela

Peripherie

Armenien, Äthiopien, Bangladesch, Bolivien, Burkina Faso, Dominikanische Republik, Ecuador, El Salvador, Irak, Kamerun, Kenia, Lesotho, Libanon, Madagaskar, Mali, Marokko, Mauretanien, Mozambique, Nepal, Niger, Nigeria, Pakistan, Paraguay, Peru, Philippinen, Ruanda, Senegal, Sri Lanka, Sudan, Swaziland, Tansania, Togo, Uganda, Vietnam, Zentralafrikanische Republik, Zimbabwe.

---

[a] Länder des globalen „Nordens" (Länder mit hohem Einkommen nach World Bank 2006).

rücksichtigt neben dem Durchschnittseinkommen auch das militärische Drohpotential eines Landes. Als unterer Grenzwert für die Semiperipherie wurde hier der Wert -0,89 gewählt, die obere Grenze lag beim Wert 2,0 (s. Tabelle A1).[5]

Beteiligung in bestimmten Organisationen (NGOs, SMOs, Gewerkschaften): Um verschiedene mögliche Arten der Zugehörigkeit zu einer NGO, einer SMO, einer Gewerkschaft und anderen Organisationstypen (Parteien, Staatsagenturen usw.) zu erheben, wurden die Teilnehmer/innen des IROWS-Survey je um die Auskunft gebeten, ob sie einer solchen Organisation „angehörten" („are you affiliated with…?"), ob sie im Auftrag einer solchen Organisation am WSF teilnahmen und ob sie zuhanden einer solchen Organisation über das WSF zu berichten gedachten.

Alter: Bivariate Auswertungen zeigen, dass sich die Altersgruppe der 26- bis 45-Jährigen bezüglich der politischen Einstellungen leicht von anderen unterscheidet. Sie scheint in verschiedenen Fragen tendenziell „moderater" und stärker reformistisch eingestellt zu sein – und zwar sowohl im Vergleich zu jüngeren als auch zu älteren Befragten. Diese beiden letztgenannten Gruppen hingegen unterscheiden sich kaum voneinander (Resultate auf Anfrage beim Autor erhältlich).

---

[5] Zum Zweck der Validierung wurde die Variable auch mit alternative Grenzwerten (z. B. −0,6 und 1,5) gebildet. Die Resultate der logistischen Regressionen bleiben weitgehend unverändert (Resultate auf Anfrage beim Autor erhältlich).

Die Zugehörigkeit zur mittleren Altersgruppe wird darum als dichotome Größe (1 = 26–45 Jahre alt; 0 = älter oder jünger) in die logistischen Regressionen aufgenommen.

Geschlecht: Bei der Frage nach dem Geschlecht hatten die Befragten im IROWS-Survey die Möglichkeit, neben „männlich" und „weiblich" auch die Kategorie „andere" anzukreuzen. Diese Möglichkeit wurde in Porto Alegre 2005 nur von einer Person genutzt, in Nairobi 2007 aber immerhin von 10 (aus 535). In den logistischen Regressionen wird die Variable allerdings in dichotomisierter Form verwendet (0 = männlich; 1 = weiblich oder „andere"), da die Fallzahl für die eigenständige Ausprägung „andere" aus mathematischer Sicht zu klein für valide Berechnungen ist.[6]

A.2   Die ethnographische Fallstudie zur „Alianza Social Continental"

Besteht ein Interesse an der Analyse von Wahrnehmungen und Deutungssystemen in komplexen, binnenstrukturierten sozialen Gebilden, bieten sich nach Hopf (1984 [1979]: 14 f., zit. in Lamnek 2005: 548) in der qualitativen Sozialforschung drei Untersuchungsmethoden an: „die unstrukturierte oder wenig strukturierte Beobachtung, die über einen sehr kurzen oder sehr langen Zeitraum erfolgen kann und die mit unterschiedlichen Graden und Arten der Teilnahme des Forschers verbunden sein kann; das qualitative Interview (…) [und] die Erhebung und Analyse von Dokumenten unterschiedlichster Natur (…)." Diese drei Methoden müssen zwar Lamnek (2005: 548) zufolge nicht zwingend kombiniert werden, kamen in der in der ethnographischen Untersuchung zur *Alianza Social Continental* jedoch gemeinsam zum Einsatz.

Wie dies in Fallstudien zu sozialen Bewegungen häufig der Fall ist (vgl. Blee und Taylor 2002, Snow und Trom 2002), wurden hier also im Sinne der Methodentriangulation (Lamnek 2005: 317, Stake 1994: 241) Beobachtung, Interviews und Dokumentanalyse als sich ergänzende Methoden gesehen und in Kombination genutzt.[7] Sie kamen dabei in den folgenden drei Varianten zum Einsatz:

---

[6] In verschiedenen weiterführenden Tests wurden die logistischen Modelle um Indikatoren der Schichtzugehörigkeit und der sozialen Diskriminierung ergänzt. Es konnten jedoch unabhängig von der Modellspezifikation keine signifikanten Effekte gefunden werden. Die Variablen bleiben darum aus den Schlussmodellen, wie sie im siebten Kapitel dokumentiert sind, ausgeschlossen.

[7] Wie Lamnek (2005) und verschiedene andere Autor/innen (z. B. Blee und Taylor 2002, Snow und Trom 2002) geltend machen, sind die Methoden der Beobachtung, des Interviews und der Dokumentsanalyse nicht nur kompatibel, sondern ergänzen sich. Die teilnehmende Beobachtung etwa hat gegenüber dem qualitativen Interview und der Dokumentanalyse den Vorteil, dass sie individuelle und kollektive Verhaltensweisen und soziales Handeln erfasst. Nicht die verbal kommunizierte Aussage zählt, sondern das tatsächlich beobachtbare Tun. Das Interview hingegen, das primär der

- die teilnehmende Beobachtung in der *nicht-standardisierten, offenen* (beziehungsweise nicht-verdeckten)[8] Form – und zwar mit zahlreichen informellen Gesprächen, aber mit geringem Partizipationsgrad des Forschers in den regulären Interaktionen der beobachteten Gruppe und ohne den Anspruch der Gruppenzugehörigkeit (Lamnek 2005: 561, vgl. auch Atkinson und Hammersley 1994);
- das Interview in der *persönlichen, nicht-standardisierten* Form – hier mit zahlreichen (leitenden) Mitgliedern der ASC und mit Basisaktivist/innen ihrer argentinischen Teilgruppe, der *Autoconvocatoria No al ALCA*;
- die Inhaltsanalyse in der Form einer nicht-standardisierten Auseinandersetzung mit ausgewählten schriftlichen Dokumenten der ASC und ihrer *Campaña de Lucha contra el ALCA.*

Wie Tabelle A2 deutlich macht, fand die teilnehmende Beobachtung an zwei internationalen Koordinationstreffen der ASC und mehreren der wöchentlichen Koordinationssitzungen der argentinischen Koalitionspartnerin *Autoconvocatoria No al ALCA* statt. Die zahlreichen Interviews und informellen Konversationen wiederum, die im Rahmen dieser Anlässe vereinbart und durchgeführt wurden, berücksichtigten Koordinator/innen der ASC aus mehreren nord- und

---

Feststellung von Meinungen, Wertvorstellungen, Gefühlen und Erwartungen dient, kann nur unter Vorbehalten zur Ermittlung von Verhaltensweisen eingesetzt werden. Denn: „Befragte Personen sind oft nicht in der Lage, ihr eigenes Verhalten richtig zu beschreiben oder wiederzugeben (...): Die Erinnerung der Befragten kann z. B. völlig falsch oder lückenhaft sein, manche Befragte wollen sich ganz bewusst nicht mehr erinnern; sie geben verdrängen, rationalisieren oder geben irreführende und falsche Antworten" (Lamnek 2005: 552). Umgekehrt sagt jedoch die Beobachtung von Handlungen im Gegensatz zum Interview wenig über den subjektiven Sinn dieser Handlungen aus, und Gültigkeit sowie Zuverlässigkeit der in einer Beobachtung gewonnenen Daten sind gefährdet, wenn die geltenden Sinn- und Bedeutungszusammenhänge des analysierten soziokulturellen Systems unbeachtet bleiben (Lamnek 2005: 551). Dieses Sinnverständnis lässt sich vorzüglich in Interviews erwerben. Dokumentanalysen wiederum ermöglichen im Unterschied zur teilnehmenden Beobachtung eine historische Längsschnittperspektive (Blee und Taylor 2002). Dafür besteht in der Analyse von Dokumenten die Gefahr, dass nur dominante Sichtweisen erfasst werden. Wie Blee und Taylor (2002) deutlich machen, sind etwa die Positionspapiere und Pressemitteilungen sozialer Bewegungen das Produkt vermachteter Aushandlungsprozesse und bringen vor allem die Perspektiven und Interessen der Bewegungseliten zum Ausdruck. Hingegen kann bei Interviews der Stichprobenplan so angelegt werden, dass sich auch Basisaktivist/innen sowie unzufriedene und marginalisierte Mitglieder äußern.

[8] Die offene Beobachtung wird bei Lamnek (2005: 560) dahingehend definiert, dass „der Beobachter ausdrücklich als Forscher auftritt und das soziale Feld mindestens den Zweck der Anwesenheit des Forschers kennt. Bei der verdeckten Beobachtung hingegen „gibt der Beobachter seine Identität als Forscher nicht zu erkennen" (Lamnek 2005: 561). In der vorliegend dokumentierten Untersuchung gab der Forscher den Zweck seiner Anwesenheit jeweils offen bekannt, außer wenn (wie in vielen Plenarien und Workshops der ASC) in weitgehend öffentlichen Veranstaltungen gar nicht erst nach den Teilnahmemotiven der Anwesenden gefragt wurde.

Tabelle A2   Die Erhebungsmethoden im Überblick

Erhebungsort/Untersuchungsfeld	Erhebungszeitraum

Methode

Teilnehmende Beobachtung

- *I° Encuentro hacia la Cumbre de los Pueblos*: Koordinationstreffen der ASC und der Mitglieder der argentinischen AC, Mar del Plata (diverse Workshops, Plenarveranstaltungen, Pressekonferenzen und Koordinationstreffen in Subkommissionen zur Vorbereitung des „Völkergipfels"
- Zahlreiche wöchentliche Koordinationstreffen der AC in Buenos Aires
- *III° Cumbre de los Pueblos de las Américas*: „Völkergipfel" der ASC mit diversen Workshops und Plenarveranstaltungen als Gegenveranstaltung zum *4th Summit of the Americas* der OAS
- Protestdemonstration der AC und anderer Organisationen gegen den panamerikanischen Freihandel und die US-amerikanische Außenpolitik, Mar del Plata

März–Mai 2005,
Okt.–Nov. 2005

Qualitative Interviews

- Mitglieder des Comité de Coordinación (der Steuerungsgruppe; seit 2007: *Grupo de Coordinación Continental*) der ASC aus Brasilien, Quebec (Kanada) und Argentinien (sowie informelle Gespräche mit Komiteemitgliedern aus Mexiko und dem englischsprachigen Teil Kanadas)
- Mitglieder der AC in San Martín (Provinz Buenos Aires) und der Provinz Santa Fe
- Informelles Gespräch mit Vertreter/innen einer westeuropäischen NGO, welche die III° Cumbre de los Pueblos de las Américas finanziell unterstützt hatte

März–Mai 2005,
Okt.–Nov. 2005,
Oktober 2006

Dokumentanalyse

- Alle Mobilisierungsaufrufe und Schlussdeklarationen zu den Völkergipfeln der ASC und den jährlichen Koordinationstreffen ihrer Kampagne gegen das ALCA
- Gründungsurkunde der ASC
- Alle Fassungen der „Alternativas para las Américas"

Februar 2005,
Juli–September 2005,
Herbst 2006

lateinamerikanischen Ländern genauso wie Basisaktivist/innen aus Buenos Aires und dem argentinischen Hinterland. Die inhaltsanalytisch untersuchten Dokumente schließlich umfassten die verschiedenen Ausgaben der von der ASC verfassten „Alternativas para las Américas" sowie die Mobilisierungsaufrufe („convocatorias"), Schlussdeklarationen (beziehungsweise „manifiestos") und Aktionspläne („planes de acción") zu allen drei *Cumbres de los Pueblos de las*

Américas, zu sämtlichen Koordinationstreffen der *Campaña de Lucha contra el ALCA* und zu ausgewählten *cumbres* („Völkergipfel") nach 2005 (etwa der *Cumbre de los Pueblos por la Soberanía y la Integración de los Pueblos de Sudamérica*).

Iteration und Fokus auf die Relevanzsysteme der Betroffenen ...

Qualitative Forschung zeichnet sich im Gegensatz zu hypothesentestenden quantitativen Untersuchungen durch ein hohes Maß an methodischer Flexibilität und theoretischer Offenheit aus. Dabei mündet die charakteristische Bereitschaft, noch während der Erhebungsphase und der Datenauswertung auf systematische Weise „alte Überzeugungen aufzugeben und neue zu suchen" (Lamnek 2005: 194), in der Regel in ein iteratives oder „zirkuläres" (Witt 2001) Vorgehen:

> „Zirkulär heißt hier, dass eine bestimmte Aufeinanderfolge von Forschungsschritten mehrmals durchlaufen wird und der jeweils nächste Schritt von den Ergebnissen des jeweils vorherigen Schrittes abhängt. (...) Im einzelnen heißt das, dass zu Beginn der Forschung nur ein ungefähres Vorverständnis über den Forschungsgegenstand vorliegt und auf dieser Basis zunächst nur wenige nächste Schritte geplant werden können, z.B. die vorläufige Entscheidung für ein bestimmtes Erhebungsverfahren, die Bestimmung einer zu befragenden Person, die Durchführung dieser Befragung und die anschließende Auswertung. Jede dieser Teilphasen kann schon Konsequenzen nach vorne (für das weitere Vorgehen) und nach hinten (Modifikation der Fragestellung) haben." (Witt 2001: § 15)

Im Sinne dieses zirkulären Vorgehens ist denn auch die vorliegend dokumentierte Studie bestrebt gewesen, Empirie und Theorie in eine „dialogische" (Lamnek 2005: 195) Beziehung zu bringen. Der Forschungsablauf gliederte sich in mehrere alternierende Erhebungs- und Auswertungsphasen und die Fragestellung wurde zu Beginn des Forschungsprozesses bewusst breit gewählt, um „in permanenter Auseinandersetzung mit der Realität durch Exploration schließlich zu engeren Fragestellungen, Erkenntnisinteressen und Hypothesen zu kommen" (Lamnek 2005: 93). Zunächst also einmal ging es nur um dies: mehr über die ASC und die argentinische *Autoconvocatoria* zu erfahren und, falls vorhanden, koalitionsinterne Nord-Süd-Diskrepanzen zu untersuchen. Die bereits bestehende theoretische Literatur zu transnationalen Bewegungskoalitionen wurde hingegen erst im Anschluss an die erste Phase der Datenerhebung aufgearbeitet und auch dann nur zur Erarbeitung von empfindsam machenden Konzepten (*sensitizing concepts*), nicht jedoch von zu testenden Hypothesen genutzt.

Darüber hinaus folgte die vorliegende Studie auch dem Prinzip, wonach für qualitative Untersuchungen die Relevanzsysteme der Betroffenen bedeutender sein sollen als die ursprünglichen Fragen der Forschenden. Wie Glaser (2004) besonders prominent betont hat, sind Aussagen zu Themen, welche den Befragten wenig relevant erscheinen, weitgehend beliebig. Die erste Frage im Feld lautete daher: „What is going on?" (Glaser 2004: o. S.). Was sind die Themen, welche die untersuchten Akteure tatsächlich beschäftigen, und wie gehen sie damit um?

... und ein erster Befund

Tatsächlich erfuhr denn die vorliegende Studie bereits zu Beginn der ersten Erhebungsphase eine Verschiebung des ursprünglich geplanten Fokusthemas. Eigentlich hätte untersucht werden sollen, wie die südlichen Akteure in der ASC das Problem der ungleichen Ressourcenverteilung und der potentiellen Machtungleichgewichte zwischen Gruppen des Nordens und des Südens wahrnehmen, und wie die ASC als Ganzes die Auswirkungen dieses Ungleichgewichtes zu mildern versucht. Es zeigte sich jedoch schon bald, dass dieses Thema bei den Befragten auf wenig Resonanz stieß und in der Beobachtung kaum Ergebnisse produzierte. Bereits am *1° Encuentro Hacia la Cumbre de los Pueblos*, dem internationalen Koordinationstreffen der ASC und der *Autoconvocatoria* im März 2005, waren Akteure aus dem Norden nur spärlich vertreten, und es entstand in keiner Weise der Eindruck, als seien die Diskussionen von diesen inhaltlich dominiert oder gar monopolisiert worden. Wie etwa Héctor de la Cueva, ein mexikanisches Vorstandsmitglied der ASC, in einer Ansprache an diesem *Encuentro* festhielt, waren insbesondere die US-amerikanischen Bewegungen in der Folge der Terroranschläge vom 11. September 2001 stark geschwächt und nicht zuletzt mit dem Widerstand gegen den Irak-Krieg beschäftigt.

Außerdem machten spätere Interviews deutlich, dass ein Grossteil der Geldmittel, mit denen die ASC ihre Aktivitäten finanziert, von südlichen Organisationen stammen oder, wenn sie von nördlichen Gruppen herrühren, kaum an Konditionen geknüpft sind (Interviews: Gonzalo Berrón, Graciela Rodriguez, Luciana Ghiotto, und Pierre-Yves Serinet).[9] Ging die ASC aus der Initiative nördlicher Gruppierungen hervor, hat sie sich in der Zwischenzeit stark „versüdlicht" –

---

[9] Die Ressourcen, über die sich die Koalitionsmitglieder der ASC finanzieren, stammen in der Regel von den beteiligten Gruppen selbst und im Falle von Koordinationstreffen auf Kuba von den Regierungen Kubas und Venezuelas – also aus dem globalen „Süden". Besondere Anlässe wie die Völkergipfel werden allerdings punktuell von nördlichen NGOs wie Oxfam und von parteinahen Stiftungen aus Westeuropa mitfinanziert (Quellen: Interview mit Graciela Rodriguez und informelle Gespräche mit einer Vertreterin einer solchen Stiftung). Zudem verfügt die ASC über eine gemeinschaftliche Reservekasse, mit dem sie in Notfällen die Teilnahme der Delegierten an den transnationalen Koordinationssitzungen finanziert. Diese Kasse speist sich in erster Linie aus freiwilligen Beiträgen kanadischer Mitgliederorganisationen (Quellen: Interview mit Gonzalo Berrón

und zwar in einem Masse, das etwa für Pierre-Yves Serinet (Koordinator des RQUIC aus Quebec) bereits auf eine Marginalisierung des Nordens hinausläuft. So werden immer mehr auch lateinamerikanistische Intergrationsvorhaben wie das ALBA oder eine revidierte und gestärkte Version der UNASUR unterstützt, von denen die nordamerikanischen Industrienationen zwangsläufig ausgenommen sind. Von einer Dominanz des Nordens kann folglich kaum die Rede sein, und Fragen zum Umgang der ASC mit Nord-Süd-Diskrepanzen erwiesen sich als unfruchtbar. Es bestätigt sich hier vielmehr die bereits in Kapitel 6 geäußerte Vermutung, dass finanzielle Ressourcenungleichgewichte sich keineswegs automatisch in entsprechende Machtgefälle zwischen Nord und Süd übersetzen.

Neben diesem (durchaus bemerkenswerten) *Nicht*-Befund wurden am *1° Encuentro Hacia la Cumbre de los Pueblos* jedoch andere Probleme deutlich, welche für einige Aufruhr sorgten. Diese Probleme sind es denn auch, die in den Kapiteln 10 und 11 zentralen Stellenwert haben – nämlich *erstens* das Problem des aktiven Einbezugs von Gruppierungen aus ländlichen und suburbanen Regionen und *zweitens* dasjenige des Umgangs der linksprogressiven Zivilgesellschaft mit Lateinamerikas neuen Links- und Mitte-Links-Regierungen.

Feldzugang und Rollenwahl in der teilnehmenden Beobachtung

Grundlegender Zweck der Methode der teilnehmenden Beobachtung ist die Rekonstruktion der Vorstellungen und Absichten der untersuchten Personen durch kommunikative Interaktion – also ein methodisch kontrolliertes Fremdverstehen (Köckeis-Stangl 1980: 348, zit. in Lamnek 2005: 547). Es geht darum, „die Sinnstrukturen der Feldsubjekte situativ zu erschließen" (Lamnek 2005: 547) und zu ergründen, wie soziale (symbolisch und kommunikativ vermittelte) Wirklichkeit „von den Handelnden unter kognitiven, expressiven und normativen Gesichtspunkten aktiv hergestellt wird" (Bonss 1982: 44, zit. in Lamnek 2005: 548). Teilnehmende Beobachtung macht jedoch nur dort Sinn, wo das soziale Feld auf die Toleranz und Akzeptanz des/der Beobachtenden zählt und ihm/ihr das entsprechende Vertrauen schenkt (Lamnek 2005: 571). Wie Dean (zit. in Lamnek 2005: 595) betont, möchten „diejenigen, zu denen man Feldkontakte hat, (...) immer wieder versichert bekommen, dass der Forscher ein ‚netter' Kerl ist und man sich darauf verlassen kann, dass er ‚einen nicht hereinlegen wird mit dem, was er herausfindet.'" So sind soziale Bewegungen, die gegen den politischen *mainstream* kämpfen und immer wieder im Fokus der massenmedialen Öffentlichkeit stehen, gegenüber Außenstehenden tendenziell verschlossen. Die meis-

und informelles Gespräch mit Rick Arnold). Aber die Befragten stimmen in allen Interviews überein, dass die ASC *nicht* von Interessen des Nordens dominiert wird.

ten Gruppierungen der linksprogressiven Globalisierungskritik können zwar als selbstreflexiv und offen gegenüber konstruktiv gemeinter (Insider-)Kritik gelten; sie fürchten jedoch politisch motivierte Skandalisierungen und Repression (vgl. Starr et al. 2007). Die Fähigkeit, unvoreingenommen ins Feld zu gehen und diese Unvoreingenommenheit auch überzeugend zu kommunizieren, ist hier also für eine erfolgreiche Beobachtung noch wichtiger als in vielen anderen Bereichen.

In der hier dokumentierten Studie ist der Feldzugang und der Aufbau von Vertrauensbeziehungen dadurch erleichtert worden, dass der Forscher im damaligen Sekretär der ASC, einen entfernten Verwandten hatte. Im Laufe des Forschungsprozesses entwickelten sich dann zu einigen der befragten und beobachteten Mitglieder der ASC und der *Autoconvocatoria* auch intensivere freundschaftliche Beziehungen. So blieb zwar die Teilnahme in den wöchentlichen Koordinationssitzungen der *Autoconvocatoria* und in den Workshops und Plenarien der ASC weitgehend passiver („schweigender") Natur, doch wurde der Forscher nach einer Weile zu anschließenden Nachtessen und Kneipengängen eingeladen. Grundsätzlich wurden jedoch seitens des Beobachters kein allzu enges Verhältnis und kein aktiver Einschluss in die Gruppe gesucht. Vielmehr hatte der Forscher die Rolle des „observer as participant" übernommen, in welcher das Schwergewicht auf der Beobachterrolle bei sogenannt „unvollständiger Teilnahme" lag (Atkinson und Hammersley 1994: 248–249, Lamnek 2005: 577).

Die gewählte Rolle verhinderte denn auch eine allzu starke Sekundärsozialisation durch das Feld und eine analytische Vernachlässigung vermeintlicher Selbstverständlichkeiten („going native"). So erlaubte die Rolle des „Beobachters als Teilnehmer" – ähnlich wie es die Rolle des „Teilnehmers als Beobachter" („participant as observer": Atkinson und Hammersley 1994: 248–249, Lamnek 2005: 577) getan hätte – den kontrollierten Perspektivenwechsel, der notwendig war, um mit den Sinn- und Bedeutungskonstruktionen der Beobachteten vertraut zu werden, doch bestand weniger stark die Gefahr einer distanzlosen Identifikation mit den untersuchten Personen.

Interviewstil

Die Interviews wurden persönlich (*face to face*) durchgeführt, und zwar an Orten, welche die Befragten selbst auswählten. Die Befragungsorte reichten daher von Büroräumlichkeiten über öffentliche Cafés (mit ausgesprochen schlechter Akustik für Tonaufnahmen) bis zu Privatwohnungen. Die Befragten hatten außerdem die Möglichkeit, das Interview in der Sprache ihrer Wahl (beziehungsweise in Spanisch, Englisch, Französisch, Portugiesisch oder Deutsch) zu führen, doch entschied sich nur eine Person für Englisch, während alle anderen Befragten – auch Pierre-Yves Serinet aus Quebec sowie Rick Arnold aus dem englischsprachigen Kanada (in einer informellen Konversation ohne Audioaufzeichnung) – Spanisch bevorzugten.

Der Fragestil in den persönlichen Interviews war „weich," und viele Fragen wurden bewusst offen bis „diffus" formuliert, um den Befragten großen Entfaltungsspielraum zu gewährleisten. Auch wurden die Interviews vom Forscher zunächst auf bestimmte Themenkomplexe gelenkt, dann aber ohne vorweg festgelegten Leitfaden mit einem hohen Maß an Flexibilität und Offenheit weitergeführt. Die Fragen waren den Empfehlungen bei Lamnek (2005: 397) entsprechend „nicht vorformuliert, sondern spontan (...) und in Anknüpfung an den jeweiligen Gesprächsverlauf gestellt." Damit sollte gewährleistet werden, dass die Relevanzsysteme und Interessen der Interviewten den Inhalt und Verlauf der Gespräche bestimmten.

Bei der Formulierung der Fragen und der Antworten auf Gegenfragen wurde zwar Wert darauf gelegt, dass sich die befragten Personen nicht der mutmaßlichen Überzeugung des Forschers anschließen konnten (vgl. Lamnek 2005: 397), doch machten bereits die ersten paar Interviews deutlich, dass die Befragten als politische Aktivist/innen über starke eigene Überzeugungen verfügten und ihre Aktivitäten auch immer wieder bewusst zu hinterfragen pflegen. Eine Übertragung der mutmaßlichen Meinung des Forschers auf die Antworten der Interviewpartner/innen erscheint daher im vorliegenden Kontext als eher unwahrscheinlich. Es erwies sich im Gegenteil sogar als möglich, (leicht) suggestive Fragen zu stellen oder zur weiteren Klärung von bestimmten Themen mögliche Gegenpositionen (etwa „in anderen Interviews" oder „in der Literatur") anzusprechen. So scheuten sich die Befragten kaum, solche Positionen nötigenfalls energisch von sich zu weisen.

Was die inhaltlichen Aspekte der Interviews angeht, sind diese als ermittelnde Befragungen mit informatorischen *und* analytischen Elementen konzipiert worden.[10] Es sollten *erstens* Eckdaten zur Entstehungsgeschichte, den Organisationsstrukturen und den Kampagnen der ASC (und der *Autoconvocatoria*) rekonstruiert werden, um die entsprechenden (rudimentären) Angaben in den schriftlichen Dokumenten zu ergänzen. Darüber hinaus wurden, *zweitens*, die befragten Personen um ihre analytisch-theoretischen Einschätzungen gebeten – etwa zur Frage, warum wohl die ASC im Gegensatz zu anderen transnationalen

---

[10] Lamnek (2005: 333) zufolge dient das informatorische Interview „der deskriptiven Erfassung von Tatsachen aus den Wissensbeständen der Befragten. In dieser Form des Interviews wird der Befragte als Experte verstanden, dessen Fachwissen verhandelt wird. Der Befragte ist Informationslieferant für Sachverhalte, die den Forscher interessieren. Das vorwiegend analytische Interview dient dagegen der Exploration und der analytischen Auswertung der Aussagen durch den Forscher – und zwar auf der Grundlage (zu bildender) theoretischer Konzepte (Lamnek 2005: 333). Die beiden Interviewformen stellen allerdings Idealtypen dar. In der Praxis dürften alle Interviews (mit unterschiedlichem Schwerpunkt) informatorische und analytische Absicht verfolgen.

Bewegungskoalitionen seit über zehn Jahren Bestand hat. Den Befragten ist mit anderen Worten unterstellt worden, dass sie, weil es sich in vielen Fällen um Akademiker/innen und andere Personen mit hohem Bildungsniveau handelt, jenseits der unmittelbar orientierungsrelevanten Alltagstheorien auch zu analytischen Aussagen mit hohem Abstraktions- und Reflexionsgrad fähig sind. *Drittens* ging es darum, mit den Befragten im Sinne von „Informationen in eigener Sache" über ihre individuellen Einstellungen gegenüber der ASC, ihre politischen Haltungen und ihre Verhaltensweisen zu sprechen. Insgesamt sind die Interviewpartner also in drei Rollen angesprochen worden: als Informanten mit Fachwissen zu bestimmten Sachfragen, als analytisch begabte Interpreten dieser Sachverhalte (Experten) und als interessierte und emotional involvierte Beteiligte.[11]

Stichprobenplan

Wie Tabelle A3 zeigt, liegen der Studie sowohl formale Interviews als auch zahlreiche informelle Gespräche zugrunde. Formale Interviews wurden jeweils gegenüber den Gesprächspartnern als solche deklariert, auf digitalen Tonträgern aufgezeichnet, transkribiert und schließlich systematisch codiert und ausgewertet. Informelle Gespräche hingegen entstanden spontan im Verlauf der Feldforschung (und zuweilen im Anschluss an die formalen Interviews mit den bereits Befragten) und wurden nachträglich in kurzen, zusammenfassenden Erinnerungsprotokollen festgehalten. Aussagen aus diesen informellen Gesprächen werden in der vorliegenden Arbeit jedoch, wenn überhaupt, nur in anonymisierter Form zitiert oder paraphrasiert. Von den Teilnehmer/innen der formalen Interviews haben alle außer einer Person (Pseudonym: Lydia Pereira) ohne Zögern und trotz mehrfachem Nachfragen auf eine Anonymisierung verzichtet.[12]

Der Stichprobenplan orientierte sich im Sinne des „theoretical sampling" am Prinzip der gruppenweise ausgestalteten Maximierung von Unterschieden. Es

---

[11] Tatsächlich ist in der vorliegenden Studie aufgefallen, dass die meisten Befragten zunächst in der Rolle von Informanten und Experten *über* die Bewegung sprechen. Empfindungen und Einstellungen werden in der Regel erst auf Wunsch des Forschers geäußert. Außerdem ist deutlich geworden, dass die Trennung zwischen sachbezogenen Informationen und persönlichen Einschätzungen umso ausgeprägter ausfällt, wenn die befragten Personen Koordinationsfunktionen in der Organisation wahrnehmen. Gerade in den Interviews mit Koordinationsbeauftragten der ASC (beziehungsweise der *Autoconvocatoria*) wird zuweilen *expressis verbis* zwischen den Positionen und Absichten der Koalition und den eigenen Meinungen unterschieden.

[12] Eine weitere Person sowie bestimmte Passagen aus zwei formalen Interview mit Mitgliedern der Koordinationsgruppe werden hier *auf Eigeninitiative des Verfassers* anonymisiert (Pseudonyme: Carlos Villareal beziehungsweise „Claudio" und „Estela"), zumal die sehr kritischen Aussagen der betreffenden Personen in den jeweiligen Gruppen und ihrem politischen Umfeld für Konflikte sorgen könnten.

Tabelle A3   Interviews und (ausgewählte) informelle Gespräche

Person (Land), Organisation	Funktion
Claudia Baigorria (ARG), CTA (*Central de Trabajadores Argentinos*) via ADUL (*Asociación de Docentes de la Universidad del Litoral*)	Mitglied der *Autoconvocatoria No al ALCA* aus der Provinhauptstadt Santa Fe
Maria Bassa (ARG), *Pastoral Indígena*	Mitglied der *Autoconvocatoria No al ALCA* (Mitglied der informellen Kerngruppe in Buenos Aires)
Gonzalo Berrón (BRA), REBRIP (*Rede Brasileira Pela Integração dos Povos*) via CUT (*Central Unica dos Trabalhadores*)	Mitglied des operativen Sekretariats der ASC (bis 2008)
Rina Bertaccini (ARG), MoPaSSol (*Movimiento por la paz, la soberanía y la solidaridad*); *Consejo Mundial por la Paz*	Gründungsmitglied der *Autoconvocatoria No al ALCA* (Mitglied der informellen Kerngruppe in Buenos Aires); Delegierte an den Koordinationstreffen der *Campaña de Lucha Contra el ALCA*)
Carlos Cuéllar (ARG), Zeitschrift Herramienta	Teilnehmer des *I° Encuentro Hacia la Cumbre de los Pueblos*
David Edeli (USA), *Public Citizen*	Teilnehmer der *III° Cumbre de los Pueblos*
Silvia Ferreira (ARG), *Barrios de Pié*	Mitglied der *Autoconvocatoria No al ALCA*
Julio Gambina (ARG), FISYP (*Fundación de Investigaciones Sociales y Políticas*), Attac Argentina; Titularprofessor für Politikwissenschaft	Aktivist der *Campaña de Lucha Contra el ALCA*; Koordinator des lokalen Mobilisierungskomitees des Weltsozialforums in Buenos Aires
Luciana Ghiotto (ARG), *Attac Argentina*	Mitglied der *Autoconvocatoria No al ALCA*
Juan González (ARG), CTA	Mitglied der *Autoconvocatoria No al ALCA* (Mitglied der informellen Kerngruppe in Buenos Aires); Delegierter im *Comité de Coordinación* der ASC; Delegierter an den Koordinationstreffen der *Campaña de Lucha Contra el ALCA*)
Beverly Keene (ARG), Jubileo Sur/Américas via Diálogo 2000	Gründungsmitglied der *Autoconvocatoria No al ALCA* (Mitglied der informellen Kerngruppe in Buenos Aires); Delegierte im Comité de Coordinación der ASC
Oscar Kupermann (ARG), CUBa (Coordinadora de Unidad Barrial)	Teilnehmer des *I° Encuentro Hacia la Cumbre de los Pueblos*
Lydia Pereira [Pseudonym] (ARG)	Mitglied der *Autoconvocatoria No al ALCA* aus der Provinhauptstadt Santa Fe
Graciela Rodríguez (BRA), GT Gênero da REBRIP; International Gender and Trade Network via Instituto Eqüit–Gênero, Economia e Cidadania Global	Gründungsmitglied der ASC; Mitglied des *Comité de Coordinación* der ASC

Tabelle A3   Interviews und (ausgewählte) informelle Gespräche
                 (Fortsetzung)

Juan Roque (ARG), MoPaSSol	Mitglied der *Autoconvocatoria No al ALCA* (Mitglied der informellen Kerngruppe in Buenos Aires)
Pierre-Yves Serinet (Québec, CAN), RQIC (Réseau québécois sur l'intégration continentale)	Mitglied des *Comité de Coordinación* der ASC
Carlos Villareal [Pseudonym] (ARG), FRENAPO (Frente Nacional Contra la Pobreza), San Martin	Mitglied der *Autoconvocatoria No al ALCA* aus San Martín in der Provinz Buenos

Informelle Gespräche ohne Tonaufnahme (Auswahl)

Alberto Arroyo (MEX), RMALC (Red Mexicana de Acción Contra el Libre Comercio)	Mitglied der ASC
Rick Arnold (CAN), Common Frontiers	Gründungsmitglied der ASC; Mitglied des *Comité de Coordinación* der ASC
Hector de la Cueva (MEX), RMALC	Gründungsmitglied der ASC; Mitglied des *Comité de Coordinación* der ASC (ehemaliger Generalsekretär)
Maité Llanos (BRA), REBRIP	Mitglied des operativen Sekretariats der ASC (bis 2008)

wurden mit anderen Worten jeweils mehrere Träger/innen von unterschiedlichen, potentiell relevanten Merkmalskombinationen befragt, um einerseits der Heterogenität des Feldes als auch der Individualität der beteiligten Personen gerecht werden zu können. Wie Kelle und Kluge (1999: 45 f., zit. in Lamnek 2005: 191) ausführen, werden

> „beim theoretical sampling (…) Untersuchungseinheiten verglichen, die (…) entweder relevante Unterschiede oder große Ähnlichkeiten aufweisen. (…) Die Minimierung von Unterschieden erhöht die Wahrscheinlichkeit, ähnliche Daten zu einem bestimmten Thema oder einer bestimmten Kategorie zu finden und dadurch deren theoretische Relevanz zu bestätigen. Durch die Maximierung von Unterschieden wird dahingegen die Wahrscheinlichkeit erhöht, Heterogenität und Varianz im Untersuchungsfeld abzubilden."

Entsprechend wurde in der vorliegend dokumentierten Studie darauf geachtet, sowohl mit Koordinator/innen („movement leaders") als auch mit Basisaktivist/innen („rank and file participants") zu sprechen. In Argentinien wurden außerdem nicht nur Personen aus der Metropole Buenos Aires befragt, sondern auch solche aus den suburbanen (und verarmten) Randgebieten und kleineren Städten im vorwiegend ländlich geprägten Hinterland. In Tabelle A3 finden sich die befragten Personen mit ihrem jeweiligen Wohnort und ihren Funktionen in der ASC und der *Autoconvocatoria* aufgelistet. Die Geschlechterverteilung unter den befragten Personen erweist sich darin als ungefähr ausgewogen.

Die durchschnittliche Dauer der (formalen) Interviews lag bei rund 1,5 Stunden, wobei einige Gespräche deutlich länger ausfielen. Das Interview mit Claudia Baigorria etwa erstreckte sich über zwei Tage und nahm insgesamt fast vier Stunden in Anspruch.

Literatur

Agosin, Manuel R. und Roberto Machado. 2007. „Openness and the International Allocation of Foregin Direct Investment." *Journal of Development Studies 43* (7): 1234–1247.

ASC (Alianza Social Continental). 1999. „Coordinación Hemisférica de la Alianza Social Continental. Actas de la reunión de los días 12, 13 y 14 de marzo de 1999." La Catalina, San José, Costa Rica.

ASC (Alianza Social Continental). 2001. „Alternativas para las Américas. Borrador para Discusión." 3. Fassung, korrigiert und erweitert zur Diskussion am II. Völkergipfel in Québec 2001. URL: http://www.rmalc.org.mx/documentos.htm (letzter Zugriff am 12.6.2008).

ASC (Alianza Social Continental). 2002a. „Alternativas para las Américas." 4. Fassung. URL: http://www.commonfrontiers.ca/Current_Activities/AFTA.html (letzter Zugriff am 12.6.2008).

ASC (Alianza Social Continental). 2002b. „Alternatives for the Americas." 4. englische Fassung. URL: http://www.art-us.org/system/files/alternatives+dec+2002.pdf (letzter Zugriff am 27.3.2008)

ASC (Alianza Social Continental). 2005. „Alternativas para las Américas." URL: http://www.asc-hsa.org/article.php3?id_article=211 (letzter Zugriff am 27.3.2008).

ASC (Alianza Social Continental). 2006a. „Declaración Final de la Cumbre de los Pueblos por la Soberanía y la Integración de los Pueblos de Sudamérica." URL: http://www.asc-hsa.org/article.php3?id_article=368 (letzter Zugriff am 2.1.2008).

ASC (Alianza Social Continental). 2006b. „Manifiesto de Cochabamba." Manifest anlässlich der Cumbre Social por la Integración de los Pueblos. URL: http://www.asc-hsa.org/article.php3?id_article=424 (letzter Zugriff am 2.1.2008).

ASC (Alianza Social Continental). o. J. „Alternativas para las Américas." 2. Fassung. URL: www.web.net/comfront/alts4americas/esp/esp.html (letzter Zugriff am 24.9.2007).

Allport, Floyd H. 1924. *Social Psychology*. Boston, MA: Houghton-Mifflin.

Almeida, Paul D. und Mark I. Lichbach. 2003. „To the Internet, from the Internet: Comparative media coverage of transnational protests." Mobilization 8 (3): 249–272.

Alvarez, Sonia E., Evelina Dagnigo und Arturo Escobar (Hg.). 1998. *Culture of Politics – Politics of Culture: Revisioning Latin American Social Movements*. Boulder, CO: Westview.

Alvarez, Sonia E., Evelina Dagnino und Arturo Escobar. 2004. „Kultur und Politik in Sozialen Bewegungen Lateinamerikas." S. 31–58 in *Neoliberalismus, Autonomie, Widerstand: Soziale Bewegungen in Lateinamerika*, hrsg. von Olaf Kaltmeier, Jens Kastner und Elisabeth Tuider. Münster: Westfälisches Dampfboot. [Ursprünglich 1998 erschienen als „Introduction: The Cultural and the Political in Latin American Social Movements," S. 1–29 in *Cultures of Politics – Politics of Cultures: Re-Visioning Latin*

American Social Movements, hrsg. von Sonia E. Alvarez, Evelina Dagnino und Arturo Escobar. Boulder, CO: Westview, 1998.]

Anand, Nikhil. 2003. „Bound to Mobility? Identity and Purpose at the WSF." S. 140–147 in *The World Social Forum: Challenging Empires*, hrsg. von Jai Sen, Anita Anand, Arturo Escobar und Peer Waterman. New Delhi: Viveka. Online-Version, URL: http://www.choike.org/nuevo_eng/informes/1557.html (letzter Zugriff am 18.1.2008).

Anderson, Kenneth und David Rieff. 2004. „Global Civil Society: A Sceptical View." Chapter 1 in *Global Civil Society 2004/5*, hrsg. von Helmut Anheier, Marlies Glasius und Mary Kaldor. London: Sage. URL: http://www.lse.ac.uk/Depts/global/yearbook04chapters.htm (letzter Zugriff am 12.1.2008).

Andretta, Massimiliano, Donatella della Porta, Lorenzo Mosca und Herbert Reiter. 2003. *No Global – New Global. Identität und Strategien der Antiglobalisierungsbewegung.* Frankfurt a. M. und New York: Campus.

Andress, Hans-Jürgen und Thorsten Heien. 2001. „Four Worlds of Welfare State Attitudes? A Comparison of Germany, Norway, and the United States." *European Sociological Review* 17 (4): 337–356.

Anheier, Helmut, Marlies Glasius und Mary Kaldor (Hrsg.). 2001. *Global Civil Society 2001.* Oxford: Oxford University Press.

Anner, Mark und Peter Evans. 2004. „Building bridges across a double divide: alliances between US and Latin American labour and NGOs." *Development in Practice* 14 (1-2): 34–47.

Appadurai, Arjun. 2001. „Globalization. Anthroplogy of." S. 6266–6271 in *International Encyclopedia of the Social & Behavioral Sciences,* hrsg. von Neil J. Smelser und Paul B. Baltes. Oxford: Elsevier.

Arrighi, Giovanni, Terence K. Hopkins und Immanuel Wallerstein. 1989. *Antisystemic Movements.* London und New York, NY: Verso.

Asiedu, Elizabeth. 2002. „The Determinants of Foreign Direct Investment to Developing Countries: Is Africa Different?" *World Development* 30 (1): 107–119.

Asiedu, Elizabeth. 2006. „Foreign Direct Investment in Africa: The Role of Natural Resources, Market Size, Government Policy, Institutions and Political Instability." *The World Economy* 29 (1): 63–77.

Atkinson, Paul und Martyn Hammersley. 1994. „Ethnography and Participant Observation." S. 248–261 in *Handbook of Qualitative Research*, hrsg. von Norman K. Denzin und Yvonna S. Lincoln. Thousand Oaks, London und New Delhi: Sage.

Augelli, Enrico und Craig N. Murphy. 1993. „Gramsci and international relations: a general perspective with examples from recent US policy toward the Third World." S. 127–147 in *Gramsci, historical materialism and international relations,* hrsg. von Stephan Gill. Cambridge: Cambridge University Press.

Auyero, Javier. 2003 [2000]. „Cultura política, destitución social y clientelismo político en Buenos Aires. Un estudio etnográfico." S. 181–208 in *Desde abajo. La transformación de las identidades sociales*, hrsg. von Maristella Svampa. San Miguel, BS.AS.: Universidad Nacional de General Sarmiento; und: Buenos Aires, C. F.: Editorial Biblos.

Aveni, Adrian F. 1977. „The Not-So-Lonely Crowd: Friendship Groups in Collective Behavior." *Sociometry* 40 (1): 96–99.

Ayres, Jeffrey M. 1998. *Defying Conventional Wisdom: Political Movements and Popular Contention Against North American Free Trade*. Toronto: University of Toronto Press.

Ayres, Jeffrey M. 2001. „Transnational Political Processes and Contention Against the Global Economy." *Mobilization: An International Journal* 6 (1): 55–68.

Ayres, Jeffrey M. 2005. „Transnational Activism in the Americas: The Internet and Innovations in the Repertoire of Contention." *Research in Social Movements, Conflict and Change* 26: 35–61.

Bandy, Joe und Jackie Smith (Hg.). 2005a. *Coalitions Across Borders: Transnational Protest and the Neoliberal Order*. Lanham, MD: Rowman and Littlefield.

Bandy, Joe und Jackie Smith. 2005b. „Factors Affecting Conflict and Cooperation in Transnational Movement Networks." S. 231–252 in *Coalitions Across Borders: Transnational Protest and the Neoliberal Order*, hrsg. von Joe Bandy und Jackie Smith. Lanham, MD: Rowman and Littlefield.

Bartelt, Dawid Danilo. 2005. „Szenen einer Ehe. Die Regierung Lula in Brasilien und ihre linken Kritiker." S. 18–40 in *Neue Optionen lateinamerikanischer Politik. Jahrbuch Lateinamerika: Analysen und Berichte 29*, hrsg. von Karin Gabbert, Wolfgang Gabbert, Ulrich Goedeking, Bert Hoffmann, Anne Huffschmid, Albrecht Koschützke,Michael Krämer, Urs Müller-Plantenberg und Juliane Ströbele-Gregor. Münster: Westfälisches Dampfboot.

Batliwala, Srilatha. 2002. „Grassroots Movements as Transnational Actors: Implications for Civil Society." *Voluntas: International Journal of Voluntary and Nonprofit Organizations* 13 (4): 393–409.

Beckfield, Jason. 2003. „Inequality in the World Polity: The Structure of International Organization." *American Sociological Review* 68: 401–424.

Bédoyan, Isabelle, Peter Van Aelst und Stefaan Walgrave. 2004. „Limitations and Possibilities of Transnational Mobilization: The Case of EU Summit Protesters in Brussels, 2001." *Mobilization: An International Journal* 9 (1): 39–54.

Beisheim, Marianne. 2001. „Demokratisierung einer klimapolitischen Global Governance durch NGOs? Chancen und Probleme des Legitimationspotentials von NGOs." S. 115–136 in *NGOs als Legitimationsressource. Zivilgesellschaftliche Partizipationsformen im Globalisierungsprozess*, hrsg. von Achim Brunnengräber, Ansgar Klein und Heike Walk. Opladen: Leske und Budrich.

Bello, Walden. 2007. „The Forum at the Crossroads." Institute for Policy Studies: Foreign Policy in *Focus Commentary*, 4. Mai 2007. URL: http://www.fpif.org/fpiftxt/4196 (letzter Zugriff am 2.2.2008).

Bendaña, Alejandro. 2006. „NGOs and Social Movements. A North/South Divide?" United Nations Research Institute for Social Development: UNRISD Civil Society and Social Movements Programme Paper 22. URL: http://www.unrisd.org/80256B3C005BCCF9/(httpAuxPages)/4F7CC72852DD23EBC12571D1002B45AD/$file/Bendana.pdf (letzter Zugriff am 25.8.2010)

Benford, Robert D. 1993a. „Frame Disputes within the Nuclear Disarmament Movement." *Social Forces* 71 (3): 677–701.

Benford, Robert D. 1993b. „‚You Could Be the Hundredth Monkey:‘ Collective Action Frames and Vocabularies of Motive within the Nuclear Disarmament Movement." *The Sociological Quarterly* 34 (2): 195–216.

Benford, Robert D. und Scott A. Hunt. 1992. „Dramaturgy and Social Movements: The Social Construction and Communication of Power." *Sociological Inquiry* 62: 36–55.

Benford, Robert D. und David A. Snow. 2000. „Framing Processes and Social Movements: An Overview and Assessment." *Annual Review of Sociology* 26: 611–639.

Bennett, Lance. 2003. „Communicating Global Activism." *Information, Communication, and Society* 6 (2): 143–168.

Berger, Timo. 2004. „Wohin, Herr K.? Argentinien: Ein Jahr Néstor Kirchner." *Junge Welt,* 25.5.2004, archiviert von der AG Friedensforschung an der Uni Kassel unter http:// www.uni-kassel.de/fb5/frieden/regionen/Argentinien/berger2.html (letzter Zugriff am 26.11.2007).

Berger, Timo. 2006. „Kirchners Träume," Junge Welt, 27.5.2006, archiviert von der AG Friedensforschung an der Uni Kassel unter http://www.uni-kassel.de/fb5/frieden/regionen/Argentinien/wahljahr.html (letzter Zugriff am 31.8.2010).

Bergesen, Albert. 1990. „Turning World-System Theory on its Head." *Theory, Culture & Society* 7 (2): 67–81.

Berrón, Gonzalo und Rafael Freire. 2004. „Los movimientos sociales del Cono Sur contra el mal llamado ‚libre comercio‘." *Revista del Observatoria Social de América Latina* 13: 297–306.

Beyeler, Michelle und Hanspeter Kriesi. 2005. „Transnational protest and the public sphere." *Mobilization* 10 (1): 101–116.

Beyeler, Michelle, Barbara Berger und Eveline Hübscher. 2003. „Protest gegen den Krieg im Irak. Bericht zur Befragung an der nationalen Demonstration vom 15. Februar 2003." Universität Zürich: Institut für Politikwissenschaft.

Bieling, Hans-Jürgen und Frank Deppe. 1996. „Gramscianismus in der internationalen politischen Ökonomie." *Das Argument* 217: 729–740.

Blee, Kathleen M. und Verta Taylor. 2002. „Semi-Structured Interviewing in Social Movement Research." S. 92–117 in *Methods of Social Movement Research*, hrsg. von Bert Klandermans und Suzanne Staggenborg. Minneapolis, MN: University of Minnesota Press.

Blekesaune, Morten und Jill Quadagno. 2003. „Public Attitudes toward Welfare State Policies: A Comparative Analysis of 24 Nations." *European Sociological Review* 19 (5): 415–427.

Blumer, Herbert. 1949 [1946]. „Collective Behavior," S. 167–219 in *New Outline of the Principles of Sociology*, hrsg. von Alfred M. Lee. New York, NY: Barnes & Noble.

Blumer, Herbert. 1955. „Social Movements." S. 99–122 in *Principles of Sociology*, hrsg. von Alfred M. Lee, New York, NY: Barnes & Noble.

Blumer, Herbert. 1957. „Collective Behavior." S. 127–158 in *Review of Sociology: Analysis of a Decade*, hrsg. von John B. Gittler. New York, NY: John Wiley and Sons.

Blumer, Herbert. 1971. „Social Problems as Collective Behavior." *Social Problems* 18 (3): 298–306.

Bob, Clifford. 2002. „Merchants of Morality." *Foreign Policy* March/April 2002: 36–45.

Boli, John. 2005. „Contemporary Developments in World Culture." *International Journal of Comparative Sociology 46* (5-6): 383–404. (Sonderheft zu *Convergence and Divergence in the Contemporary World-System,* hrsg. von Mark Herkenrath, Claudia König, Hanno Scholtz und Thomas Volken. London und New Delhi: Sage.)

Boli, John und Frank Lechner. 2001. „Globalization and World Culture." S. 6261–6266 in *International Encyclopedia of the Social & Behavioral Sciences,* hrsg. von Neil J. Smelser und Paul B. Baltes. Oxford: Elsevier.

Boli, John und George M. Thomas (Hg.). 1997a. *World Polity Formation since 1875: World Culture and International Non-Governmental Organizations.* Standford, CA: Stanford University Press.

Boli, John und George M. Thomas. 1997b. „World Culture in the World Polity. A Century of International Non-Governmental Organization." *American Sociological Review* 62 (April): 171–190.

Bond, Patrick. 2001. „Strategy and Self-Activity in the Global Justice Movements." FPIP Discussion Paper 5. International Relations Center: Foreign Policy in Focus. URL: http://www.fpif.org/papers/gjm.html (letzter Zugriff am 16.1.2008).

Bonss, Wolfgang. 1982. *Die Einübung des Tatsachenblicks. Zur Struktur und Veränderung empirischer Sozialforschung.* Frankfurt a. M.: Suhrkamp.

Borg, Erik. o. J. „Steinbruch Gramsci: Hegemonie im internationalen politischen System." URL: http://www.sopos.org/aufsaetze/3bbdcd9ea0c9f/1.html (letzter Zugriff am 30.7.2008). [Erschienen 2001 in *iz3w* 256.]

Boris, Dieter, Stefan Schmalz und Anne Tittor. 2005. „Reflexionen zur ‚neoliberalen Hegemonie' in Lateinamerika." *Z. Zeitschrift Marxistische Erneuerung* 63: 118–129. Verfügbar unter http://www.linksnet.de/artikel.php?id=1941 (letzter Zugriff am 16.12.2007).

Bornschier, Volker. 1976. *Wachstum, Konzentration und Multinationalisierung von Industrieunternehmen.* Frauenfeld und Stuttgart: Huber.

Bornschier, Volker. 1998. *Westliche Gesellschaft – Aufbau und Wandel.* Neuausgabe von *Westliche Gesellschaft im Wandel* [1988] nach der neuen amerikanischen Edition von 1996. Zürich: Seismo.

Bornschier, Volker. 2002. *Weltgesellschaft. Grundlegende soziale Wandlungen.* Zürich: Loreto Verlag.

Bornschier, Volker. 2008a. *Weltgesellschaft. Grundlegende soziale Wandlungen.* Erweiterte Neuauflage. Zürich: Loreto Verlag.

Bornschier, Volker. 2008b. „Zur Entwicklung der sozialen Ungleichheit im Weltsystem: Fakten, offene Fragen und erste Antworten." S. 97–134 in *Transnationale Ungleichheitsforschung. Eine neue Herausforderung für die Soziologie,* hrsg. von Michael Bayer, Gabriele Mordt, Sylvia Terpe und Martin Winter. Frankfurt a. M. und New York, NY: Campus.

Bornschier, Volker und Thanh-Huyen Ballmer-Cao. 1979. „Income Inequality. A Cross-National Study of the Relationships between MNC Penetration, Dimensions of the Power Structure and Income Distribution." *American Sociological Review* 44 (3): 487–506.

Bornschier, Volker, Christopher Chase-Dunn und Richard Rubinson. 1978. „Cross-National Evidence of the Effects of Foreign Investment and Aid on Economic Growth and

Inequality: A Survey of Findings and a Reanalysis." *American Journal of Sociology* 84 (3): 651–683.

Bornschier, Volker und Christopher Chase-Dunn. 1985. *Transnational Corporations and Underdevelopment*. New York: Praeger.

Bornschier, Volker und Bruno Trezzini. 2001. „World Market for Social Order, Embedded State Autonomy and Third World Development." *Competition & Change: The Journal of Global Business and Political Economy* 5 (2): 201–244

Borón, Atilio A. 2004. „La izquierda latinoamericana a comienzos del siglo XXI: nuevas realidades y urgentes desafíos." *OSAL – Revista del Observatorio Social de América Latina* 13: 41–56.

Borras, Saturnino M. Jr. 2008. „La Vía Campesina and its Global Campaign for Agrarian Reform." *Journal of Agrarian Change* 8 (2–3): 258–289.

Boswell, Terry und Christopher Chase-Dunn. 2000. *The Spiral of Capitalism and Socialism: Toward Global Democracy*. Boulder, CO: Lynne Reinner.

Botto, Mercedes. 2003. „Mitos y realidades de la rarticipación no gubernamental." S. 237–261 in *El ALCA y las cumbres de las Américas: ¿una nueva relación público-privada?*, hrsg. von Diana Tussie und Mercedes Botto. Buenos Aires: Biblos (FLACSO).

Botto, Mercedes und Diana Tussie. 2003. „Las negociaciones comerciales y la participación de la sociedad civil. El caso paradigmático del ALCA." S. 177–206 in *Entre la confrontación y el diálogo: integración regional y diplomacia ciudadana*, hrsg. von Andrés Serbin. Buenos Aires, C.F.: Siglo XXI Editores Argentina, Universidad de Belgrano.

Boyne, Roy. 1990. „Culture and the World-System." *Theory, Culture & Society* 7 (2): 57–62.

Brand, Ulrich. 2001. „Nichtregierungsorganisationen und postfordistische Politik: Aspekte eines kritischen NGO-Begriffs." S. 73–94 in *NGOs als Legitimationsressource: Zivilgesellschaftliche Partizipationsformen im Globalisierungsprozess*, hrsg. von Acim Brunnengräber, Ansgar Klein und Heike Walk. Opladen: Leske und Budrich.

Brand, Ulrich, Achim Brunnengräber, Lutz Schrader, Christian Stock und Peter Wahl. 2000. *Global Governance. Alternative zur neoliberalen Globalisierung?* Münster: Westfälisches Dampfboot.

Brecher, Jeremy, Tim Costello und Brendan Smith. 2002 [2000]. *Globalization from Below: The Power of Solidarity*. Cambridge, MA: South End Press.

Brenner, Robert. 1977. „The Origins of Capitalist Development: A Critique of Neo-Smithian Marxism." *New Left Review* 104: 25–92.

Brown, Jonathan A. und L. David Fox. 1998. „Accountability within Transnational Coalitions." S. 439–483 in *The Struggle for Accountability. The World Bank, NGOs, and Grassroots Movements*, hrsg. von David L. Fox und Jonathan Brown. London und Cambridge, MA: MIT Press.

Brühl, Tanja, Tobias Debiel und Brigitte Hamm. 2001. *Die Privatisierung der Weltpolitik*. Bonn: Dietz.

Brunnengräber, Achim, Ansgar Klein und Heike Walk (Hg.). 2001. *NGOs als Legitimationsressource: Zivilgesellschaftliche Partizipationsformen im Globalisierungsprozess*. Opladen: Leske und Budrich.

Buechler, Steven M. 1995. „New Social Movement Theories." *Sociological Quarterly* 36 (3): 441–464.

Buroway, Michael. 2003. „For a Sociological Marxism: The Complementary Convergence of Antonio Gramsci and Karl Polany." *Politics & Society* 31 (2): 193–261.

Calhoun, Craig. 1993. „,New Social Movements' of the Early Nineteenth Century." *Social Science History* 17 (3): 385–427.

Calhoun, Craig. 2001. „Civil Society/Public Sphere: History of the Concept." S. 1897–1903 in *International Encyclopedia of the Social and Behavioral Sciences*, hrsg. von Neil J. Smelser und Paul B. Baltes. Oxford: Elsevier.

Campaña contra el ALCA. 2004. „Declaración Final: III° Encuentro Hemisférico de Lucha contra el ALCA." URL: http://www.movimientos.org/noalca/show_text.php3?key=2508 (letzter Zugriff am 14.6.2008).

Cantril, Hadley. 2002 [1941]. *The Psychology of Social Movements*. New Brunswick, NJ: Transaction Publishers (Original: New York, NY: John Wiley and Sons).

Cardoso, Fernando E. 1977. „The Consumption of Dependency Theory in the United States." *Latin American Research Review* 12 (3): 7–24.

Cardoso, Fernando E., und Enzo Faletto. 1976 [1969]. *Abhängigkeit und Entwicklung in Lateinamerika.* Frankfurt a. M.: Suhrkamp.

Carroll, William K. 2004. *Corporate Power in a Globalizing World: A Study in Elite Social Organization*. Ontario: Oxford University Press.

Carroll, William K. 2006. „Hegemony and Counter-Hegemony in a Global Field of Action." Papier zum Weltkongress der International Sociological Association, Joint Session der Forschungskomitees RC02 und RC07 zu „Alternative Visions of World Society" (organisiert von Mark Herkenrath und Markus S. Schulz), Durban, Südafrika, 28. Juli.

Carroll, William K. und Colin Carson. 2003. „The network of global corporations and elite policy groups: a structure for transnational capitalist class formation?" *Global Networks* 3 (1): 29–57.

Carroll, William K. und Meinrad Fennema. 2002. „Is there a transnational business community?" *International Sociology* 17: 393–419.

Carroll, William K. und Meinrad Fennema. 2004. „Problems in the study of the transnational business community." *International Sociology* 19 (3): 369–378.

Castells, Manuel. 1983. *The City and the Grassroots.* Berkeley, CA: University of California Press.

Castells, Manuel. 2000. „Toward a Sociology of the Network Society." *Contemporary Sociology* 29 (5): 693–699.

Chakrabarti, Avik. 2001. „The Determinants of Foreign Direct Investment. Sensitivity Analyses of Cross-Country Regressions." *Kyklos* 54 (1): 89–114.

Chandhoke, Neera. 2002. „The Limits of Global Civil Society." S. 35–53 in *Global Civil Society 2002*, hrsg. von Marlies Glasius, Mary Kaldor und Helmut Anheier. Oxford: Oxford University Press.

Chandhoke, Neera. 2003. *The Conceits of Civil Society.* New Delhi, Oxford University Press.

Chandhoke, Neera. 2005. „How Global Is Global Civil Society?" *Journal of World-Systems Research XI* (2): 355–371. (Sonderheft zu *Globalizations from ,Above' and ,Below:'*

The Future of World Society, hrsg. von Mark Herkenrath, Claudia König, Hanno
   Scholtz und Thomas Volken. Riverside, CA: Institute for Research on World-Systems,
   University of California-Riverside.) URL: http://jwsr.ucr.edu/archive/vol11/number2/
   pdf/jwsr-v11n2-chandhoke.pdf (letzter Zugriff am 24.8.2010).
Chase-Dunn, Christopher. 1989. *Global Formation: Structures of the World-Economy.*
   New York, NY: Basil Blackwell.
Chase-Dunn, Christopher. 1999. „Globalization: A World-Systems Perspective." *Journal
   of World-Systems Research* V (2): 187–215. URL: http://jwsr.ucr.edu/archive/vol5/
   number2/v5n2_split/jwsr_v5n2_chase-dunn.pdf (letzter Zugriff am 24.8.2010).
Chase-Dunn, Christopher. 2005. „Social Evolution and the Future of World Society." *Jour-
   nal of World-Systems Research* XI (2): 171–192. (Sonderheft zu *Globalizations from
   ‚Above' and ‚Below:'* *The Future of World Society,* hrsg. von Mark Herkenrath, Claudia
   König, Hanno Scholtz und Thomas Volken. Riverside, CA: Institute for Research on
   World-Systems, University of California-Riverside. URL: http://jwsr.ucr.edu/archive/
   vol11/number2/.)
Chase-Dunn, Christopher. 2007. „The World Revolution of 20xx." Institute for Research on
   World-Systems, University of California-Riverside: IROWS Working Paper 35. URL:
   http://irows.ucr.edu/papers/irows35/irows35.htm (letzter Zugriff am 29. 4. 2008).
Chase-Dunn, Christopher und Terry Boswell. 2004. „Global democracy: a world-systems
   perspective." *Protosociology* 20: 15–29.
Chase-Dunn, Christopher und Peter Grimes. 1995. „World-Systems Analysis." *Annual Re-
   view of Sociology* 21: 387–417.
Chase-Dunn, Christopher und Thomas D. Hall. 1997. *Rise and Demise: Comparing World-
   Systems.* Boulder, CO: Westview Press.
Chase-Dunn, Christopher, Ellen Reese, Mark Herkenrath, Rebecca Giem, Erika Gutierrez,
   Linda Kim und Christine Petit. 2008. „North-South Contradictions and Bridges at the
   World Social Forum." S. 341–366 in *North and South in the World Political Economy,*
   hrsg. von Rafael Reuveny und William R. Thompson. Oxford: Wiley-Blackwell.
Chatfield, Charles. 1997. „Intergovernmental and Nongovernmental Associations to 1945."
   S. 19–41 in *Transnational Social Movements and Global Politics: Solidarity Beyond
   the State,* hrsg. von Jackie Smith, Charles Chatfield und Ron Pagnucco. Syracuse, NY:
   Syracuse University Press.
Chen, Shaohua und Martin Ravallion. 2008. „The Developing World Is Poorer Than We
   Thought, But No Less Successful in the Fight against Poverty." *World Bank Poli-
   cy Research Paper Nr. 4703.* Washington, DC: World Bank Development Research
   Group. Online verfügbar unter http://ideas.repec.org/p/wbk/wbrwps/4703.html (letz-
   ter Zugriff am 28. 10. 2008).
Chirot, Daniel. 2001. „World Systems Theory." S. 16609–16613 in *International Encyc-
   lopedia of the Social and Behavioral Sciences,* hrsg. von Neil J. Smelser und Paul B.
   Baltes. Oxford: Elsevier.
CIMA (Consorcio Iberoamericano de Investigaciones de Mercados e Asesoramiento). 2006.
   „Barómetro Iberoamericano de Gobernabilidad 2006." URL: http://centronacionalde-
   consultaria.com/biblioteca1.php (letzter Zugriff am 20.9. 2010).

Clark, John D. 2003. „Conclusions: Globalizing Civic Engagement." S. 164–175 in *Globalizing Civic Engagement: Civil Society and Transnational Action*, hrsg. von John D. Clark. London: Earthscan.

Cleaver, Harry. 1999. „Computer-Linked Social Movements and the Global Threat to Capitalism" URL: http://www.antenna.nl/~waterman/cleaver2.html (letzter Zugriff am 27.9.2008).

Cohen, Jean L. 1985. „Strategy or Identitiy: New Theoretical Paradigms and Contemporary Social Movements." *Social Research* 52 (4): 633–716.

Cohen, Robin und Shirin M. Rai. 2000. „Global Social Movements. Towards a Cosmopolitan Politics." S. 1–17 in *Global Social Movements*, hrsg. von Robin Cohen und Shirin M. Rai. London und New Brunswick: Athlone Press.

Costain, Anne N. 1992. *Inviting Women's Rebellion: A Political Process Interpretation of the Women's Movement.* Baltimore, MD: Johns Hopkins University Press.

Cox, Michael. 2007. „Is the United States in decline–again? An essay." *International Affairs* 83 (4): 643–653.

Cox, Phyllida, Peter Newell, Tracy Tuplin und Diana Tussie. 2006. „Civil Society Participation in Trade Policy-making in Latin America: Reflections and Lessons." IDS Working Paper 267, Institute of Development Studies at the University of Sussex.

Cox, Robert W. 1971. „Labor and Transnational Relations." *International Organization* 25 (3): 554–580.

Cox, Robert W. 1981. „Social Forces, States and World Orders: Beyond International Relations Theory." *Millennium: Journal of International Studies* 10 (2): 126–155.

Cox, Robert W. 1983. „Gramsci, Hegemony and International Relations: An Essay in Method." *Millennium: Journal of International Studies* 12 (2): 162–175.

Cox, Robert W. 1987. *Power, Production, and World Order: Social Forces in the Making of History.* New York, NY: Columbia.

Cox, Robert W. 1993. „Structural Issues of Global Governance: Implications for Europe." S. 259–289 in *Gramsci, Historical Materialism and International Relations*, hrsg. von Stephen Gill. Cambridge: Cambridge University Press.

Cox, Robert W. 1996 [1992]. „Toward a posthegemonic conceptualization of world order: reflections on the relevancy of Ibn Kaldhun." S. 144–173 in *Approaches to World Order*, hrsg. von Robert Cox mit Timothy J. Sinclair. Cambridge und New York, NY: Cambridge University Press.

Cox, Robert W. 1999. „Civil Society at the turn of the millenium: prospects for an alternative world order." *Review of International Studies* 25: 3–28.

Cox, Robert W. 2004. „Beyond empire and terror: critical reflections on the political economy of the world order." *New Political Economy* 9 (3): 307–323.

Cress, Daniel M. und David A. Snow. 1996. „Mobilization at the Margins: Resources, Benefactors, and the Viability of Homeless Social Movement Organizations." *American Sociological Review* 61: 1089–1109.

D'Anieri, Paul, Claire Ernst und Elizabeth Kier. 1990. „New Social Movements in Historical Perspective." *Comparative Politics* 22 (4): 445–458.

Deardorff, Alan. 2003. „What Might Globalisation's Critics Believe?" *The World Economy* 26 (5): 639–658.

Della Porta, Donatella. 2005a. „Multiple Belongings, Tolerant Identities, and the Construction of 'Another Politics': Between the European Social Forum and the Local Social Fora." S. 175–202 in *Transnational Protest and Global Activism*, hrsg. von Donatella della Porta and Sidney Tarrow. Lanham: Rowman & Littlefield.

Della Porta, Donatella. 2005b. „Making the Polis: Social Forums and Democracy in the Global Justice Movement." *Mobilization* 10 (1): 73–94.

Della Porta, Donatella und Mario Diani. 1999. *Social Movements: An Introduction*. Oxford: Blackwell.

Della Porta, Donatella und Dieter Rucht. 2002. „The Dynamics of Environmental Campaigns." *Mobilization: An International Journal* 7 (1): 1–14.

Della Porta, Donatella, und Hanspeter Kriesi. 1999. „Social Movements in a Globalizing World: an Introduction." S. 3–22 in *Social Movements in a Globalizing World*, hrsg. von ebd. New York, NY: St. Martin's Press.

Della Porta, Donatella und Sidney Tarrow (Hrsg.). 2005. *Transnational Protest and Global Activism*. Lanham, MD: Rowman & Littlefield.

Della Porta, Donatella, Massimiliano Andretta, Lorenzo Mosca und Herbert Reiter. 2006. *Globalization from Below. Transnational Activists and Protest Networks*. Minneapolis und London: University of Minnesota Press.

Desmarais, Anette-Aurélie. 2002. „Peasants Speak – The Vía Campesina: Consolidating an International Peasant and Farm Movement." *Journal of Peasant Studies* 29 (2): 91–124.

Desmarais, Anette-Aurélie. 2008. „The Power of Peasants: Relfections on the Meanings of La Vía Campesina." *Journal of Rural Studies* 24 (2): 138–149.

Demirovic, Alex M. 1991. „Zivilgesellschaft, Öffentlichkeit, Demokratie." *Das Argument* 185 (1): 42–44. Wiedergegeben in *Wochenschau* 2 (März/April 2000): 63. URL: http://egora.uni-muenster.de/pbnetz/bindata/pbnetz_zivil.pdf (letzter Zugriff am 30.7.2008).

Demirovic, Alex M. 2000. „Zivilgesellschaft bei A. Gramsci." *Wochenschau* 2 (März/April 2000): 63. (Auszüge aus Ebd. 1991. „Zivilgesellschaft, Öffentlichkeit, Demokratie." *Das Argument* 185 (1): 42–44.)

Dezalay, Yves, und Bryant Garth. 2002. *The Internationalization of Palace Wars. Lawyers, Economists, and the Contest to Transform Latin-American States*. Chicago, IL: University of Chicago Press.

Diani, Mario und Ivano Bison. 2004. „Organizations, Coalitions, and Movements." *Theory and Society* 33: 281–309.

Dierkes, Julian und Matthias König. 2006. „Zur Ambivalenz der universalistischen Weltkultur – Konfliktbearbeitung und Konfliktdynamik aus Sicht des neuen soziologischen Institutionalismus." S. 127–148 in *Konflikte der Weltgesellschaft. Akteure – Strukturen – Dynamiken*, herausgegeben von Thorsten Bonacker und Christoph Weller. Frankfurt a. M. und New York, NY: Campus.

Donnelly, Elizabeth A. 2002. „Proclaiming Jubilee: The Debt and Structural Adjustment Network." S. 155–180 in *Restructuring World Politics. Transnational Social Movements, Networks, and Norms*, hrsg. von Sanjeev Khagram, James V. Riker und Kathryn Sikkink. London und Minneapolis, MN: University of Minnesota Press.

Echaide, Javier I. 2005. „Construcción de herramientas de resistencia contra el ALCA. El caso de la Consulta Popular de 2003 en Argentina." Schlussbericht zum Stipendienprogramm des CLACSO „ALCA, procesos de dominación y alternativas de integración regional." CLACSO: Red de bibliotecas virtuales. URL: http://bibliotecavirtual.clacso.org.ar/ar/libros/becas/2005/alcajov/echaide.pdf (letzter Zugriff am 18.1.2008).

Eder, Klaus. 1985. „The ,New Social Movements': Moral Crusades, Political Pressure Groups, or Social Movements?" *Social Research* 52 (4): 869–890.

Eisinger, Peter K. 1973. „The Conditions of Protest Behavior in American Cities." *The American Political Science Review* 67 (1): 11–28.

Elsenhans, Hartmut. 1981. *Abhängiger Kapitalismus oder bürokratische Entwicklungsgesellschaft. Versuch über den Staat in der Dritten Welt*. Frankfurt a. M.: Campus.

Environics (später: GlobeScan). 2001. „eFlash Report: Poll Shows Quebec City Protesters Moved Public Opinion." URL: http://www.globescan.com/news_archives/eflash_Globalization.pdf (letzter Zugriff am 11.6.2008).

Escobar, Arturo. 2005. „Culture, economics, and politics in Latin American social movements: theory and research." S. 290–310 in *The Global Resistance Reader*, hrsg. von Louise Amoore. London und New York, NY: Routledge. (Ursprünglich S. 62–85 in *The Making of Social Movements in Latin America*, hrsg. von Arturo Escobar und Sonia Alvarez. Boulder, CO: Westview Press, 1992.)

Evans, Peter. 2000. „Figthing Marginalization with Transnational Networks: Counter-Hegemonic Globalization." *Contemporary Sociology* 29 (1): 230–241.

Evans, Peter. 2008. „Is an Alternative Globalization Possible?" *Politics & Society* 36 (2): 271–305.

Fellner, Helmuth. 2007. „Zivilgesellschaft – Gramsci und die politische Korrektheit." *KomInform*. URL: http://www.kominform.at/article.php/20031210223341571 (letzter Zugriff am 30.7.2008).

Finnemore, Martha. 1996. *National Interests in International Society*. Ithaca: Cornell.

Finnemore, Martha und Kathry Sikkink. 1998. „International Norm Dynamic and Political Change." *International Organization* 52 (4): 887–917.

Fisher, Dana R., Kevin Stanley, David Beerman und Gina Neff. 2005. „How Do Organizations Matter? Mobilization and Support for Participants at Five Globalization Protests." *Social Problems* 52: 102–121.

Fiske, John. 1989. *Reading the Popular*. Boston, MA: Unwin Hyman.

Fligstein, Neil. 1998. „Is Globalization the Cause of the Crises of Welfare States?" EUI Working Paper SPS Nr. 98/5. Florenz: European University Institute. Online verfügbar unter http://cadmus.iue.it/dspace/bitstream/1814/298/1/sps98-5.pdf (letzter Zugriff am 28.10.2008).

Flores, Toty (Hg.). 2002. *De la culpa a la autogestión. Un recorrido del movimiento de trabajadores desocupados de La Matanza*. Buenos Aires: MTD-Editora.

Foster, John W. 2005. „The Trinational Alliance against NAFTA: Sinews of Solidarity" S. 209–230 in *Coalitions Across Borders: Transnational Protest and the Neoliberal Order*, hrsg. von Joe Bandy und Jackie Smith. Lanham, MY: Rowman and Littlefield.

Fourcade-Gourinchas, Marion und Sarah L. Babb. 2002. „The Rebirth of the Liberal Creed: Paths to Neoliberalism in Four Countries." *American Journal of Sociology* 108 (3): 533–579.

Fox, David L. und Jonathan Brown (Hg.). 1998. *The Struggle for Accountability. The World Bank, NGOs, and Grassroots Movements.* London und Cambridge, MA: MIT Press.

Fraser, Nancy. 1990. „Rethinking the Public Sphere: A Contribution to the Critique of Actually Existing Democracy." *Social Text* 25/26: 56–80.

Freeman, Jo (aka Joreen). o.J. „The Tyranny of Structurelessness." URL: http://www. jofreeman.com/joreen/tyranny.htm (letzter Zugriff am 27.1.2007). Erschienen in unterschiedlichen Versionen, u.a. im *Berkeley Journal of Sociology* 17 (1972–73): 151–165.

Friedman, Thomas L. 2005. *The World Is Flat: A Breif History of the Twenty-first Century.* New York, NY: Farrar, Straus and Giroux.

French, John D. French, Jefferson Cowie und Scott Littlehale. 1994. *Labor and NAFTA: A Briefing Book.* Miami, FL: Center for Labor Research and Studies, Florida International University.

Fromm, Erich. 1983 [1941]. *Die Furcht vor der Freiheit.* Stuttgart: Deutsche Verlags-Anstalt (Original: *Escape From Freedom*, New York, NY: Holt, Rineheart & Winston bzw.: *Fear of Freedom*, London: Routledge).

Gabbert, Karin, Wolfgang Gabbert, Ulrich Goedeking, Bert Hoffmann, Anne Huffschmid, Albrecht Koschützke,Michael Krämer, Urs Müller-Plantenberg und Juliane Ströbele-Gregor (Hg.). 2005. *Neue Optionen lateinamerikanischer Politik. Jahrbuch Lateinamerika: Analysen und Berichte 29.* Münster: Westfälisches Dampfboot.

Gambina, Julio C. 2003. „Experiencias y expectativas de la resistencia al ALCA en América Latina." S. 93–110 in *No al ALCA, no a la guerra. La estrategia de EE.UU. para América Latina, la política de militarización, las alternativas*, hrsg. von Julio C. Gambina. Buenos Aires: Fundación de Investigaciones Sociales y Políticas (FISYP).

Gamson, William A. 1961. „A Theory of Coalition Formation." *Amercian Sociological Review* 26 (3): 373–382.

Gamson, William A. 1975. *The Strategy of Social Protest.* Homewood, IL: Dorsey Press.

Gamson, William A. 1992a. „The Social Psychology of Collective Action." S. 53–76 in *Frontiers in Social Movement Theory*, hrsg. von Aldon D. Morris und Carol McClurg Mueller. New Haven, CT: Yale University Press.

Gamson, William A. 1992b. *Talking Politics.* Cambridge und New York, NY: Cambridge University Press.

George, Susan. 2001. „Democracy at the barricades." *Le Monde Diplomatique* vom 2.8.2001, Online-Version, URL: http://mondediplo.com/2001/08/02genoa (letzter Zugriff am 16.1.2008).

Gerhards, Jürgen und Dieter Rucht. 1992. „Mesomobilization: Organizing and Framing in Two Protest Campaigns in West Germany." *American Journal of Sociology* 98 (3): 555–596.

Gerlach, Luther P. und Virginia H. Hine. 1976 [1970]. *People, Power, Change: Movements of Social Transformation.* 3. Auflage. Indianapolis, IN: Bobbs-Merrill.

Gill, Stephen, 1990. *American Hegemony and the Trilateral Commission*. New York, NY: Cambridge University Press.

Gill, Stephen. 2000. „Toward a post-modern prince? The battle of Seattle as a moment in the new politics of globalization." *Millennium* 29 (1): 131–140.

Gill, Stephen. 2005. „Theorizing the Interregnum: The double movement and global politics in the 1990s." S. 54–64 in *The Global Resistance Reader*, hrsg. von Louise Amoore. London und New York, NY: Routledge. [Auszüge aus dem gleichnamigen Aufsatz in *International Political Economy: Understanding Global Disorder*, hrsg. von Björn Hettne, London: Zed Books, 1995: S. 65–99.]

Gill, Stephen und David Law. 1988. *The Global Political Economy: Perspectives, Problems and Policies*. Baltimore, ML: The Johns Hopkins University Press.

Glaser, Barney G. (mit der Unterstützung von Judith Holton). 2004. „Remodeling Grounded Theory." *Forum: Qualitative Sozialforschung/Forum: Qualitative Social Research* 5 (2): Art. 4. URL: http://www.qualitative-research.net/index.php/fqs/article/view/607/1316 (Letzter Zugriff am 24.8.2010).

Glaser, Barney G. und Anselm L. Strauss. 2005 [1967]. *Grounded Theory. Strategien qualitativer Forschung*. Bern: Huber. 2. (korrigierte) Auflage [dt. Erstauflage 1998].

Glasius, Marlies. 2001. „Civil Society: A very brief history." London School of Economics, Centre for Civil Society: Civil Society Briefing No. 1. URL: www.lse.ac.uk/depts/ccs/briefings.htm (letzter Zugriff am 30.6.2007).

GlobeScan (vormals: Environics). 2002. „The World Economic Forum Poll: Global Public Opionion on Globalization." Executive Brief vom Februar 2002. URL: http://www.globescan.com/news_archives/ (letzter Zugriff am 13.1.2008).

GlobeScan (vormals: Environics). 2003. „World Social Forum Poll." Medienmitteilung vom 23. Januar 2003; URL: http://www.globescan.com/news_archives/ (letzter Zugriff am 13.1.2008).

GlobeScan (vormals: Environics). 2004. „World Public Opinion Says World Not Going in Right Direction." Medienmitteilung vom 4. Juni 2004; URL: http://www.globescan.com/news_archives/ (letzter Zugriff am 13.1.2008).

GlobeScan. o. J. „Trust in Institutions." Online-Darstellung ausgewählter Ergebnisse des Forschungsprgogramms „Issues and Reputation." URL: http://www.globescan.com/rf_ir_first.htm (letzter Zugriff am 13.1.2008).

Goldt, Birte. 2005. „Erkämpfte Ordnung, verordnete Kämpfe: Argentiniens soziale Bewegungen zwischen Selbstorganisation und Klientelismus." *IZ3W – Zeitschrift des Informationszentrum Dritte Welt* 289: 13–15.

Goffman, Erving. 1974. *Frame Analysis. An Essay on the Organization of Experience*. Cambridge, MA: Harvard University Press.

Goodwin, Jeff und James M. Jasper. 1999. „Caught in a Winding, Snarling Vine: The Structural Bias of Political Process Theory." *Sociological Forum* 14 (1): 27–54.

Gosewinkel, Dieter, Dieter Rucht, Wolfgang van den Daele und Jürgen Kocka. 2004. „Einleitung: Zivilgesellschaft national und transnational." S. 11–26 in: *Zivilgesellschaft – national und transnational*, hrsg. von Dieter Gosewinkel, Dieter Rucht, Wolfgang van den Daele und Jürgen Kocka. WZB-Jahrbuch 2003. Berlin: edition sigma.

Gramsci, Antonio. 1991–2002 [1929–35]. *Gefängnishefte*, herausgegeben von Klaus Bochmann und Wolfgang Fritz Haug [10 Bände]. Hamburg: Argument.

Greve, Jens und Bettina Heintz. 2005. „Die ‚Entdeckung' der Weltgesellschaft. Entstehung und Grenzen der Weltgesellschaftstheorie." S. 89–119 in *Weltgesellschaft. Theoretische Zugänge und empirische Problemlagen*, hrsg. von Bettina Heintz, Richard Münch und Hartmann Tyrell. Stuttgart: Lucius & Lucius. (Sonderheft der Zeitschrift für Soziologie.)

Grimes, Michael D. 1989. „Class and Attitudes Toward Structural Inequalities: An Empirical Comparison of Key Variables in Neo- and Post-Marxist Scholarship." *Sociologial Quarterly* 30 (3): 441–463.

Grugel, Jean. 2006. „Regionalist governance and transnational collective action in Latin America." *Economy and Society* 35 (2): 209–231.

Guidry, John A., Michael D. Kennedy und Mayer N. Zald. 2000. „Globalization and Social Movements," S. 1–32 in *Globalization and Social Movements*, hrsg. von John A. Guidry, Michael D. Kennedy und Mayer N. Zald. Ann Arbor, MI: Michigan University Press.

Habermas, Jürgen. 1982. *Theorie des kommunikativen Handelns*. 2. Auflage. Frankfurt a. M.: Suhrkamp.

Hack, Lothar. 2005. „Auf der Suche nach der verlorenen Totalität. Von Marx' kapitalistischer Gesellschaftsformation zu Wallersteins Analyse der ‚Weltsysteme'?" S. 120–158 in *Weltgesellschaft. Theoretische Zugänge und empirische Problemlagen*, hrsg. von Bettina Heintz, Richard Münch und Hartmann Tyrell. Stuttgart: Lucius & Lucius. (Sonderheft der Zeitschrift für Soziologie.)

Haines, Herbert H. 1984. „Black Radicalization and the Funding of Civil Rights: 1957–1970." *Social Problems* 32 (1): 31–43.

Halperin, Sandra und Gordon Laxer. 2003. „Effective Resistance to Corporate Globalization." S. 1–21 in *Global Civil Society and its Limits*, hrsg. von Gordon Laxer und Sandra Halperin. Basingstoke und New York, NY: Palgrave Macmillan.

Hammond, John L. 2003. „Another World Is Possible: Report from Porto Alegre." *Latin American Perspectives* 30: 3–11.

Harris, Richard L. 2002. „Resistance and Alternatives to Globalization in Latin America and the Caribbean." *Latin American Perspectives* 29 (6): 136–151.

Harris, Richard L. 2005. „Resistance and Alternatives to Washington's Agenda fort he Americas: The Prospect for Regional versus Hemispheric Integration." *Journal of Developing Societies* 21 (3–4): 403–428.

Harvey, David. 2007 [2005]. *Kleine Geschichte des Neoliberalismus*. Zürich: Rotpunktverlag.

Haunss, Sebastian. 2002. „Perspektiven gesellschaftlicher Veränderung im 21. Jhd. – Kollektive Identität und identitäre Politik." S. 13–31 in *Kollektives Handeln*, hrsg. von Sylke Bartmann, Karin Gille und Sebastiann Haunss. Düsseldorf: edition der Hans-Böckler-Stiftung.

Hayes, Bernadette. 1995. „The Impact of Class on Political Attitudes – A Comparative Study of Great Britain, West-Germany, Australia, and the United States." *European Journal of Politcal Research* 27 (1): 69–91.

Henisz, Witold, Mauro F. Guillén, and Bennet A. Zelner. 2005. „The Worldwide Diffusion of Market-Oriented Infrastructure Reform, 1977–1999." *American Sociological Review* 70: 871–897.

Henkel, Knut. 2003. „ALCA und ihre Gegner: In Lateinamerika formiert sich ein soziales Bündnis gegen das Projekt der gesamtamerikanischen Freihandelszone." *Brennpunkt Lateinamerika: Politik – Wirtschaft – Gesellschaft* 15 (3): 147–154.

Herkenrath, Mark. 2003. *Transnationale Konzerne im Weltsystem: Globale Unternehmen, nationale Wirtschaftspolitik und das Problem nachholender Entwicklung.* Wiesbaden: Westdeutscher Verlag.

Herkenrath, Mark. 2007. „Introduction: The Regional Dynamics of Global Transformations." *International Journal of Comparative Sociology* 48 (2): 3–17.

Herkenrath, Mark und Volker Bornschier. 2006. „Transnationale Konzerne und ihre zivilgesellschaftlichen Opponenten im Konflikt um ein globales Investitionsregime. Weltgesellschaftliche Akteure im Widerstreit." S. 81–102 in *Konflikte der Weltgesellschaft. Akteure – Strukturen – Dynamiken,* hrsg. von Thorsten Bonacker und Christoph Weller. Frankfurt a. M. und New York: Campus.

Hopf, Christel. 1984 [1979]. „Soziologie und qualitative Sozialforschung." S. 11–37 in *Qualitative Sozialforschung,* hrsg. von Christel Hopf und Elmar Weingarten. Stuttgart: Klett-Cotta.

Hoffer, Eric 1951. *The True Believer: Thoughts on the Nature of Mass Movements.* New York, NY: Harper & Row.

Huddock, Ann. 1999. *NGOs and Civil Society: Democracy by Proxy?* Cambridge: Polity Press.

Hunt, Scott A., Robert D. Benford und David A. Snow. 1994. „Identity Fields: Framing Processes and the Social Construction of Movement Identities." S. 185–208 in *New Social Movements: From Ideology to Identity,* hrsg. von Enrique Laraña, Hank Johnston und Joseph R. Gusfield. Philadelphia, PA: Temple University Press.

Huyer, Sophia. 2004. „Challenging Relations: a labour-NGO coalition to oppose the Canada-US and North American Free Trade Agreements, 1985–1993." *Development in Practice* 14 (1-2): 48–60.

IBASE (Barazilian Institute of Social and Economic Analyses). 2003. *World Social Forum 2003. Vol. V: Survey of the Profile of Participants.* URL: http://www.ibase.br/ fsm2003/ingles.htm (letzter Zugriff am 31.8.2010).

IBASE (Brazilian Institute of Social and Economic Analyses). 2005. *An X-Ray of Participation in the 2005 Forum: Elements for a Debate.* Rio de Janeiro: IBASE. URL: http://www.ibase.br/userimages/relatorio_fsm2005_INGLES2.pdf (letzter Zugriff am 15.1.2008).

IBASE (Brazilian Institute of Social and Economic Analyses). 2006. *An X-Ray of Participation in the Policentric Forum 2006.* Rio de Janeiro: IBASE. URL: http://www. ibase.br/modules.php?name=Conteudo&file=index&pa=showpage&pid=1653 (letzter Zugriff am 16.1.2008).

IBASE (Brazilian Institute of Social and Economic Analyses). 2007. *World Social Forum: An X-Ray of Participants in the Forum 2007.* Rio de Janeiro: IBASE.

Islamoglu, H. 2001. „Civil Society, Concept and History of." S. 1891–1897 in *International Encyclopedia of the Social and Behavioral Sciences*, hrsg. von Neil J. Smelser und Paul B. Bates. London: Elsevier Science.

Jacobitz, Robin. 1991: „Antonio Gramsci – Hegemonie, historischer Block und intellektuelle Führung in der internationalen Politik." Arbeitspapier Nr. 5 der Forschungsgruppe Europäische Gemeinschaften, Institut für Politikwissenschaft. Marburg: Philipps-Universität.

Jawara, Fatoumata, und Aileen Kwa 2003. *Behind the Scenes at the WTO: The Real World of International Trade Negotiations.* London: Zed Books.

Jenkins, Craig J. 1983. „Resource Mobilization Theory and the Study of Social Movements." *Annual Review of Sociology* 9: 527–553.

Jenkins, Craig J. und Craig M. Eckert. 1986. „Channeling Black Insurgency: Elite Patronage and Professional Social Movement Organizations in the Development of the Black Movement." *American Sociological Review* 51 (6): 812–829.

Jenkins, Craig J. und Charles Perrow. 1977. „Insurgency of the Powerless: Farm Worker Movements (1946–1972)." *American Sociological Review* 42 (2): 249–268.

Johnston, Josée und Gordon Laxer. 2003. „Solidarity in the age of globalization: Lessons from the anti-MAI and Zapatista struggles." *Theory and Society* 32 (1): 39–91.

Jones, Andrew W., Richard N. Hutchinson, Nelly Van Dyke, Leslie Gates und Michele Companion. 2001. „Coalition Form and Mobilization Effectiveness in Local Social Movements." *Sociological Spectrum* 21: 207–231.

Jubilee South. 1999. „Jubilee South and the Call for a New Strategic Alliance." Presseerklärung vom 1.12.1999. URL: http://www.jubileesouth.org/news/EpklpkuEFpHMy-YYSXS.shtml (letzter Zugriff am 18.1.2008).

Kaltmeier, Olaf, Jens Kastner und Elisabeth Tuider. 2004. „Cultural Politics im Neoliberalismus: Widerstand und Autonomie Sozialer Bewegungen in Lateinamerika." S. 7–30 in *Neoliberalismus – Autonomie – Widerstand: Soziale Bewegungen in Lateinamerika*, hrsg. von Olaf Kaltmeier, Jens Kastner und Elisabeth Tuider. Münster: Westfälisches Dampfboot.

Katz, Hagai. 2007. „Global Civil Society Networks and Counter-Hegemony." S. 183–215 in *Civil Society: Local and Regional Responses to Global Challenges*, hrsg. von Mark Herkenrath. Münster u. a.: LIT Verlag.

Kauffman, L. A. 2001 [1990]. „The Anti-Politics of Identity." S. 23–34 in *Identity Politics in the Women's Movement*, hrsg. von Barbara Ryan. New York, NY und London: New York University Press. [Ursprünglich publiziert in *Social Review* 20 (1), Jan.–März 1990: 67–80.]

Keck, Margaret E. und Kathryn Sikkink. 1998. *Activists beyond Borders: Advocacy Networks in International Politics.* Ithaca, NY: Cornell University Press.

Keck, Margaret E. und Kathryn Sikkink. 1999. „Transnational advocacy networks in international politics." *International Social Science Journal* 159: 89–101.

Kelle, Udo und Susann Kluge. 1999. *Vom Einzelfall zum Typus. Fallvergleich und Fallkontrastierung in der qualitativen Sozialforschung.* Opladen: Leske und Budrich.

Kentor, Jeffrey. 2002. „The Divergence of Economic and Coercive Power in the World Economy 1960–2000." Beitrag zum International Studies Association Annual Meeting 2002 in New Orleans, LA.

Kentor, Jeffrey und Yong Suk Jang. 2004. „Yes, there is a (growing) transnational business community." *International Sociology* 19 (3): 355–368.

Kerbo, Harold. 2005. „Foreign Investment and Disparities in Economic Development and Poverty Reduction: A Comparative-Historical Analysis of the Buddhist Countries of Southeast Asia." *International Journal of Comparative Sociology* 46 (5-6): 425–459. (Sonderheft zu *Convergence and Divergence in the Contemporary World System*, hrsg. von Mark Herkenrath, Claudia König, Hanno Scholtz und Thomas Volken. London und New Delhi: Sage.)

Kerbo, Harold. 2006. *World Poverty: Global Inequality and the Modern World System.* New York, NY: McGraw-Hill.

Khagram, Sanjeev. 2002. „Restructuring the Global Politics of Development: The Case of India's Narmada Valley Dams." S. 206–230 in *Restructuring World Politics. Transnational Social Movements, Networks, and Norms*, hrsg. von Sanjeev Khagram, James V. Riker und Kathryn Sikkink. Minneapolis, MN und London: University of Minnesota Press.

Khagram, Sanjeev, James V. Riker und Kathryn Sikkink (Hg.). 2002a. *Restructuring World Politics. Transnational Social Movements, Networks, and Norms.* Minneapolis, MN und London: University of Minnesota Press.

Khagram, Sanjeev, James V. Riker und Kathryn Sikkink. 2002b. „From Santiago to Seattle: Transnational Advocacy Groups Restructuring World Politics." S. 3–23 in *Restructuring World Politics. Transnational Social Movements, Networks, and Norms*, hrsg. von Sanjeev Khagram, James V. Riker und Kathryn Sikkink. Minneapolis, MN und London: University of Minnesota Press.

Kiely, Ray. 1998. „Transnational companies, global capital, and the Third World" S. 47–68 in *Globalisation and the Third World*, hrsg. von Ray Kiely und Phil Marfleet. New York, NY: Routledge.

Killian, Lewis M. 1984. „Organization, Rationality and Spontaneity in the Civil Rights Movement." *American Sociological Review* 49 (6): 770–783.

Kitschelt, Herbert P. 1986. Political Opportunity Structures and Political Protest: Anti-Nucelar Movements in Four Democracies." *British Journal of Political Science* 16 (1): 57–85.

Klandermans, Bert. 1984. „Mobilization and Participation: Social-Psychological Expansions of Resource Mobilization Theory." *American Sociological Review* 49 (5): 583–600.

Klandermans, Bert, Jose Manuel Sabucedo, Mauro Rodriguez und Marga de Weerd. 2002. „Identity Processes in Collective Action Participation: Farmers' Identity and Farmers' Protest in the Netherlands and Spain." *Political Psychology* 23 (2): 235–251.

Klein, Naomi. 2001. „A Fete for the End of the End of History." 30. März 2001. URL: http://www.naomiklein.org/articles/2001/03/fete-end-end-history (letzter Zugriff am 2.2.2008).

Klein, Naomi. 2003. *Über Zäune und Mauern. Berichte von der Globalisierungsfront.* Frankfurt a. M.: Campus.

Klein, Naomi. 2007. „Latin America's Shock Resistance." *Focus on the Global South* 134 (November 2007). URL: http://www.focusweb.org/latin-americas-shock-resistance. html?Itemid=92.

Köckeis-Stangl, Eva. 1980. „Methoden der Sozialisationsforschung." S. 321–370 in *Handbuch der Sozialisationsforschung*, hrsg. von Dieter Ulich und Klaus Hurrelmann. Weinheim: Beltz.

Kohler, Kristopher. 2006. „The World Social Forum and a Counter-Hegemonic Vision: Towards a Theory of Transnational Identity Formation." Konferenzbeitrag zum International Studies Association Annual Meeting 2006 in San Diego, CA, 22.–25. März.

Kornhauser, William. 1959. *The Politics of Mass Society*. Glencoe, IL: Free Press.

Korzeniewicz, R. Patricio und William C. Smith. 2001. „Protest and Collaboration: Transnational Civil Society Networks and the Politics of Summitry and Free Trade in the Americas." Papier zum 23. Internationalen Kongress der Latin American Studies Association, Washington D.C., 6.–8. September.

Korzeniewicz, R. Patricio und William C. Smith. 2003a. „Redes transnacionales de la sociedad civil: entre la protesta y la colaboración." S. 47–77 in *El ALCA y las cumbres de las Américas: ¿una nueva relación público-privada?*, hrsg. von Diana Tussie und Mercedes Botto. Buenos Aires: Biblos.

Korzeniewicz, R. Patricio und William C. Smith. 2003b. „Redes transnacionales, diplomacia ciudadana y proyectos de integración económica en las Américas." S. 119–176 in *Entre la confrontación y el diálogo: integración regional y diplomacia ciudadana*, hrsg. von Andrés Serbin. Buenos Aires, C. F.: Siglo XXI Editores Argentina, Universidad de Belgrano.

Kraemer, Kelly Rae. 2007. „Solidarity in Action: Exploring the Work of Allies in Social Movements." *Peace & Change* 32 (1): 20–38.

Kreissl, Reinhard und Fritz Sack. 1998. „Framing. Die kognitiv-soziale Dimension von sozialem Protest." *Forschungsjournal Neue Soziale Bewegungen* 11 (4): 41–54.

Kriesberg, Louis. 1997. „Social Movements and Global Transformation." S. 3–18 in *Transnational Social Movements and Global Politics,* hrsg. von Jackie Smith, Charles Chatfield und Ron Pagnucco. Syracuse, NY: Syracuse University Press.

Kriesi, Hanspeter. 1996. „The Organizational Structure of New Social Movements in a Political Context." S. 152–184 in *Comparative Perspectives on Social Movements,* hrsg. von Doug McAdam, John D. McCarthy und Mayer N. Zald. Cambridge, MA: Cambridge University Press.

Kriesi, Hanspeter, Ruud Koopmans, Jan W. Duyvendak und Marco G. Giugni. 1995. *The Politics of New Social Movements in Western Europe. A Comparative Analysis.* Minneapolis, MN: University of Minnesota Press.

Krinsky, John und Ellen Reese. 2006. „Forging and Sustaining Labor–Community Coalitions: The Workfare Justice Movement in Three Cities." *Sociological Forum* 21 (4): 623–658.

Lamnek, Siegfried. 2005. *Qualitative Sozialforschung: Lehrbuch*. Weinheim: Beltz. 4. vollständig überarbeitete Auflage [Erstauflage 1988].

Lanzaro, Jorge. 2007. „La ‚tercera ola‘ de las izquierdas latinoamericanas: entre el populismo y la social-democracia." S. 20–57 in *Siglo XXI: El lugar de la izquierda en América*

Latina, hrsg. von Yamandú Acosta. (Sonderheft der *Revista Encuentros Latinoamericanos*, URL: http://www.ceil.fhuce.edu.uy/Descargas/REVISTAceil%5B1%5D.EL1 pdf.pdf (letzter Zugriff am 0.9.2010).

Larrea, Ana María. 2006. „Encuentros y desencuentros: la compleja relación entre el gobierno y los movimientos sociales en Ecuador." *OSAL – Revista del Observatorio Social de América Latina* 21: 257–261.

Lawler, Edward J., and Jeongkoo Yoon. 1998. „Network Structure and Emotion in Exchange Relations." *American Sociological Review* 63 (6): 871–894.

Lawler, Edward J., Shane R. Thye und Jeongkoo Yoon. 2000. „Emotion and Group Cohesion in Productive Exchange." *American Journal of Sociology* 106 (3): 616–657.

Laxer, Gordon und Sandra Halperin (Hg.). 2003. *Global Civil Society and its Limits*. Basingstoke und New York, NY: Palgrave Macmillan.

Le Bon, Gustave. URL [1895]. *Psychologie der Massen*. URL: http://www.textlog.de/lebon-psychologie.html (letzer Zugriff am 15.2.2008) in der Übersetzung von R. Eisler (Original: *Psychologie des foules*, Paris: o.A.) [Druckversion mit Bearbeitungen von Rudolf Marx: Stuttgart: Kröner. 15. Auflage, 1982].

Levi, Margaret und Gillian H. Murphy. 2006. „Coalitions of Contention: The Case of the WTO Protests in Seattle." *Political Studies* 54: 651–670.

Lichterman, Paul. 1995. „Piecing Together Multicultural Community: Cultural Differences in Community Building among Grass-Roots Environmentalists." *Social Problems* 42 (4): 513–534.

Lukes, Steven. 1974. *Power: A Radical View*. Atlantic Highlands, NJ: Humanities Press.

Lukes, Steven. 2005. „Power and the Battle for Hearts and Minds." *Millennium: Journal of International Studies* 33 (3): 477–493.

Malcher, Ingo. 2005. „Kirchner, der unerwartete Präsident. Grenzen und Spielräume neuer argentinischer Politik." S. 41–61 in *Neue Optionen lateinamerikanischer Politik. Jahrbuch Lateinamerika: Analysen und Berichte 29*, hrsg. von Karin Gabbert et al. Münster: Westfälisches Dampfboot.

Maney, Gregory M. 2000. „Transnational Mobilization and Civil Rights in Northern Ireland." *Social Problems* 47 (2): 153–179.

Marx, Gary T. und James L. Wood. 1975. „Strands of Theory and Research in Collective Behavior." *Annual Review of Sociology* 1: 363–428.

Massicotte, Marie-Josée. 2003. „‚Local' Organizing and ‚Global' Struggles: Coalition-Building for Social Justice in the Americas." S. 105–125 in *Global Civil Society and Its Limits*, hrsg. von Gordon Laxer und Sandra Halperin. New York, NY: Macmillan.

Massicotte, Marie-Josée. 2004. „Forces d'émancipation et démocratie participative dans les Amériques: un regard sur l'Alliance sociale continentale." *Politiques et Sociétés* 23 (2-3): 11–43.

McAdam, Doug. 1983. „Tactical Innovation and the Pace of Insurgency." *American Sociological Review* 48 (6): 735–754.

McAdam, Doug. 1996. „Political Opportunitites: Conceptual Origins, Current Problems, Future Directions." S. 23–40 in *Comparative Perspectives on Social Movements*, hrsg.

von Doug McAdam, John D. McCarthy und Mayer N. Zald. Cambridge: Cambridge University Press.

McAdam, Doug, John D. McCarthy und Mayer N. Zald. 1988. „Social Movements." S. 695–737 in *Handbook of Sociology*, hrsg. von Neil J. Smelser. London u. a.: Sage.

McAdam, Doug, John D. McCarthy und Mayer N. Zald. 1996. „Introduction: Opportunities, Mobilizing Structures, and Framing Processes – toward a Synthetic, Comparative Perspective on Social Movements." S. 1–20 in *Comparative Perspectives on Social Movements: Political Opportunities, Mobilizing Structures and Cultural Framings,* hrsg. von Doug McAdam, John D. McCarthy und Mayer N. Zald. Cambridge: Cambridge University Press.

McCammon, Holly J. und Karen E. Campbell. 2002. „Alies on the Road to Victory: Coalition Formation between the Suffragists and the Woman's Christian Temperance Union." *Mobilization: An International Journal* 7 (3): 231–251.

McCarthy, John D. 1997. „The Globalization of Social Movement Theory." S. 243–259 in *Transnational Social Movements and Global Politics*, hrsg. von Jackie Smith, Charles Chatfield und Ron Pagnucco. Syracuse, NY: Syracuse University Press.

McCarthy John D. und Mayer N. Zald. 1977. „Resource Mobilization and Social Movements: A Partial Theory." *American Journal of Sociology* 82 (6): 1212–1241.

McCarthy, John D., Clark McPhail und Jackie Smith. 1996. „Images of Protest. Dimensions of Selection Bias in Media Coverage of Washington Demonstrations, 1982–1991." *American Sociological Review* 61 (3): 478–499.

McDonald, Kevin. 2002. „From Solidarity to Fluidarity: social movements beyond ‚collective identity' – the case of globalization conflicts." *Social Movement Studies* 1 (2): 109–128.

McDonald, Laura und Mildred A. Schwartz. 2002. „Political Parties and NGOs in the Creation of New Trading Blocs in the Americas." *International Political Science Review/ Revue internationale de science politique* 23 (2): 135–158.

Melucci, Alberto. 1980. „The New Social Movements: *A* Theoretical Approach." *Social Science Information* 19: 199–226.

Melucci, Alberto. 1984. „An end to social movements?" *Social Science Information* 23 (4/5): 819–835.

Melucci, Alberto. 1985. „The Symbolic Challenge of Contemporary Movements." *Social Research* 52 (4): 789–816.

Melucci, Alberto. 1995. „The Process of Collective Identity." S. 41–63 in *Social Movements and Culture*, hrsg. von Hank Johnston und Bert Klandermans. Minneapolis, MN: University of Minnesota Press.

Merton, Robert K. 1938. „Social Structure and Anomie." *American Sociological Review* 3 (5): 672–682.

Meyer, David S. 2004. „Protest and Political Opportunities." *Annual Review of Sociology* 30: 125–145.

Meyer, David S. 2006. „Claiming Credit: Stories of Movement Influence as Outcomes." *Mobilization: An International Journal* 11 (3): 201–218.

Meyer, David S. und Catherine Corrigal-Brown. 2005. „Coalitions and Political Context: U.S. Movements against Wars in Iraq." *Mobilization: An International Journal* 10 (3): 327–344.

Meyer, David S. und Debra C. Minkoff. 2004. „Conceptualizing Political Opportunity." *Social Forces* 82 (4): 1457–1492.

Meyer, David S. und Sidney Tarrow (Hg.). 1998. *Social Movement Society: Contentious Politics for a New Century.* Lanham, MD: Rowman and Littlefield.

Meyer, John W. 2000. „Globalization. Sources and Effects on National States and Societies." *International Sociology* 15 (2): 233–248.

Meyer, John W. 2007. „Globalization: Theory and Trends." *International Journal of Comparative Sociology* 48 (4): 261–273.

Meyer, John W. und Ronald L. Jepperson. 2000. „The ‚Actors' of Modern Society: The Cultural Construction of Social Agency." *Sociological Theory* 18 (1): 100–120.

Meyer, John W. und Brian Rowan. 1977. „Institutionalized Organizations. Formal Structure as Myth and Ceremony." *American Journal of Sociology* 83 (2): 340–363.

Meyer, John W., John Boli, George M. Thomas und Francisco O. Ramirez. 1997. „World Society and the Nation-State." *American Journal of Sociology* 103 (1): 144–181.

Mies, Maria. 2001. *Globalisierung von unten: Der Kampf gegen die Herrschaft der Konzerne.* Hamburg: Rotbuch.

Milanovic, Branko. 2001. „World Income Inequality in the Second Half of the 20th Century." Unveröffentlichtes Arbeitspapier. Washington, DC: World Bank. Online verfügbar unter http://info.worldbank.org/etools/bspan/PresentationView.asp?PID=177&EID=89 (letzter Zugriff am 29. 10. 2008).

Milanovic, Branko. 2003. „The Two Faces of Globalization: Against Globalization as We Know It." *World Development* 31 (4): 667–683.

Milanovic, Branko. 2005. „Can We Discern the Effect of Globalization on Income Distribution? Evidence from Household Surveys." *The World Bank Economic Review* 19 (1): 21–44.

Missbach, Andreas. 1999. *Das Klima zwischen Nord und Süd. Eine regulationstheoretische Untersuchung des Nord-Süd-Konflikts in der Klimapolitik der Vereinten Nationen.* Münster: Westfälisches Dampfboot.

Mittelman, James H. und Christine B. N. Chin. 2005. „Conceptualizing resistance to globalization." S. 17–27 in *The Global Resistance Reader*, hrsg. von Louise Amoore. London und New York, NY: Routledge. (Ursprünglich S. 165–178 in *The Globalization Syndrome: Transformations and Resistance,* hrsg. von James H. Mittelman. Princeton: Brinceton University Press, 2000.)

Moghadam, Valentine M. 2000. „Transnational Feminist Networks. Collective Action in an Era of Globalization." *International Sociology* 15 (1): 57–85.

Moody, Kim. 1997. „Towards an International Social-Movement Unionism." *New Left Review* I/225: 52–72.

Murphy, Gillian. 2005. „Coalitions and the Development of the Global Environmental Movement: A Double-Edged Sword." *Mobilization: An International Journal* 10 (2): 235–250.

Neidhardt, Friedhelm und Dieter Rucht. 1991. „The Analysis of Social Movements: The State of the Art and Some Perspectives for Further Research. S. 421–464 in *Research on Social Movements: The State of the Art in Western Europe and the USA*, hrsg. von Dieter Rucht. Frankfurt a. M.: Campus/Boulder, CO: Westview.

Nepstad, Sharon Erickson. 2002. „Creating Transnational Solidarity: The Use of Narrative in the U.S.-Central America Peace Movement." *Mobilization: An International Journal* 6 (1): 21–63.

Nepstad, Sharon Erickson und Clifford Bob. 2006. „When Do Leaders Matter? Hypotheses on Leadership Dynamics in Social Movements." *Mobilization: An International Journal* 11 (1): 1–22.

Neuber, Harald. 2007a. „Lula oder Chávez?" *Telepolis* vom 2. 5. 2007 (Online-Version). URL: http://www.heise.de/tp/r4/artikel/25/25175/1.html (letzter Zugriff am 26.12.2007).

Niederberger, Walter. 2009. „Barack Obama will neue Bande knüpfen in den Süden." *Tagesanzeiger* vom 17.3., S. 7.

Niggli, Peter. 2004. *Nach der Globalisierung. Entwicklungspolitik im 21. Jahrhundert.* Zürich: Rotpunktverlag.

Noël, Alain und Jean-Philippe Thérien. 2002. „Public Opinion and Global Justice." *Comparative Political Studies* 35 (3): 631–656.

Nollert, Michael. 2005. „Transnational Corporate Ties: A Synopsis of Theories and Empirical Findings." *Journal of World-Systems Research* 11 (2): 289–314. (Sonderheft zu *Globalizations from ‚Above' and ‚Below': The Future of World Society,* hrsg. von Mark Herkenrath, Claudia König, Hanno Scholtz und Thomas Volken. Riverside, CA: Institute for Research on World-Systems; URL: http://jwsr.ucr.edu/archive/vol11/number2/pdf/jwsr-v11n2-nollert.pdf, letzter Zugriff am 24.8.2010.)

Norris, Pippa, Stefaan Walgrave und Peter Van Aelst. 2005. „Who Demonstrates? Disaffected Rebels, Conventional Participants, or Everyone?" *Comparative Politics* 2 (37): 251–275.

Novaro, Marcos. 2007. „¿Integración o irrelevancia? Las relaciones entre izquierda y populismo en Argentina a la luz de las experiencias de Alvarez y Kirchner." S. 58–92 in *Siglo XXI: El lugar de la izquierda en América Latina,* hrsg. von Yamandú Acosta. (Sonderheft der *Revista Encuentros Latinoamericanos,* URL: http://http://www.ceil.fhuce.edu.uy/Descargas/REVISTAceil%5B1%5D.EL1pdf.pdf .)

O'Brien, Robert, Anne Marie Goetz, Jan Aart Scholte und Marc Williams. 2000. *Contesting Global Governance. Multilateral Economic Institutions and Global Social Movements.* Cambridge: Cambridge University Press.

Oberschall, Anthony. 1973. *Social Conflict and Social Movements.* Englewood Cliffs, NJ: Prentice Hall.

Offe, Claus. 1985. „New Social Movements: Challenging the Boundaries of Institutional Politics." *Social Research* 52 (4): 817–868.

Olesen, Thomas. 2004. „The transnational Zapatista solidarity network: an infrastrcutural analysis." *Global Networks* 4 (1): 89–107.

Oliver, Pamela E. und Hank Johnston. 2000. „What a Good Idea! Ideologies and Frames in Social Movement Research." *Mobilization* 5: 37–54.

Olson, Mancur. 1965. *The Logic of Collective Action.* Cambridge, MA: Harvard University Press.

Park, Robert E. 1967. *On Social Control and Collective Behavior: Selected Papers.* Hrsg. von Ralph H. Turner. Chicago, IL: University of Chicago Press.

Park, Robert E. und Ernest W. Burgess. 1921. *Introduction to the Science of Sociology.* Chicago, IL: University of Chicago Press.

Patomaki, Heikki und Teivo Teivainen. 2004. „The World Social Forum: an open space or a movement of movements." *Theory, Culture and Society* 21 (6): 145–154.

Petras, James. 2004. „Argentina: From popular rebellion to ,normal capitalism.'" URL: http://globalresearch.ca/articles/PET406A.html (letzter Zugriff am 12. 12. 2007).

Pianta, Mario. 2001. „Parallel Summits of Global Civil Society." S. 169–194 in *Global Civil Society 2001,* hrsg. von Helmut Anheier, Marlies Glasius und Mary Kaldor. Oxford: Oxford University Press.

Pianta, Mario, Federico Silva und Duccio Zola. 2004. „Global Civil Society Events: Parallel Summits, Social Fora, Global Days of Action. Update." London School of Economics: Centre for the Study of Global Governance and Centre on Civil Society. URL: http://www.lse.ac.uk/Depts/global/yearbook04chapters.htm.

Pichardo, Nelson A. 1997. „New Social Movements: A Critical Review." *Annual Review of Sociology* 23: 411–430.

Pickert, Bernd. 2006. „Sehnsucht nach Alternativen." *taz – die tageszeitung* vom 28.12.2006, Online-Archiv, URL: http://www.taz.de/index.php?id=archivseite&dig=2006/12/28/a0168 (letzter Zugriff am 26.12.2007).

Piven, Frances Fox und Richard A. Cloward. 1977. *Poor People's Movements: Why They Suceed, How They Fail.* New York: Pantheon Books.

Podobnik, Bruce und Thomas E. Reifer (Hg.). 2004. *Global Social Movements Before and After 9-11.* Sonderheft des *Journal of World-Systems Research* X (1). Riverside, CA: Institute for Research on World-Systems. URL: http://jwsr.ucr.edu/archive/vol10/number1 (letzter Zugriff am 24.8.2010).

Pollack, Aaron. 2001. „Cross-Border, Cross-Movement Alliances in the Late 1990s." S. 183–205 in *Globalization and Social Movements,* hrsg. von Henri Lustiger-Thaler, Pierre Hamel, Jan Nederveen Pieterse und Sasha Roseneil. London und New York, NY: Macmillan/St Martin's Press.

Pollack, Aaron. o. J. „Cross-Borders, Cross-Movement Alliances in the Late 1990s." Online-Version, URL: http://www.antenna.nl/~waterman/pollack.html (letzter Zugriff am 18.1.2008).

Polletta, Francesca. 1999. „Snarls, Quacks, and Quarrels: Culture and Structure in Political Process Theory." *Sociological Forum* 14 (1): 63–70.

Polletta, Francesca. 2002. *Freedom Is an Endless Meeting: Democracy in American Social Movements.* Chicago, and London, UK: University of Chicago Press.

Polletta, Francesca und James M. Jasper. 2001. „Collective Identity and Social Movements." *Annual Review of Sociology* 27: 283–305.

Ponniah, Thomas und William Fisher im Interview mit Solana Larsen. 2003. „Under a Tree in Porto Alegre: Democary in its Most Radical Sense." S. 178–182 in *The World*

Social Forum: Challenging Empires, hrsg. von Jai Sen, Anita Anand, Arturo Escobar und Peer Waterman. New Delhi: Viveka. Online-Version, URL: http://www.choike. org/nuevo_eng/informes/1557.html (letzter Zugriff am 16.1.2008).

Prevost, Gary. 2005. „Contesting Free Trade: The Development of the Anti-FTAA Movement in the Streets and in the Corridors of State Power." *Journal of Developing Societies* 21 (3-4): 369–387.

Randeria, Shalini. 2003. „Glocalization of Law: Environmental Justice, World Bank, NGOs and the Cunning State in India." *Current Sociology* 51 (3/4): 305–328.

Randeria, Shalini. 2007. „The State of Globalization: Legal Plurality, Overlapping Sovereignties and Ambiguous Alliances between Civil Society and the Cunning State in India." *Theory, Culture & Society* 24 (1): 1–33.

Raschke, Joachim. 1988. *Soziale Bewegungen. Ein historisch-systematischer Grundriss.* Frankfurt a. M. und New York: Campus

Recalca (Red Colombiana de Acción Frente al Libre Comercio). 2004. „Entregadas al Observatorio del Congreso 460 firmas de organizaciones que representan a varios millones de colombianos." URL: http://www.recalca.org.co/?q=node/200 (letzter Zugriff am 12.9.2008).

Reitan, Ruth. 2007. *Global Activism*. London und New York: Routledge.

Reuveny, Rafael und William R. Thompson. 2007. „How ‚Global' Is Economic Globalization?" S. 17–46 in *The Regional and Local Shaping of World Society*, hrsg. von Mark Herkenrath. Münster: LIT.

Robinson, William I. 1998. „Beyond the Nation-State Paradigm: Globalization, Sociology, and the Challenge of Transnational Studies." *Sociological Forum* 13 (4): 561–594.

Robinson, William I. 1999. „Latin America in the Age of Inequality: Confronting the New Utopia." *International Studies Review* 1 (3): 41–67.

Robinson, William I. 2001. „Social Theory and Globalization: The Rise of a Transnational State." *Theory and Society* 30 (2): 157–200.

Robinson, William I. 2002. „Global Capitalism and the Hegemony of the Transnational Elite: Theoretical Notes and empirical evidence." Konferenzpapier zur Jahrestagung der ASA-Sektion „The Political Economy of the World-System" (PEWS), University of California-Riverside, Riverside, CA, 3.–4. März.

Robinson, William I. 2004. *A Theory of Global Capitalism*. Baltimore, MD: Johns Hopkins University Press.

Robinson, William I. 2005. „Gramsci and Globalisation: From Nation-State to Transnational Hegemony." *Critical Review of International Social and Political Philosophy* 8 (4): 1–16.

Robinson, William I. 2006. „Latin America, State Power, and the Challenge to Global Capitalism: An Interview with William Robinson." *Upping the Anti* 3: 59–76. Online-Version unter http://www.soc.ucsb.edu/faculty/robinson/Assets/pdf/uppingtheanti.pdf (letzter Zugriff am 24.8.2010).

Robinson, William I. 2008. „Transformative Possibilities in Latin America." Erscheint in *Socialist Register 2008*. London: Merlin. Manuskript unter http://www.soc.ucsb.edu/faculty/robinson/Assets/pdf/trans_poss_in_latinamerica.pdf (letzter Zugriff am 24.8.2010).

Robinson, William I. und Jerry Harris. 2000. „Toward a Global Ruling Class? Globalization and the Transnational Capitalist Class." *Science & Society* 64 (1): 11–54.

Rodrik, Dani. 1998a. „Globalization, Social Conflict and Economic Growth." *The World
Economy* 1998: 143–158.

Rodrik, Dani. 1998b. „Why Do More Open Economies Have Bigger Governments?" *The
Journal of Political Economy* 106 (51): 997–1032.

Rodrik, Dani. 1999. „Where Did All the Growth Go? External Shocks, Social Conflict, and
Growth Collapses." *Journal of Economic Growth* 4: 385–412.

Rodrik, Dani. 2001. *The Global Governance of Trade As If Development Really Mattered.*
New York, NY: United Nations Development Programme.

Rodríguez, Francisco und Dani Rodrik. 2000. „Trade Policy and Economic Growth:
A Skeptics' Guide to the Cross-national Evidence." Manuskript zum gleichnamigen
Aufsatz in *Macroeconomics Annual 2000,* hrsg. von Ben Bernanke und Kenneth S.
Rogoff. Cambridge, MA: MIT Press für das National Bureau of Economic Research,
2001. (Revidierte Version des 1998 publizierten NBER Working Paper Nr. 7081).
Online-Version unter http://ksghome.harvard.edu/~drodrik/papers.html (letzter Zu-
griff am 28.10.2008).

Roth, Roland. 2001. „Auf dem Weg zur transnationalen Demokratie? Vorläufiges zum
Beitrag von Protestmobilisierungen und Nichtregierungsorganisationen." S. 27–50
in *NGOs als Legitimationsressource: Zivilgesellschaftliche Partizipationsformen im
Globalisierungsprozess,* hrsg. von Achim Brunnengräber, Ansgar Klein und Heike
Walk. Opladen: Leske und Budrich.

Roy, Arundhati. 2004. „Tide? Or Ivory Snow? Public Power in the Age of Empire." Plenar-
rede an der American Sociological Association Annual Convention 2004, 16. August,
San Francisco, CA.

Rucht, Dieter. 1996. „The Impact of National Contexts on Social Movement Structures:
A Cross-Movement and Cross-National Perspective." S. 185–204 in *Comparative
Perspectives on Social Movements,* hrsg. von Doug McAdam, John D. McCarthy und
Mayer Zald. Cambridge: Cambridge University Press.

Rucht, Dieter. 2001. „Antikaptialistischer und ökologischer Protest als Medienereignis."
S. 260–283 in *NGOs als Legitimationsressource. Zivilgesellschaftliche Partizipationsformen im Globalisierungsprozess,* hrsg. von Achim Brunnengräber, Ansgar Klein
und Heike Walk. Opladen: Leske und Budrich.

Rucht, Dieter. 2005. „Transnational Social Movements in the Era of Globalization."
S. 183–197 in *The Future of World Society,* hrsg. von Mark Herkenrath, Claudia
König, Hanno Scholtz und Thomas Volken. Zürich: Editions à la Carte.

Rucht, Dieter und Roland Roth. 2006. „Globalisierungskritische Netzwerke, Kampagnen
und Bewegungen." S. 494–512 in *Die sozialen Bewegungen in Deutschland seit 1945:
Ein Handbuch,* hrsg. von Roland Roth und Dieter Rucht. Frankfurt a. M. und New
York, NY: Campus.

Sader, Emir. 2005a. „Die hegemoniale Krise und die Krise der Linken in Lateinamerika."
Prokla – Zeitschrift für kritische Sozialwissenschaft 141: 541–549.

Sader, Emir. 2005b. „Brasiliens Anpassung an den Weltmarkt." *Das Argument – Zeitschrift für Philosophie und Sozialwissenschaften* 262: 541–549.

Saguier, Marcelo. 2004. „Convergence in the Making: Transnational Civil Society and the Free Trade Area of the Americas." Centre for the Study of Globalisation and Regionalisation: CSGR Working Paper No. 137/04.

Scherrer, Christoph. 1998. „Neo-gramscianische Interpretationen internationaler Beziehungen: Eine Kritik." Online-Version der Universität Kassel. URL: cms.uni-kassel.de/ fileadmin/groups/w_150705/publikationen/Neo-gramscianische_IB.pdf (letzter Zugriff am 25.9.2010). [Publiziert in: *Gramsci-Perspektiven,* hrsg. von Uwe Hirschfeld. Hamburg: Argument, S. 160–174.]

Scherrer, Christoph. 2007. „Hegemonie: empirisch fassbar?" S. 71–84 in *Mit Gramsci arbeiten: Texte zur politisch-praktischen Aneignung Antonio Gramscis,* hrsg. von Andreas Merkens und Victor Rego Diaz. Hamburg: Argument.

Schiltz, Michael, Gert Verschraegen und Stefano Magnolo. 2007. „Associative self-governance, Open Access, and global civil society." S. 157–182 in *Civil Society: Local and Regional Responses to Global Challenges,* hrsg. von Mark Herkenrath. Münster: Lit-Verlag.

Schneider, Udo. 2004. „Über Sinn und Unsinn des Hegemoniebegriffs für die Kritik der Neuen Weltordnung." *Phase 2 – Zeitschrift gegen die Realität* 13: Online-Version. URL: http://phase2.nadir.org/rechts.php?artikel=233&print=ja (letzter Zugriff am 30.7.2008).

Scholte, Jan Aart. 2004. „Civil Society and Democratically Accountable Global Governance." *Government & Opposition* 39 (2): 211–233.

Schönleitner, Günter. 2003. „World Social Forum: Making Another World Possible?" S. 127–149 in *Globalizing Civic Engagement: Civil Society and Transnational Action,* hrsg. von John Clark. London: Earthscan.

Schulz, Markus S. 1998. „Collective Action across Borders: Opportunity Structures, Network Capacities, and Communicative Praxis in the Age of Advanced Globalization." *Sociological Perspectives* 41 (3): 587–616.

Schulz, Markus S. 2007. „The Role of the Internet in Transnational Mobilization: The Case of the Zapatista Movement, 1994–2005." S. 129–156 in *Civil Society: Local and Regional Responses to Global Challenges,* hrsg. von Mark Herkenrath. Münster: Lit-Verlag.

Sened, Itai. 1996. „A model of coalition formation: Theory and evidence." *Journal of Politics* 58 (2): 350–372.

Sikkink, Kathryn. 2002. „Restructuring World Politics: The Limits and Asymmetries of Soft Power." S. 301–317 in *Restructuring World Politics. Transnational Social Movements, Networks, and Norms,* hrsg. von Sanjeev Khagram, James V. Riker und Kathryn Sikkink. London und Minneapolis, MN: University of Minnesota Press.

Sikkink, Kathryn. 2003. „Beyond the Boomerang: Transnational Networks and the Dynamic Interaction of Domestic and International Opportunity Structures." Beitrag zum Workshop „Patterns of Dynamic Multilevel Governance" in Bellagio, 22.–26. Juli.

Simmel, Georg. 1992 [1908]. „Der Streit," Kapitel IV (S. 186–255) in Ebd.: *Soziologie: Untersuchungen über die Formen der Vergesellschaftung,* hrsg. von Otthein Rammstedt. Frankfurt a. M.: suhrkamp taschenbuch wissenschaft.

Simon, Bernd und Bert Klandermans. 2001. „Politicized Collective Identity: A Social Psychological Analysis." *American Psychologist* 56: 319–31.

Sinclair, Jim (Hrsg.). 1992. *Crossing the Line: Canada and Free Trade with Mexico.* Vancouver: New Star Books.

Sklair, Leslie. 2001. *The Transnational Capitalist Class.* Oxford und Malden, MA: Blackwell.

Skocpol, Theda. 1977. „Wallerstein's World Capitalist System: A Theoretical and Historical Critique." *American Journal of Sociology* 82 (5): 1075–1090.

Smelser, Neil J. 1967 [1962]. *Theory of Collective Behavior.* London: Routledge & Kegan Paul (Original: New York, NY: Free Press).

Smith, E. Timothy. 2004. „From Miami to Quebec and Beyond: Opposition to the Free Trade Area of the Americas." *Peace & Change* 29 (2): 221–249.

Smith, Jackie. 1997. „Characteristics of the Modern Transnational Social Movement Sector" S. 42–58 in *Transnational Social Movements and Global Politics: Solidarity Beyond the State*, hrsg. von Jackie Smith, Charles Chatfield und Ron Pagnucco. Syracuse, NY: Syracuse University Press.

Smith, Jackie. 2000. „Review: Constructing World Culture: International Nongovernmental Organizations Since 1875." *Social Forces* 78 (4): 1573–1575.

Smith, Jackie. 2002. „Bridging Global Divides? Strategie Framing and Solidarity in Transnational Social Movement Organizations." *International Sociology* 17 (4): 505–528.

Smith, Jackie. 2004a. „The World Social Forum and the challenges of global democracy." *Global Networks* 4 (4): 413–421.

Smith, Jackie. 2004b. „Exploring Connections Between Global Integration and Political Mobilization." *Journal of World-Systems Research* 10 (1): 255–285.

Smith, Jackie, John D. McCarthy, Clark McPhail und Boguslaw Augustyn. 2001. „From Protest to Agenda Building: Description Bias in Media Coverage of Protest Events in Washington, D.C." *Social Forces* 79 (4): 1397–1423.

Smith, Jackie und Joe Bandy. 2005. „Introduction: Cooperation and Conflict in Transnational Protest." S. 1–17 in *Coalitions Across Borders: Transnational Protest and the Neoliberal Order*, hrsg. von Joe Bandy und Jackie Smith. Lanham, MD: Rowman and Littlefield.

Smith, Jackie und Dawn Wiest. 2005. „The Uneven Geography of Global Civil Society: National and Global Influences on Transnational Association." *Social Forces* 84 (2): 621–652.

Smith, Jackie, Charles Chatfield und Ron Pagnucco (Hg.). 1997a. *Transnational Social Movements and Global Politics.* Syracuse, NY: Syracuse University Press.

Smith, Jackie, Marina Karides, Marc Becker, Dorval Brunelle, Christopher Chase-Dunn, Donatella della Porta, Rosalba Icaza Garza, Jeffrey S. Juris, Lorenzo Mosca, Ellen Reese, Peter Jay Smith und Rolando Vázquez. 2008. *Global Democracy and the World Social Forums.* Boulder, CO und London: Paradigm Publishers.

Smith, William C., und Patricio Korzeniewicz. 2006. „El movimiento doble: actores *insiders y outsiders* en la emergencia de una sociedad civil transnacional en las Américas." *Colombia Internacional* 63: 40–69.

Snow, David A. 2001. „Collective Identity and Expressive Forms." Arbeitspapier des Center for the Study of Democracy, University of California, Irvine. [Veröffentlicht in

International Encyclopedia of the Social and Behavioral Sciences, hrsg. von Neil J. Smelser und Paul B. Bates. London: Elsevier Science, 2001.]

Snow, David A. und Robert D. Benford. 1992. „Master Frames and Cycles of Protest." S. 133–155 in *Frontiers in Social Movement Theory*, hrsg. von Aldon D. Morris und Carol McClurg Mueller. New Haven, CT: Yale University Press.

Snow, David A. und Danny Trom. 2002. „The Case Study and the Study of Social Movements." S. 146–172 in *Methods of Social Movement Research*, hrsg. von Bert Klandermans und Suzanne Staggenborg. Minneapolis, MN: University of Minnesota Press.

Snow, David A., E. Burke Rochford (Jr.), Steven K. Worden und Robert D. Benford. 1986. „Frame Alignment Processes, Micromobilization, and Movement Participation." *American Sociological Review* 51 (4): 464–481.

Snyder, David und Charles Tilly. 1972. „Hardship and Collective Violence in France, 1830 to 1960." *American Sociological Review* 37 (5): 520–532.

Solanas, Fernando. 2007. „Kirchner blieb neoliberalem Modell treu." Interview mit Fernando „Pino" Solanas in *Neues Deutschland* vom 22. Oktober 2007, archiviert von der AG Friedensforschung an der Uni Kassel unter http://www.uni-kassel.de/fb5/frieden/regionen/Argentinien/solanas.html (Zugriff am 16.12.2007).

Staggenborg, Suzanne. 1986. „Coalition Work in the Pro-Choice Movement: Organizational and Environmental Opportunities and Obstacles." *Social Problems* 33 (5): 374–390.

Staggenborg, Suzanne. 1988. „The Consequences of Professionalization and Formalization in the Pro-Choice Movement." *American Sociological Review* 53 (4): 585–605.

Stake, Robert E. 1994. „Case Studies." S. 236–247 in *Handbook of Qualitative Research*, hrsg. von Norman K. Denzin und Yvonna S. Lincoln. Thousand Oaks, London und New Delhi: Sage.

Starr, Amory. 2000. *Naming the Enemy: Anti-corporate Movements Confront Globalization.* London: Zed Books.

Starr, Amory, Luis Fernandez, and Randall Amster. 2007. „The Impact of Surveillance on the Exercise of Political Rights: an Interdisciplinary Analysis, 1998–2006." Institute for the Study of Dissent & Social Control: First Report on the 2006 Surveillance Study. URL: http://www.dissensio.org/texto/assembly051107.pdf

Steinberg, Marc. 1999. „The Talk and Back Talk of Collective Action: A Dialogic Analysis of Repertoires of Discourse among Nineteenth-Century English Cotton Spinners." *American Journal of Sociology* 105 (3): 736–80.

Stewart, Julie. 2004. „When Local Troubles Become Transnational: The Transformation of a Guatemalan Indigenous Rights Movement." *Mobilization: An International Journal* 9 (3): 259–278.

Stillerman, Joel. 2003. „Transnational Activist Networks and the Emergence of Labor Internationalism in the NAFTA Countries." *Social Science History* 27 (4): 577–601.

Strauss, Anselm L. und Juliet Corbin. 1994. „Grounded Theory Methodology." S. 273–285 in *Handbook of Qualitative Research*, hrsg. von Norman K. Denzin und Yvonna S. Lincoln. Thousand Oaks, London und New Delhi: Sage.

Streck, Ralf. 2007a. „Biosprit und die Angst vor steigenden Bierpreisen." *Telepolis* vom 12.4.2007 (Online-Version). URL: http://www.heise.de/tp/r4/artikel/25/25050/1.html (letzter Zugriff am 26.12.2007).

Streck, Ralf. 2007b. „Streit zwischen Bolivien und Brasilien über Verstaatlichung von Öl-raffinerien beigelegt." *Telepolis* vom 15. 5. 2007 (Online-Version). URL: http://www. heise.de/tp/r4/artikel/25/25289/1.html (letzter Zugriff am 27.12.2007).

Stürmer, Stefan, Bernd Simon, Michael Loewy und Heike Jörger. 2003. „The Dual-Path-way Model of Social Movement Participation: The Case of the Fat Acceptance Move-ment." *Social Psychology Quarterly* 66 (1): 71–82.

Svampa, Maristella. 2006. „Del empate social a la gran asimetría: Del golpe de estado del 24 de marzo y la reconfiguración de la sociedad argentina." URL: http://www.panu-elosenrebeldia.com.ar (letzter Zugriff am 9.10.2007). Erschienen in Clarín, Spezial-nummer zum 30. Jahrestag des Staatsstreiches, März 2006.

Svampa, Maristella. 2007. „Las fronteras del gobierno de Kirchner: entre la consolidación de lo viejo y las aspiraciones de lo nuevo." *Cuadernos del Cendes* 65: 39–61.

Swidler, Ann. 1986. „Culture in Action: Symbols and Strategies." *American Sociological Review* 51 (2): 273–286.

Tarrow, Sidney. 1988. „National Politics and Collective Action: Recent Theory and Re-search in Western Europe and the United States." *Annual Review of Sociology* 14: 421–440.

Tarrow, Sidney. 1998. *Power in Movement. Social Movements, Collective Action and Poli-tics*. Cambridge: Cambridge University Press.

Tarrow, Sidney. 2002. „The New Transnational Contention: Organizations, Coalitions, Mechanisms." Papier zur APSA Jahrestagung 2002, Panel „Social Movements and Transnational Social Movments," 31. August und 1. September 2002, Chicago, USA.

Tarrow, Sidney. 2005a. *The New Transnational Activism*. Cambridge, MA: Cambridge Uni-versity Press.

Tarrow, Sidney. 2005b. „The Dualities of Transnational Contention: ‚Two Activist Solitudes' or a New World Altogether?" *Mobilization: An International Journal* 10 (1): 53–72.

Tarrow, Sidney. o. J. „Beyond Globalization: Why Creating Transnational Social Move-ments is so Hard and When is it Most Likely to Happen." Global Solidarity Dia-logue: Arbeitspapier. URL: www.antenna.nl/~waterman/tarrow.html (letzter Zugriff am 17.1.2006).

Taylor, Verta und Leila J. Rupp. 2002. „Loving Internationalism: The Emotion Culture of Transnational Women's Organizations, 1888–1945." *Mobilization: An International Journal* 7 (2): 141–158.

Thimmel, Stefan. 2005. „Uruguay: Linksbündnis an der Macht." S. 192–201 in *Neue Optionen lateinamerikanischer Politik. Jahrbuch Lateinamerika: Analysen und Be-richte 29*, hrsg. von Karin Gabbert, Wolfgang Gabbert, Ulrich Goedeking, Bert Hoff-mann, Anne Huffschmid, Albrecht Koschützke,Michael Krämer, Urs Müller-Planten-berg und Juliane Ströbele-Gregor. Münster: Westfälisches Dampfboot.

Thimmel, Stefan. 2008. „Papier aus dem Süden." *Lateinamerika-Nachrichten* 403. Online-Vorpublikation unter http://www.lateinamerikanachrichten.de/?/artikel/2676.html (letzter Zugriff am 27.12.2007).

Thye, Shane R., Jeongkoo Yoon und Edward D. Lawler. 2002. „The Theory of Relational Cohesion: Review of a Research Program." *Advances in Group Processes* 19: 139–166.

Tilly, Charles. 1978. *From Mobilization to Revolution.* Reading, MA: Addison-Wesley.

Tilly, Charles. 1979. „Repertoires of Contention in America and Britain 1750–1830." S. 12–56 in *The Dynamics of Social Movements,* hrsg. von Mayer Zald und John D. McCarthy. Cambridge, MA: Winthrop. (Auch erhältlich als CRSO Working Paper Nr. 151 aus dem Jahr 1977 unter http://deepblue.lib.umich.edu/bitstream/2027.42/50926/1/151.pdf; letzter Zugriff am 15.2.2008.)

Toch, Hans. 1966 [1965]. *The Social Psychology of Social Movements.* London: Methuen (Original: Indianapolis, IN: Bobbs-Merrill).

Touraine, Alain. 1985. „An Introduction to the Study of Social Movements." *Social Research* 52 (4): 749–787.

Touraine, Alain. 1992. „Beyond Social Movements?" *Theory, Culture and Society* 9: 125–145.

Tsutsui, Kyoteru, Jackie Smith und Dawn Wiest. 2006. „North-South Divides in Transnational Movement Organizations: Assessing Sources of Inequality and Prospects for Global Party Formation." Beitrag zum International Studies Association Annual Meeting 2006 in San Diego, CA.

Turner, Ralph H. 1964. „New Theoretical Frameworks." *The Sociological Quarterly* 5 (2): 122–132.

Turner, Ralph H. 1966. „Review: The Social Psychology of Social Movements, by Hans Toch." *American Sociological Review* 31 (2): 274–275.

Turner, Ralph H. 1969. „The Theme of Contemporary Social Movements." *The British Journal of Sociology* 20 (4): 390–405.

Turner, Ralph H. und Lewis M. Killian. 1987 [1957]. *Collective Behavior.* Englewood Cliffs, NJ: Prentice-Hall. 3. Auflage.

Twickel, Christoph. 2006. *Hugo Chávez. Eine Biographie.* Hamburg: Verlag Lutz Schulenberg, Edition Nautilus.

UN Commission of Experts on Reforms of the International Monetary and Financial System. 2009. „Recommendations." Version vom 19. März 2009. New York: UNO-Generalversammlung.

UNCTAD (United Nations Conference on Trade and Development). 1993. *World Investment Report 1993.* Genf und New York, NY: United Nations.

UNCTAD (United Nations Conference on Trade and Development). 2003. *World Investment Report 2003.* Genf und New York, NY: United Nations.

UNCTAD (United Nations Conference on Trade and Development). 2006. *World Investment Report 2006.* Genf und New York, NY: United Nations.

UNCTAD (United Nations Conference on Trade and Development). 2008. *Handbook of Statistics 2008.* Genf und New York, NY: United Nations. Online-Version. URL: http://stats.unctad.org/handbook/ (letzter Zugriff am 10.9.2009).

U.S. Census Bureau International Database. o.J. World Population Information. URL: http://www.census.gov/ipc/www/idb/worldpopinfo.html.

Van Aelst, Peter und Stefaan Walgrave. 2001. „Who is that (wo)man in the street? From the normalisation of protest to the normalisation of the protester." *European Journal of Political Research* 39: 461–486.

Van der Pijl, Kees. 1984. *The Making of an Atlantic Ruling Class*. London und New York, NY: Verso.

Vaughan, Diane. 1992. „Theory Elaboration: The Heuristics of Case Analysis." S. 173–202 in *What Is a Case?*, hrsg. von Charles C. Ragin und Howard S. Becker. New York, NY: Cambridge University Press.

Veltmeyer, Henry. 2004. „Civil Society and Social Movements. The Dynamics of Intersectoral Alliances and Urban-Rural Linkages in Latin America." United Nations Research Institute for Social Development (UNRISD): Civil Society and Social Movements Programme Paper Number 10.

von Bülow, Marisa. 2006. „When North and South Meet. Civil Society and Trade Agreements in the Americas." Konferenzbeitrag zur Jahrestagung der International Studies Association in San Diego, CA, 22.–25. März.

Voss, Kim und Rachel Sherman. 2000. „Breaking the Iron Law of Oligarchy: Union Revitalization in the American Labor Movement." *American Journal of Sociology* 106 (2): 303–49.

Wahl, Peter. „‚Sie küßten und sie schlugen sich' – Zum Verhältnis von NGO und internationalen Regierungsorganisationen." S. 121–139 in *Nichtregierungsorganisationen in der Transformation des Staates,* hrsg. von Ulrich Brand, Alex Demirovic, Christoph Görg und Joachim Hirsch. Münster: Westfälisches Dampfboot.

Walk, Heike und Nele Boehme. 2002. *Globaler Widerstand. Internationale Netzwerke auf der Suche nach Alternativen im globalen Kapitalismus.* Münster: Verlag Westfälisches Dampfboot.

Wallerstein, Immanuel. 1974. *The Modern World-System: Capitalist Agriculture and the Origins of the European World-Economx in the Sixteenth Century*. London und New York, NY: Academic Press.

Wallerstein, Immanuel. 1990a: „Culture as the Ideological Battleground of the World-System." *Theory, Culture & Society* 7 (2): 31–55.

Wallerstein, Immanuel. 1990b: „Culture is the World-System: A Reply to Boyne." *Theory, Culture & Society* 7 (2): 63–65.

Wallerstein, Immanuel. 1991. *Unthinking Social Science*. Cambridge: Polity.

Wallerstein, Immanuel. 1997. „The Rise and Future Demise of World-Systems Analysis." Revidierte Fassung eines Beitrages zum 91st Annual Meeting of the American Sociological Association, New York, NY, 16. August 16, 1996. URL: http://fbc.binghamton.edu/iwwsa-r&.htm (Letzter Zugriff am 25. Februar 2005).

Wallerstein, Immanuel. 1998. *Utopistics: Or, Historical Choices of the Twenty-first Century*. New York, NY: New Press.

Wallerstein, Immanuel. 1999. „Globalization or The Age of Transition? A Long-Term View of the Trajectory of the World-System." URL: http://fbc.binghamton.edu/iwtrajws.htm (letzter Zugriff am 26. 2. 2005).

Wallerstein, Immanuel. 2000. „Globalization or The Age of Transition? A Long-Term View of the Trajectory of the World-System." *International Sociology* 15 (2): 249–265.

Wallerstein, Immanuel. 2002. „New Revolts Against the System". *New Left Review* 18: 29–39

Wallerstein, Immanuel. 2005. „After Developmentalism and Globalization, What?" *Social Forces* 83 (3): 1263–1278.

Walton, John und Charles Ragin. 1990. „Global and National Sources of Political Protest: Third World Responses to the Debt Crisis." *American Sociological Review* 55 (6): 876–890.

Walton, John und David Seddon. 1994. *Free Markets and Food Riots: The Politics of Global Adjustment.* Oxford: Blackwell Publishers.

Waterman, Peter. 1993. „Social Movement Unionism: A New Union Model for a New World Order?" *Review* 16 (3): 245–78.

Wendt, Alexander E. 1987. „The Agent-Structure Problem in International Relations Theory." *International Organization* 41 (3): 335–370.

Wendt, Alexander E. 1995. „Constructing International Politics." *International Security* 20 (1): 71–81.

Western, Mark. 1999. „Who thinks what about capitalism? Class consciousness and attitudes to economic institutions." *Journal of Sociology* 35 (3): 351–370.

Wiest, Dawn und Jackie Smith. 2007. „Globalization, Regionalism, and the Organization of Transnational Collective Action within World Regions." S. 47–78 in *The Regional and Local Shaping of World Society*, hrsg. von Mark Herkenrath. Münster u. a.: LIT Verlag.

Wilson, John. 1973. *Introduction to Social Movements.* New York, NY: Basic Books.

Witt, Harald. 2001. „Forschungsstrategien bei quantitativer und qualitativer Sozialforschung." *Forum Qualitative Sozialforschung/Forum Qualitative Social Research* (Online-Journal) 2 (1). URL: http://www.qualitative-research.net/fqs-texte/1-01/1-01witt-d.htm (letzter Zugriff am 10.5.2008).

Wobbe, Theresa. 2000. *Weltgesellschaft.* Bielefeld: transcript Verlag.

Wolff, Jonas. 2007. „(De-)Mobilising the Marginalised: A Comparison of the Argentine Piqueteros and Ecuador's Indigenous Movement." *Journal of Latin American Studies* 39: 1–29.

Wood, Lesley. 2005. „Bridging the Chasms: The Case of Peoples' Global Action." S. 95–120 in *Coalitions Across Borders: Transnational Protest and the Neoliberal Order*, hrsg. von Joe Bandy und Jackie Smith. Lanham, MD: Rowman and Littlefield.

World Bank. 2006. *World Development Indicators 2006.* Genf und Washington, D.C.: World Bank. (Siehe auch: http://www.worldbank.org/data/).

WSF (Weltsozialforum). 2002. „Carta de Princípios do Fórum Social Mundial." Version vom 8. Juni 2002. URL: http://www.forumsocialmundial.org.br/main.php?id_menu=4&cd_language=1 (letzter Zugriff am 16.1.2008).

WSF (Weltsozialforum). 2006. „Background of the WSF process." URL: http://www.fo-rumsocialmundial.org.br/main.php?id_menu=2&cd_language=2 (letzter Zugriff am 15.1.2008).

Yanacopulos, Helen. 2005. „The Strategies That Bind: NGO Coalitions and Their Influ-ence." *Global Networks* 5 (1): 93–110.

Yang, Mundo. 2005. „Der Nord-Süd-Konflikt im Umfeld der internationalen Jubilee 2000-Kampagne." *Forschungsjournal Neue Soziale Bewegungen* 18 (1): 72–79.

Zald, Mayer N. 1992. „Looking Backward to Look Forward: Reflections on the Past and Future of the Resource Mobilization Research Program." S. 326–350 in *Frontiers in Social Movement Theory*, hrsg. von Aldon Morris und Carol Mueller. New Haven, CT: Yale University Press.

Zald, Mayer N. und Roberta Ash. 1966. „Social Movement Organizations: Growth, Decay and Change." *Social Forces* 44 (3): 327–341.

Zibechi, Raúl. 2006. „Movimientos sociales: nuevos escenarios y desafíos inéditos." *OSAL – Revista del Observatorio Social de América Latina* 21: 225–234.

Zibechi, Raúl. 2008. „Die neuen Herausforderungen der sozialen Bewegungen." *Linksnet: Für linke Politik und Wissenschaft.* URL: http://www.linksnet.de/de/artikel/23684 (letzter Zugriff am 21.3.2009) (elektronische Version des gleichnamigen Artikels in *Das Argument* 276: 374–380).

Ziegler, Jean. 2003. *Die neuen Herrscher der Welt und ihre globalen Widersacher.* Mün-chen: Bertelsmann.

Printed by Books on Demand, Germany